全国建设行业中等职业教育推荐教材

物业管理实务

（物业管理专业适用）

主编　王　军
主审　陈德豪

中国建筑工业出版社

图书在版编目（CIP）数据

物业管理实务/王军主编 . —北京：中国建筑工业
出版社，2005

全国建设行业中等职业教育推荐教材

ISBN 978-7-112-07192-0

Ⅰ. 物… Ⅱ. 王… Ⅲ. 物业管理—专业学校—教
材 Ⅳ. F293.33

中国版本图书馆 CIP 数据核字(2005)第 029295 号

全国建设行业中等职业教育推荐教材

物业管理实务

（物业管理专业适用）

主编 王 军

主审 陈德豪

*

中国建筑工业出版社出版、发行（北京西郊百万庄）

各地新华书店、建筑书店经销

北京富生印刷厂印刷

*

开本：787×1092 毫米 1/16 印张：19 字数：458 千字
2005 年 6 月第一版 2016 年 8 月第八次印刷
定价：**26.00** 元
ISBN 978-7-112-07192-0
(13146)

本社网址：http：//www.cabp.com.cn

网上书店：http：//www.china—building.com.cn

本书以物业企业管理物业的流程为主线，讲解物业管理基本业务的运作模式和操作内容。各业务环节对基本要求、基本内容、操作要点、注意事项等作了详细介绍。为便于学生在物业管理日常业务中对照与参考，对于一些较难理解的内容我们引入大量实操案例供师生讨论。

全书共设十一章，第一章主要介绍物业管理实务的基本要求和内涵，二～四章就物业管理权的取得、物业管理前期工作、物业管理公约与规定等进行详细介绍，五、六章分别从房屋、设备、治安、消防、清洁、绿化等方面介绍物业管理的主要业务操作，第七章主要介绍了各类物业管理的要点，八～十一章则从综合经营、物业收费、纠纷处理、品牌建设等几个方面对物业管理操作人员可能涉及的业务操作进行规范介绍。

本书是中职物业管理专业的主干课程教材，同时也可以作为房地产经营管理、物业设施管理、社区服务管理等专业的辅助教材和物业管理行业培训教材。

* * *

责任编辑：张　晶
责任设计：赵　力
责任校对：刘　梅　赵明霞

教材编审委员会名单

（按姓氏笔画排序）

王立霞　甘太仕　叶庶骏　刘　胜　刘　力

刘景辉　汤　斌　苏铁岳　吴　泽　吴　刚

何汉强　邵怀宇　张怡朋　张　鸣　张翠菊

邹　蓉　范文昭　周建华　袁建新　游建宁

黄晨光　温小明　彭后生

出　版　说　明

　　物业管理业在我国被誉为"朝阳行业"，方兴未艾，发展迅猛。行业中的管理理念、管理方法、管理规范、管理条例、管理技术随着社会经济的发展不断更新。另一方面，近年来我国中等职业教育的教育环境正在发生深刻的变化。客观上要求有符合目前行业发展变化情况、应用性强、有鲜明职业教育特色的专业教材与之相适应。

　　受建设部委托，第三、第四届建筑与房地产经济专业指导委员会在深入调研的基础上，对中职学校物业管理专业教育标准和培养方案进行了整体改革，系统提出了中职教育物业管理专业的课程体系，进行了课程大纲的审定，组织编写了本系列教材。

　　本系列教材以目前我国经济较发达地区的物业管理模式为基础，以目前物业管理业的最新条例、最新规范、最新技术为依据，以努力贴近行业实际，突出教学内容的应用性、实践性和针对性为原则进行编写。本系列教材既可作为中职学校物业管理专业的教材，也可供物业管理基层管理人员自学使用。

建设部中等职业学校

建筑与房地产经济管理专业指导委员会

2004 年 7 月

前　言

我国物业管理业发展到今天，物业管理企业已超过 3 万家，从业人员逾 300 万人，很多省市实施的物业管理覆盖面达 50％以上，这个行业的管理工作牵系千万个家庭。2000 年 10 月 15 日，中国物业管理协会在北京正式成立，由全国 878 家物业管理相关单位联合组成协会。随着 2003 年 6 月我国《物业管理条例》的颁布，以及《物业管理企业资质管理办法》、《物业服务收费办法》等各项物业管理政策法规的颁布实施，物业管理正向着法制化、规范化的方向健康发展，也必将迎来更大、更持久的发展！

目前我国物业管理发展迅速，物业管理类型多，涉及各个领域，约 11 大类，其中有多层住宅、高层住宅、写字楼、工业区、政府与政法机关办公楼、医院、学校、车站、码头、宾馆、商场与商业街以及农民房等。对于绝大多数城镇居民来说，物业管理已成为一种生活、居住的必需商品和服务，人们期待着这一商品和服务能够更好、更实惠、更到位。随着行业的发展，人们也意识到物业管理行业的发展需要政府的管理、引导，需要业主的参与、配合，但最终是要依赖于物业管理从业人员的素质和意识。

本着提高物业管理基层从业人员的素质，普及法制化、规范化、合理化的物业管理模式和规范，我们在广泛学习、吸取国内外同行学者研究成果，并对物业管理实践中的新经验、新问题、新情况进行了调查、分析、总结和概括的基础上编写了这本致力于培养实用型物业管理人才的中等职业技术学校使用的教材——《物业管理实务》。

本书由王军主编，负责全书的统稿、定稿，戴玉林参与了全书的整体构思和书稿的初审，并进行了大量案例的搜集和整理。

本书在编写过程中得到了广州市物业管理研究会副会长、广州大学副教授陈德豪的大力帮助，他对本书进行认真的审阅，并提出了宝贵的修改意见，在此深表感谢！

鉴于目前我国还没有较权威且系统的介绍物业管理实际操作、运作过程、规范和做法的书籍，而且我国的物业管理行业地区发展很不平衡，地方行业政策法规尚存在较大差异，加之编者水平所限，书中难免有疏漏之处，祈望同行、专家和广大读者批评指正。

目　　录

第一章 概 论

第一节 物业与物业管理

一、物业

物业一词原出于港澳及东南亚一带的地区和国家；英语为"estate"或"property"，其含义为"财产"、"资产"、"拥有物"、"房地产"等，是一个较为广义的范畴。自20世纪80年代从我国香港引入大陆，目前已被广泛地应用和认可。

现实中所称的物业，是物业的一种狭义范畴，是指已建成并交付使用的住宅、工业厂房、办公与商业用房等建筑物及其附属的设备、设施和相关场地。

从物业的概念中可以看出，一个完整的物业，应至少包括以下几个部分：

（1）建筑物：包括房屋建筑、构筑物（如桥梁、水塔等）、道路、码头等。

（2）设备：指配套的专用机械、电气、消防等设备系统，如电梯、空调、备用电源等。

（3）设施：指配套的公用管、线、路等市政、公用设施，如上下水管、消防、强电（供变电等）、弱电（通讯、信号网络等）、路灯以及室外公建设施（幼儿园、医院、运动设施等）等。

（4）场地：指开发待建、露天堆放货物或运动休憩场地，包括建筑地块、庭院、停车场、运动场、休憩绿地等。

物业可大可小，可以是群体建筑物，如住宅小区；也可以是单体建筑物，如高层住宅、写字楼等。物业还可以分割，如大物业可以划分为小物业，住宅小区物业可以划分为几个小的单体住宅楼物业等。

二、物业管理

（一）物业管理的含义

物业管理已成为社会发展不可或缺的组成部分，它为人们提供了一个优美、舒适、高质量的作息环境。物业管理作为房地产市场的消费环节，实际上是房地产开发的延续和完善，是在房地产开发经营中为完善市场机制而逐步建立起来的一种综合性经营服务方式。物业管理既是房地产经营管理的重要组成部分，又是现代化城市管理不可缺少的一环。

关于物业管理的定义，有广义和狭义两种说法。广义的物业管理是泛指一切有关房地产开发、租赁、销售及售后的服务；狭义的物业管理，是指业主通过选聘物业管理企业，由业主和物业管理企业按照物业服务合同约定，对房屋及配套的设施设备和相关场地进行维修、养护、管理，维护相关区域内的环境卫生和秩序的活动。通常我们所指的主要是物业管理狭义的含义。

（二）物业管理的特性

物业管理是一种有别于以往房产管理的一种新型的管理模式，其管理具有社会化、专业化、企业化、经营型的特性。

1. 社会化

物业管理的社会化有三种含义：第一，是指物业管理将分散的社会分工汇集起来统一管理，诸如房屋、水电、清洁、保安、绿化等。每位业主只需面对物业管理企业一家就能将所有关于房屋和居住（工作）环境的日常事宜办妥，而不必分别面对各个不同部门，犹如为各业主找到了一个"总管家"，业主只需根据物业管理部门批准的收费标准按时缴纳管理费和服务费，就可以获得周到的服务，既方便业主，也便于统一管理。第二，是指面向社会的物业管理，房地产开发商或业主应自觉将开发或持有的物业推向社会，通过公开招标、公平竞争，把物业交给高水平的专业公司来管理。第三，是指物业管理本身也应社会化，物业管理涉及面很广，每一个管理项目都有一定的专业要求，管理公司可将一部分管理项目分离出去，使其成为社会的一个专门行业，这样既可以减轻物业管理公司的负担，也符合专业化的要求，有助于提高管理的水平和效率。

2. 专业化

物业管理的专业化，指的是由专门的物业管理企业通过委托合同的签订，按照产权人和使用人的意愿与要求实施专业化的管理，物业管理企业配备有专业人员，有专门的组织和机构，有专门的管理工具设备，有科学、规范的管理措施与工作程序，运用现代管理科学和先进的维修养护技术实施专业化的管理。物业管理专业化是现代化大生产的社会化专业分工的必然结果。

3. 企业化

物业管理单位是企业单位，不是事业单位，也不具备政府行为职能。物业管理企业作为一个独立的法人，应按照《中华人民共和国公司法》的规定运行，不受任何干扰，政、事、企完全分离，因此，物业管理企业必须依照物业管理市场的运行规则参与市场竞争，依靠自己的经营能力和优质的服务在物业管理市场上争取自己的位置和拓展业务，用管理的业绩去赢得商业信誉。当然，物业管理企业在运作过程中还要处理好与有关部门，如街道、居委会、公安、市政、公用、邮电、交通等行政或事业性单位的关系，以"物业"为中心，相互协调。这样就能使物业管理企业从管理上、经营上和服务上下功夫，为业主创造一个方便、安全、清静、整洁的居住和工作环境。

4. 经营型

物业管理企业的服务性质是有偿的，即推行有偿服务，合理收费。物业管理的经营目标是保本微利，量入为出，不以高额利润为目的。物业管理企业可以通过多种经营，使物业的管理定于"以业养业、自我发展"的道路，从而使物业管理有了造血功能，既减少了政府和各主管部门的压力和负担，又使得房屋维修、养护、环卫、治安、管道维修、设备更新的资金有了来源，还能使业主得到全方位、多层次、多项目的服务。

物业管理是一种和房地产综合开发的现代化生产方式相配套的综合管理，是与随着住房制度改革的推进而形成的产权多元化格局相衔接的统一管理，是与建设社会主义市场经济体制相适应的社会化、专业化、企业化、经营型的管理。这种集高度统一的管理、全方位多层次的服务、市场化经营为一体的充满生机和活力的物业管理一出现，就越来越显示出其强大的生命力。

（三）物业管理的类型

1. 按照物业管理公司提供服务内容分

可将物业管理分为两大类型：提供咨询服务和提供具体的实质性的管理服务。两种类型物业管理的最大区别是物业管理单位是否承担具体的专业操作，如清洁、保安及对于房屋设备的维护等。

（1）提供咨询服务：这种管理中物业管理班子不配备作业层人员，只向业主提供实质性的咨询服务，而且是有偿的，具体的专业操作既可以由业主内部人员进行，也可以由业主通过签订委托合同交给社会上的专业服务公司进行。这种情况下，物业管理公司与各专业服务公司之间不发生任何合同关系。

物业管理人员依据自身专业知识和经验，向业主提供的主要服务内容为：有关物业的质量控制、安全控制和费用控制工作，有关物业的财务管理工作，并定期或应要求向业主呈交收支报告，有关物业及使用人的信息收集处理工作，有关的合同管理工作等等。

（2）提供具体的实质性的管理服务：这种管理中物业管理班子既有管理层人员又有作业层人员，不仅提供专业的咨询意见，而且承担具体的专业操作。服务内容除了第一种类型中列出的各项内容外，还负责组织人员实施具体的专业操作，如安排专业服务人员按要求进行物业的维修、养护、清洁、绿化、保安等。在这种情况下，实施各种专业服务的人员是物业管理公司的内部人员，与业主之间不发生任何合同关系。

2. 按组织方式分

从物业管理的组织方式看，有两种类型：一是物业管理工作由业主自己承担，或以自己承担为主，并聘请专业的物业管理公司作为顾问，这是自行物业管理模式；二是委托物业管理模式，即把物业管理的工作全部委托出去，由专业化的物业管理公司进行管理。自行物业管理模式要求业主拥有一批具备物业管理专业知识、技能以及丰富实践经验的管理人员，具体的物业管理工作可以自己全部承担或部分委托，可以拥有也可以不拥有自己的作业人员。

常见的物业管理多是提供具体的管理服务、委托型的物业管理。

（四）物业管理的宗旨与原则

物业管理的宗旨与原则是物业管理的基本理念，是指导物业管理运作的基本要求和理顺物业管理方方面面的依据。

1. 物业管理的宗旨

物业管理业务的开展、物业管理的各项操作都围绕一个基本的理念，即物业管理的指导思想，也就是物业管理的宗旨，可以概括为：

（1）营造良好的"安居乐业"的环境：物业管理的全部活动都环绕一个中心，就是"安居乐业"，具体地说就是为市民创建一个"整洁、文明、安全、方便"的生活和工作环境，或者说一个有利于生存、发展、享受的环境。并且要随着物业管理业务的拓展和管理水准的提高，根据每一小区的具体情况和业主的要求提高服务水准、拓展服务范围。居住区域要求舒适、安静、温馨、优雅，要求增添文化和艺术氛围等；办公和商务区域则强调高效、周到和形象，要求提供现代化的商务服务和智能化管理等。

服务体现了物业管理的宗旨和基本属性，物业管理只有以服务为中心，开拓各项业务，才具有无穷的活力。

(2)物业的保值与增值：物业管理是受业主委托的经营管理行为，其行为的方向除了为委托人创建一个合适的"安居乐业"环境外，就是要保护业主、使用人的合法权益。物业管理的优点就在于通过精心的策划和良好的服务，能改善物业的内外环境，提升物业的使用价值和经济价值，也就是使物业既能保值，又能增值。

2. 物业管理的基本原则

(1)业主自治与专业管理相结合的原则：这一原则规范业主与物业管理企业间的关系，划清业主与物业管理企业的地位、职责、权利和义务，其具体要求包括：①业主自治管理，是指业主在物业管理中处于主导地位，但这不意味业主直接实施管理，而是通过合同的形式委托物业管理专业企业实施各项具体管理实务，业主享有自治管理的权利(决策、选聘、审议和监督权等)并承担相应的义务(履行合同、公约和规章制度，协助和协调各方关系等)；②专业化管理，专业化管理体现在专业机构、专业管理人员、专业设备、科学规范的管理制度等几个方面。

(2)属地管理与行业管理相结合的原则：是指物业区域所在地的政府、街道办事处、相关专业部门和物业管理行业主管部门按各自职责范围共同负责物业的管理工作。地方性的工作由地区统一协调，专业性的工作归口行业主管部门和相关部门负责。政府主管部门、行业协会、地区组织(街道办事处、居民委员会、公安警署等)、相关部门(市政、绿化、卫生、交通、供水、供气、供热、邮电、广播、供电、环卫、环保等)应相互协调，积极对物业管理进行监督和指导。

(3)统一管理、综合服务的原则：这个原则体现物业管理的基本特性和要求，包括统一管理和综合服务两方面，并且有机地结合在一起。这个原则实施的前提是"一个相对独立的物业区域，建立一个业主委员会，委托一个物业管理企业管理"。在这个前提下实施一体化的管理和综合的服务，要求管理、服务、协调、财务管理等都由一个单位负责。

(4)社会化与平等竞争的原则：这一原则符合物业产权多元化的"两权分离"要求，有利于物业管理的市场培育和发展。这个原则的具体要求有：①社会化的分工合作。房地产作为一个行业，其内部的开发、营销、咨询和物业管理等各个分支行业间同样要按照社会化大生产的要求分工协作，才有利于提高全行业的经济效益，特别是物业管理企业要从开发企业的附属地位剥离出来，独立为自主经营的管理服务型企业，物业管理公司和各类专业服务公司，如清扫、绿化等公司间，同样应按照社会化大生产的要求相互间分工协作；②平等条件下的市场竞争。业主和物业管理企业在平等的条件下通过市场用招投标或协议的方式建立委托管理服务关系。政府有关部门和开发商都不宜干预，物业管理企业只有通过自己的优质服务和良好的声誉才能在市场上取得一席之地。

(5)企业化与全过程效益的原则：物业管理作为一种市场化的经营行为，当然要按照企业化的原则来操作，并且要追求全过程的效益。企业在其经营活动中追求全过程的效益是现代管理的基本理念。

第二节 物业管理实务的基本内容和要求

一、物业管理实务的含义

所谓物业管理实务，是指物业管理的实际工作，包括物业管理的工作内容、工作程序、工作方法和要求等，它强调的是如何具体地做好物业管理的每一项日常工作。如物业服务收费工作，实务并不过多地涉及收费的意义、收费的特征，而主要是指收费前的准备、收费的程序和工作内容、收费工作开展应注意事项等，也就是收费工作的实际操作。

二、物业管理实务的内容

物业管理作为一个新兴行业，同所有服务业一样，是以生产特殊的"商品"——对物业的维护和对业主的各种服务，并向社会提供这种"商品"，以满足现代人们的消费需求为目的，因而，物业管理实务内容也主要是指物业管理的管理服务。

物业管理的主要对象是住宅小区、综合办公楼、商业大厦、宾馆、厂房、仓库等，它的管理范围相当广泛，服务项目多层次多元化，涉及的工作内容比较繁琐复杂，归纳起来，按服务的性质和提供的方式，可把物业管理的管理服务内容分为以下三个方面：

（一）基本管理与服务

基本管理与服务是指物业管理企业直接针对物业和所有业主的各项具体管理，有人把它称为公共管理服务。

1. 房屋管理

是物业管理的基础工作，是为保持房屋完好率、确保房屋使用功能而进行的管理与服务工作，包括各类、各种用途房屋的保养、维修，使之保持良好的可使用状态，也包括装修管理，如对装修单位资格的管理、装修行为的管理等。

2. 设备、设施管理

这是指对供水、排水、供电、空调、通讯、燃料等设备、设施进行保养、维修，使之保持良好的使用状态。

3. 环境卫生的管理

是为净化物业环境而进行的管理与服务工作。物业清洁保养是物业管理的重要组成部分，是体现物业管理水平的重要标志，主要是垃圾的清除外运等工作，也包括清洁保养的工作计划、清洁保养的检查监督等管理工作。

4. 绿化管理

是为美化物业环境而进行的管理与服务工作，主要包括园林绿地的营造和保养、物业整体环境的美化等。

5. 治安管理

是维护物业正常的工作、生活秩序而进行的一项专门性的管理与服务工作，它包括大楼和小区范围内的安全、保卫、警戒等，还可延伸为排除各种干扰，保持居住区的安静。

6. 消防管理

这也是为维护物业正常的工作、生活秩序而进行的一项专门性的管理与服务工作。消防管理是指预防物业火灾发生，最大限度地减少火灾的损失和火灾中的应急措施，消防工作包括灭火和防火，消防管理的内容有消防队伍的建设、消防制度的订立以及消防设备管理和火灾中的应急措施。

7. 车辆道路管理

这同样也是为维护物业正常的工作、生活秩序而进行的一项专门性的管理与服务工作，包括车辆的保管、道路的管理、交通秩序的维护等。

（二）综合经营管理与服务

主要是为了方便业主的生活和工作而提供的全方位、多层次的服务，具体包括：

（1）衣着方面：如洗衣（尤其是干洗）与制衣服务、鞋类修补服务、服装销售服务等。

（2）饮食方面：如快餐盒饭、送饭服务、音乐茶坊、燃料供应及代送服务等。

（3）居住方面：如房屋看管、房屋装修、房屋清洁、搬家服务、物业租售代理等。

（4）行旅方面：如汽车出租、组织旅游等。

（5）娱乐康体方面：如美容美发服务、组建棋牌社、读书社、桥牌俱乐部、影视歌舞厅、健身房、游泳池、网球场等并提供服务等。

（6）购物方面：如蔬菜水果等供应服务、设立小商店，供应日用百货等。

（7）网络社区方面：如为住（用）户提供网上资讯或其他网络服务。

（8）其他方面：如绿化工程服务，为业主或租户提供的代送病人就医、送药、代住户搞室内卫生、洗衣物、代雇保姆、代定购车船机票等等。

（三）社区管理与服务

主要是协助街道办、居委会（家委会）进行社区精神文明建设等管理活动，如：组织和开展各种各样的活动，包括："五好家庭"的评奖活动、见义勇为业主或租户颁奖活动、业主或租户义务植树、义务清洁活动等等。

在实践中，以上三大类业务项目具有相互促进、相互补充的内在有机联系。其中，第一大类是基本的，也是物业管理的基础工作，一切物业管理单位首先应做好第一大类的工作，树立起良好的管理服务形象。第二、三大类是业务的拓展，是服务广度和深度的拓展，可根据各个物业管理单位的实际情况、住（用）户的实际需求或社区的统一布置来安排。总之，物业管理单位必须以物业管理基础工作为主，在此基础上拓展业务，切不可本末倒置，以副代正。

同时，作为经营管理的服务企业，为较好的开展上述三大类的工作，物业管理实务也必须包括客户管理、费用管理、项目谈判、企业内部管理等项目。

三、物业管理实务的主要环节

物业管理是一个复杂的、完整的系统工程。物业管理的运作，既是管理思想的体现，又是管理理论的实践，是全部物业管理活动的总和。为保证物业管理有条不紊地顺利启动和正常进行，从规划设计开始到管理工作的全面运作，各个环节不容忽视。根据在房地产开发、建设和使用过程中的地位、作用、特点及工作内容的不同，可以把物业管理工作划分为三个基本环节：物业管理的前期阶段，物业管理的启动阶段，物业管理的日常运作阶段。

（一）物业管理的前期阶段

物业管理的前期阶段具体包括物业管理的招投标、物业管理机构的组建及前期介入等各个基本环节。

1. 物业管理的招标与投标

对房地产开发商和已成立的业主委员会来说，首先需要进行物业管理的招标，选聘合适的物业管理企业，然后才可能有具体的物业管理。对物业管理企业来讲，则首先需要参加物业管理的投标，取得项目的物业管理权以后，才能做好物业管理的准备并在适当的时候开始具体的物业管理工作。

一般来讲，物业管理的招标与投标需要做的基础工作，就是编制与确定物业管理方案以及制定物业管理招标书或投标书，在这个前提下，进行招标或参与投标。在确定了物业管理企业后，以下的各环节就由物业管理企业来进行。

2. 物业管理机构设置与人员安排

就某一个物业项目而言，物业管理企业可能需要另行组建新的物业管理机构或物业管理处，通过这个机构来具体实施物业管理项目的管理。当然，在对物业正式接管前，只需要组织成立管理层，临近物业正式接管时，再考虑安排作业层人员到位。

物业管理机构及岗位要根据所管物业的类型、规模及特点等具体情况来灵活设置。有关人员的选聘，一要注意各工种的人员编制及应聘者的专业水平（是否有上岗证等）；二要注意选聘的时间安排，急需的先招聘，不急需的后招聘。员工招聘上来后，还要注意组织培训。培训时间、培训内容、培训重点等要根据员工的具体情况及设置岗位的要求来确定。特别需要注意的是，电梯、锅炉、配电等特殊工种的员工还应取得政府主管部门的资格认定后才能上岗。

3. 规章制度的制定

规章制度是物业管理企业进行物业管理的依据，也是物业管理能否顺利进行的保证。规章制度一般包括内部管理制度和外部管理制度两个方面。在内部管理制度中，最基本的制度就是员工管理办法，该办法主要包括劳动用工制度、员工行为规范、员工福利制度、员工奖惩制度以及岗位责任制等内容。外部管理制度是针对物业管理企业内部来说的，其主要内容有业主公约、住户手册、各项守则与管理规定等。

4. 前期介入管理

前期介入管理的主要内容，包括物业管理企业对前期介入的准备以及在规划设计、施工监理、设备安装、租售代理等阶段的介入与管理。前期介入不是整个物业管理企业的全体介入，而是物业管理企业或者物业管理处的负责人与技术人员的参与。

（二）物业管理的启动阶段

物业管理的全面启动以物业的接管验收为标志。从物业的接管验收开始到业主委员会的成立，包括接管验收、入住管理、产权备案与档案资料的建立、首次业主（代表）大会的召开和业主委员会的成立四个基本环节。

1. 接管验收

接管验收是直接关系到物业管理工作能否正常、顺利开展的重要环节，它包括新建物业的接管验收和原有物业的接管验收。接管验收的完成，标志着新的物业管理工作全面开始，也标志着物业管理进入全面启动阶段。

2. 入住管理

入住是指住宅小区的居民入住或商贸楼宇中业主和租户的迁入，这是物业管理企业与服务对象的首次接触。住（用）户入住时，首先要签订物业管理委托合同、业主公约，为了能有一个良好的开端，物业管理企业需要做好下列工作：

（1）通过宣传使住（用）户了解和配合物业管理工作。采用多种宣传手段和方法进行宣传，使住（用）户了解物业管理的有关规定，主动配合物业管理企业日后的管理工作。通常，物业管理企业都向住（用）户发放《住（用）户手册（或须知）》，全面详尽地反映出住（用）户应遵守的管理规定，同时也告知物业管理企业所能提供的服务项目。

（2）配合住（用）户搬迁。无论是住宅小区还是商贸楼宇，住（用）户搬迁对于物业管理企业都是十分关键的时刻，既要热情服务，又要让住(用)户意识到应积极配合物业管理企业，共同维护舒适的工作和生活环境，遵守物业管理的有关规定。

（3）做好搬迁阶段的安全工作。搬迁一般时间比较集中，此时的人身安全、财产安全应引起特别关注。这一时期物业管理企业应提高警惕，加强治安管理，安排较多的保安人员值班。

（4）加强对装修的管理。迁入新居的住户和单位，一般都要对房屋进行不同程度的装修，对此，物业管理企业除给予积极的协助外，要特别注意加强对房屋装修的管理，包括建立对房屋的装修尤其是房屋结构的变动和室内原有设备、管线的改动的申报，审批制度，对装修施工过程中的垃圾、噪声、用火、用电安全的管理，对装饰装修材料的管理等。

3. 产权备案与档案资料的建立

产权备案的目的有二：一是准确界定每个产权人拥有产权的范围与比例，以维护其合法权益；二是保证物业管理的收费能够及时、合理地得到实施，维护物业管理企业自身的权利。实施产权备案是物业管理企业必须要做而且一定要做好的工作。另外，产权备案也是建立业主或租户档案的基础。物业管理企业还需要建立物业本身的资料，通过档案资料的建立，帮助物业管理企业顺利实施物业管理。

4. 首次业主(代表)大会的召开和业主委员会的成立

当具备一定条件后，物业区域应在政府有关部门的指导下适时召开首次业主(代表)大会，制定和通过有关文件，选举产生业主委员会。

（三）物业管理的日常运作阶段

物业管理的日常运作是物业管理最主要的工作内容，包括日常的综合服务与管理、系统的协调两个基本环节。

1. 日常综合服务与管理

日常综合服务与管理是指住(用)户入住后，物业管理企业在实施物业管理中所做的各项工作。这是物业管理企业最经常、最持久、最基本的工作内容，也是其物业管理水平的集中体现。涉及的方面很多，例如：房屋修缮管理、房屋设备管理、环境卫生管理、绿化管理、治安管理、消防管理、车辆道路管理以及各项服务工作等等。

2. 系统的协调

物业管理社会化、专业化、企业化、经营型的特征，决定了其具有特定的复杂的系统内、外部环境条件。系统内部环境条件主要是物业管理企业与业主、业主大会、业主委员会的相互关系的协调；系统外部环境条件就是与相关部门相互关系的协调，例如，自来水公司、供电局、煤气公司、居委会、通讯部门、劳动局、工商局、环卫局、园林局、房管局、城管办等有关主管部门，涉及面相当广泛。物业管理企业要想做好物业管理工作，就要建立良好的内、外部环境条件，内部环境条件是基础，外部环境条件是保障。与此同时，政府还要加强物业管理的法制建设和宏观协调，否则，物业管理工作会碰到许多难以想象的困难。

四、物业管理实务的性质与特点

1. 实践性、事务性强

物业管理实务涉及的是物业管理的具体工作，要解决物业管理每一步做什么，怎么做，注意什么问题，因此实践性很强，同时它包括的内容细而具体、繁杂而重复，涉及经营、管理与服务的各个方面，所以又有很强的事务性。

2. 与群众生活相关性强

物业管理实务说到底是为业主、使用人提供的服务性工作，自然就与他们的生活密切相关。治安不佳，人们就不能安心居住、生活与工作；水停、电断、顶漏、管塞会带来无尽的生活烦恼；更不用说消防不力可能导致的生命财产损失了，所以，物业管理的各方面工作必须做好，让群众满意。

3. 时效性强

正因为与群众生活密切相关，所以，物业管理实际工作有很强的时效性。水停、电断、顶漏、管塞需要即时处理，许多物业管理公司为解决好这一点，设有 24 小时"热线"电话，为居民提供日夜服务，并设有维修车，以便及时赶到工作现场。如发生电梯故障，只要按响警铃，五分钟内就有维修人员到现场抢修。卫生清洁、治安防范乃至房屋出租等亦有极强的时效性。

4. 系统性、综合性强

物业管理实务涉及的工作面广而复杂，具有很强的系统性和综合性。一个环节出了问题，便会对其他环节产生影响，例如，前期介入工作没做或没做好，就会给日后的管理维修带来麻烦、不便；电梯出现故障，其他工作便难以进行。这一特性要求在做物业管理的具体工作时，既要分工明确、各司其职，又要统筹兼顾、互相协调配合，不然，像保安员在治安巡逻时发现水管漏水、场地脏乱而不管不问，不及时通知总部，就会出现有事不能及时解决、影响工作时效性的问题。

5. 递增性强

随着社会的发展变化和人们生活水平的提高，人们对服务的需求会不断增加变化，随之而来，物业管理实务所包括的内容和项目也会不断增加变化。物业管理单位要能适应这种增加的变化和需求，同时也应主动开辟一些新的服务项目和领域，培育自身的应变机制，增强自身的管理创新能力和活力，以提高管理水平和竞争力。

五、我国物业管理实操的发展趋势

在我国，物业管理是伴随着市场经济的发展、物业产权制度的改革而产生与兴起的，其发展变化也必然是随着市场经济的发展而发展，随着时代的进步而进步，并带有服务业的鲜明特点。总的说来，我国物业管理将呈以下发展趋势：

1. 管理服务日趋主动

物业管理属于第三产业——服务业，业主至上、服务第一，以满足业主期望为己任、不断创新的主动式物业管理，是物业管理发展的方向，也是物业管理业作为服务业的生存基础。因为只有变被动为主动，才能赢得人心，赢得管理业务，也才会使物业管理企业有搞好管理的内趋力，从根本上促使管理工作的不断改进，管理水平的不断提高。

2. 运作日趋规范化

服务行业发展的大量实践证明，服务行业要想保证服务质量，保证日常工作的良好有序，必须要走规范化的发展之路。物业管理所涉及的工作千头万绪、琐细繁杂，只有建立健全严格的制度，按严格规范的程序、标准进行运作，才能保证服务质量。现在众多的物业公司积极争取通过 ISO 9000、ISO 14000 等质量体系认证，以促进管理水平和服务质量上台阶，正适应了这一趋势。

3. 管理日趋社会化

一方面，物业管理成为一种社会需求，物业管理作为一种行业，成为社会分工体系的一部分，业主广泛地在社会上挑选优秀的专业物业管理企业管理自己的物业（招、投标形式被广泛应用），将会成为一种普遍形式；另一方面，物业管理各种专项工作也日益社会化，越来越多的物业管理企业将不再把所有的物业管理事务统包起来，而是将物业管理的一些日常工作（如保安、清洁、绿化等）交由社会上的专业保安公司、清洁公司、绿化公司去做，物业公司只负责签订合同、检查监督。这样不仅会降低成本，而且因为专业公司设备更齐全，人员更专业，经验更丰富，会使得所承担工作的效率、水平更高，这符合市场经济对有限资源进行最佳配置的要求。

4. 经营日趋规模化、品牌化

随着专业化物业公司的大量涌现，物业管理的市场竞争将日趋激烈。物业公司要生存发展，必须走规模经营、降低成本、提高效益、争创名牌的经营之路。同时市场也必然会选择服务质量好、品牌佳、信誉高、经营得法、收费合理的管理公司，因此，同市场经济条件下其他任何竞争性行业一样，物业管理走向规模化、品牌化会成为一种必然趋势。

5. 管理人员知识化、管理手段科技化

随着人们生活水平、物业建造档次（趋于智能化）的提高，对物业使用与管理的要求必然会越来越高，高素质的员工、高科技管理手段必不可少，正如人们现在广泛意识到的，人类社会正在步入知识经济时代，任何一个行业的领先高效、价值创造都必须依赖知识、科技含量与创新。大量的物业管理实践也证明，管理人员的素质、高科技手段的应用对提高服务质量、管理效率十分重要。高素质的人才、高科技的应用是物业管理行业争创管理新优势、提高管理效率的关键，也必将是我国物业管理发展的一大趋势。

复习思考题

1. 什么是物业？什么是物业管理？
2. 如何理解物业管理的社会化？
3. 物业管理有哪些特性？
4. 物业管理实务的含义是什么？
5. 物业管理实务的内容有哪些？
6. 物业管理实务有哪些特点？
7. 物业管理的基本原则有哪些？
8. 物业管理的宗旨是什么？
9. 物业管理实操的发展趋势是什么？

【案例讨论】

张某和他一些朋友在谈到物业管理时，对以下一些问题不太明白，希望能有人给以答疑：(1)有人认为物业管理就是房产管理，只不过房产管理和物业管理所处的体制不一样，名称换了一下，其根本区别就是收不收费的问题；也有人说物业管理就是在原来的房产管理上增加点内容，比如扫扫地、浇浇花、看看门，这些看法对吗？(2)物业管理就是为有钱人服务的吗？(3)物业管理是为了解决就业而推行的一种措施吗？

第二章　物业管理的招投标

物业管理招投标，是物业管理权的市场交易形式。物业管理企业能否在招投标中胜出，能否获得并保持一定的物业管理规模，决定着物业管理企业生存与发展。

第一节　物业管理招投标概述

一、物业管理招标与投标的概念

招标和投标是英语 Invitation to Tender 和 Tender 的意译，是国内外现代经济活动中常用的竞争性的交易形式。招标是指招标单位在兴建工程、合作经营某项业务或进行大宗商品交易时，将自己的要求和条件公开告示，让合乎要求和条件的承包者参与竞争，从中选择最佳对象为中标者，双方订立合约。投标是对招标的回应，是竞做承包者的行为，是指承包者按招标公告的要求与条件，提出投标申请。

物业管理的招标，是指作为物业所有权人或其法定代表的开发商或业主委员会，在为其物业选择管理者时，通过制订符合其管理服务要求和标准的招标文件并向社会公开，由多家物业管理企业竞投，从中选择最佳对象，并与之订立物业服务合同的过程。物业管理的投标，是指符合招标文件要求的物业管理企业，根据招标文件中确定的管理服务要求与标准，编制投标文件，参与投标的活动。物业管理的招标与投标，实质上是物业管理权的一种交易形式。

二、物业管理招投标的意义

只有通过有序的、规范的、市场化的招投标行为，业主才能选择到合适的服务单位，物业管理企业才能通过平等竞争开拓业务和提高企业的经营水平。所以，招投标是业主和物业管理公司共同的要求，符合双方的共同利益。

国家提倡建设单位按照房地产开发与物业管理分离的原则，通过招投标的方式选聘具有相应资质的物业管理企业。住宅物业的建设单位，应当通过招投标的方式选聘具有相应资质的物业管理企业（如果投标人少于三个，经物业所在地的区、县人民政府房地产行政主管部门批准，可以采用协议方式选聘）。

物业管理的招投标活动是物业管理供需双方在平等互利的基础上，通过双向选择而建立的一种劳务商品交换关系。招投标首先对物业管理行业的兴旺和物业管理市场的成熟有着积极的促进作用，同时对于提高业主的自治自律能力，提高物业管理企业的专业管理水平和建设优秀的物业区域也有着积极的促进作用。

（一）有助于提高业主的自治自律能力

业主在物业管理中作用的正确发挥取决于业主的自治自律意识和能力。业主的自治能力首先表现在能否选聘到合适的物业管理公司和处理好相互间的关系。规范化的招投标活动需要业委会能正确评价物业管理公司的服务质量和经营水平，能正确处理业主间的个体利益和共同利益的关系，能在业主间取得共识，团结一致、同心协力做好招投标工作。所有这些活动都使业主的自治自律能力得到考验和锻炼。

（二）有助于提高物业管理企业的专业管理水平

物业管理本身是一种市场化的管理服务行为，也只有在市场竞争机制的催促下，物业管理的服务质量才得以比较和提高。公正、公开的招投标行为是衡量物业管理服务标准和价格标准的最佳尺度，是评价物业管理企业经营能力和专业管理水平的试金石。物业管理企业只有在招投标这个大市场的竞争中才能生存和发展，树立自己的形象，提高企业的声誉。事实证明，凡是在招投标中取得成就的企业，其在物业管理行业中的地位日趋牢固，影响日益广泛，企业在市场中占有的份额日益扩大。

（三）有助于建设优秀的物业区域

业主自治自律能力的提高，物业管理企业专业管理水平和服务质量的提高和两者关系的理顺必然导致物业管理区域各项工作的改善。物业管理企业一般都在投标方案中提出建设优秀物业区域的计划，并在中标后努力实施。事实证明，凡是招投标成功的区域，物业管理水平和面貌都得到提高和革新。所以，良好的招投标是建设优秀物业区域的重要动力。

物业管理招投标完全可以大力推广，《中华人民共和国物业管理条例》对此也有着专门的规定，第三条规定"国家提倡业主通过公开、公平、公正的市场竞争机制选择物业管理企业"，第二十四条规定"国家提倡建设单位按照房地产开发与物业管理相分离的原则，通过招投标的方式选聘具有相应资质的物业管理企业"。

但是，物业管理招投标的积极作用不是自发发生的，而是需要精心组织和策划。关键是要坚持正确的招投标原则和按照正确的程序和方法进行。实际操作中招投标失败会造成严重的后果：耗费业主和物业管理公司的精力财力，在业主内部，在业主和物业管理公司间，在公司与公司间造成不必要的种种矛盾；造成物业管理的一度真空，或者影响物业小区的管理服务质量，给业主和使用人带来种种不便；由于上述的因素，矛盾激化，还有可能影响社区的稳定和城市容貌的完好。

三、物业管理招投标的原则

物业管理招投标的原则是指导招投标市场运作的基本准则，能否正确地掌握原则是物业管理招投标成败的关键。因此，招投标的有关各方都要正确理解和熟练地运用招投标的各项原则。

（一）公正、公平、公开的原则

这是物业管理招投标的基本原则。公平是指所有的物业管理企业在同等的条件下参加投标，招标方对所有的投标方提供的资料、投标条件和标书都是一致的。也就是说，所有的投标方都在相同的基础上参与竞争；公正是指评标、验标、决标的规则，记分方法对所有的投标方、所有的投标书都是统一的。也就是说，要用同一尺度来衡量所有的标书。如采用开标即时标分、记分的方式来评标、决标，对于聘请的专家评标委员的选择也应体现公正的要求；公开是指招标过程中的各项程序都要公开发布，特别是实行向全行业公开招标的项目更要公开发布操作程序、标书要求等，使有关各方了解，公开发布招标程序有利于投标方按程序操作，有利于接受社会的监督，增加招投标的透明度。

公正、公平、公开三者要有机地结合实施，三者缺一不可，三者综合实施就能保证物业管理招投标活动规范化进行。

（二）实事求是、合情合理的原则

物业管理的招投标活动要求按照实事求是、合情合理的原则运作，无论是招标方和投标方都要接受这个原则的约束。招标方应当按照自己物业区域的实际情况和业主、使用人的承受能力来选聘合适的物业管理单位。招标标书以及物业管理的服务项目、范围和价格标准都要同本物业的档次、业主和使用人的经济文化水准相一致。不要盲目贪高求洋，因为和高标准的服务相应的是高标准的收费。特别是售后公房的物业管理尚处于起步阶段，又受费用的制约，服务项目和标准只能逐步提高。

招标方在评标、议标、审标时要以实事求是、合情合理为指导来分析标书、分析物业管理方案(建议书)，要分析投标方的承诺和建议是否符合本小区的情况以及可行程度，不能单纯以价格高低作为评审依据。

投标方则要从自己的能力和经营目标出发来选择投标项目，提出的投标方案要符合小区的实际情况，作出的承诺要能实现，不能为了中标而提出不切实际的服务项目和标准，造成后遗症。

（三）前期介入的原则

物业管理要求前期介入，前期介入能避免种种前期后遗症，能及时协调开发建设单位、物业管理公司和业主三者间的关系，能为小区管理奠定一个良好的基础。前期介入最好能使物业管理同项目开发同步进行。当然，项目的介入时间要根据各个物业的具体情况，或者在设计阶段、或者在施工阶段、或者在验收阶段、或者在销售阶段适时介入。

招投标是物业管理前期介入的最佳方式和途径。前期介入的原则要求物业管理招投标活动要尽早进行，尽早落实物业管理单位。

《前期物业管理招标投标管理暂行办法》就此方面规定了组织招投标的时限。通过招标投标方式选择物业管理企业的，招标人应当按照以下规定时限完成物业管理招标投标工作：

（1）新建现售商品房项目应当在现售前30日完成；

（2）预售商品房项目应当在取得《商品房预售许可证》之前完成；

（3）非出售的新建物业项目应当在交付使用前90日完成。

在以上时限之前，越早越利于物业管理企业前期介入。

四、物业管理招投标的内外条件

物业管理招投标是伴随着我国物业管理行业、物业管理市场的发展而逐步发展起来的。国内的招投标首先在沿海一些大中城市施行。1994年1月10日，深圳市住宅局率先在所属物业管理公司范围内对"莲花北村的物业管理"试行招投标。1996年12月3日，由深圳市住宅局主持的"鹿丹村的一体化物业管理"社会化招投标的成功，揭开了中国物业管理招投标市场的序幕。目前，深圳市把"三化"（一体化、专业化、企业化)和"一招"（招投标)作为把物业管理推向市场、开创新局面的主要措施，对国内物业管理行业和市场的发展具有很大的启迪。当前，中国物业管理正在跨入市场化的新阶段，扶助和推进物业管理招投标市场的发育和成长，需要一系列的主客观条件的配合。

（一）物业管理招标方的成熟

物业管理招投标市场的发育的首要条件是招标方的成熟。招标方包括房地产开发建设单位和物业业主。招标方如果是房地产开发建设单位，包括政府投资部门、事业单位和开发公司，一般具有招标的经验和能力。如果招标方是业主，或通过业主委员会来实施，就有一个既无经验，又无完善的操作规范可依据的问题。

一个称职的业委会是招投标成功的首要条件。称职的标准是：第一，业委会成员公益性强；第二，业委会成员有一定的协调能力。做到上述两点，对业委会来说应当并不太难。问题是业委会建立时间不长，如何运作要有一个锻炼的过程。这里的关键是要有一个团结的班子。业委会也可以在招投标中学习招投标。业委会和业主重视提高自治自律意识和努力掌握招投标的政策、规则，学习成功的经验，就可以少走弯路。所以，业委会的自治管理的成熟是培育物业管理招投标市场的先决条件。

开发商组织的招标也有不规范的。有的开发商通过招投标方式取得投标方提供的《物业管理方案》或《物业管理建议书》，汇总后作为自己设立管理部门的资料。这种通过招投标方式窃取对方"经营成果"的不道德商业行为，需要从法制上予以制约。

（二）物业管理投标方的成熟

物业管理招投标的投标方一般来说都有一定的业务知识和市场竞争的经验，都能理解招投标的程序，提供合适的标书。现在的矛盾是观念的滞后和经济利益的制约，往往做出一些非规范化的行为。

（1）有的被解聘的物业管理公司不甘心退出，往往在业主中制造矛盾，滋扰招投标的正常进行。有的公司还同物业区域的开发商共同进行干扰，更使招标活动困难重重。

（2）有的物业管理公司的投标书脱离实际，作出种种过高的承诺或报价过低，影响审标、评标工作的顺利进行。

所以，投标方的成熟主要表现在观念的转变和正确对待经济利益，从而端正态度，积极参与招投标活动，依靠自己的服务质量和经营能力在市场上取得一席之地。

（三）规则的完善

招投标市场的规范化运作需要有一系列法规制度来约束。如建筑工程的招投标就有建设工程招标、投标和决标管理办法，项目登记办法，信息发布管理办法，投标企业管理办法等规范来保证其正常运作。物业管理的招投标当然没有建设工程招投标那么复杂，但是，必要的规则还是需要的。政府主管部门也要依靠一系列法规、办法来规范招投标行为。建设部已于2003年颁布了《前期物业管理招标投标管理暂行办法》，对物业管理的招投标进行规范。

（四）市场信息网络的建立

市场是信息的集散处，市场依赖信息而发育，信息依赖市场而传布。当前，物业管理招投标市场的信息网络渠道并不畅通。如上海已有2000家物业管理公司，但是，有些公司在信誉、能力、经营范围、服务质量和价格水平等方面都缺乏完整的材料，致使招标方缺乏选择的余地，在实际操作中双方都带有一定的盲目性。所以，建立适当的物业管理招投标的信息网络有助于活跃物业管理投标市场。

总之，物业管理招投标市场的发育，首先是招投标双方的努力和运作水平的逐步提高，同时，要依靠政府管理部门和社会各方的支持和扶助，特别是有关招投标市场管理条例和相应的法规逐步完善才能促使其繁荣和兴旺。

第二节　物业管理招标方式和程序

一、物业管理招标的主要方式

按我国物业管理相关法规规定，物业管理招标的主要方式有以下两种：

1. 公开招标

由招标方通过各种媒介发布招标公告，如在报刊、广播、电视或专门刊物上刊登招标公告，同时也应在中国住宅与房地产信息网和中国物业管理协会网上发布。凡对此有兴趣的物业管理企业都可以购买资格预审文件，预审合格可购买招标文件进行投标。这种招标方式的优点是有较大的选择范围，可在众多的投标单位之间选择报价合理、服务良好、信誉卓著的物业管理公司，也有助于开展竞争，打破垄断，能促进物业管理企业努力提高管理经营水平。但是，由于参加竞争的物业管理公司较多，增加了资格预审和评标的工作量。

2. 邀请招标

也称有选择的招标方式，即由招标单位向预先选择的数目有限的物业管理公司发出邀请书，一般邀请不超过十个，但要求在三个以上。这种招标方式可以保证投标单位有相关的资质条件和管理经验，信誉可靠。但由于招标范围有一定的局限性，有可能漏掉一些在管理和报价上有竞争力的公司。

如果投标人少于三个或住宅规模较小的，经物业所在地的区、县人民政府房地产行政主管部门批准，可以采用协议方式选聘具有相应资质的物业管理企业。议标也称非竞争性招标或指定性招标，指招标单位邀请一家或几家物业管理公司分别协商谈判，被邀请的对象一般是具有信誉的优胜者。这实际上是一种合同谈判的形式。其优点是可以节省时间，容易达成协议，迅速开展工作。这种方式一般适用于对邀请方具有一定业务联系和比较熟悉的物业管理公司，或具有特殊管理要求的物业。

以上主要是从招标对象的广度来分类的，物业管理的招标也有其他的一些分类方法，如按物业管理服务的范围，分为常规性的物业管理招标和经营性的物业管理招标两种，前者着重于常规性管理服务，以便为业主及使用人提供良好的生活和活动环境，而后者则侧重于利润目标；按物业管理招标项目可分为全方位物业管理招标和单项目物业管理招标；按物业管理招标的主体可分为前期物业管理招标、经常性物业管理招标和委托咨询型物业管理招标等。

二、物业管理招标程序

（一）组成物业招标管理小组

招标单位(开发商或业主委员会)根据广大业主的提议，决定在通过招投标方式选聘物业管理公司后，应尽快组建一个招标管理组织，成员可聘请有关部门的人员和物业管理专家。其主要任务是：研究各项招标条件，编制招标文件，发布招标公告或邀请书，对投标企业进行资质审查，向投标企业发放招标文件及有关技术资料，组织投标企业勘察现场并对有关问题负责解释和答疑，制定评标方法，发布中标或未中标通知书等。

（二）编制招标文件和标底

1. 编制招标文件

招标的文件包括《招标书(或招标公告或招标邀请书)》、《投标单》、《投标企业资格审查表》、《投标须知》、《招标章程》、《招标项目说明书》、《管理合同》等。

物业管理招标文件的编制是招标准备中最重要的环节，它不仅是投标者进行投标的依据，而且决定了今后该物业经营和管理的水平。因此，编制招标文件是物业管理招标活动的关键，应力求做到系统、完整、准确、明了，提出要求的目标明确，使投标者一目了然。

2. 招标标底与管理目标的确定

物业管理招标标底是招标单位根据政府有关方面的规定及本物业管理目标而确定的管理服务项目和收费标准，是评标、决标的重要依据。招标标底是业主所期望的管理服务水准和所能承受的物业管理费的最高限额的统一。合理的物业管理标底是物业本身的档次、管理服务项目标准、业主消费水准和消费意向、业主委员会自治管理水平的综合体现。招标小组应在广泛听取业主意见的基础上，根据招标物业的具体情况进行正确的市场定位。费用标准即标底的确定应把"量入为出"、"以支定收"和"业主的承受能力"的收费原则有机地结合起来。管理目标与管理标准相吻合，具有可操作性。

物业管理实行招标，并且希望能够招聘到优良的物业管理公司参与管理。如何编制招标文件是一项非常重要的内容，而其中的"管理目标"是投标企业编制投标文件的主要依据。管理目标的货币表现形式为标底，投标企业若想中标，它的投标报价必须尽量接近标底，而要做到这点，投标企业对管理目标须有透彻的理解。因此，招标单位的管理目标一旦公布，就不宜随便变更，这也是招标方对投标方应有的态度。否则，就会影响招投标的严肃性和公正性。

(三) 发布招标消息

招标单位根据招标方式的不同，采用不同的途径发布招标消息。比较常见的途径主要有召开招标的新闻发布会、公布招标公告(广告)、寄发招标邀请书(函)等。

(四) 物业管理公司申请投标

物业管理公司在看到招标公告或收到招标邀请书之后，结合本企业的具体情况，确定是否参加投标，如果愿意参加投标的，应在规定的时间内按要求填写投标申请书提交招标单位。

(五) 投标企业资质审查

公开招标，资格审查需在投标单位取得标书之前进行，故称资格预审，是招标方对投标方从事物业管理的资质和资格的预审，是物业管理招投标健康运行的前提。

1. 资格预审的程序

①邀请物业管理公司参加资格预审；②颁发资格预审文件；③预审资格资料的分析、审查。

2. 资格预审的内容、要求

根据国家《物业管理企业资质管理办法》，结合招标物业管理的具体内容，资格预审的内容包括：①是否具有法人资格和从事物业管理的资质；②是否具有与所招标内容相适应的技术及经济管理能力，即相应的资质等级；③以往业绩，包括已接管物业的经营、管理状况，达优、达标的比例或受处罚的情况；④凡跨地区投标者，应持其营业执照和企业资格等级证书到招标物业所在地政府有关部门和工商行政管理机构登记备案。

招标单位要求申请者提供的资料要准确、详细，并有对资料进行核定和澄清的权利，对于弄虚作假、不真实的介绍可拒绝其申请。资格预审的结果和已通过资格预审的申请者的名单将以书面的形式通知每一个申请企业，申请企业在收到通知后的规定时间内(如48小时)回复招标单位，确认收到通知。随后招标单位将投标邀请函送给每一个通过资格预审的企业。

3. 资格预审的申请书的表格

资格预审申请者应按统一的格式递交申请书，在资格预审文件中按资格预审的条件编制成统一的表格，由申请者填报，这对于评审工作是非常重要的。申请书的表格通常包括以下内容：①申请人表。主要有申请者法人单位的名称、地址、电话、电传、传真、成立日期。如果是股份制、联营体，应首先写明牵头的申请者，然后是所有合伙人的名称、地址等。②组织机构表。主要有公司简况、法人代表、股东名单、直属公司名单等。③财务状况表。基本数据有：注册资金、实有资产、流动资产、固定资产，以往物业管理经营赢利或者亏损情况(即损益表)等。④公司人员表。其中包括管理人员、技术人员、专业服务公司人员及其他人员的数量和从事物业管理经营的年限。⑤业绩表。指已接管物业的管理经营状况。包括已接管物业的名称、地址、类型、管理费价格以及有何种奖惩经历等。表格可由招标方根据需要设计，力求简单明了，并注明填表的要求，每张表格都应有授权人的签字和日期，对于要求提供证明附件的应附在表后。

(六) 召开发标会议及现场勘察答疑

招标单位邀请投标企业参加发标会议，由招标小组成员介绍招标物业情况，解答投标企业提出的问题，并发布招标文件及有关技术资料。

(七) 投标书的接受和收存

招标单位应按招标文件中规定的时间、地点，在有效期内接受投标单位的投标文件，符合招标文件要求的应予以收存。

(八) 召开开标答辩会

开标应按招标文件中规定的时间、地点公开举行。邀请业主代表、物业管理主管部门及公证机构参加，并且组成评标小组，开标会议由招标小组组长主持。一般程序如下：

(1) 由招标小组成员介绍各方到会代表，宣布会议主持人。

(2) 会议主持人检验投标企业法人代表证或法人代表委托书。

(3) 主持人重申招标文件要点，宣布评标办法和评标小组成员名单。

(4) 主持人当众检验启封投标书，若有无效标书者，须经评标小组半数以上成员确认，并当众公布。

(5) 投标单位法人代表或法人代表委托人声明对招投标文件是否确认，并对招标单位提出的问题进行解答。

(6) 按标书送达时间或以抽签方式排列投标单位的唱标顺序，当众启封，公布标底。

(九) 评标、决标

评标应按照平等竞争、公正合理的原则，对所有投标企业一视同仁，逐一评审。评审可采用综合评议法或定量评分法，排出名次，最后确定中标单位。评标应按照招标书所设定的管理目标为依据，正确的评标依据及方法是招标评标的关键。

1. 评标主要依据

（1）标价合情合理。物业管理招投标所讲的标价合理是指投标单位编制的物业管理费用的标价接近标底价格。物业管理的标底不同于其他招投标项目的标底，其他招投标项目的标底相对比较固定和客观，而由物业的档次和服务项目的水平决定的物业管理费用支出弹性很大，高档管理与普通管理的价格差距很大（可以是几倍），而标底价格就是业主所能接受的价格，要求所提供服务的水平与这个价格相适应。

（2）管理先进。物业管理，强调的就是"管理"水平。评标时，除了遵循"标价合理、低价中标"的原则，还要考虑投标企业的资本、管理服务人员及技术力量等方面的因素。价格确定是提高管理水平的基础，但管理方法的选择、各种技术力量的拥有程度，对于降低费用开支、提高工作效率及经济效益具有重要的作用。因此，管理方法、措施也是评标的重要依据。

（3）质量水准。合理的标价，科学的管理方法，投标企业是否有良好的职业道德、敬业精神和奉献精神等等，是保证质量的基本条件。质量包括两个方面：一是技术质量，是对房屋和设备设施的保养、检修水平；二是服务质量，要看物业管理是否以"人"为本，物业管理公司员工是否能做到热情、耐心、周到，做到以"情"服人。

（4）企业信誉。信誉，是一个企业的无形资产，物业管理评标原则就是以投标企业以往信守合同、遵守国家法律、法令的情况，技术质量和服务质量的综合体现作为依据的。

评标是否科学、公正，也是对招标单位即业主委员会的自治管理水平高低的检验，如果在评标过程中出现营私舞弊或违法行为，对招标单位的形象也是一种损害。物业管理市场是双向选择的，如果真的出现上述情况，就会影响物业小区吸引优秀的物业管理公司参加投标竞争，得不到良好的管理。

2. 评标方法

评标方法的科学性对于实施平等的竞争、公正合理地选择中标者是很重要的。评标涉及的因素很多，应在分门别类、分清主次的基础上，结合物业的特点确定科学的评标方法。具体有：①低价评标法。这种方法的前提是投标者通过了严格的资格预审和其他评标内容都符合要求。具体做法是将投标者按报价高低依次排队，取其报价接近标底而略低于标底的投标者三至四个，再结合投标文件中的具体实施措施，综合比较，择优定标。②打分法。具体做法是由评标小组将事先准备的评标内容进行分类，并确定其评分标准，然后由每位评标小组成员无记名打分，打分的依据是以招投标文件规定的管理目标对照各投标单位的标书和报价，最后统计投标者的得分，得分最高者为中标单位。

以表2-1作为参考，可根据每个招投标物业的具体情况由招标单位制定。

投 标 评 分 表　　　　　　　　　　　　表 2-1

项 目 名 称	所占比例（%）	现 场 打 分	备 注
1. 管理措施	10		
2. 房屋保养	10		
3. 设备设施保养与运行	10		
4. 环境管理	10		
5. 社区文化	5		
6. 安保	10		

项 目 名 称	所占比例(%)	现 场 打 分	备 注
7. 特约服务	5		
8. 创优	10		
9. 报价合理	10		
10. 现场答辩	20		
合计	100		

评标人签名　　年　月　日

（十）发出中标或未中标通知书

确定中标企业后，招标单位应在规定的时间内发出中标或未中标通知书。

（十一）签订委托管理服务合同

招标单位在通知投标单位中标时，应同时邀请中标单位在一定的期限内与招标单位签定合同。如果投标单位在规定期限内拒不签约，则招标单位有权没收该投标单位的投标保证金。

第三节　物业管理投标程序与方法

一、投标活动的组织与策略

对一个物业管理公司来讲，投标是否能成功，首先取决于企业的品牌、信誉和经营、技术等方面的力量，同时与投标活动的组织和管理以及是否有一个强有力的、内行的投标班子，与投标的策略都有密切关系。

（一）投标组织人员的要求。

为了在竞争中取胜，编制出符合实际、具有可操作性的标函及顺利回答招标答辩提问，企业要组织富有创意性的投标班子，一般应由以下三方面人员组成。

（1）经营管理人员。要求了解和掌握国家及地方政府有关物业管理方面的政策法规，有全面、系统的观察分析能力和应变能力，并且具备较强的社会活动能力和市场分析能力，掌握较多信息，对可能出现的各种问题进行预测并采取相应措施。

（2）专业技术人员。要求对物业管理专项服务有较强的技术水平（例如，对房屋结构、设备、设施性能等十分熟悉），拥有本专业最新的技术水平，具备熟练的实际操作能力，以便在投标文件的编制中对某些费用的测算提出正确的报价。

（3）商务财会人员。要求熟练掌握物业管理财务操作，熟悉保险、税收、涉外财会、外汇管理和结算及金融投资等方面的知识，正确测算收支水平，以便在投标决策时作出选择。

（二）投标的策略

投标的策略，实际上就是物业管理公司为了投标取得成功所采取的相应原则和方式方法。为了使投标获得成功，或者说具有竞争力，物业管理公司在实施投标操作时可以采用一些不违反法律原则的特殊的政策和与众不同的谋略，以争取出奇制胜。

（1）合理的价格。在物业管理招标竞争中，对于招标者来讲，招标就是择优，而较低的价格是其首选条件。但是，对投标方来说，报价不是越低越好，低价是在同等服务水准前提下的低价，而不是不讲质量的一味低价。所以，合理的报价比不合理的低价更能得到评标人的好感。报价一般应参考政府的有关规定和市场同类物业的价格水准，结合本企业的优势报出最有竞争力的价格。

（2）专业化的管理能力。物业管理的竞争实质是专业化的管理水平的竞争，包括：先进的技术和设备，现代化的管理水平、管理方式和一系列的制度以及专业化的管理人才。企业只有依靠这些条件的综合，打出自己的特色，才有可能在众多的竞争者中脱颖而出。

（3）优良的质量。质量是企业的生命，物业管理的质量反馈是最迅速的，及时处理业主及使用人的反馈信息是进一步提高质量的最好措施，优良的服务质量是物业管理公司与业主及使用人沟通的金钥匙，也是投标取胜的有力武器。

企业应当在服务质量方面提出自己具有吸引力的广告语言，但又不可华而不实。如果企业有一定的规模，能提供优良服务的样板，那就更有竞争力。

（4）遵章守法。招投标的竞争要符合物业管理市场运作规范。投标方的一切行为，特别是投标文件的编写都要遵守国家有关物业管理和经济合同的法规的要求。不合法的投标行为和标书都是无效的，而且有损企业的声誉和形象。

同时，投标的重要意义也要求投标单位注重做好每一个环节，甚至是细节。应特别注意以下几点：

（1）组织落实。在决定参与投标后，马上成立投标领导小组和工作小组，尽快制订工作计划，有重点地分头开展工作，并进行互相沟通。

（2）自我包装。对物业管理公司的形象进行恰如其分的包装、实事求是的介绍、宣传公司自身的资质，包括人员资质、已经管辖的物业资质、所获得的荣誉，十分明确地表达公司参与投标竞争的决心和信心。

（3）市场调查。通过各种关系和渠道，尽可能摸清一些相同类型物业在物业管理上的做法、经验、经营项目的设置、价格定位、客源、收益等情况，使别人的成功经验为我所用。

（4）了解对手。在自己紧锣密鼓地进行投标准备时，也要想方设法了解竞争对手的情况，以争取主动，合理定位。

（5）规范、及时。投标是一个公平竞争的行为，操作时要绝对做到不违反国家有关的制度和法规，投标单位之间不串通一气、相互作弊。投标书书写规范，送达及时，尽量争取先声夺人。

二、物业管理投标过程

完整的投标过程包含获取招标信息、投标决策、申报资格预审、取得招标文件、组织投标班子、现场勘察、编制投标书及其送达、参加开标会议及招标答辩、中标及签订委托管理合同。对于物业管理企业应对招标而言，投标过程具体是指从填写资格预审调查表开始，到将正式标函送交招标单位为止的全部工作。大致包括以下几个步骤：

（一）资格预审

资格预审能否通过是物业管理投标过程的第一步。但对于一个具有良好管理的企业来讲，在平时应将一般资格预审的资料准备齐全，储存在计算机内，需要使用时，将有关资料调出来，再根据招标物业的具体情况进行补充完善。这里强调要有针对性，特别是要反映本公司的管理经验及以往业绩，因为这往往是业主考虑的重点。

（二）投标前的调查与现场考察

这是投标前必须做的一项工作。按国际上的做法，投标者提出的报价被认为是在现场考察的基础上编制的，因此，现场考察既是投标者的权利又是其职责。调查包括：向业主了解原物业管理公司管理状况；物业及附属设备的使用状况；物业周围的环境；公建配套；社区服务内容；市场上同类物业的经营管理经验、价格定位等。同时作好详细记录，以便在编制标书时采纳使用。

（三）分析招标文件，编制管理计划及投标报价

这一项工作是投标最重要的内容，也是投标是否成功的关键。招标文件是投标的主要依据，应仔细分析研究，其重点是：物业管理模式、管理费收取、维修基金的使用管理及管理要求等。根据以上内容，关键是要有合理的机构设备和人员结构的合理安排和恰当配备，以及正确测定物业管理经营费用。这样，一方面根据费用支出，确定管理收费标准；另一方面根据业主的经济承受能力及政府有关规定，确定管理费用。通过这种方法制定的投标文件，既有一定的管理服务水准，又不至于使业主负担过重。

（四）编制投标文件

投标文件应完全按照招标文件的各项要求编制。一般不能带任何附加条件，否则将被视作废标。招标文件编写后面将有详述。投标文件可分为初步方案和详细方案两套。初步方案用于入选投标，只是粗略的估算。若初步方案入选，再送详细方案，这是防止"假招标"的一种手段，也是企业的自我保护。

编制投标文件的一般要求：①投标文件中的每一要求填写的空格都必须填写，一般不得空着不填，否则即被视为放弃意见，重要项目不填写，可能被作为废标处理；②填报文件应反复核对，保证分项和汇总计算均无错误；③递交的文件每页均应签字，如填写中有错误而不得不修改时，则应在修改处签字；④用打字方式填投标文件；⑤各种投标文件的填写要清晰，字迹要端正，补充设计图纸要美观、清楚，给招标单位留下良好的印象；⑥有关投标者资历等文件，如证明投标者资历、能力、财力等证书、证明应附在投标文件后。

（五）递送投标文件

递送投标文件也称送标，是指投标单位在规定的投标截止日期之前，将准备妥当的所有投标文件密封递送到招标单位的行为。招标单位在收到投标单位的投标文件后，应签收投标者已送到的投标文件，并记录收到日期和时间。同时，从收到投标文件到开标之前，所有投标文件均不得启封，并应采取措施确保投标文件的安全。

另外，投标单位在递交了投标文件以后，还可写一封更为详细的信函，对自己的投标报价作必要的说明，以引起招标单位及评标小组成员的兴趣。比如，假定条件允许，愿意在评标时，同业主就本物业区域投标报价进行进一步的讨论，使报价更为合理。

当投标结束进入开标评标阶段时，投标单位参加开标会议及招标答辩，往往也会被看成是投标的一个环节。投标单位在接到开标通知或等到开标日期时，应主动在规定时间内，到开标地点参加开标会议。同时，答辩人要做好答辩的思想和资料准备，答辩时要积极、流畅地应对招标单位的询问，在有限的时间内把本单位的基本情况、本单位参加投标的意图、投标的措施、投标的想法等等告之于招标单位，以获得一个良好地印象分或答辩

分，为成功中标打下基础。

三、标书的编写技巧

（一）物业管理建议书与投标书的写作要求

物业管理建议书与投标书是管理公司为了取得目标物业的管理权，就目标物业的管理事项，起草并提交发展商或业主委员会的重要文件。在写作上，物业管理建议书与投标书有以下的要求：

1. 针对性强

这一要求与物业管理建议书和投标书的目的密切相关。管理公司起草物业管理建议书和投标书时，都先要深入实地考察目标物业的状况，了解其历史沿革，掌握其现状，熟悉其周围环境，认真分析其优势和劣势，找出其管理运作中存在的弊端。然后，根据掌握的情况，拟制管理方案。这样，才能够做到有的放矢，说服力强，增加发展商或业主委员会对管理公司专业水平的认可。

2. 可操作性强

这一要求与物业管理建议书和投标书的性质密切相关。物业管理建议书和投标书，本质上就是管理公司根据其对目标物业状况的了解，利用其专业经验和知识编制的目标物业管理方案。因此，它要求管理公司必须紧紧扣住目标物业的现实状况，提出切实可行的管理方法和措施，使发展商和业主委员会能够初步预见上述管理方法和措施实施后的效果。尤其要注意的是，管理公司提出任何管理方法和措施，都要充分考虑到管理对象的接受程度，与法律、法规有无抵触，以及对管理费收支平衡的影响。只有充分考虑上述因素，制定的管理方案才能够转化为具体的日常操作方案，达到预期管理目标。任何不切合目标物业实际的管理方案，在实施过程中会阻力重重，最终流产，无法达到预期管理目标，从而影响管理公司的经济利益和声誉。

3. 凸现自身优势，体现专业水平

物业管理建议书和投标书既是管理公司阐述目标物业管理运作专业意见的重要文件，同时又是管理公司向发展商或业主委员会推销自己的良机。因此，管理公司在介绍自身情况时，一定要针对目标物业的某个特色、发展商或业主委员会的特殊的心理需求以及主要竞争对手的劣势，重点突出我有人无的比较优势。另外，上述两份文件在表述方面既要做到清楚、明白，又要概括体现专业水平。

4. 顺应发展商或业主委员会意愿

满足发展商或业主委员会的要求，取得目标物业的管理权，这是管理公司拟制物业管理建议书和投标书的最终目的。因此，管理公司在编制这两份文件前，要通过各种途径，尽可能准确掌握发展商或业主委员会对管理公司及目标物业管理运作形式和水准等方面的要求，要围绕这些要求拟制管理方案。至于无法满足的要求，应在上述文件中作出适当的解释，或通过其他途径和方式向发展商或业主委员会解释。

（二）标书具体写作要点

物业管理的标书一般都应包括以下内容：

1. 标书的标题

标题一般由三部分组成，即投标对象名称、内容、文种，如"某某小区物业管理标书"。如果前面要冠以投标单位就是四个部分组成，即投标单位、投标对象名称、内容、文种，如"某某某物业管理公司关于某某小区物业管理的建议书"。至于标书这个文种的名称有"标书"、"建议书""竞标方案"等等。

2. 标书的序言

这个序言主要讲三个方面：对本公司作简短介绍；对投标对象进行认定；对拟管理的策略进行简述。也有的标书把对本公司的情况介绍作为序言的，这种介绍对投标对象拟管理的方式方法具有推荐和设想的作用，对标书以下部分具有呼应效果。

3. 管理的方式、方法

①内部管理机构设置。指管理投标对象所设置的机构。②运作机制。包括计划目标管理、协调监督管理、经济管理、行政管理、质量管理、协调管理、经理日常管理责任制等等。③工作流程。内容主要有物业验收与接管流程；住户入住管理流程；住宅装修管理流程；日常管理工作流程及其质量标准；房屋维修养护工作流程及质量标准；清扫保洁、绿化、交通、治安、消防、机电设备、档案等各项管理流程及其质量标准；管理员工作流程；空置物业管理规程等等。④信息反馈渠道。建立投诉处理等信息反馈的机制。⑤管理工作的控制方式。主要是对上至经理下至各部门的人员情况动态的掌握和控制，使各个岗位工作都得到落实。⑥突发事件应急预案。主要是对物业区域内消防、治安等方面突发事件的基本处理程序和方法的预设。

4. 管理人员

①管理人员的配备。依照高效、精简原则，结合小区实际情况配置。②管理人员的培训。规定管理处主任应具有上岗证；员工上岗前须经专业培训和考试；所有员工每年须有专业学习时间等。为此要有培训计划，要采用适当的培训方式，要有明确的培训目标。

5. 必须具备的物质装备计划

①职工住房和管理用房计划；②器械、工具、通信、治安装备以及办公用品计划。

6. 经费收支测算

①测算依据。②经费收支预算表。③收支情况简表及分析。④提高管理服务费标准后，收支预算一览表。⑤未予考虑因素：住户入住率及公建配套不完善而影响收入等因素。

7. 管理规章制度

①公约规章等管理条规。②内部岗位责任制。③管理运作制度。④档案管理制度。

8. 各项管理指标

①各项管理指标要求。②不达标的处理。

9. 便民服务项目

包括有偿服务和无偿服务，列出各种代办服务和特约服务项目。

10. 社区文化

对社区文化活动开展的设想。

11. 愿意承受的有关奖罚内容

（三）编写标书应注意的几个问题

1. 写标书要实事求是，不要夸大其词，要说到做到。

2. 文字要明确、简练，数据要准确，特别是涉及到标底时要明白无误。

3. 标书是中标后签约的依据，要字斟句酌，以免发生误解和纠纷。

4. 标书是一个初步计划，中标后要调整和细化，因此用词可以宏观一些或者原则一些。

5. 如果招标方有规定的格式，就将以上内容分别充实进去。

6. 另外，单项管理的投标，可以参照上述有关条目编写，但是比较简单，又由于是单项管理，所以要求对该设标项目详细一些，数据更确定一些。

7. 标书最好分册，如分3～4册：主标书——将各项主要内容、新的管理方法和支持性文件明细目录归为一册，系统的体现；工作策划和方案——计划性的日常工作规划、工作流程；管理运作制度——展现管理的规范归为一体；CIS手册（如有必要）——从视觉上展示管理的形象。

8. 标书应注意版面的编排和插图的应用，加强投标书的可读性和信服力。

四、投标报价及技巧

（一）投标报价

投标报价是整个投标过程的核心，具有很强的政策性、技术性和专业性。例如：报价高不利竞争，低了未必能取胜且无利可图，甚至亏损，而且会严重影响今后的管理工作，因为物业管理的每一项目的实施都有相应的支付，只有低而适度的价格才能既中标又获利。低而适度的报价取决于经营管理费用的正确测定及确定合理的利润率。

1. 经营管理费用测算

（1）前期介入服务中发生的开办费用测算，包括办公设备购置费、工程设备购置费、清洁设备购置费、通信设备购置费、安保设备购置费、商务设备购置费、绿化设备购置费等。

（2）第一年度物业管理费用测算，包括物业管理人员的工资、福利费、办公费、邮电通信费、绿化清洁费、维修费、培训费、招待费等。

（3）年度能源费用测算，包括水费、电费、锅炉燃油费等。

（4）物业所具有的各项经营项目的经营收入预算，包括各项收入、利润分配等。

（5）年度经营管理支出费用预算，包括人员费用、办公及业务费、公用事业费、维修消耗费等。

2. 确定合理利润率

物业管理公司是自负盈亏的企业，企业要生存，必须有利润。在物业管理投标竞争中，特别要注意：有些单位为了中标，过分降低利润甚至亏损报价，这实际上是不利于整个物业管理市场良性发展的。同时，即使因此中标了，亏损的报价对于该公司的长期发展不利。结果，物业管理也成了无源之水，导致管理质量得不到经济保障而使广大业主受害。当然，利润不能太高，按目前国内的通行做法，利润率是实际发生的管理费用的5%～15%。

（二）投标技巧

投标是否成功，是投标单位综合能力的体现。但是，适当运用一些投标技巧，对于中标也起着一定的作用。

1. 正确选定投标时间

递标不宜太早，即使投标单位对投标文件的编制已相当满意，但在整个投标期间，有些情况会发生变化。另外，投标单位可能会获得有关招标物业的新情况，这样，就可在标函送出前作必要的修改，使标函更合理、完整。一般在招标文件规定的截止日期前一两天内密封送交指定地点。

2. 报价附带优惠条件

针对招标物业在管理中存在的困难和一些难以解决的实际问题，提出解决问题的办法。例如：解决远郊物业企业业主出入不便的交通问题等。

3. 平时注意自我包装

良好的企业形象是占领市场的有力武器。物业管理公司平时应对自己的形象进行恰如其分的包装。方法有：做广告、建立公共联系、定期在协会刊物上刊登企业名录、对企业信誉进行宣传等。

4. 良好的答辩

答辩时的着装应和大家相似，答辩姿势应采用站立，以更具有感召力，并注意答辩时的声音、手势、姿态与时间的把握。

第四节　物业服务合同的签定

中标企业应根据招标的要求，于规定的期限内，与开发商签定前期物业服务合同或与业主委员会签定物业服务合同(有些地区称为物业管理委托合同)。

业主组织(业主或使用人)和物业管理公司作为物业管理法律关系的当事人，是通过物业服务合同建立相互关系的。依法订立的物业服务合同，是合同双方享有权利和履行义务的主要法律依据。物业服务合同应当遵守《合同法》的规定，其合同标的是"劳务"。

一、物业服务合同的概念与特点

物业服务合同是业主组织(业主或使用人)委托物业管理公司进行物业管理，并与之签订的明确双方权利和义务关系的协议。物业服务合同与业主公约作为维系物业管理关系的主要法律文书，在物业管理中具有重要地位。前者强调业主组织(业主或使用人)与物业管理公司的关系，后者强调全体业主(使用人)之间的相互关系。

物业服务合同除具有合同的一般法律特征外，还具有其自身的特征。

1. 物业服务合同是有偿合同

物业管理公司是经营性的服务企业，它为业主提供的是有偿服务。

2. 物业服务合同的客体是管理服务行为，是特定形式的劳务

物业服务合同确定物业管理公司为业主提供管理服务。

3. 物业服务合同的形成是以双方当事人的信任为基础的

我国调整物业服务合同关系的法规颇多。《合同法》作为调整合同关系的基本法，其总则的原则规定适用于物业服务合同；《中华人民共和国物业管理条例》对物业服务合同的主要条款有明确规定。建设部、国家工商行政管理局根据法律还制定和颁布了《物业管理委托合同示范文本》。

二、物业服务合同的分类

根据物业服务合同主体不同，物业服务合同有两类：

(1) 房地产开发商作为委托方与被委托方的物业管理公司签订的物业服务合同，又被称为前期物业服务合同。

2003年9月1日实行的《中华人民共和国物业管理条例》中明确了"在业主、业主大会选聘物业管理企业之前，建设单位选聘物业管理企业进行的物业管理为前期物业管理"，同时也对前期物业管理的时限进行规定"前期物业服务合同可以约定期限；但是，期限未满业主委员会与物业管理企业签订的物业服务合同生效的，前期物业服务合同终止"。

这一阶段，由于物业尚未出售或业主委员会尚未成立，所以应由房地产开发商作为委托方与物业管理公司签订物业服务合同。

（2）业主组织（业主委员会）代表业主作为委托方与被委托方的物业管理公司签订的物业服务合同，这也是我们常认为的物业管理合同。

三、合同的主要内容

物业服务合同应该包括以下内容：

1. 总则

总则中，一般应当载明下列主要内容：①合同当事人，包括委托方（一般简称为甲方）和受托方（一般简称为乙方）的名称、住所和其他简要情况介绍；②签订本物业管理委托合同的依据，即主要依据哪些法律法规和政策规定；③委托物业的基本情况，包括物业的建成年月、类型、功能布局、坐落、四至、占地面积和建筑面积概况等等。

2. 委托管理事项

也就是具体负责那些方面的问题，有哪些管理任务等等。委托管理事项主要阐述管理项目的性质、管理项目由哪几部分组成等等。一般来说，它主要包括：建筑物本体建筑的维修养护与更新改造；物业共用设备、设施（如共用照明、中央空调、电梯、天线、高压水泵房等）的使用管理、维修、养护和更新；物业区域内市政公用设施和附属建筑物、构筑物的使用管理、维修、养护与更新；附属配套建筑和设施，包括商业网点等的维修、养护与管理；环境卫生管理与服务；安全管理与服务（如治安管理、消防管理和车辆道路安全管理等）；物业档案资料管理；环境的美化与绿化管理（如公共绿地、花木、建筑小品等的养护、营造与管理）；供暖管理；社区文化建设以及业主或使用人的自用部位和自用设备的维修与更新；业主或业主管理委员会委托的其他物业管理服务事项等等。

3. 管理服务费用

物业管理委托合同中的管理费用应包括：①管理费用的构成，即物业管理服务费用包括哪些项目；②管理费用的标准，即每个收费项目收费的标准；③管理费用的总额，即合计每建筑面积或每户每月（或每年）应交纳的费用总计；④管理费用的交纳方式与时间，即是按年交纳，按季预交，还是按月交纳；什么时间或日期交纳等等；⑤管理费用的结算，如实报实销，还是多退少补等等；⑥管理费标准的调整，即管理费调整的办法与依据等等；⑦逾期交纳管理费用的处理，如处罚标准与额度等等；⑧某些管理费用的承担责任，如房屋的大中修费用，如何分摊或承担等等；⑨专项服务和特约服务收费的标准；⑩公共设备维修基金的管理办法等等。

4. 合同双方的权利与义务

不同的物业，其物业管理的项目具体的内容也不同，物业管理服务需求双方的权利与义务也不能完全一致。所以，对于不同类型的物业，合同双方都要根据物业的性质和特点，在物业管理委托合同中制定出有针对性的、明确性的权利与义务关系来。

5. 管理服务质量

为了体现物业管理公司实施物业管理质量水平，或者说管理的要求和标准如何，用统计数字进行量化管理是可行的，对于一些管理要求和标准难以量化时可以用一些定性的明确语言表示出来。

6. 合同期限

在物业管理委托合同中，一定要明确合同的起止时间，这个起止时间一定要具体，有时甚至要精确到某年某月某日某时某分。另外，有时还要规定管理合同终止时，物业及物业资料如何交接等问题。

7. 违约责任

违约责任是物业管理委托合同中一项不可缺少的组成部分。缺少了违约责任的条款或违约责任规定得不明确都会使违约者逃避法律和合同的制裁，损害遵守合同的当事人一方的合法权益。因此，违约责任应尽可能订得具体明确。

8. 附则

通常应注明以下具体内容：①合同何时生效，即合同的生效日期；②合同期满后，是否续约的约定；③对合同变更的约定，包括对合同执行条件、收费、履行时间、管理项目、标准等变动的处理办法或约定；④合同争议解决办法的约定；⑤当事人双方约定的其他事项。

作为合同的双方，应对以下事项清晰认识，并在合同中明确地体现：

1. 管理方式

管理方式有自行管理、顾问管理、合作管理和全权委托管理四种。自行管理是由业主或业主代表自身行使管理自己物业的权利；全权委托管理是业主委员会或发展商全权委托专业管理企业负责物业管理，他们不参与实际的管理运作；顾问管理是发展商或业主委员会自行组织人员负责物业管理运作，同时聘请专业管理企业对物业管理运作提供指导；合作管理是发展商与专业管理企业合作组成管理机构，负责物业的管理运作，管理机构一般由专业管理企业委任人员主持工作。每种管理方式各有优劣。选择哪一种管理方式，一方面要看发展商或业主委员会的意向，另一方面要结合目标物业的历史、现状等实际情况而定。但无论选择什么管理方式，管理公司都要坚持权责对等原则，只承担与其拥有的管理权限对应的管理责任。

2. 合作期限

从物业管理运作的连续性考虑，合作期限不能太短。合作期限太短，不利于管理公司在目标物业的管理运作中贯彻本身的管理理念，形成与目标物业相适应的管理模式和特色，也难以体现其专业水准。因此，物业管理企业参与谈判的人员要向业主委员会或发展商分析利弊，争取其理解适当的合作期限对目标物业管理运作的重要意义。一般而言，合作期限以三年以上为宜。

前期物业管理因其显著的阶段意义，因而它的期限有如下规定："前期物业服务合同可以约定期限；但是，期限未满、和业主委员会与物业管理企业签订的物业服务合同生效的，前期物业服务合同终止"。

3. 管理权限

为保证有充分的管理权履行其管理职责，维持目标物业日常高效的管理运作，管理公司在管理合同谈判中要坚持权责对等原则，争取发展商或业主委员会的充分授权，在保证发展市或业主委员会对目标物业管理运作的监督指导权的同时，要避免其对目标物业的日常管理运作的不必要干预。因此，在管理合同中对管理权限的规定要明确、清晰、规范。

4. 管理目标

管理目标就是目标物业的管理运作预期要达到的水准，这与物业的配套设备设施状况、使用者层次结构及素质状况、业主心理期望值、管理费收入状况等因素密切相关。因此，制定管理目标，一定要结合目标物业的实际情况，在满足业主要求的同时，又要实事求是、客观科学。

5. 管理酬金

管理酬金是管理公司提供服务应得的报酬，是管理公司最主要的收入来源。管理酬金标准与物业的管理运作难度、水准要求及物业规模、竞争对手状况、业主经济承受能力等因素密切相关。管理公司参与管理合同谈判的人员，既要保障本企业的经济利益，确保有利可图，又要综合考虑上述因素，平衡本企业与业主的利益要求，坚持责利对等原则，以行业平均标准为参照，适当调整，提出双方都可以接受的酬金标准。

四、合同示范文本

（一）前期物业服务合同(示范文本)

中华人民共和国建设部 2004 年颁布

甲方：＿＿＿＿＿＿＿＿＿＿；

法定代表人：＿＿＿＿＿＿＿＿＿；

住所地：＿＿＿＿＿＿＿＿＿；

邮编：＿＿＿＿＿＿＿＿＿。

乙方：＿＿＿＿＿＿＿＿＿；

法定代表人：＿＿＿＿＿＿＿＿＿；

住所地：＿＿＿＿＿＿＿＿＿；

邮编：＿＿＿＿＿＿＿；

资质等级：＿＿＿＿＿＿＿；

证书编号：＿＿＿＿＿＿。

根据《物业管理条例》和相关法律、法规、政策，甲乙双方在自愿、平等、协商一致的基础上，就甲方选聘乙方对＿＿＿＿＿＿（物业名称）提供前期物业管理服务事宜，订立本合同。

第一章 物 业 基 本 情 况

第一条 物业基本情况：

物业名称＿＿＿＿＿＿；

物业类型＿＿＿＿＿＿；

座落位置＿＿＿＿＿＿；

建筑面积＿＿＿＿＿＿。

物业管理区域四至：

东至＿＿＿＿＿＿；

南至＿＿＿＿＿＿；

西至_____；

北至_____。

（规划平面图见附件一，物业构成明细见附件二）。

第二章　服务内容与质量

第二条　在物业管理区域内，乙方提供的前期物业管理服务包括以下内容：

1. 物业共用部位的维修、养护和管理（物业共用部位明细见附件三）；

2. 物业共用设施设备的运行、维修、养护和管理（物业共用设施设备明细见附件四）；

3. 物业共用部位和相关场地的清洁卫生，垃圾的收集、清运及雨、污水管道的疏通；

4. 公共绿化的养护和管理；

5. 车辆停放管理；

6. 公共秩序维护、安全防范等事项的协助管理；

7. 装饰装修管理服务；

8. 物业档案资料管理。

第三条　在物业管理区域内，乙方提供的其他服务包括以下事项：

1. _____；

2. _____；

3. _____。

第四条　乙方提供的前期物业管理服务应达到约定的质量标准（前期物业管理服务质量标准见附件五）。

第五条　单个业主可委托乙方对其物业的专有部分提供维修养护等服务，服务内容和费用由双方另行商定。

第三章　服　务　费　用

第六条　本物业管理区域物业服务收费选择以下第_____种方式：

1. 包干制

物业服务费用由业主按其拥有物业的建筑面积交纳，具体标准如下：

多层住宅：_____元/月·平方米；

高层住宅：_____元/月·平方米；

别墅：_____元/月·平方米；

办公楼：_____元/月·平方米；

商业物业：_____元/月·平方米；

_____物业：_____元/月·平方米。

物业服务费用主要用于以下开支：

（1）管理服务人员的工资、社会保险和按规定提取的福利费等；

（2）物业共用部位、共用设施设备的日常运行、维护费用；

（3）物业管理区域清洁卫生费用；

（4）物业管理区域绿化养护费用；

（5）物业管理区域秩序维护费用；

（6）办公费用；

（7）物业管理企业固定资产折旧；

（8）物业共用部位、共用设施设备及公众责任保险费用；

（9）法定税费；

（10）物业管理企业的利润；

（11）＿＿＿＿＿＿＿＿＿。

乙方按照上述标准收取物业服务费用，并按本合同约定的服务内容和质量标准提供服务，盈余或亏损由乙方享有或承担。

2．酬金制

物业服务资金由业主按其拥有物业的建筑面积预先交纳，具体标准如下：

多层住宅：＿＿＿＿＿＿＿＿＿元/月·平方米；

高层住宅：＿＿＿＿＿＿＿＿＿元/月·平方米；

别墅：＿＿＿＿＿＿＿＿＿元/月·平方米；

办公楼：＿＿＿＿＿＿＿＿＿元/月·平方米；

商业物业：＿＿＿＿＿＿＿＿＿元/月·平方米；

＿＿＿＿＿＿物业：＿＿＿＿＿＿＿＿＿元/月·平方米。

预收的物业服务资金由物业服务支出和乙方的酬金构成。

物业服务支出为所交纳的业主所有，由乙方代管，主要用于以下开支：

（1）管理服务人员的工资、社会保险和按规定提取的福利费等；

（2）物业共用部位、共用设施设备的日常运行、维护费用；

（3）物业管理区域清洁卫生费用；

（4）物业管理区域绿化养护费用；

（5）物业管理区域秩序维护费用；

（6）办公费用；

（7）物业管理企业固定资产折旧；

（8）物业共用部位、共用设施设备及公众责任保险费用；

（9）＿＿＿＿＿＿＿＿＿。

乙方采取以下第＿＿＿＿＿种方式提取酬金：

（1）乙方按＿＿＿＿＿＿＿＿（每月/每季/每年）＿＿＿＿＿＿＿＿元的标准从预收的物业服务资金中提取。

（2）乙方＿＿＿＿＿＿＿＿（每月/每季/每年）按应收的物业服务资金＿＿＿＿＿＿＿＿％的比例提取。

物业服务支出应全部用于本合同约定的支出。物业服务支出年度结算后结余部分，转入下一年度继续使用；物业服务支出年度结算后不足部分，由全体业主承担。

第七条 业主应于＿＿＿＿＿＿＿＿之日起交纳物业服务费用（物业服务资金）。

纳入物业管理范围的已竣工但尚未出售，或者因甲方原因未能按时交给物业买受人的物业，其物业服务费用（物业服务资金）由甲方全额交纳。

业主与物业使用人约定由物业使用人交纳物业服务费用（物业服务资金）的，从其约定，业主负连带交纳责任。业主与物业使用人之间的交费约定，业主应及时书面告知乙方。

物业服务费用（物业服务资金）按＿＿＿＿＿＿＿＿（年/季/月）交纳，业主或物业使用人应在

_____（每次缴费的具体时间）履行交纳义务。

第八条 物业服务费用实行酬金制方式计费的，乙方应向全体业主公布物业管理年度计划和物业服务资金年度预决算，并每年_____次向全体业主公布物业服务资金的收支情况。

对物业服务资金收支情况有争议的，甲乙双方同意采取以下方式解决：

1. _____；
2. _____。

第四章 物业的经营与管理

第九条 停车场收费分别采取以下方式：

1. 停车场属于全体业主共有的，车位使用人应按露天车位_____元/个·月、车库车位 _____元/个·月的标准向乙方交纳停车费。

乙方从停车费中按露天车位_____元/个·月、车库车位_____元/个·月的标准提取停车管理服务费。

2. 停车场属于甲方所有、委托乙方管理的，业主和物业使用人有优先使用权，车位使用人应按露天车位_____元/个·月、车库车位_____元/个·月的标准向乙方交纳停车费。

乙方从停车费中按露天车位_____元/个·月、车库车位_____元/个·月的标准提取停车管理服务费。

3. 停车场车位所有权或使用权由业主购置的，车位使用人应按露天车位____元/个·月、车库车位_____元/个·月的标准向乙方交纳停车管理服务费。

第十条 乙方应与停车场车位使用人签订书面的停车管理服务协议，明确双方在车位使用及停车管理服务等方面的权利义务。

第十一条 本物业管理区域内的会所属_____（全体业主/甲方）所有。

会所委托乙方经营管理的，乙方按下列标准向使用会所的业主或物业使用人收取费用：

1. _____；
2. _____。

第十二条 本物业管理区域内属于全体业主所有的停车场、会所及其他物业共用部位、公用设备设施统一委托乙方经营，经营收入按下列约定分配：

1. _____；
2. _____。

第五章 物业的承接验收

第十三条 乙方承接物业时，甲方应配合乙方对以下物业共用部位、共用设施设备进行查验：

1. _____；
2. _____；
3. _____。

第十四条 甲乙双方确认查验过的物业共用部位、共用设施设备存在以下问题：

1. _____；

2. _____；

3. _____。

甲方应承担解决以上问题的责任，解决办法如下：

1. _____；

2. _____；

3. _____。

第十五条　对于本合同签订后承接的物业共用部位、共用设施设备，甲乙双方应按照前条规定进行查验并签订确认书，作为界定各自在开发建设和物业管理方面承担责任的依据。

第十六条　乙方承接物业时，甲方应向乙方移交下列资料：

1. 竣工总平面图，单体建筑、结构、设备竣工图，配套设施、地下管网工程竣工图等竣工验收资料；

2. 设施设备的安装、使用和维护保养等技术资料；

3. 物业质量保修文件和物业使用说明文件；

4. _____。

第十七条　甲方保证交付使用的物业符合国家规定的验收标准，按照国家规定的保修期限和保修范围承担物业的保修责任。

第六章　物业的使用与维护

第十八条　业主大会成立前，乙方应配合甲方制定本物业管理区域内物业共用部位和共用设施设备的使用、公共秩序和环境卫生的维护等方面的规章制度。

乙方根据规章制度提供管理服务时，甲方、业主和物业使用人应给予必要配合。

第十九条　乙方可采取规劝、_____、_____等必要措施，制止业主、物业使用人违反本临时公约和物业管理区域内物业管理规章制度的行为。

第二十条　乙方应及时向全体业主通告本物业管理区域内有关物业管理的重大事项，及时处理业主和物业使用人的投诉，接受甲方、业主和物业使用人的监督。

第二十一条　因维修物业或者公共利益，甲方确需临时占用、挖掘本物业管理区域内道路、场地的，应征得相关业主和乙方的同意；乙方确需临时占用、挖掘本物业管理区域内道路、场地的，应征得相关业主和甲方的同意。

临时占用、挖掘本物业管理区域内道路、场地的，应在约定期限内恢复原状。

第二十二条　乙方与装饰装修房屋的业主或物业使用人应签订书面的装饰装修管理服务协议，就允许施工的时间、废弃物的清运与处置、装修管理服务费用等事项进行约定，并事先告知业主或物业使用人装饰装修中的禁止行为和注意事项。

第二十三条　甲方应于_____(具体时间)按有关规定向乙方提供能够直接投入使用的物业管理用房。

物业管理用房建筑面积_____ m²，其中：办公用房_____ m²，位于_____；住宿用房_____ m²，位于_____；_____用房_____ m²，位于_____。

第二十四条　物业管理用房属全体业主所有，乙方在本合同期限内无偿使用，但不得改变其用途。

第七章　专项维修资金

第二十五条　专项维修资金的缴存_____。

第二十六条　专项维修资金的管理_____。
第二十七条　专项维修资金的使用_____。
第二十八条　专项维修资金的续筹_____。

第八章　违　约　责　任

第二十九条　甲方违反本合同第十三条、第十四条、第十五条的约定，致使乙方的管理服务无法达到本合同第二条、第三条、第四条约定的服务内容和质量标准的，由甲方赔偿由此给业主和物业使用人造成的损失。

第三十条　除前条规定情况外，乙方的管理服务达不到本合同第二条、第三条、第四条约定的服务内容和质量标准，应按_____的标准向甲方、业主支付违约金。

第三十一条　甲方、业主或物业使用人违反本合同第六条、第七条的约定，未能按时足额交纳物业服务费用（物业服务资金）的，应按_____的标准向乙方支付违约金。

第三十二条　乙方违反本合同第六条、第七条的约定，擅自提高物业服务费用标准的，业主和物业使用人就超额部分有权拒绝交纳；乙方已经收取的，业主和物业使用人有权要求乙方双倍返还。

第三十三条　甲方违反本合同第十七条的约定，拒绝或拖延履行保修义务的，业主、物业使用人可以自行或委托乙方修复，修复费用及造成的其他损失由甲方承担。

第三十四条　以下情况乙方不承担责任：

1. 因不可抗力导致物业管理服务中断的；

2. 乙方已履行本合同约定义务，但因物业本身固有瑕疵造成损失的；

3. 因维修养护物业共用部位、共用设施设备需要且事先已告知业主和物业使用人，暂时停水、停电、停止共用设施设备使用等造成损失的；

4. 因非乙方责任出现供水、供电、供气、供热、通讯、有线电视及其他共用设施设备运行障碍造成损失的；

5. _____。

第九章　其　他　事　项

第三十五条　本合同期限自_____年___月___日起至_____年___月___日止；但在本合同期限内，业主委员会代表全体业主与物业管理企业签订的物业服务合同生效时，本合同自动终止。

第三十六条　本合同期满前___月，业主大会尚未成立的，甲、乙双方应就延长本合同期限达成协议；双方未能达成协议的，甲方应在本合同期满前选聘新的物业管理企业。

第三十七条　本合同终止时，乙方应将物业管理用房、物业管理相关资料等属于全体业主所有的财物及时完整地移交给业主委员会；业主委员会尚未成立的，移交给甲方或_____代管。

第三十八条　甲方与物业买受人签订的物业买卖合同，应当包含本合同约定的内容；物业买受人签订物业买卖合同，即为对接受本合同内容的承诺。

第三十九条　业主可与物业使用人就本合同的权利义务进行约定，但物业使用人违反本合同约定的，业主应承担连带责任。

第四十条　本合同的附件为本合同不可分割的组成部分，与本合同具有同等法律效力。

第四十一条　本合同未尽事宜，双方可另行以书面形式签订补充协议，补充协议与本合同存在冲突的，以本合同为准。

第四十二条　本合同在履行中发生争议，由双方协商解决，协商不成，双方可选择以下第_____种方式处理：

1. 向_____仲裁委员会申请仲裁；

2. 向人民法院提起诉讼。

第四十三条　本合同一式_____份，甲、乙双方各执_____份。

甲方(签章)　　　　　　　乙方(签章)

法定代表人　　　　　　　法定代表人

　　　　　　　　　　_____年____月____日

附件一：

物 业 构 成 明 细

类　　型	幢　　数	套(单元)数	建筑面积(平方米)
高层住宅			
多层住宅			
别　　墅			
商业用房			
工业用房			
办 公 楼			
车　　库			
会　　所			
学　　校			
幼 儿 园			
____用房			
合　　计			
备　　注			

附件二：

物业共用部位明细

1. 房屋承重结构；

2. 房屋主体结构；

3. 公共门厅；

4. 公共走廊；

5. 公共楼梯间；

6. 内天井；

7. 户外墙面；

8. 屋面；

9. 传达室；

10. _____；

11. _____。

附件三：

物业共用设施设备明细

1. 绿地_____ m²；
2. 道路_____ m²；
3. 化粪池_____个；
4. 污水井_____个；
5. 雨水井_____个；
6. 垃圾中转站_____个；
7. 水泵_____个；
8. 水箱_____个；
9. 电梯_____部；
10. 信报箱_____个；
11. 消防设施_____；
12. 公共照明设施_____；
13. 监控设施_____；
14. 避雷设施_____；
15. 共用天线_____；
16. 机动车库_____个_____m²；
17. 露天停车场_____个_____m²；
18. 非机动车库_____个_____m²；
19. 共用设施设备用房_____m²；
20. 物业管理用房_____m²；
21. _____；
22. _____。

附件四：

前期物业管理服务质量标准

一、物业共用部位的维修、养护和管理

1. _____；
2. _____；
3. _____。

二、物业共用设施设备的运行、维修、养护和管理

1. _____；
2. _____；
3. _____。

三、物业共用部位和相关场地的清洁卫生，垃圾的收集、清运及雨、污水管道的疏通

1. _____；
2. _____；
3. _____。

四、公共绿化的养护和管理

1. _____；

2. _____；

3. _____。

五、车辆停放管理

1. _____；

2. _____；

3. _____。

六、公共秩序维护、安全防范等事项的协助管理

1. _____；

2. _____；

3. _____。

七、装饰装修管理服务

1. _____；

2. _____；

3. _____。

八、物业档案资料管理

1. _____；

2. _____；

3. _____。

九、其他服务

1. _____；

2. _____；

3. _____。

《前期物业服务合同(示范文本)》使用说明

1. 本示范文本仅供建设单位与物业管理企业签订《前期物业服务合同》参考使用。

2. 经协商确定，建设单位和物业管理企业可对本示范文本的条款内容进行选择、修改、增补或删减。

3. 本示范文本第六条、第七条、第八条、第九条第二款和第三款、第二十条、第二十一条、第二十二条、第二十四条所称业主，是指拥有房屋所有权的建设单位和房屋买受人；其他条款所称业主，是指拥有房屋所有权的房屋买受人。

(二)物业服务合同(示范文本)

北京市国土资源和房屋管理局 2004 年颁布

第一章 总 则

第一条 本合同当事人

委托方(以下简称甲方)：

名称：_____业主大会。

受委托方(以下简称乙方)：

名称：_____；

物业管理资质等级证书编号：＿＿＿＿＿＿＿＿＿。

根据有关法律、法规，在自愿、平等、协商一致的基础上，甲方选聘(或续聘)乙方为＿＿＿＿＿＿＿＿＿(物业名称)提供物业管理服务，订立本合同。

第二条 物业管理区域基本情况

物业名称：＿＿＿＿＿＿＿＿＿；

物业用途：＿＿＿＿＿＿＿＿＿；

座落：＿＿＿＿＿＿＿＿＿；

四至：＿＿＿＿＿＿＿＿＿；

占地面积：＿＿＿＿＿＿＿＿＿；

总建筑面积：＿＿＿＿＿＿＿＿＿。

委托管理的物业范围及构成细目见附件一。

第二章 物业服务内容

第三条 制定物业管理服务工作计划，并组织实施；管理与物业相关的工程图纸、住用户档案与竣工验收材料等；＿＿＿＿＿＿＿＿＿＿＿＿＿＿＿＿＿。

第四条 房屋建筑共用部位的日常维修、养护和管理，共用部位包括：楼盖、屋顶、外墙面、承重墙体、楼梯间、走廊通道、＿＿＿＿＿＿＿＿＿＿＿＿＿＿＿＿＿。

第五条 共用设施设备的日常维修、养护和管理，共用设施设备包括：共用的上下水管道、共用照明、＿＿＿＿＿＿＿＿＿＿＿＿＿＿＿。

第六条 共用设施和附属建筑物、构筑物的日常维修养护和管理，包括道路、化粪池、泵房、自行车棚、＿＿＿＿＿＿＿＿＿＿＿＿＿＿＿。

第七条 公共区域的绿化养护与管理，＿＿＿＿＿＿＿＿＿＿＿＿＿＿＿＿。

第八条 公共环境卫生，包括房屋共用部位的清洁卫生，公共场所的清洁卫生、垃圾的收集、＿＿＿＿＿＿＿＿＿＿＿＿＿＿。

第九条 维护公共秩序，包括门岗服务、物业区域内巡查、＿＿＿＿＿＿＿＿＿。

第十条 维持物业区域内车辆行驶秩序，对车辆停放进行管理，＿＿＿＿＿＿＿＿＿。

第十一条 消防管理服务，包括公共区域消防设施设备的维护管理，＿＿＿＿＿＿＿
＿＿＿＿＿＿＿＿＿＿＿＿。

第十二条 电梯、水泵的运行和日常维护管理，＿＿＿＿＿＿＿＿＿＿＿＿＿＿＿＿。

第十三条 房屋装饰装修管理服务，＿＿＿＿＿＿＿＿＿＿＿＿＿＿＿＿。

第十四条 其他委托事项

(1)＿＿＿＿＿＿＿＿＿＿＿＿＿；

(2)＿＿＿＿＿＿＿＿＿＿＿＿＿；

(3)＿＿＿＿＿＿＿＿＿＿＿＿＿。

第三章 物业服务质量

第十五条 乙方提供的物业服务质量按以下第＿＿＿＿＿项执行：

1. 执行北京市国土资源和房屋管理局发布的《北京市住宅物业管理服务标准》(京国土房管物字［2003］950号)规定的标准一，即普通商品住宅物业管理服务标准；＿＿＿＿＿＿＿＿＿＿＿＿＿＿＿＿＿。

2. 执行北京市国土资源和房屋管理局发布的《北京市住宅物业管理服务标准》(京国

土房管物字〔2003〕950号）规定的标准二，即经济适用房、直管和自管公房、危旧房改造回迁房管理服务标准；_____。

3. 执行双方约定的物业服务质量要求，具体为：_____。

第四章 物业服务费用

第十六条 （适用于政府指导价）物业服务费用执行政府指导价。

1. 物业服务费由乙方按_____元/m²·月向业主（或交费义务人）按年（季、月）收取。（按房屋建筑面积计算，房屋建筑面积包括套内建筑面积和公共部位与公用房屋分摊建筑面积。）

其中，电梯、水泵运行维护费用价格为：_____；按房屋建筑面积比例分摊。

2. 如政府发布的指导价有调整，上述价格随之调整。

3. 共用部位、共用设施设备及公众责任保险费用，按照乙方与保险公司签定的保险单和所交纳的年保险费按照房屋建筑面积比例分摊。乙方收费时，应将保险单和保险费发票公示。

第十七条 （适用于市场调节价）物业服务费用实行市场调节价。

1. 物业服务费由乙方按_____元/m²·月向业主（或交费义务人）按年（季、月）收取。（按房屋建筑面积计算，房屋建筑面积包括套内建筑面积加公共部位与公用房屋分摊建筑面积。）

其中，电梯、水泵运行维护费用价格为：_____；按房屋建筑面积比例分摊。

2. 物业服务支出包括以下部分：

（1）管理服务人员的工资、社会保险和按规定提取的福利费等；

（2）物业共用部位、共用设施设备的日常运行、维护费用；

（3）物业管理区域清洁卫生费用；

（4）物业管理区域绿化维护费用；

（5）物业管理区域秩序维护费用；

（6）办公费用；

（7）物业管理企业固定资产折旧；

（8）物业共用部位、共用设施设备及公众责任保险费用；

（9）其他费用：_____；_____。

3. （适用于包干制）物业服务费如需调整，由双方协商确定。

4. （适用于酬金制）从预收的物业服务费中提取_____%作为乙方的酬金。

5. （适用于酬金制）物业服务费如有节余，则转入下一年度物业服务费总额中；如物业服务费不足使用，乙方应提前告知甲方，并告知物业服务费不足的数额、原因和建议的补足方案，甲方应在合理的期限内对乙方提交的方案进行审查和作出决定。

6. （适用于酬金制）双方约定聘请/不聘请专业机构对物业服务资金年度预决算和物业服务资金的收支情况进行审计；聘请专业机构的费用由全体业主承担，专业机构由双方协商选定/（甲方选定、乙方选定）。

第十八条 共用部位共用设施设备的大、中修和更新改造费用从专项维修资金支出。

第十九条 停车费用由乙方按下列标准向车位使用人收取：

1. 露天车位：_____

2. 车库车位（租用）：_____；其中，物业管理服务费为：_____

车库车位（已出售）：_____

3. _____

4. _____

第二十条 乙方对业主房屋自用部位、自用设备维修养护及其他特约服务的费用另行收取，乙方制定的对业主房屋自用部位、自用设备维修养护及其他特约服务的收费价格应在物业管理区域内公示。

第五章 双方权利义务

第二十一条 甲方权利义务

1. 审定乙方制定的物业管理服务工作计划；

2. 检查监督乙方管理工作的实施情况；

3. 按照法规政策的规定决定共用部位共用设施设备专项维修资金的使用管理；

4.（适用于酬金制）审查乙方提出的财务预算和决算；

5. 甲方应在合同生效之日起_____日内向乙方移交或组织移交以下资料：

（1）竣工总平面图、单体建筑、结构、设备竣工图、配套设施、地下管网工程竣工图等竣工验收资料；

（2）设施设备的安装、使用和维护保养等技术资料；

（3）物业质量保修文件和物业使用说明文件；

（4）各专业部门验收资料；

（5）房屋和配套设施的产权归属资料；

（6）物业管理所必须的其他资料。

6. 合同生效之日起_____日内向乙方提供_____㎡建筑面积物业管理用房，管理用房位置：_____。

管理用房按以下方式使用：

（1）乙方无偿使用；

（2）_____。

7. 当业主和使用人不按规定交纳物业服务费时，督促其交纳。

8. 协调、处理本合同生效前发生的遗留问题：

（1）_____；

（2）_____。

9. 协助乙方作好物业管理区域内的物业管理工作。

10. 其他：_____。

第二十二条 甲方的业主委员会作为执行机构，具有以下权利义务：

1. 在业主大会闭会期间，根据业主大会的授权代表业主大会行使基于本合同拥有的权利，履行本合同约定的义务；（按照法规政策的规定必须由业主大会决议的除外）

2. 监督和协助乙方履行物业服务合同；

3. 组织物业的交接验收；

4. 督促全体业主遵守《业主公约》、《业主大会议事规则》和物业管理规章制度；

5. 督促违反物业服务合同约定逾期不交纳物业服务费用的业主，限期交纳物业服务费用；

    6. 如实向业主大会报告物业管理的实施情况；

    7. 其他：_____。

第二十三条　乙方权利义务

    1. 根据甲方的授权和有关法律、法规及本合同的约定，在本物业区域内提供物业管理服务；

    2. 有权要求甲方、业主委员会、业主及物业使用人配合乙方的管理服务行为；

    3. 向业主和物业使用人收取物业服务费；

    4. 对业主和物业使用人违反《业主公约》和物业管理制度的行为，有权根据情节轻重，采取劝阻、制止、_____等措施；

    5. 选聘专营公司承担本物业的专项管理业务，但不得将物业的整体管理委托给第三方；

    6. 每年度向甲方报告物业管理服务实施情况；

    7. （适用于酬金制）向甲方或全体业主公布物业服务资金年度预决算并每年不少于一次公布物业服务资金的收支情况；当甲方或业主对公布的物业服务资金年度预决算和物业服务资金的收支情况提出质询时，应及时答复。

    8. 本合同终止时，应移交物业管理权，撤出本物业，协助甲方作好物业服务的交接和善后工作，移交或配合甲方移交管理用房和物业管理的全部档案资料、专项维修资金及账目、_____。

    9. 其他：_____。

第六章　合　同　期　限

第二十四条　委托管理期限为____年；自____年____月____日起至____年____月____日止。

第七章　合同解除和终止的约定

第二十五条　本合同期满，甲方决定不委托乙方的，应提前三个月书面通知乙方；乙方决定不再接受委托的，应提前三个月书面通知甲方。

第二十六条　本合同期满，甲方没有将续聘或解聘乙方的意见通知乙方，且没有选聘新的物业管理企业，乙方继续管理的，视为此合同自动延续。

第二十七条　本合同终止后，在新的物业管理企业接管本物业项目之前，乙方应当应甲方的要求暂时（一般不超过三个月）继续为甲方提供物业管理服务，甲方业主（或交费义务人）也应继续交纳相应的物业服务费用。

第二十八条　其他条款_____。

第八章　违　约　责　任

第二十九条　因甲方违约导致乙方不能提供约定服务的，乙方有权要求甲方在一定期限内解决，逾期未解决且严重违约的，乙方有权解除合同。造成乙方经济损失的，甲方应给予乙方经济赔偿。

第三十条　乙方未能按照约定提供服务，甲方有权要求乙方限期整改，逾期未整改且严重违约的，甲方经业主大会持三分之二以上投票权的业主通过后有权解除合同。造成甲方经济损失的，乙方应给予甲方经济赔偿。

第三十一条　乙方违反本合同约定，擅自提高收费标准的，甲方有权要求乙方清退；造成甲方经济损失的，乙方应给予甲方经济赔偿。

第三十二条　业主逾期交纳物业服务费的，乙方可以从逾期之日起每日按应缴费用万分之_____加收违约金。

第三十三条　任何一方无正当理由提前解除合同的，应向对方支付违约金_____；由于解除合同造成的经济损失超过违约金的，还应给予赔偿。

第三十四条　乙方在合同终止后，不移交物业管理权，不撤出本物业和移交管理用房及有关档案资料等，每逾期一日应向甲方支付委托期限内平均物业管理年度费用_____‰的违约金，由此造成的经济损失超过违约金的，还应给予赔偿。

第三十五条　为维护公众、业主、物业使用人的切身利益，在不可预见情况下，如发生煤气泄漏、漏电、火灾、水管破裂、救助人命、协助公安机关执行任务等情况，乙方因采取紧急避险措施造成财产损失的，当事双方按有关法律规定处理。

第三十六条　其他条款_____。

第九章　附　　则

第三十七条　双方约定自本合同生效之日起_____日内，根据甲方委托管理事项，办理接管验收手续。

第三十八条　本合同正本连同附件_____页，一式两份，甲乙双方各执一份，具同等法律效力。

第三十九条　本合同在履行中如发生争议，双方应协商解决，协商不成时，甲、乙双方同意按下列第_____方式解决。

1. 提交_____仲裁委员会仲裁；

2. 依法向人民法院起诉。

但业主拖欠物业服务费用的，乙方可以直接按照有关规定向有管辖权的基层人民法院申请支付令。

第四十条　本合同自_____起生效。

甲方签章　　　　　　　　　　　　乙方签章

代表人：（业主委员会）_____　　　代表人_____

年　　月　　日　　　　　　　　　年　　月　　日

附件一：委托管理的物业范围及构成细目（略）

复 习 思 考 题

1. 什么是物业管理的招投标？
2. 物业管理招投标的原则有哪些？
3. 物业管理招投标需要哪些内外条件？
4. 招标的方式有哪些？
5. 物业管理招标应包含哪些程序？
6. 招投标有哪些写作要点？
7. 如何进行投标报价？
8. 如何进行投标决策？

9. 物业服务合同包括哪些内容？

附件：建议书、投标书示例

（一）武汉市××大厦物业管理建议书

目　　录

一、物业情况

武汉市××大厦（以下简称大厦）位于武汉市解放大道，地处武汉黄金商业圈，与武汉商场、武汉大厦共同形成全国最大商场区。大厦地理位置优越，商业潜力不可限量。

大厦楼高60层，建筑面积为12万平方米，为武汉市最高建筑物。大厦地下1～2层为大型地下停车场，地上1～10层为综合型百货商场，11～58层为高档写字楼。大厦是现代化智能大厦，配套设施及设备先进齐备，主要设备均为进口设备。大厦预计于1998年下半年交付使用。

二、专业物业管理

目前武汉市高档的商业大厦纷纷拔地而起，市场竞争非常激烈，供需十分不平衡。大厦集办公、商场、餐饮、娱乐等多功能为一体，有着良好的硬件环境和地理环境。要在激烈的市场竞争中立于不败之地，就要以大厦的高水平管理来吸引客商、留住客商。这一切，只有通过引进高素质的专业物业管理公司能实现。专业物业管理的好处有：

1. 提高大厦管理质量，为各用户提供优质、高效的管理服务，创造一个安全、整洁、舒适的工作环境。

2. 专业物业管理公司作为大厦的"大管家"，可以协调发展商与各业主、政府各相关部门之间的利益和关系。

3. 通过定期有效地收取管理费及其他相关费用，保证大厦各部分的正常运作，免除发展商与各业主的后顾之忧。

4. 通过有效的管理，最终使得大厦得以保值、升值，这是所有业主所期望的目标。

三、合作方式

根据大厦的实际情况，我公司建议采取合作管理方式，由发展商与我公司共同合作组成项目管理公司。董事会、董事长由发展商方面人士担任。合作公司实行总经理负责制。合作公司总经理、总工程师由我公司委派人士担任。合作管理期限建议暂定五年。

四、管理目标

大厦无论从设计上、建筑上以及规模上，都可在武汉乃至全国名列前茅。与之配套的商场、餐饮、娱乐等，更使其增辉不少，因此，在管理上也应达到与之相匹配的水平。我们的管理目标是：

1. 树立正确的物业管理观念，提出"服务至上，客户第一"的管理思想，从而达到一流的管理、一流的形象、一流的效益，以促进后期楼宇的租售。

2. 大厦正式开业后一年内，使大厦的管理在武汉达到先进的水平。

3. 两年内使大厦管理在武汉市名列前茅。

4. 三年内力争达到"全国物业管理优秀大厦"的标准。

五、管理组织

根据大厦之实际，管理组织构架拟定为：

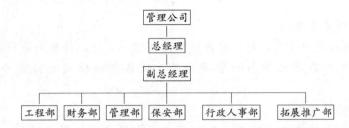

注：① 行政人事部职能含：管理公司日常办公事务，人事的招聘、监管、培训等；

② 编制因有部分相关具体数据未知而未定。

六、管理服务内容

（一）竣工前管理服务

1. 提前介入管理

经验告诉我们，商厦的物业管理必须在开业前介入进行，愈早愈好。因在开业前，管理者可以站在今后管理的角度对工程提出建议，可以参与工程验收，编制遗漏工程，可以了解设备管线的安装等。了解、组织各业主为配合大厦开业而作好心理上、思想上、资金上、物质上、人员上等的准备。根据目前的情况，大厦管理的介入不能再推迟了。建议应尽快确定物业管理公司，以便有利于大厦今后物业管理的开展。

2. 具体的管理工作

（1）确定管理公司所派人选。

（2）就大厦的整体设计问题、工程问题的设备安装等提出建设性意见供发展商参考。

（3）管理公司人员定期参加有关工程会议。

（4）确定管理公司办公地方，为与发展商、各业主联系提供方便。

（5）协助及处理大厦各部分的交收程序，保障发展商、业主和租户的利益。

（6）编制公司架构，确定管理人员人数。

（7）编制各项工作程序时间表，以便监督并保证各项筹备工作和交接工作的顺利完成。

（8）编制员工招聘时间表。

（9）拟定培训计划，组织安排好员工培训，保证提供专业化培训。

（10）采购所需的各种办公用具和工具。

（11）做好各种资料收集和存档工作。发展商应提供各种竣工验收图纸以及各类中央设备之资料存档，以保障大厦的各项设备、设施的维修保养顺利进行。

（12）根据实地情况，列出改善工程一览表，以便发展商能根据存在的问题和物业管理的要求，加以改进。

（13）为便于日后管理，发展商应协调建筑承判商逐步搞好大厦各部分设备等的验收，并移交给管理公司。

（14）征求发展商意见，指定大厦的中央系统承判商和装修承判商。

3. 管理公约

为规范各业主和租户之间的权利和义务，也为明确、规范管理公司的责任、权利和义务，开业前需要制定出"大厦管理公约"，并根据公约制定出大厦的"用户守则"和"装修指南"。

4. 编制管理预算方案

（1）根据大厦的实际情况，制定出详细的管理预算方案，供发展商审批后执行。

（2）计算大厦内各单元所占的管理份额，使各单位使用者能公平地负担大厦管理费。

（二）开业后的管理工作

1. 发展商应十分重视并必须在入住前后完成大厦各项工程的验收，如消防、电梯、通讯、强弱电、土建等工程的验收。

2. 人事管理

（1）随着大厦各单元逐步交付使用，逐步增加、充实各部门管理人员。

（2）逐步完善各项管理制度。

（3）根据劳动法制定《员工手册》，与员工签订劳动合同。

（4）根据管理需要，设计确定员工制服式样，以树立整体形象。

3. 清洁工作

（1）大厦的清洁水准对其形象有重大及深远的影响。因此，制定出完备的清洁方案十分重要。

（2）甄选素质良好的清洁经理及主管，以保持清洁卫生的严格监管。

（3）根据大厦的材料和外墙情况，详细拟定清洁方法和频度、清洁服务规格条文和有关工作细则。

（4）制定清洁监督之检查表格，定期检查清洁工作之进度和质量。

（5）鉴于国际上先进流行的方式，拟议清洁工作另判给专业清洁保养服务公司。

4. 园艺和绿化

鉴于绿化环境对大厦形象的重要性，管理公司聘请有经验的园艺师，就大厦的园艺布置提出一个可行方案，并实施及监管好日后的保养工作，如剪枝、除草、淋水、施肥等。

5. 保养及维修

（1）按照大厦不同的功能部分，如中央空调系统、给排水系统等提出一个综合的维修保养计划。

（2）对大厦的公共设备、设施，如电梯、空调系统、电子装置、水泵和消防器材等定期维修保养，以保证各项设备完好运作。

（3）与发展商协商，选择中央设备和设施的维修或保养承判商。

（4）管理公司接收大厦管理时将全面检查，列出遗漏工程和未完善的工程，以供发展商跟进改善。建议在大厦的工程竣工及入住后，建筑总承判商仍要派足够人员暂留大厦一段时间，跟进改善遗漏工程，以免引致不必要的投诉。

（5）管理公司将派出工程人员以监管各中央系统的运作。

6. 财务管理

（1）制定每年管理预算，报发展商批准后实施。

（2）制定每月收支损益报告，定期向发展商和各业主报告财务账目。财务实施电脑化管理，提高工作效率。

（3）建立会计和财务制度，完善审批程序，严格控制各项支出。

（4）做好管理费追收工作，以保障大厦全体业主的利益。

（5）做好其他有偿服务的收费管理工作，完善服务程序。

7. 保险

（1）根据大厦的情况，建议购买以下保险：①财产保险；②公众责任险；③机器损坏险；④员工保险。

（2）建议各业主根据自身情况，向保险公司投保。

8. 代理租售

接受发展商和各业主委托，代理大厦内物业代租、代售业务。

9. 建立档案系统

建立、完善档案系统，逐步规范各项管理，制定电脑管理系统。

10. 其他服务

（1）向用户提供有偿维修保养服务。

（2）向用户提供有偿清洁服务。

（3）向用户提供有偿的各类服务。

11. 为使管理工作做到公开、公平与公正，应增强与发展商及各业主的沟通，并可根据情况变化向业主提出合理建议，制定多项报告程序。

（1）财务报告：①每年有关收支的财务报告；②有关收支、应付未付等账项，每月收支简表。

（2）管理报告：①每年的管理情况工作汇报，包括管理、保安、清洁、维修保养等情况；②每月管理工作简报；③其他特别事项报告。

12. 处理投诉

13. 推广宣传

（1）统一推广宣传。大厦的推广宣传对客户的经营十分有益，是物业管理的一大特点，大厦的管理者必须肩负起这一任务。

（2）推广费用。根据实际情况，定出推广计划和推广费用，再分摊到各个业主、租户。

（3）适时组织宣传活动，如表演、抽奖、公益宣传、媒介广告等。

（4）上述所有的推广宣传应由管理公司统一协调，规范进行。

七、管理费预算

1. 编制年度管理费预算的目的在于筹集大厦运用所需资金和监督资金使用，控制和反映资金耗费，力求以支订收、收支平衡、略有结余，努力完成管理目标。

2. 编制管理费预算政策：

（1）遵循中华人民共和国《企业会计准则》；

（2）会计假定是会计核算的前提；

会计主体——武汉××大厦；

会计期间——国际年度；

持续经营——合法不间断经营；

货币计量——以人民币为记账本位币；

核算对象——写字楼、商场、会所、停车场。

(3) 会计核算贯彻谨慎、实质重于形式的重要性原则，执行权责发生制；

(4) 假定交付使用率为100%情况下编制武汉××大厦管理费预算。

(5) 管理费预算内各核算对象面积为建筑面积。

3. 年度管理费预算首先是依据大厦管理公约及大厦管理合同规定的管理标的、管理内容和服务水平而制订，管理费内容是管理公司被授权管理大厦的公共地方和公共设施的耗费；然后将预计的管理费对象化，选择合理的计算方法和分配率，将管理费汇集和分配，分别计入核算对象。

4. 管理费预算不包括：各核算对象独立使用和单独的耗费，例如写字楼室内的耗电、清洁卫生费等，商场耗水、扶梯耗电，以及非公共地方烟感探测器、喷淋头等的维修和更新。

5. 影响预算结果的变动因素：

(1) 大厦各功能组别(核算对象)及其建筑面积；

(2) 大厦物业管理公司管理模式及内容；

(3) 管理费预算中各项目及金额；

(4) 大厦管理架构及员工人数；

(5) 发展商楼交付使用率；

(6) 市场价格。

6. 管理费预算表(略)。

7. 管理费预算分配表(略)。

八、专项费用

1. 正式开业前费用

我公司派人员参与做好大厦开业前的准备工作和工程接管工作。

此期间我公司管理酬金为每月人民币_____万元。我公司派员的交通及食宿费用不包括在内，由发展商支付。

期限从正式签订合同起到开业日止。

2. 正式开业后的管理酬金

在合同期限内，建议管理酬金每月按_____万元收取。以后每年按_____％递增。

3. 开办费用

在开业前三个月，管理公司开展全面的物业管理工作。为了工作顺利开展，发展商应提供一笔开办费用，经初步计算，计人民币_____万元。该费用将于大厦正式开业后在管理费用中逐年摊还。

九、质量保证方式

××公司有信心按双方签定的《物业委托管理合同》之要求，将大厦的物业管理做好，达到双方在合同中确定的管理目标。我公司郑重承诺，若因我公司管理责任，未达到管理目标，发展商可以没收我公司的风险抵押金，决无异议。

十、管理建议

1. 大厦1～10层为商场，应考虑在每层合适的位置上安装1～2部公用电话。

2. 写字楼部分应设大厦指示板总牌，各楼层设层牌，建议由管理公司协助进行。

3. 大厦要有不少于100平方米的总垃圾房，设在方便运输且不碍观瞻的位置。

4. 建议在大厦适当位置设邮件派发中心。

5. 建议写字楼的每层电梯轿厢设电视监控探头。

6. 根据大厦商场的特殊情况，应考虑写字楼与商场部分(包括1～10楼楼层相联接的走火梯部分)相对独立分隔，以便晚间保安控制。

7. 大厦各层卫生间的清洁要特别重视，在设计时就要有干手器等设施。

8. 大厦设计洗手间每层男厕：2个小便盆、2个坐厕；女厕：4个坐厕。不够，建议每层男厕增加1～2个小便盆、1～2个坐厕，女厕增加1～2个坐厕。

9. 为使大厦形象更为突出及加深社会、大众的印象，发展商应设计大厦的标志(LOGO)。

10. 应在大厦各楼层公共走廊顶上预留线路，以配合将来各业主室内装修改动。

11. 现在大厦的建筑结构已完成，但整修智能大厦的方案尚未考虑成熟，这是一个失误，建议尽快定出施工方案。否则难以达到智能5A标准。建议在综合布线系统施工方案中采用"地面线槽布线方式"与"吊顶内布线方式"混合布线，其优点为节省空间、使用美观、出线灵活、技术成熟、价格低廉等。

12. 高压开关柜的主要断路器建议采用进口的真空开关，低压开关柜的主要断路器也建议采用进口的自动断路器。优点是技术成熟、性能可靠、分析力强、体积小、不需栓修、价格适中等。

十一、其他

1. 考虑到大厦目前的实际情况，对发展商尚未出租出售之物业管理费问题可与发展商具体协商解决。但该物业一经出租出售，即收取全部管理费。

2. 在大厦的出租出售率未达到一定比例，管理费出现收不抵支时，发展商应提供补足。

十二、××公司简介(略)

(二)深圳市××小区物业管理投标书(摘要)

序　言

我公司拟在该小区管理中除采用以往的成功经验外，将在以下几个方面作新的尝试：我们将引进系统工程的方法技术，提高一体化管理水平，采取计划目标管理、全面质量管理、督导管理和协调管理等先进的管理方法，根据 ISO 9002 质量管理和质量保证国际标准中有关服务行业之要求，探索并逐步走上物业的管理标准化之路；强调始终把服务住户作为管理工作的重心。我们将在完善服务体系，提高服务层次，改进服务质量等方面采取一系列新举措，瞄准世界物业管理先进水平，创全国最优秀管理住宅小区。

我们有信心承诺，全面接管小区后，保证使其在一年内成为市文明住宅小区，两年内成为全国优秀管理住宅小区，3～5年内达到物业管理的世界先进水平。达不到此目标，我们公司将主动退出并愿意承担处罚。

项目一：拟采取的管理方式

提要：

(1) 严密、科学、规范的管理运作机制。

(2) 内设高效、精干、科学、实用的"三部、三室、三队"管理机构。

(3) 坚持设中央值班调度室，协调处理紧急事务。

(4) 实施督导全面质量和计划目标管理。

(5) 实行量化的考核办法，严格的督查和淘汰制度。

(6) 共计划内 5 项严密、系统的运作流程，一环扣一环，一环监督一环。

1. 内部管理架构(详见图 2-1)内部管理架构

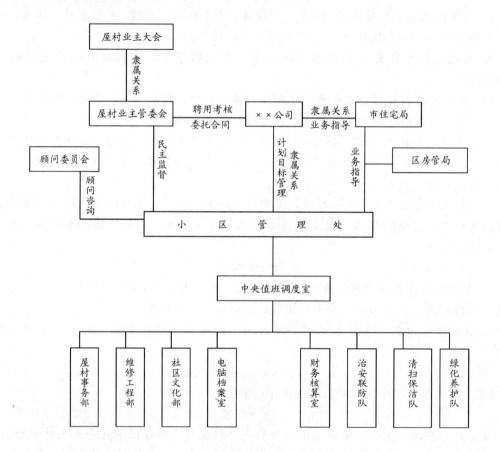

图 2-1　管理架构示意图

2. 机构设置(详见图 2-2)

3. 运做机制(详见图 2-3)

a. 计划目标管理。

b. 督导管理。

c. 全面质量管理。

48

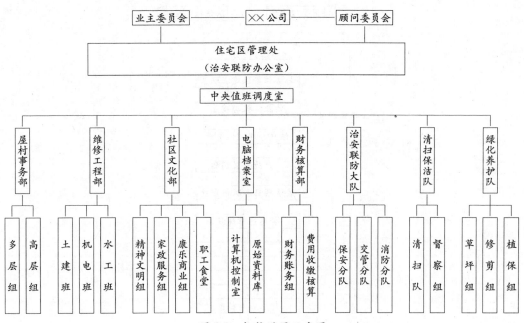

图 2-2　机构设置示意图

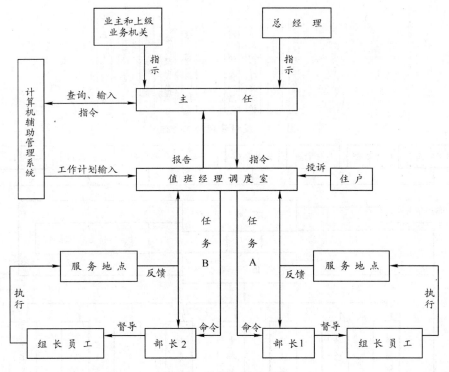

图 2-3　运做机制示意图

d. 协调管理。

e. 实行中央值班经理日常管理责任制。

4. 工作流程(详见图 2-4)

5. 信息反馈渠道(信息反馈网络见图 2-5)

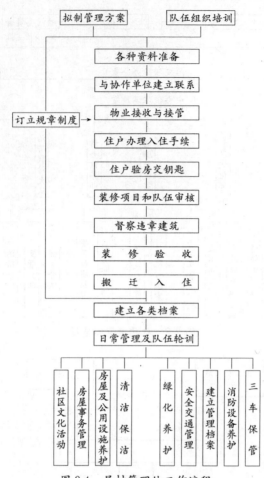

图 2-4 屋村管理处工作流程

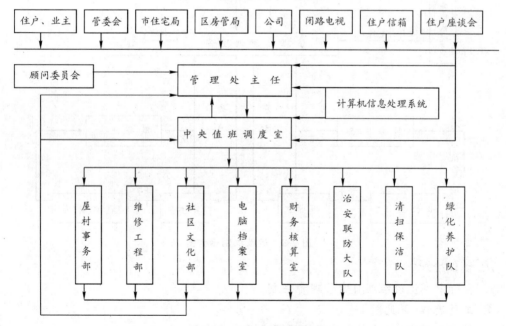

图 2-5 信息反馈网络图

项目二：管理人员的配备

提要：

（1）坚持讲文凭、讲学历的高层次人员配备；

（2）配备的×名管理人员全是我公司的内部人员，均经过培训中心培训合格，其中本科×人，专科×人，中专×人。

（3）重视政治条件和人品表现。

（4）配备人员须热爱物业管理工作，追求创新，有奉献精神。

（5）正副主任均是本科毕业、工程师职称，是我公司极富事业心的年富力强的优秀干部。

（6）各主要高层管理人员简历及管理人员素质构成。

项目三：管理人员的培训

提要：

（1）管理处主任等×名管理人员都有物业管理上岗证。

（2）所有员工上岗前必须经过专业培训和考试。

（3）所有员工每年须有×天以上专业学习时间。

（4）业余学习。凭结业证或毕业证报销学费。

（5）管理人员和特种工工作人员持证上岗100％。

（6）建立物业管理知识题库存，以考代训。

1）培训计划

2）培训方式

3）培训目标

项目四：管理工作必需的物质装备计划情况

提要：

（1）坚持必需、实用、节俭的原则。

（2）机械工具设备费用共×万由公司分两期投入。

1）用房计划

2）器械、工具、通讯、治安装备以及办公用品的计划

项目五：经费收支预算

提要：

（1）不追求高额利润，只追求做好本职工作。

（2）按现有收费标准和投标书精神，第一年公司收回垫付开办费仅盈利×万元，第二年盈利×万元。

（3）参照住宅局与市物价局拟议中收费标准，第一年公司不但收回垫资，而且法定利润亦有保障，管理处资产还能逐年增加。

1）测算依据

2）《经费收支预算表》

a. 收入预算表

b. 支出预算表

项目六：管理规章制度

提要：

（1）力求健全完善，可操作。

（2）力行规范化管理，有章可循。

（3）共计草拟规章制度×个，其中公众制度×个，内部岗位责任制26个，管理运作制度36个。

（列出目录，内容可作标书附件，笔者注）

项目七：住宅小区档案建立，管理设想

提要：

（1）建立标准档案室。

（2）设档案专业管理人员。

（3）实行电脑储存与原始资料双档制。

（4）配置消防与防盗装置。

（5）实施现代化、系统化、科学化、多元化、规范化、经常化等"六化"管理。

项目八：各项管理目标

提要：

（1）实事求是，各项指标均超过国家和市指标。

（2）达不到投标指标自动退出，并愿以××万元作保证金。

（3）自己说好不算好，业主和社会满意才是好。

项目九：便民服务项目

提要：

（1）便民服务原则是追求社会效益，其次是经济效益。

（2）不惜垫资开展无偿服务，坚持以保本原则提供有偿服务。

（3）联系专业服务企业，尽可能地提供便民服务。

（4）明确责任部门，保证服务项目落实。

（5）无偿服务项目×项，有偿服务×项。

项目十：社会文化

提要：

（1）社区文化制度完善。

（2）充分利用屋村的全部室内、室外活动场所。

（3）社区文化部定编×人，多才多艺，一专多能。

（4）拟定了形式多样的主题活动、节目活动和经常性活动。

（5）力求使社区文化成为我市住宅小区的一面旗帜。

项目十一：提高管理服务水平新设想

提要：

（1）试行高层次管理的屋村事务经理制。

（2）试行物业管理ISO 9002质量保证系列标准。

（3）进一步开发、完善电脑物业管理软件，建立计算机网络管理系统。

（4）建立电脑防盗、消防报警系统，争取在小区逐步取消防盗网。

（5）进行小区(CI)形象设计，不断创新社区文化。

项目十二：愿意承受的有关奖惩

提要：

(1) 有信心管理好本屋村。

(2) 风险金加大到 36 万元。

(3) 不追求奖金，只追求更多任务。

第三章　物业管理的前期工作

在现代社会经济中，传统的管理方式正在被科学的、先进的管理方式所取代，因而物业管理不能照搬老一套的管理办法和管理经验，应引进现代化管理中的全新思想，对物业实行"全过程"的管理，包括物业管理的前期介入、物业的验收与接管、物业入住手续的办理、物业的装修与管理、物业档案资料的建立、物业日常管理和维修养护等。本章主要介绍日常管理外的几项前期工作。

第一节　物业管理前期介入

一、物业管理前期介入的含义

前期介入是指物业管理公司在接管物业之前，就参与物业的规划设计和建设的过程。从业主与使用人及物业管理的角度，就物业开发、建设和今后使用管理提出建议，并对将接管的物业从物质上和组织上做好准备，以更好满足业主与非业主使用人的需求和有利于之后的物业管理。

物业管理的前期介入，对开发商、物业管理公司及以后物业的所有者或使用者都十分必要。在房地产综合开发过程中，规划设计是使物业区域形成完整、合理、舒适、便利的功能区域的制约因素，如果房地产开发企业仅在规划设计中考虑房屋和配套设施的国家技术标准，而对房屋建成后的使用、管理考虑不够，经常是房屋建成交付使用后，便出现许多不尽如人意的事，例如停车位不够，建筑物内的管线布局不利于日后的维护管理，保安防范中的技术设备缺少，以及水、电、暖、天然气、通讯、交通等配套方面存在问题。为了避免房地产开发过程中出现诸如此类的问题，除了开发商、设计单位、施工建设单位应认真执行国家有关标准和严格把关外，物业管理的前期介入成为必要。

二、物业管理前期介入的作用

1. 有利于优化设计，完善设计细节，完善物业的使用功能

随着社会和经济发展，人们对物业的要求越来越高，因此房地产开发企业在开发过程中，除了执行国家有关技术标准外，还越来越重视物业的使用功能、布局的合理、建筑物造型、建材的使用、室外的环境、生活的便利、安全和舒适等方面。物业管理企业在实际物业管理中接触不同类型、不同规模、不同管理模式的物业，并直接与业主和非业主使用人联系，了解他们的需要，可以根据丰富的物业管理经验，对房地产开发商提出有建设性的意见，使物业的使用功能更加完善。

大多数建筑设计院在规划设计时，未能充分或准确考虑日后的使用和管理，给住户造成了麻烦，给物业管理公司带来了不便甚至困难，例如，空调机的安装与排水考虑失误，造成影响制冷效果或装修困难；铁围栏及其他铁制材料的过多使用，造成日后的保养负担过大等等，这些情况都说明设计院对物业管理问题考虑欠妥，同时由于物业管理公司熟知

这些问题，因而才能在这方面提出专业意见。

2. 有利于提高施工质量

建设部已有明文规定，我国的施工建设要与国际接轨，设立建设监理制，这样，一批专业工程监理公司便应运而生，尽管如此，也难以取代物业管理公司参与施工监理的作用。因为物业公司面临着以后验收接管及维护保养的任务，而工程质量的任何隐患和疏忽都会增加管理公司的工作难度，因此，物业管理公司对房屋建造的质量将给予高度的重视，让物业公司提早介入，一旦发现问题及早通过发展商限令施工单位解决，就可有效防止施工质量问题的发生和延续，因此，物业管理公司参与监督施工质量，使工程质量又多了一份保证。

3. 有利于后续工作的顺利进行

前期介入可以优化设计，减少、防止后遗症。物业管理企业经过一段时间的工作，可以同环保、水、电、暖、天然气、通讯、治安、绿化及行业主管部门建立工作联系，理顺工作渠道，有利于以后管理工作的顺利进行。

4. 为接管验收、保证物业正常运行打下基础

物业管理企业对物业开发前期介入。在物业验收接管之前，对物业的土建结构、管线走向、设施建设、设备安装，特别是隐蔽工程等情况已全面了解，这就为物业的验收接管打下了基础。能保证物业管理工作衔接良好，使物业安全启用、正常运行，为日后的管理、养护、维修带来便利，也能使业主和非业主使用人放心。

三、前期介入的方式及内容

物业管理前期介入的意义和作用，愈来愈为开发商和管理公司所重视。越早介入作用越大也正为许多人士所认识，然而，以什么样的方式介入，以及介入后如何展开具体的工作，这是人们十分关切的问题。

1. 早期介入，充当顾问

所谓早期介入，是指物业处在规划设计阶段，发展商聘请专业经验丰富的管理公司做顾问，参与规划设计，使设计在符合国家规范的前提下，尽可能地照顾到使用者的要求以及日后管理的需要，此时，管理公司的专业眼光及经验能有效弥补设计人员的不足，使设计趋于合理完善。

管理公司早期介入，充当顾问的作用具体表现在：①审阅设计图纸，提出有关楼宇结构布局和功能方面的改进建议；②提出设备配置或容量以及服务方面的改进意见；③指出设计中遗漏的工程项目。管理公司一般会从配套设施、配套设备、环境附属工程、保安消防等方面严格把关。

管理公司早期介入一般不设固定人员进驻开发现场，工作方式可根据发展商的需要确定，如定期参加发展商的设计会议，或定时与发展商会晤，出谋划策等。发展商对物业的规划设计很少有一成不变的，出于市场竞争、资金状况、消费趋向、国家政策等因素的影响，发展商要求对原来的设计进行少量修改，对此，管理公司要对发展商的修改设计是否合理进行评判。

现实中，许多发展商往往忽视了在设计阶段请管理公司介入以致在施工时甚至完工后，管理公司进场发觉设计存在不合理地方，发展商虽也认可管理公司的意见，但此时木已成舟，纠正不及，自然就给物业的使用和管理带来诸多不便。而严格到位的前期介入，

会为开发商带来较多的便利。2003年由深圳庐山置业有限公司发展的嘉汇新城出现了持续旺销的现象，据分析，其旺销的原因除了优越的地理位置外，物业管理的前期介入也起到了非常积极的作用。发展商明确规定"规划设计方案没有物业管理单位的签字不能实施，施工结算没有物业管理单位签字不能付款，让物业管理全方位地参与项目的质量监督"，在嘉汇新城的设计方案中，物业公司提出了10项意见和建议，发展商采纳了8项，收到了优化设计、完善细节的作用。

2. 中期介入，扮演监理

所谓中期介入，是指物业管理企业在物业施工阶段参与，主要是参与施工监理，对施工建设提出意见，监督施工质量。

发展商虽聘请工程监理公司监督施工质量，但也不能保证建设施工和设备安装质量完全合格。而且发展商、监理公司一般对土建部分比较着力，因为土建部分往往是能否通过竣工验收的关键。对于设备，往往不能保证安装质量完全合格。有的监理公司派往现场的人力也有限，监管不过来；有的监理公司不尽职责，马虎了事。总之，发展商与监理公司考虑较多的是，只要设备调试合格就可验收通过。而问题在于，设备调试合格并不能说明安装质量无问题，如高层建筑排水管道，放水检测一般也能排水，但此举不能排除管道没有杂物。有些管道杂物较多，暂未堵死，可以排水，但使用后一有杂物"合拢"就堵塞，造成水溢事故。这种情况一般不在发展商及监理公司的考虑范围。因而，物业管理公司施工阶段的重点应放在设备安装的监督上。

物业管理公司对设备安装质量的把关不仅着眼于验收调试，更要着眼于以后长远的使用，即是说，安装时一个很小的问题，在验收时虽不构成质量问题，但有可能时间一长，小问题就变成大问题，因此，管理公司监管是不放过一个小问题的，以此保证安装质量的高标准。鉴于设备安装及装修阶段与今后的管理密切相关，管理公司介入的人员主要应是工程技术人员，尤其应以各设备系统工程师为好，以便于参与设备验收，筹划接管后的设备运行管理。

3. 晚期介入，开始管家

所谓晚期介入，是指物业建设工程基本结束，工程开始竣工验收、移交接管验收和准备入住及筹备开业时管理公司全面介入，开始履行"管家"职责，当然，此处的晚期并不是真正意义上的晚，只是相对迟一些的介入。晚期介入是管理公司由先前的顾问工作转入实质性的操作工作。

（1）组建管理机构；

（2）按照国家规范，代表业主对物业管理区实施全面验收；

（3）确定管理范围和内容，制定管理服务费的收费标准；

（4）准备入住。

纵观上述三个时期的介入，可以看出，管理公司在早期介入最好，提出的建议、意见最及时，发展商有充分考虑采纳的余地；中期介入虽然晚一点，但是不少方面还可以挽救，可以减少物业接管以后的返工，避免一些在后期管理中难以解决的问题；晚期介入虽对物业设计的完善及工程质量的控制为时已晚，无济于事，但对管理公司的全面运作来说也正是时候。按照一般的惯例，管理公司最迟介入的时间应为交付前三个月，即管理公司至少需要三个月时间作各方面的准备。

四、前期介入与前期管理

在实际工作中，前期介入往往被误认为是前期物业管理，其实，二者是完全不同的两个时期进行的物业管理工作。

（一）前期物业管理的含义

前期物业管理的提出，最早出现在 1994 年 11 月 1 日起实施的《深圳经济特区住宅区物业管理条例》中。该条例规定："开发建设单位应当从住宅区开始入住前六个月开始自行或者委托物业管理公司对住宅区进行前期管理，管理费用由开发建设单位自行承担。"1997 年 7 月 1 日颁布的《上海市居住物业管理条例》中也把前期物业管理作为物业全过程管理中的重要一环。2003 年 9 月 1 日起实行的《中华人民共和国物业管理条例》中明确了"在业主、业主大会选聘物业管理企业之前，建设单位选聘物业管理企业进行的物业管理为前期物业管理"，同时也对前期物业管理的时限进行规定"前期物业服务合同可以约定期限；但是，期限未满，业主委员会与物业管理企业签订的物业服务合同生效的，前期物业服务合同终止"。

（二）前期物业管理的意义

1. 使业主顺利入住

在业主入住时，房地产开发企业和物业管理企业均需向业主提交有关楼宇交付使用后的法律文书和资料，还有要求业主签字承诺的回复文件，大量的文件审阅，不可能在入住时一次完成。另外，在业主未验收物业之前，物业管理企业应履行委托方（房地产开发企业）授予的钥匙监护权，因此，物业管理企业应从方便业主的角度出发，事先准备有关材料交予业主，合理安排入住的程序使业主正式入住时能顺利办理有关手续。

2. 维护小区（楼宇）的整体形象，推动租售

入住前的"开荒"工作（物业管理企业首次对完成工程建设的建筑在接管验收后进行的环境清洁工作）、入住后的二次装修管理及人员、车辆的出入管理等，在前期物业管理中都会集中反映出来，这些方面如能得到有效管理，将会为日后的物业管理奠定良好基础，当然也是楼宇租售的有利保证。

3. 为物业管理企业树立形象、赢得声誉、创造机会

对物业管理企业来说，在物业管理期间能否形成良好的管理秩序，满足业主或非业主使用人不同的服务需求，通过自身努力在业主或使用人中间树立有效管理者的良好形象，关系到能否促成业主委员会与物业管理企业正式达成物业管理委托合同。实践证明，物业管理企业惟有兢兢业业地做好前期物业管理与服务工作，才能取得业主们的信任，有进一步合作的可能，这是每一个物业管理企业不断拓展业务范围，努力塑造企业形象的必由之路。

（三）前期物业管理的主要内容

1. 对工程进行检验

工程质量问题对物业本身产生永久性的影响。与投入使用后的各类物业打交道的主要是业主和物业管理企业，从这个意义讲，物业管理企业应有接管验收权和争取质量补偿权。物业管理企业既要考虑质量问题对日后物业管理的影响，也应站在业主的立场上，代表业主的利益，对物业的主体结构的安全性和满足使用功能进行再检验。物业管理企业的工程验收权应在开发企业与物业管理企业的合同中予以明确，政府也应有相应的立法来肯定物业管理企业的这一权力。

2. 入住管理

入住是指业主领取钥匙，接收物业。入住管理就是规范和引导业主办理各项入住手续。此项工作不仅是将房屋完好移交，而且涉及首期收费和法律文件的签署，具有为今后管理与服务开展打下良好基础的重要意义。

3. 前期日常物业管理

（1）对物业管理区实施正常的管理服务；

（2）在保修期内还肩负着解决职责范围内业主提出的房屋及公共配套设施的返修；

（3）协调业主与发展商和建设单位的关系，督促或协调发展商和建设单位解决业主提出的有关房屋及公共配套设施方面的问题。

（四）前期管理和前期介入的不同

（1）前期介入的物业管理企业不一定与开发企业确定管理合同委托关系；而前期物业管理必须有委托关系，管理者已依法拥有该物业的管理经营权。

（2）前期介入一般还未确定物业与业主等具体管理对象，而前期管理必须有明确的管理服务对象。

（3）在前期介入工作中，物业管理企业只起辅助作用，而在前期物业管理中，物业管理企业起主导作用，同时，对物业管理企业来说，两个阶段的业务内容也大不相同。

第二节　物业的接管与验收

一、接管验收的定义

接管验收是指物业管理公司接交房地产发展商或业主委托管理的新建或原有物业时，以物业主体结构安全和满足使用功能为主要内容的再检验。在完成整个接管验收后，整个物业就移交给物业管理公司。接管验收实际上应被认为是"验收接管"，即通过验收，合格后方接管。

物业管理公司从建设单位手中接过物业，开始对物业实施经营管理，至此，物业管理的风险责任就从建设单位转移到了物业管理公司。物业的接管验收，直接关系到今后物业管理工作能否正常开展，物业管理公司应当认真作好接管验收工作。

二、物业接管验收的作用

物业管理公司作为依约管理物业的单位，经接管验收后正式进入物业管理实质性的工作。物业管理公司在接管验收中，一方面要充分考虑质量问题对今后的管理带来的影响，另一方面要充分维护业主的权益。物业接管验收的作用主要有三点：

（1）建设单位和物业管理公司通过接管验收、正式签署文件，明确各方的责、权、利关系，实现权利和义务的同时转移。

（2）物业管理公司通过接管验收，可以发现物业质量的缺陷和隐患，通过及时返工、补强、修缮、加固，确保物业主体的结构安全，满足业主正常的使用需要，也发挥物业的正常作用。

（3）物业管理公司通过接管验收，根据提交的资料和现场查勘，可以摸清物业的性能和特点，由此可以制定预防性的管理措施和维修计划；通过发现缺陷后的及时补救措施，既可以使工程达到质量要求，同时也减少今后管理维修的工作量。

三、接管验收与竣工验收

（一）竣工验收

竣工是指一个建筑工程项目经过建筑施工和设备安装之后，达到了该工程项目设计文件所规定的要求，具备了使用的条件。工程项目竣工之后，承建单位需向建设单位办理交付手续。在办理交付手续时，需经建设单位或专门组织的验收委员会对竣工项目进行查验，在认为工程合格后办理工程接收手续，把产品移交给建设单位，这一交接过程称之为竣工验收。竣工验收是全面考核建设工作，检查所建工程是否符合设计要求和工程质量好坏的重要环节。

（二）接管验收与竣工验收的不同。

1. 验收目的不同

接管验收是在竣工验收合格的基础上，以主体结构安全和满足使用功能为主要内容的再检验；竣工验收是为了检验房屋工程是否达到设计文件所规定的要求。

2. 验收条件不同

接管验收的首要条件是竣工验收合格，并且供电、采暖、给排水、卫生、道路等设备和设施能正常使用，房屋幢、户编号已经有关部门确认；竣工验收的首要条件是工程按设计要求全部施工完毕，达到规定的质量标准，能满足使用等。

3. 交接对象不同

接管验收是由物业管理公司接管开发商移交的物业，竣工验收是由开发商验收承建商移交的物业。

四、接管验收标准及程序

（一）验收内容与标准

接管验收应参照建设部 1991 年颁布的《接管验收标准》执行，内容主要包括主体结构、外墙、屋面、楼地面、装修、电气、水、卫、消防、采暖、附属工程和其他等项目。

接管验收的具体内容是：

1. 主体结构

地基沉降不得超过规定要求允许的变形值，不得引起上部结构开裂或毗邻房的损坏。其中，房屋的主体构件无论是钢筋混凝土还是砖石、木结构，变形、裂缝都不能超过国标规定，外墙不得渗水。

2. 屋面与楼地面

各类屋面必须符合国家建筑设计标准的规定，排水畅通，无积水，不渗漏。地面的面层与基层必须粘结牢固，不空鼓，整体平整，没有裂缝、脱皮、起砂等现象。卫生间、阳台、厨房的地面相对标高应符合设计要求，不允许倒流水和渗漏。

3. 装修

钢木门窗均应安装平正牢固，开关灵活；进户门不得使用胶合板制作，门锁安装牢固；门窗玻璃应安装平整，油灰饱满、粘贴牢固；油漆色泽一致，不脱皮、漏刷。

4. 电气

线路应安装平整、牢固、顺直，过墙有导管，铝导线连接不得采用胶接或绑接。每一回路导线间及对地绝缘电阻不得小于规定要求。照明器具等支架必须牢固，部件齐全，接触良好。避雷装置必须符合国家标准规定，电梯应能准确、正常运转，噪声震动不得超过规定，记录、图纸资料齐全。

5. 水、卫、消防、采暖

管道应安装牢固，控制部件启闭灵活，无滴、漏、跑、冒现象。卫生间、厨房间排水管应分设，出户管长不得超过 8m，并不可使用陶管、塑料管；地漏、排水管接口、检查口不渗漏，管边排水流畅。消防设施应符合国家标准规定，并有消防部门检验合格证。采暖的锅炉、箱罐等压力容器应安装平正，配件齐全，没有缺陷，并有专门检验合格证。各种仪表、仪器、辅机应齐全、安全、灵敏、灵活、精确，安装符合规定，运转准确正常。

6. 附属工程及其他

如室外排水系统的标高，窨井的设置，管道坡度、管位、化粪池等都必须符合规定要求。信报箱、挂物钩、晾衣架应按规定安装。另外，还包括场地清除、临时设施与过渡房拆除清理完毕，相应市政、公建配套工程和服务设施也应达到质量要求。

(二) 验收程序

1. 原有房屋接管验收程序

①移交人书面提请接管单位接管验收；②接管单位按接管验收条件和应提交的资料逐项进行审核，对具备条件的，应在 15 日内签发验收通知并约定验收时间；③接管验收单位同移交人对原有房屋的质量与使用问题进行检验；④对检验中发现的危损问题，按危险和损坏问题处理办法处理；⑤交接双方共同清点房屋、装修、设备和定(附)着物，核实房屋使用状况；⑥经检验符合要求的房屋，接管单位应签署验收合格凭证，签发接管文件，办理房屋所有权转移登记(若无产权转移，则无须办理)。

2. 新建房屋接管验收程序

①建设单位书面提请接管单位验收；②接管单位按接管验收条件和应提交的资料逐项进行审核，对具备条件的，应在 15 日内签发验收通知并约定验收时间；③接管单位会同建设单位对物业的质量与使用功能进行检验；④对验收中发生的问题，按质量问题处理办法办理；⑤经检验符合要求的房屋，接管单位应签署验收合格凭证，签发接管文件。

(三) 物业接管验收应提交的资料

1. 原有房屋接管验收应检索提交的资料

①产权资料：房屋所有权证、土地使用权证、有关司法公证文书和协议、房屋分户使用清册、房屋设备及定(附)着物清册；②技术资料：房地产平面图、房屋分间平面图、房屋及设备技术资料等等。

2. 新建房屋接管验收应提交的资料

①产权资料：项目批准文件、用地批准文件、建筑执照、拆迁安置资料。②技术资料：竣工图——包括总平面、建筑、结构、设备、附属工程及隐蔽管线的全套图纸，地质勘察报告，工程合同及开工、竣工报告，工程预决算，图纸会审记录，工程设计变更通知及技术核定单(包括质量事故处理记录)，隐蔽工程验收签证，沉降观察记录，竣工验收证明书，钢材、水泥等主要材料的质量保证书，新材料、新配件的鉴定合格证书，水、电、采暖、卫生器具、电梯等设备的检验合格证书，砂浆、混凝土试块试压报告，供水、供暖的试压报告等等。

(四) 物业移交

在完成了物业验收之后，所有物业连同设备就移交给物业管理公司。一方面物业在完成验收之后，就进入了使用阶段，而使用管理是由物业管理公司来进行的，加之物业管理公司参与了施工监理和工程验收，只有它才对各种情况十分清楚，而且早已为投入使用做了各种准备；另一方面，由发展商或代理商售出的物业向业主的移交是物业管理公司和业主共同管理、相互监督的开始，移交过程中有许多与管理有关的程序需要完成，如签订居住管理公约，预交水电费押金，领取《物业管理手册》，知会管理条例等。

物业管理公司在接受移交时必须有专业人员参加，才能作最后的验收确认，尤其是要查对责成返工的工程是否保质保量地完成。

五、物业接管验收中存在的若干问题

实际工作中，由于接管单位与建设单位（移交单位）未能规范组织接管验收工作，物业交付使用后的矛盾颇多。常见的问题有以下几种：

1. 物业管理公司接管验收工作"走过场"

接管验收工作"走过场"一般发生在特定的接管双方当事人之间，当建设单位为一家大型的开发商，在开发商下属的独立单位中有物业管理公司，物业的接管验收实际是发生在"上下级"之间。物业管理公司在办理上级移交的建筑产品时，一般难以挑剔。一旦接管验收后，再发生问题也难以或无法再去与建设单位交涉，而要自担责任。接管验收"走过场"带来的后患，往往会在一段时间之后才逐渐暴露出来。

2. 物业管理公司接管验收工作"不到位"

物业管理公司选派的接管验收的工作人员或者是不懂行或者是缺乏工作责任心，对应当逐项验收的项目有的不验收就接管、签字确认，有的存在质量问题或不合格但却按合格验收。结果，应由建设单位或施工单位承担的责任，以后由物业管理公司负担，这样物业管理公司客观上就把这部分额外的修理费用转嫁给业主承担。

3. 物业接管验收交付的资料"不齐全"

按接管验收规定，建设单位应向管理单位移交全部图纸资料。一个建设项目的设计图纸向物业管理公司移交还比较容易做到，但项目在建设活动中常常有设计上的修改，这些修改后的图纸全部向物业管理公司移交却困难重重。对物业公司来说，尚未经设计修改的图纸对物业的维修保养作用意义不大，而经过修改的图纸却是最反映实际情况、最有使用价值的。经修改后的图纸，有些被丢失了；有些设计上的修改在施工中只是建设单位、设计单位的口头要求，施工时按口头要求去做，事后也未办签证未补出图纸。图纸不齐全或图纸失真会给以后物业管理带来难以想象的麻烦。

六、接管验收注意事项

物业的接管验收是直接关系到今后物业管理工作能否正常开展的重要环节。物业管理企业通过接管验收，即由对物业的前期管理转入到对物业的实体管理之中，因此，为确保今后物业管理工作能顺利开展，物业管理企业在接管验收时应注意以下几个方面：

（1）物业管理企业应选派素质好、业务精、工作认真负责的管理人员及技术人员参加验收工作。

（2）物业管理企业既应从今后物业维护保养管理的角度进行验收，也应站在业主的立场上，对物业进行严格验收，以维护业主的合法权益。

（3）接管验收中若发现问题，应明确记录在案，约定期限督促开发商解决，直至完全合格。

（4）落实物业的保修事宜。根据建筑工程保修的有关规定，由开发商负责保修，向物

业管理企业交付保修保证金，或由物业管理企业负责保修，开发商一次性拨付保修费用。

（5）开发商应向物业管理企业移交整套图纸资料，包括产权资料和技术资料。

（6）物业管理企业接受的只是对物业的经营管理权以及政府赋予的有关权利。

（7）接管验收符合要求后，物业管理企业应签署验收合格凭证，签发接管文件。当物业管理企业签发了接管文件，办理了必要的手续后，整个物业验收与接管工作即告完成。

第三节　物业入住手续的办理

一、入住及入住手续

所谓"入住"就是业主领取钥匙，接房入住。当物业管理企业的验收与接管工作完成以后，即物业具备了入住条件后，物业管理企业就应按程序进入物业的入住手续的办理阶段。

入住手续是指物业管理公司在所建楼宇具备了入住条件以后，向业主寄发入住手续文件（以下详述），业主按要求办理验楼、付款、签约、搬迁、装修、入住等手续。

由于物业的入住阶段是物业管理企业与其服务对象——业主接触的第一关，这一阶段除了大量的接待工作和繁琐的入住手续外，各种管理与被管理的矛盾也会在短时期内集中地暴露出来，为此，这一阶段通常也是物业管理问题最集中的阶段，所以，物业管理企业应充分利用这一机会，既做好物业管理的宣传、讲解工作，又要切实为业主着想办事，以树立起物业管理企业良好的"第一印象"，取得广大业主的信赖。

在办理入住手续时，物业管理公司应以方便业主为出发点，坚持集中办理与分散办理相结合，主动向业主介绍物业情况，为业主搬迁入住提供帮助，为业主进行房屋装修提供指导。物业管理企业应及时将入住通知书、入住手续书、收楼须知、收费通知书一并寄给业主，以方便业主按时顺利地办好入住手续。

业主也应积极配合物业管理公司，尽量按时办理收楼手续，及时付清有关费用，认真签订管理公约，遵守各项管理规定。约定期限内无正当理由不收楼，开发商可通知购房者并将房屋钥匙交物业管理公司。此时即视为房屋已经交付，风险责任也随之向购房者转移。其后，如发生房屋遭损的意外，开发商便获免责，而由购房者承担后果。

二、物业的入住准备

管理公司从发展商手中接过物业的管理权后，随即就要着手参与物业的入住工作。管理公司一方面在对物业进行彻底的清洁"开荒"的同时，另一方面必须积极做好业主入住各项文件手续的准备工作。

从权属关系来说，入住是发展商将已建好的物业按法律程序交付给物业的所有者，是发展商与业主之间履行购房法律行为的一个过程。管理公司不是其中的当事者，但发展商既然聘请管理公司，就可委托管理公司做代理，代理发展商安排业主的入住。其次，业主入住的过程涉及到许多管理上的问题，业主对今后的管理状况、收费标准等尤为关注，这必须由管理公司来直面回答，所以，入住时管理公司理应参与。管理公司作为该物业的管理者，有义务协助发展商做好物业的入住（交付）工作。

1. 物业的清洁"开荒"

清洁"开荒"是指管理公司在完成对物业的竣工验收、接管验收之后，对物业内外进行全面、彻底的清洁，将干干净净的物业交给物业所有者。虽然有的物业在竣工验收前，建设单位也会做些清扫垃圾工作，但远远达不到"洁亮"的程度。管理公司所做的清洁"开荒"，其作用就要达到"洁亮"的效果，让物业所有者满意，特别是商业大厦（商场、写字楼）对清洁的要求更高。清洁"开荒"的具体内容包括：对物业内外建筑垃圾的清理；对玻璃、地面、墙面等处所沾灰尘、污垢的清除；对公用部位（楼梯、电梯、厕所、茶水间等）、办公房以及设施的清扫等。商业大厦清洁的范围更大，程度更深，如玻璃幕墙的清洗，各种提示牌（不锈钢或铜牌）的清洁，其地面以大理石居多，不仅要清洁，而且要打蜡磨光，要给人一种光亮如镜的感觉。清洁"开荒"是管理公司接管物业后面临的第一项繁重工作，由于入住时间紧迫，"开荒"不仅工作量大，而且涉及面广，质量要求高，就管理公司来说是一个严峻的考验。

2. 入住手续文件的准备

入住手续文件是指业主在办理入住手续时所要知晓、参照、签订的有关文件，主要内容包括入住通知书、入住手续书、收楼须知、缴款通知书。这些文件都由物业管理公司负责拟定，并以开发商和物业管理公司的名义，在业主办理入住手续前寄发给业主。在实际操作中，有些物业管理公司还准备了验楼情况一览表、楼宇交接书等，供业主在验楼时使用。

3. 设备的试运行

物业入住，各设备系统必须处于正常的工作状态，照明、空调、电梯、给排水、消防报警等系统的正常运作是物业入住必备的条件。入住前验收合格，不是意味着入住时就不会出现问题，为确保入住时设备的正常运作，管理公司在入住之前要对设备进行连续运作检验，发现有异常应及时修理。

三、入住环节物业管理主要工作内容

（1）接待入住现场的所有业主，合理分流办理入住的业主，避免入住现场出现拥挤的局面，保证工作有条不紊地进行。

（2）核对售楼资料与业主本人身份证件。

（3）发放资料，并签订公约等有关文件。

（4）按照要求收取物业管理相关费用。

（5）为了方便业主，物业管理处邀请市政相关单位进场为业主办理水电、燃气、有线电视、宽带等开通手续。

（6）业主办完上述手续后，管理处安排专人陪同业主对物业进行验收。

（7）业主在验房中发现问题，有管理处验房专员记录，同时办理单元房的钥匙交接。

（8）物业管理处安排专人接待业主相关问题的咨询，同时受理业主办理二次装修申请工作。

（9）业主验房中的遗留问题，集中由专人登记、汇总。

（10）入住工作中资料的归档。

四、入住手续文件

1. 入住通知书

物业管理公司在物业验收合格后通知业主可以来办理入住手续的文件。在制订入住通知书时应注意下面几个问题：

（1）一般来说，楼宇的入住有时多达几百家甚至几千家，不可能全部集中在同一时间办理，因此，应在通知书上注明各楼或各层办理的时间，分期分批办理。

（2）若有的业主因故不能按期前来办理，可在规定办理时以后留有机动时间予以补办。

（3）考虑到少数业主仍不能如期在机动时间内前来办理，要在通知书上注明处理的办法。

例：××公司/女士/先生：

您好！您所认购的××大厦×层×室已于×年×月经×省/市××部门和××房地产公司、××建筑工程公司、××物业管理公司等组成的验收小组验收合格，准予入住。

（1）请您接到本通知后按附表规定的时间前来办理入住手续。地点在_____，在此期间内，房产公司财务部、地产部、物业管理公司等有关部门将到现场办公，一次办完手续，为您提供快捷方便的服务。

（2）如果您因公事繁忙，不能亲自前来，可委托他人代办。代办时，除应带齐相关的文件外，还应带上您的委托书、公（私）章和身份证。

（3）如果您不能在附件中规定的时间内前来办理手续，可以在×月×日后，到××房地产公司（地点_____）先办财务及收楼手续，再到××物业管理公司（地点_____）办理入住手续。

在您来办理各项手续前，请仔细阅读入住手续书、收楼须知、缴款通知书。

特此通知！

××房地产开发有限公司

××物业管理有限公司

年　　月　　日

2. 入住手续书

物业管理公司为方便业主，让其知晓办理人手续的具体程序而制定的文件。

（1）入住手续书

例：××公司/女士/先生：

您好！您所认购的××大厦×层×室已具备入住条件，请阅读"收楼须知"、"缴款通知书"，按如下顺序办理手续。

办理入住手续表　　　　　　　　　　　　表 3-1

序　号	办　理　部　门	应缴费用或出示文件	已收或已验	部门意见及签章
1	开发商财务部	收楼通知书		购房款项及手续已清 特此证明 财务部 年　月　日
		缴款通知书		
		原预缴款收据		
		购房款余额		
2	开发商地产部	身份证或护照影印件（或业主委托书、业主身份证或护照影印件、代理人身份证或护照影印件）		入住资格审查合格 特此证明 地产部 年　月　日
		购房合同		
3	物业管理公司	管理费押金和首期管理费		已缴清物业管理有关费用 特此证明 财务部 年　月　日
		水电费押金		
		电话费押金		

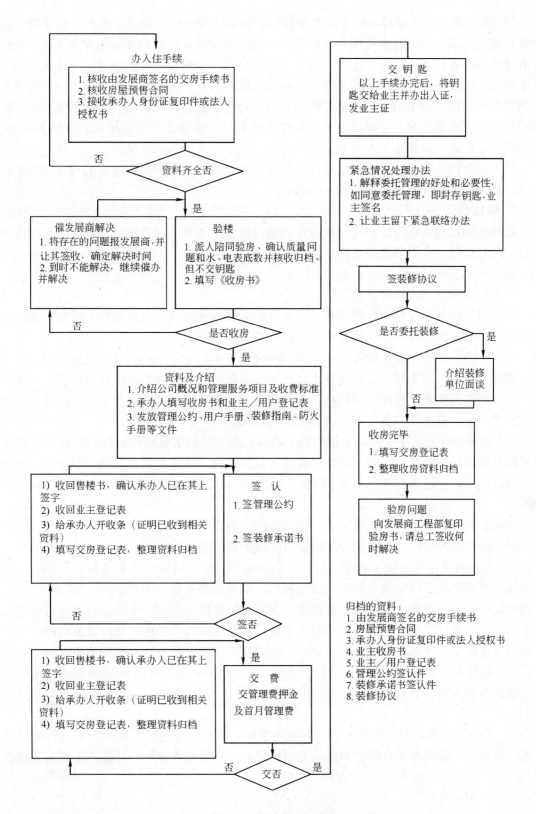

办入住手续
1. 核收由发展商签名的交房手续书
2. 核收房屋预售合同
3. 接收承办人身份证复印件或法人授权书

否 ← 资料齐全否 → 是

催发展商解决
1. 将存在的问题报发展商，并让其签收，确定解决时间
2. 到时不能解决，继续催办并解决

验楼
1. 派人陪同验房、确认质量问题和水、电表底数并核收归档。但不交钥匙
2. 填写《收房书》

否 ← 是否收房 → 是

资料及介绍
1. 介绍公司概况和管理服务项目及收费标准
2. 承办人填写收房书和业主／用户登记表
3. 发放管理公约、用户手册、装修指南、防火手册等文件

1) 收回售楼书，确认承办人已在其上签字
2) 收回业主登记表
3) 给承办人开收条（证明已收到相关资料）
4) 填写交房登记表，整理资料归档

签认
1. 签管理公约
2. 签装修承诺书

否 ← 签否 → 是

1) 收回售楼书，确认承办人已在其上签字
2) 收回业主登记表
3) 给承办人开收条（证明已收到相关资料）
4) 填写交房登记表，整理资料归档

交费
交管理费押金及首月管理费

否 ← 交否 → 是

交钥匙
以上手续办完后，将钥匙交给业主并办出入证，发业主证

紧急情况处理办法
1. 解释委托管理的好处和必要性，如同意委托管理，即封存钥匙，业主签名
2. 让业主留下紧急联络办法

签装修协议

是否委托装修 → 是
否 ↓

介绍装修单位面谈

收房完毕
1. 填写交房登记表
2. 整理收房资料归档

验房问题
向发展商工程部复印验房书，请总工签收何时解决

归档的资料：
1. 由发展商签名的交房手续书
2. 房屋预售合同
3. 承办人身份证复印件或法人授权书
4. 业主收房书
5. 业主／用户登记表
6. 管理公约签认件
7. 装修承诺书签认件
8. 装修协议

图 3-1 入住流程示意图

（2）物业管理公司办理入住手续作业流程：前面已经谈到，为业主办理入住手续，是物业管理公司第一次同业主见面和提供服务，因此必须认真做好服务前的准备工作，设计好管理所需的各种表格和作业程序，为业主提供热情、优质、高效的服务。预先将办理入住手续的文件资料及所要填写和签订的表格放入档案袋中，并在档案袋封面上注明袋中资料的名称和顺序。袋中的资料包括：管理公约、用户手册、装修指南、防火手册、入住收费通知单、用户登记表、验房(铺)书、装修申请表、装修施工责任承诺书、装修验收书、明火动用登记表、装修施工人员登记表等。

员工在办理入住手续时，可依照预先设定的程序完成。这种预先设定的程序即作业程序书，或称为入住作业流程，如图3-1所示。

3. 收楼须知

收楼须知是物业管理公司告知业主在收楼时应注意的事项以及在办理入住手续时应该携带的各种证件、合同和费用文件。

例：××公司/女士/先生：

欢迎您成为××大厦的业主！

我公司为您提供良好的管理服务，兹先介绍有关收楼事项和收楼程序，避免您在接收新楼时产生遗漏而引致不便。请您认真阅读，务勿遗忘。

（1）您应在接到入住通知书之日(以邮戳为准)起三个月内前来办理产权登记和入住手续。逾期办理者，每逾期一天应缴纳人民币×元的滞纳金。超过半年没有办理有关手续的房产，将由本大楼物业管理公司代理，代管期间的管理费用仍由购楼业主承担。超过三年不来办理手续，视为无主房产，交由有关部门依法处理。

（2）您来办理入住手续时，请带齐以下物件：①(预)购房合同(协议)；②业主身份证或护照及图章；③公司购买的还应带公司法人证件和公章；④入住通知书；⑤办理入住手续作业程序书；⑥已缴款项的收据(调换正式发票)；⑦未缴的购房款和应缴的物业管理款项。

如您委托他人来办理，还应带上：①您(业主)的委托书，应由律师签证；②您(业主)的身份证或护照的影印件；③代理人的身份证或护照的影印件。

（3）您办理手续请按以下程序进行：①到房地产开发公司财务部缴纳购房余款，并将原预缴款收据换取正式发票，购楼余款缴清后，财务部将在您的办理入住手续表上盖章；②到房地产开发公司地产部审核入住资格，当您缴验各种证件后，地产部将在您的办理入住手续表上盖章；③到物业管理公司财务部缴付物业管理各项费用，费用缴清后物业管理公司财务部将在办理入住手续表上盖章；④到物业管理公司办公室办理其他手续。

（4）根据大厦承建合同，大厦维修保养期一年。一年内如有工程质量导致的问题，承建单位将为业主免费修理，但是，如因使用不当所导致的问题，则由业主自行支付修理费用。

（5）您(业主)可以对所购的房间进行室内装修，但应保证绝对不影响大厦结构和公共设施。装修前，需向物业管理公司提出书面申请，获准后方可进行，并按规定缴纳装修管理费。

祝您顺利入住！

××房地产开发公司

××物业管理公司

年　月　日

4. 缴款通知书

物业管理公司通知业主在办理入住手续时应缴纳的款项及具体金额的文件。

例：××公司/女士/先生：

您好！您所购买的××大厦×层×室房屋已经竣工。按购房合同规定，您来办理入住手续时，请同时缴清以下款项：

(1) 购房余款，计人民币_____元。

(2) 预收×项管理费，计人民币_____元。

(3) 水电管理备用金，用于供水、供电、机电、电梯、消防等重要设备的更新及突发事故抢修时的储备资金，计人民币_____元。

(4) 装修管理费，装修完毕后按规定退还，计人民币_____元。

(5) 建筑垃圾清运费，用于清理业主装修时产生的建筑垃圾所预收的管理费，装修完毕后，按规定收费或退还。

(6) 其他费用(具体列出项目及金额供业主选择)

××房地产开发公司

××物业管理公司

年　月　日

5. 用户登记表

物业管理公司为了便于日后及时同用户保持联系，提高管理和服务的效率和质量而制定的文件。在业主(用户)办理入住手续时，应认真填写好业主(用户)登记表。

表 3-2

业主情况登记表

姓　　名		性　　别		婚　　否		
出生年月		籍　　贯		文化程度		
专业职称		政治面貌		邮　　编		
住址						
工作单位						
联系电话						
物业编号1._____, 2._____, 3._____, 面积1._____, 2._____, 3._____						
本人简历						
家庭主要成员						
主要社会关系						
备注						

6. 验房(铺)书

验房(铺)书是物业管理公司为方便业主对房屋进行验收督促开发商及时整改问题，以免相互扯皮，使问题能得到及时决而制定的文件。

购买物业对于每一位业主来说均是一项重大的投资活动。根据入住手续书和收楼须知，应由物业管理企业派人员带领业主验收其所购物业。业主对自己所购物业进行验收是业主的权益，业主在验收之前应尽量把物业可能产生的问题了解清楚，并逐项进行鉴定检查，尽可能把问题解决在入住之前，将"先天缺陷"减少到最低限度。

归纳众多物业管理企业的经验，一般物业可能存在的质量问题大致有以下几个方面：

（1）给排水系列，包括水管、水龙头、水表是否完好，下水道是否有建筑垃圾堵塞，马桶、地漏、浴缸排水是否畅通、有无泛水现象等。

（2）门窗系列，包括框架是否平整、牢固、安全，门窗是否密缝、贴合，门锁、窗钩有无质量问题，玻璃是否防水、密封等。

（3）供电系列，包括电灯、电线（管线）是否有质量问题，开关所控是否火线，电表的流量大小能否满足空调、电脑等家用电器的需求等。

（4）墙面、屋顶、地板系列，包括是否平整、起壳、起砂、剥落，有否裂缝、渗水，瓷砖、墙砖、地砖贴面的平整、间隙、虚实等。

（5）公共设施及其他，包括垃圾桶、扶梯、电梯、防盗门、防盗窗花、电话电线、天线、信箱等。

例：××大厦××层××室业主××××于××××年×月×日在物业管理公司××部×××的陪同下入楼验收，检查了所购房屋的建筑质量和初装修情况，对以下问题确认如下：

（1）无任何问题；

（2）发现有以下质量问题：

1）_____；

2）_____；

3）_____；

4）_____。

对上述问题请开发商予以解决。

（3）水、电表初始读数：

1）电表_____度。

2）水表_____度。

（4）收到管理公约、业主手册、防火手册和装修指南各一本（共四本），并已仔细阅读。

业主签字：　　　　　　　　　物业管理公司（代表）签字：
　　　　　　　　　　年　　月　　日

7. 房（铺）交接书

房（铺）交接书是业主在确认可以接受所购楼宇后，与开发商签订的一份协议。它证明开发商及时提供了合同规定的合格房屋商品，为开发商按合同收缴欠款提供了法律依据，同时，在房（铺）交接书中重申了开发商按合同对房屋应负的保修义务。

例：甲方：××开发商

乙方：××业主

鉴于甲方所开发的物业"××大厦"已竣工，并且经××市有关部门鉴定合格。业主购买的×楼×层×室已具备入住条件，可以入住。开发商和业主双方均同意签署本房（铺）交接书，以便开发商将业主所购买的该单元房屋通过本房（铺）交接书正式移交给业主。业主已检查了该单元的建筑质量和初装修情况，双方一致认为，该单元可以交付给业主，业主可以接受该单元，因此，双方签订本交接书，并确认下列条款：

（1）双方确认，自×年×月×日起，该单元由开发商交付给业主；

（2）业主在此确认，确已收到该单元钥匙；

（3）开发商确认，尽管该单元已交付给业主，但其仍负有房(铺)销售合同中规定的保修义务；

（4）业主同时确认，该单元的建筑质量和初装修质量符合双方所签房(铺)销售合同的规定，业主并无异议；

（5）双方一致同意，有关业主购买的该单元产权登记事宜，均委托××律师事务所办理，开发商予以协助，有关税费按国家规定分别由双方各自承担。

（6）本交接书自双方签字之日起生效。

（7）本交接书一式两份，双方各执一份。

开发商(代表)签字：　　　业主签字：

年　　月　　日

第四节　物业的装修管理

物业的装修，是人们美化物业环境的重要活动。它随着人类社会文明程度的提高，人们生活居住水平的不断提高而不断向前发展。一般房屋建筑可以使用几十年，而装饰装修7～8年就要更新。

一、物业装修的涵义

物业装修是指建筑物的室内装饰装修，其中尤其是指住宅、商住楼、机关办公楼、酒店、旅馆的室内装饰装修。

物业管理中的物业装修具体是指物业竣工验收合格、交付使用后，业主或使用人办理完入住手续后，在正式入住前，根据自己的使用特点和要求，对所购(租)房屋进行重新设计、分隔、装饰、布置等。有用户入住一段时间后，或用户调换后，往往又要将原来的装修推倒，按自己的意愿进行装修。以上几种装修，习惯上人们称之为二次装修。

二次装修一般是在原来房屋初装修的基础上进行的，加上业主或使用人入住的时间先后等因素，因此与一般装修相比有如下特点：

（1）二次装修必须符合楼宇原来设计时的工程技术规范与技术指标。

（2）二次装修一般是在楼宇已有入住业主或使用人的情况下进行的，因此施工时要顾及住(用)户的正常工作及生活，尽量避免或减少对他们造成的影响。

（3）对施工人员的技术及素质要求比较高。由于一幢楼宇、一个小区入住的业主或使用人成百上千，进入的施工队伍人员较多、较杂，如果他们素质不高，必将给物业管理增加难度，对楼宇或小区内的用户人身、财产带来损害。

（4）由于一幢楼宇、一个小区入住的业主或使用人成百上千，因此二次装修的用户量多、面广，二次装修频繁地进行。

（5）在装修的过程中，容易损坏毗连房屋和公用设备设施。

（6）施工中的防火要求特别重要。装修往往在已使用的物业中，火灾等事故将造成生命、财产的大量损失。

二、物业装修的一般程序

物业管理公司首先根据国家法规、管理合同、小区（大厦）情况，制订装修规定，也叫做装修指南，在业主入住时即颁发给所有业主，装修行为即可按装修指南要求进行。

一般情况下，装修指南会要求物业装修按下列程序进行：

1. 用户装修申报

（1）业主向物业管理公司提出装修申请，领取装修申报表、室内装修消防审批表。

（2）工程部对业主的资格进行确认，并提供装修指南及有关资料。

（3）业主尽快请设计公司进行装修方案设计（自行设计也可），并选择合格的装修单位（由物业管理公司审查或由物业管理公司直接推荐）。

（4）业主一般要在半个月内将装修设计图纸交工程部审核。

（5）业主申报时需提供的资料：①房屋所有权证（或者证明其合法权益的有效凭证）；②申请人身份证件；③装饰装修方案；④变动建筑主体或者承重结构的，超过设计标准或者规范增加楼面负荷的，需提交原设计单位或者具有相应资质的设计单位提出的设计方案；⑤搭建建筑物、构筑物，改变住宅外立面，在非承重外墙上开门、窗的，应当提交城市规划行政主管部门的批准文件；拆改供暖管道和设施的，需提交供暖管理单位的批准文件；拆改燃气管道和设施的，需提交燃气管道单位的批准文件；改动卫生间、厨房防水层的，应当按照防水层标准提交施工方案；⑥委托装饰装修企业施工的，需提供该企业相关资质证书的复印件；⑦非业主的住宅使用人，还需提供业主同意装饰装修的书面证明。

2. 物业管理公司审批

（1）在接到业主递交的装修方案后一周内予以答复。对不合规范或资料不全的，要求业主进行修改，重新提交审批。

（2）方案批准后，业主按规定到物业管理公司签订装修协议，并领取装修许可证。

3. 装修单位施工

（1）与物业管理公司签订装修施工责任承诺书，并领取施工许可证。

（2）所有施工必须按物业管理公司审批的方案进行，不得有任何更改，如实际情况需更改，必须经物业管理公司确认，出具更改通知后才可施工。

（3）装修单位在施工期间，应严格遵守装修管理规定及有关的大厦或小区管理规定，对严重违反者，施行罚款、停工或驱逐出楼宇或小区等处罚。

4. 装修过程监管

为了确保装修的顺利进行，确保用户的生命、财产安全，必须加强巡视，加强对装修现场的监管，在定期巡查中纠正和阻止违规装修。特别要注意以下问题：

（1）装修设计中对水、电、中央空调的改动必须经过工程部各系统工程师的签字认可。

（2）装修不得改动消防设施，如喷淋、烟感系统等。

（3）装修间隔必须符合消防要求，采用阻燃材料。易燃材料要按消防要求，刷防火漆；强电线路要用铁管或阻燃塑料管消防保护，并作为隐蔽工程进行检查验收。

（4）烧焊不能与木工作业同时进行，施工场地严禁吸烟。

（5）装修工要进行登记，装饰材料只能用货梯和消防梯运载。

5. 物业管理公司验收

（1）装修工程完工后，业主通知工程部并会同有关部门对工程进行验收。

（2）隐蔽工程必须在隐蔽前进行验收。

（3）竣工验收合格后，由工程部向业主或使用人出具竣工验收单。

（4）业主凭竣工验收单到管理部、保安部办理必要的手续

三、物业装修中常见的违章行为及处理

物业装修中发生的违章行为，主要发生在施工阶段。在物业的装修中，变更门户内的住房布局，破坏房屋的结构等等，对建筑物往往留下一定的破坏性，具体表现在：

（1）对楼板的破坏

铺设地面时不注意对楼板的保护，如在铺设瓷砖时为了使其与楼面粘结牢固，把原地面用锤子、凿子等凿成毛面，凿的过程中使用的砂浆较多，增加了楼面的荷载。又如在铺设木地板过程中，不按正常的操作规程施工，为固定木龙骨等，在原地面上随意射钉、打孔、破坏楼板。另外一些用户在加设灯饰、吊装风扇和顶棚时，在空心楼板或现浇板上随意钻孔打洞，凿钻楼板，致使楼板千疮百孔，甚至切断了楼板中的受力钢筋，破坏了其结构性能。如果楼上住户铺地面已对楼板造成破坏，那么，该楼板的安全程度可想而知。还有的在原有的楼板上加设墙体以分隔房间，或者铺装较重的石材地板，又叠加砂浆水泥层，大大增加了楼板的承重，时间长会导致楼板开裂或折断的危险后果。

（2）对墙体任意的改变。有些用户不了解房屋的结构形式，在墙上随意开门打洞，更有甚者去掉部分或整道墙体以增加空间。有拆掉连接阳台的门窗墙，随意扩大原有的门窗尺寸，建拱门、艺术窗等。这些做法大大降低了建筑物的结构安全性，容易造成人身事故隐患。

（3）对阳台的荷载过大。有些居民为增加使用面积，在悬挑阳台上安装封闭窗，且封闭窗远大于阳台尺寸外挑，在阳台上摆满花盆，阳台地面上又堆积各类杂物。或者改变阳台的功能，将它改作厨房或卧室，这样一来阳台载荷超过设计要求，严重的会使悬挑根部开裂，导致坠落的重大事故。

（4）对电、水等配套的破坏。有些装饰队伍在电气安装中，敷设隐蔽线路时不按规定施工，到处乱设，并且增加负荷电器的数量，改变电路及管线的走向。一些原有的管线也因剔凿而受到破坏。装修中用电不安全问题，极易造成因负荷、导线的接头发热、线路漏电、短路或防护不当而引起火灾事故。对给排水设施的改动，破坏了卫生间、厨房现浇楼面的防水层，又导致排水不畅，管道穿楼板处发生渗漏水的现象，既影响现浇楼板的质量，又给邻里造成麻烦。

（5）对通风条件的破坏。由于室内装修材料不同程度地具有放射性及挥发性化学物质污染，彩电、音响、电冰箱等家用电器也发射一些电磁波，污染室内空气，影响人的健康。住户装修时不考虑自然通风，随意把分室门上摇头窗去掉，改阳台为厨房等，人为破坏通风途径，使污染的空气滞留在室内，给人的健康留下严重隐患。

对于这类有损房屋结构的装饰装修，物业公司发现后应及时劝告、纠正，居民如果拒不接受的，物业公司应及时向房地产行政主管部门报告。对于因违法装饰装修而引起的相邻关系中的侵权行为，如妨碍相邻方的正常的通行、通风等，相邻人有权要求人民法院排除妨碍，制止当事人的侵权。

四、装修规定/装修指南样本

××大厦装修指南

一、前言

为指引业主/用户的装修工作,规范装修行为,保持大厦在装修期间能正常运作,特制定本指南。××大厦的物业管理包括装修管理,由××物业管理公司承担。

二、装修申请

业主/用户的室内装修,须于装修入场前 15 天向大厦物业管理公司业务部门书面申请,并提交装修方案。

装修方案包括以下资料(可依装修内容选择):①装修平面图;②装修用料,如顶棚、隔墙、地面等的用料;③照明系统和电源布线图;④给排水系统要求;⑤需要新做或更改的中央设备系统;⑥维修检查出口的位置;⑦顶棚平面设计图;⑧各立面图;⑨橱窗及招牌的设计(包括字体、店徽的设计)。

三、审批装修方案

物业管理公司在收到业主/用户的装修方案后 7 天内予以答复。对不合规范或资料不全的,业主/用户按要求进行修改,重新提交审批。

四、装修按金

为保证装修期间清理废物,不损坏大厦共用设备设施、不违反装修管理规定,业主/用户的装修须交一定数额的按金,按金标准根据装修工程量大小而定,但每个房间(商铺)最少不低于 1000 元。装修工程完后经管理公司确认无任何扣罚之处,按金悉数退还(不生息)。如装修工程有扣罚赔偿行为,在扣除应罚应赔款后的余数退还业主/用户;如果按金不足以支付所有费用,管理公司有权追收不足金额。

五、装修监管费及水电费

业主/用户进行装修工程须向管理公司支付装修监管费,用于消防安全、场地及设备的保护、电梯的使用、公共安全、场地清洁、施工监管等方面的支出。装修监管费的标准相当于最终方案总工程价款的 5%,最少不低于建筑面积 10 元/m²。装修期间所发生的水电费用由业主/用户支付。

六、保险

为防止装修期间的施工可能出现的事故而招致损失,管理公司视装修工程情况要求业主/用户购买装修工程的保险,包括火险、公共责任险等。

七、防火负责人

业主/用户应指定装修施工单位的负责人为防火责任人,并在防火责任书上签字。

八、装修施工责任承诺书

业主/用户在装修申请获批准之前,须在装修施工责任承诺书上签字,承诺遵守本装修指南所列的全部规定。

九、装修施工许可证

业主/用户按土建规定提交装修方案,缴交装修费用,在承诺书上签字后,管理公司向业主/用户出具装修施工许可证。

十、装修工作开始

业主/用户领取装修许可证后即可办理施工人员出入证、材料运进等,装修工程便可开始。

十一、装修验收

装修工程完工后，业主/用户应书面通知管理公司验收。管理公司检查装修工程是否符合装修方案的要求，施工中有没有违反装修守则，费用是否缴足等等。如无问题，即予验收通过，退还装修按金。

十二、装修守则（节选）

业主/用户的室内装修，必须遵守以下规定：

（1）所有消防、空调、给排水及燃气工程的施工，必须由管理公司指定的施工单位进行。请与管理公司联系，以取得指定施工单位的名单。

（2）喷淋系统一般不予改动，如遇特殊情况必须改动时，要符合现行消防设计规范。管理公司收取配合施工作业的管理费，并要求在限定时间内完成。

（3）所有电器的安装都应遵照市供电局的有关规定，所有电线一定要保护在镀锌管内，而未征得管理公司同意，绝对不得将电线直接嵌入大厦的任何部分。

（4）除了大厦所提供的招牌灯箱位置外，其他位置一律不可以装设店徽或标牌。招牌的设计方案必须得到管理公司的审批。

（5）不得安装面向公共走廊或会对其他商户或顾客造成骚扰或影响的音响。

（6）不得在玻璃幕墙结构上打孔或粘贴任何类型的设施。一切装置不得触到幕墙系统的结构组件或任何一部分。紧靠幕墙的商铺内间隔不得固定在幕墙系统上。

（7）业主/用户应在施工前获得所有当地政府部门的一切有关批准，特别是消防局的有关批准。

（8）在开始任何施工前，必须把所有参予施工人员的姓名、住址和身份证号码等资料交给管理公司，如有变化，须随时补充更改以保证准确完全。

（9）所有施工必须严格按照已审批图纸及说明完成，至管理公司满意为准。而所选施工单位必须由管理公司批准。

（10）业主/用户应确保承造商不会造成大厦的设备、设施及装修的任何损坏，如有任何损坏，无论意外与否，将由管理公司安排管理，修理的费用将由业主/用户负责支付。

（11）其他条款略。

十三、装修程序概要

（1）收取装修指南、问卷、图纸等。

（2）如有必要，可要求管理公司人员与业主/用户的设计师/承造商进行会谈。

（3）装修方案的图纸及技术资料、已填写的承诺书及问卷、该缴付的费用及装修按金交到管理公司。

（4）收取装修方案的审批同意书。

（5）施工人员名单交到管理公司。

（6）装修工程开始。

（7）装修工程完成后书面通知管理公司。

（8）由管理公司人员最后检查。如果装修工程达到管理公司的要求，可获通知收回装修按金余数。

复习思考题

1. 物业管理前期工作包括哪些内容？
2. 什么是物业管理的前期介入？有哪些作用？
3. 前期介入的方式有哪些？
4. 什么是前期物业管理？
5. 什么是物业的接管验收？接管验收有哪些注意事项？
6. 什么是入住？入住手续文件有哪些？
7. 什么是物业的装修？有哪些特点？
8. 装修的一般程序包括哪些步骤？
9. 什么是装修指南？应含哪些内容？
10. 请简单谈谈前期物业管理工作与物业日常管理的关系。

【案例讨论】

1. 物业管理公司前期介入谁付费？

最近与某物业管理公司的经理聊天，提到前期介入的问题，该经理马上发起牢骚来：现在满社会都在提前期介入，自己也认为前期介入好处多，但一旦物业管理公司真的前期介入了，费用问题却很难解决。该经理称，自己公司曾经接手过一个楼盘，前期介入后，因为经费问题，找过开发商若干次，开发商都说应该是物业管理公司自己承担。为了取得该管理项目以后几年的物业管理权，没有办法，只好忍气吞声。他问，物业管理公司前期介入，物业管理费用到底应该由谁来支付？

2. 入住前装修住房，是否一定要向物业管理公司申请？

某业主刘某新买一套商品住宅，开发商很快便把房屋交付给他，刘某非常高兴。可是在接收房屋准备入住时，住宅小区物业管理公司告诉他，需要先办理一系列手续，其中包括装修申报手续。刘某非常不解：住宅是自己买的，为什么自己装修自己的住房，还要先向物业管理公司申报呢？

3. 业主装修影响他人，物业管理公司应否协调？

业主刘某投诉：隔壁装修施工噪声过大，一天到晚不停地打墙、锯木，噪声很大，请物业管理公司尽快处理。物业管理公司赶忙派人去查看，发现刘某反映的情况属实，于是提醒施工单位注意文明施工，不要影响他人工作。次日，刘某又打电话来，说打墙声音小了，但锯木声音不停，而且还不时传来施工人员的吵闹声，简直令他们无法正常生活与休息。如果再这样下去，他们将拒交以后的管理费，并且将向有关行政主管部门投诉。物业管理公司回话说，已经告知他们了，但装修单位现在要赶工，没办法。装修噪声肯定会有的，新入住的住户都有这样的经历，谁也没有办法！刘某听后很生气，业主装修影响他人，物业管理公司就不能有效协调或制止吗？

附件：物业装修管理具体工作规程（以写字楼为例）

用户室内装修，从申请装修到验收合格，与管理公司服务中心、工程部、管理部、保安部和财务部的工作都有关系。各部门的职责和办理手续如下：

（一）工作职责

1. 服务中心

（1）负责受理用户装修申请。

（2）检查用户的装修资格及装修申报材料。

（3）填写用户室内装修批准书，通知用户缴纳装修费用。

（4）批准用户装修加班申请；审批用户使用专用货梯搬运装修材料；批准用户大件物品放行等。

2. 工程部

(1) 负责对用户房间作装修前的设备、设施安全检查，并封闭室内进出风口。

(2) 负责审批装修图纸，核定装修费用，填写用户室内装修申请书内的装修收费栏。

(3) 审批涉及较大工程改动的用户装修项目。

(4) 负责定期巡检装修单位，确保装修按图施工，并符合安全要求；巡检期间，如发现严重的违规装修，及时向管理公司报告，并提出处理意见。

(5) 审批施工单位的临时用电申请，并核定收费。

(6) 与保安部共同审批装修单位动火申请。

(7) 装修完毕后，负责对装修单位进行验收或二次验收，直到验收合格。

(8) 验收合格后，在用户室内装修工程竣工验收申请书上签批意见，交财务部安排退装修保证金。

(9) 开启用户室内进出风口封条。

3. 保安部

(1) 负责检查装修单位的灭火器配备和使用情况。

(2) 负责定期巡检装修单位，巡检期间如发现严重的违规装修，及时向管理公司报告，并提出处理意见。

(3) 与工程部共同审批装修单位动火申请。

4. 管理部

(1) 负责处理因用户室内装修引致的各类投诉，保证装修不滋扰其他用户的正常办公。

(2) 协助保安部、工程部巡检装修单位，如发现严重的违规装修，及时向管理公司报告，并提出处理意见。

5. 财务部

(1) 根据用户室内装修申请书向用户收取装修保证金等费用。

(2) 根据用户室内装修申请书于装修验收合格后的 2 个工作日内为用户办理装修保证金退款手续。

(二) 具体操作过程

1. 装修申请的受理及资格的审核

(1) 服务中心受理用户室内装修申请。由服务中心审核用户装修资格(包括验证用户身份)，经确认为大厦用户，其管理费已按规定缴付，承租资料齐备后，提供用户室内装修申请书给用户。

(2) 用户按要求填写用户室内装修申请书、用户室内装修验收合格方可迁入办公的承诺书及装修图纸审查表，连同一式三份有详细施工说明的装修图纸(平面布置图按 1∶100 比例)，交管理公司，并作出遵守装修规定的承诺。

装修图纸内容应至少包括：照明系统图；顶棚平面布置图(灯具、送回风口、烟感、喷淋等设备在同一张图上表示其位置)；照明平面布置图；插座平面布置图；风管平面布置图；烟感平面布置图；装修间隔平面图。

(3) 服务中心向用户简述室内装修的程序及规定，将用户室内装修规定发给用户。

2. 装修审批

（1）服务中心将申请书、装修图纸原件及大门密码锁安装批准书（如需安装）交工程部审查。

（2）工程部对用户房间进行装修前的设备、设施安全检查，并封闭室内进出风口。如检查不符合安全、用电等规定或存在工程遗留问题，工程部将具体内容记录在用户室内设施检验记录表上，交服务中心。服务中心根据记录表内容分别发用户室内工程遗留问题通知书给业主和用户，要求业主解决存在的问题，并将申请书及装修图纸退回用户。

（3）检查符合规定的，工程部于3个工作日内批复装修申请，连同用户室内装修申请书及一式两份大门密码锁安装批准书（如需安装）交服务中心。

（4）服务中心以公司名义发关于贵单位室内装修工程申请的批复给用户，并电话通知用户缴纳有关装修费用。

3. 装修收费及有关手续办理

财务部向用户收取装修保证金、装修垃圾清运费、施工人员出入证押金等。

缴费后，服务中心为施工人员办理出入证，并将用户室内装修批准书与用户室内装修违约记录复印在A3纸上交给用户。装修期间，用户须将用户室内装修批准书及非办公时间加班申请表（如需在非办公时间内加班）张贴于用户大门室内玻璃面上（批准书一面朝向走廊，装修违约记录一面朝向室内），以便管理公司核检。

服务中心填写装修通知交管理部派发给装修单位相邻房间，并将用户室内装修批准书复印件抄送保安部、管理部存档。

施工现场需配备一定数量的灭火器。施工单位可以自行购买或向管理公司租借。

4. 装修过程的监管

（1）工程部负责监督用户按图施工，保证装修单位在装修过程中不违反用户室内装修规定，并将日常检查情况记录在用户室内设施检验记录表上，如发现违规装修，及时将其记录在表上，交用户签名确认后存档。

（2）管理部每天对装修单位进行巡检，确保装修不影响其他用户正常办公，不损坏和污染公共设施和公共地方，并将日常检查情况记录在用户室内装修巡检记录表上。

（3）保安部负责检查用户室内灭火器的配备和使用情况，施工人员佩戴施工证情况，装修施工是否违反消防安全条例，是否办理非办公时间加班装修申请，等等。

（4）工程部、管理部和保安部在巡查期间发现装修单位初次违反用户室内装修规定，应及时加以制止并口头警告要求其纠正，同时在大门上的用户室内装修违约记录表内记录第一次口头警告的时间、巡查人，要求装修公司签名确认。装修单位若屡次不听劝告，管理部将向用户发出用户室内装修违约单，对情节严重者，通知服务中心发给用户关于贵单位违反装修规定的最后警告书。如违规现象仍然存在，其他用户投诉不断，管理部将会同保安部对装修单位停电或清场，直至装修单位承认错误，保证遵守装修规定，方可让其重新进场施工。

（5）装修过程中须动火作业的，应到服务中心申请，经工程部、保安部审批后方可动火。动火时须接受工程部、保安部的监督指导。施工单位需有动火负责人在现场监管。

（6）装修过程中用户需临时用电的，应到服务中心申请，经工程部审核定价、财务部收费后，由工程部提供临时用电。

5. 装修验收

用户室内装修完毕后于 7 个工作日到服务中心办理验收手续，并填写用户室内装修工程竣工验收申请书，提交一式三份竣工图纸、装修中所用材料、设备发票复印件、装修保证金收据复印件。

服务中心将申请书和竣工图纸交工程部，工程部于 3 个工作日内到用户室内验收，验收结果填写在用户室内设施检验记录表内。若验收不合格，服务中心发用户室内装修整改通知书给用户，要求在限期内整改。如验收合格，服务中心向用户发出室内装修工程竣工验收合格通知书；工程部负责开启室内进出风口封条；财务部于 2 个工作日内把装修保证金退还用户。用户到服务中心办理施工出入证的退证退款手续。

（三）操作流程图

1. 用户室内装修申请流程图（见图 3-2）

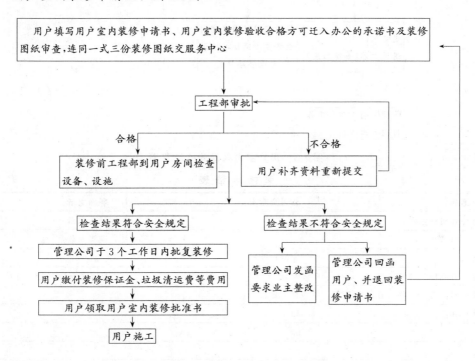

图 3-2　用户室内装修申请流程图

2. 用户装修验收流程图（见图 3-3）

（四）相关记录

1. 用户室内装修申请表

2. 用户室内装修验收合格方可迁入办公的规定

为确保用户室内装修安全，根据用户室内装修规定，用户装修完毕后 7 天内须向管理公司申请工程验收，管理公司于 3 个工作日内派员验收，如验收不合格，用户须于限期内整改完毕。用户不得在未申请验收或验收不合格的情况下迁入办公，否则管理公司将有权采取一些强制性的措施（如暂停各种服务或利用装修保证金整改不合格的装修工程等），并保留追究用户违约责任的权利。

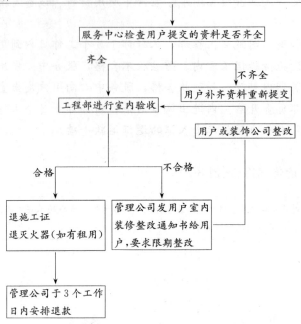

用户在装修结束后7个工作日内向管理公司申请验收,并填写用户室内装饰工程竣工验收申请书,提交一式三份竣工图纸、装修中所用材料、设备发票复印件、装修保证金收据复印件

服务中心检查用户提交的资料是否齐全

齐全　　　　　　　　　　　不齐全

用户补齐资料重新提交

工程部进行室内验收

用户或装饰公司整改

合格　　　　　　不合格

退施工证
退灭火器(如有租用)

管理公司发用户室内装修整改通知书给用户,要求限期整改

管理公司于3个工作日内安排退款

图 3-3　用户室内装修验收流程图

装修申请表　　　　　　　　　　表 3-3

用户名称:	公司负责人:		联系电话:
非办公时间联系人:			联系电话:
装修公司名称:			施工人数:
负责人:	身份证号码:		
装修公司地址:			联系电话:
装修时间:由　年　月　日至　年　月　日止			
装修项目:	4.		
1.	5.		
2.	6.		
3.	7.		

我装修公司在此向管理公司承诺:在装修过程中严格遵守用户室内装修规定,如有违规行为,同意按用户室内违约金标准在装修保证金中扣除违约金,以补偿因违规装修给大厦造成的不良影响或后果。
装修公司负责人签名、盖章:　　　　　日期:

我单位同意遵守用户室内装修规定,如有违规行为,同意按用户室内违约金标准在装修保证金中扣除违约金,以补偿因违规装修给大厦造成的不良影响或后果。
用户意见:□同意装修□不同意装修　□负责人签名及盖章:　　　日期:

业主意见:□同意装修□不同意装修□用户搬出时是否需复原。
签名及盖章:　　　日期:

管理公司填写:
同意该单位装修,收取装修保证金　　元,一般装修垃圾清运费　　元,拆墙垃圾清运费　　元,烟感增容费　　元,其他　　元
共计:　　元
总工程师:　　收款人

管理公司（盖章）

承 诺 书

我公司_____（业主/租户名称）向管理公司承诺：保证按用户室内装修规定的要求在装修工程竣工后 7 天内申请验收，并保证待工程验收合格后才迁入办公。否则我公司同意管理公司采取相应的强制措施整改不合格的装修工程，并愿意承担由此所引致的相应违约责任。

负责人签名及盖章：_____
年 月 日

3. 装修图纸审查表

房　　号：_____
用户名称：_____
装修单位：_____
批准日期：_____

装修事项

□原玻璃门不改动。

□全部间隔离顶棚 25cm 以上，间隔须为防火材料。

□间隔到顶棚，单独房间内无烟感器，须与大厦指定承建商联系增加事宜。

□消防设备不改动。未经申报批准，不得擅自触动烟感器或喷淋头。

□不允许有任何间隔或摆设触及玻璃幕墙系统。

□室内空调设备不改动。

□空调系统改动（包括温度调节控制器）须由指定承建商负责出图、施工。

□室内电器设备不改动。

□电器插座改动或增加、照明灯具加装，其耗电量须控制在房间总容量范围内，不得超负荷，且须由指定承建商出图、施工。

□室内电话系统、天线电视插座不改动。

□电话系统改动须由电讯部门负责出图、施工。

□装修材料及施工必须遵照消防规范和装修规定。

□在施工前要到管理公司领取施工证。

□所有装修余泥垃圾全部要由管理公司安排运走，凭收据领取施工证。

□验收前提交竣工通知书、竣工图一式三份和装修保证金收据复印件。

□所有配套设施安装要符合国家规范标准。

□要安装密码锁必须经管理公司书面批准。

□消防广播不改动。

□喷淋系统改动须由指定承建商进行施工。

□若要动火须另外申请。

□本审查范围仅涉及是否对大楼的中央系统、公共部分造成影响，以及有无违反消防法规等方面的
内容，至于装修设计是否合理，则不属本审查范围。

备注：＿＿＿＿＿＿＿＿＿＿＿＿＿＿＿＿

＿＿＿＿＿＿＿＿＿＿＿＿＿＿＿＿

用户确认：＿＿＿＿＿＿＿＿

4．用户室内工程遗留问题通知书（用户）

＿＿＿＿＿＿＿＿＿室＿＿＿＿＿＿＿＿＿：

接贵单位递交的用户室内装修申请书及装修图纸后，我公司工程人员于＿＿＿＿＿＿月＿＿＿＿＿日对该单元进行了装修前的设备、设施检查，发现如下工程遗留问题：

（1）＿＿＿＿＿＿＿＿＿＿＿＿＿＿＿＿＿＿＿＿＿＿

（2）＿＿＿＿＿＿＿＿＿＿＿＿＿＿＿＿＿＿＿＿＿＿

（3）＿＿＿＿＿＿＿＿＿＿＿＿＿＿＿＿＿＿＿＿＿＿

根据用户室内装修规定的要求，如室内存在不合格装修项目，未作整改前，不得进行第二次室内装修改动。为此，上述遗留问题请贵单位尽快联系业主在＿＿＿＿＿日内进行整改。整改完毕后通知我公司工程人员安排检查，经检查合格后，我公司方可审批贵单位的装修。

随函退回贵单位的用户室内装修申请书及装修图纸，请查收。

管理公司

5．用户室内工程遗留问题通知书（业主）

＿＿＿＿＿＿＿＿＿室＿＿＿＿＿＿＿＿＿：

贵单位新用户于＿＿＿＿＿月＿＿＿＿＿日向大厦管理公司递交用户室内装修申请书。按照大厦管理规定，我公司进行了装修前的室内设备、设施检查，发现存在以下遗留工程问题，需贵业主/单位尽快整改。

（1）＿＿＿＿＿＿＿＿＿＿＿＿＿＿＿＿＿＿＿＿＿＿

（2）＿＿＿＿＿＿＿＿＿＿＿＿＿＿＿＿＿＿＿＿＿＿

（3）＿＿＿＿＿＿＿＿＿＿＿＿＿＿＿＿＿＿＿＿＿＿

根据用户室内装修规定的要求，如室内存在不合格的装修项目，未作整改前，不得进行第二次室内装修改动。为此，上述遗留问题请尽快在＿＿＿＿＿日内整改，并于整改后通知我公司工程人员安排检查。合格后，方可允许贵单位新用户进行室内装修。

管理公司

6．用户室内装修批准书

＿＿＿＿＿＿＿＿＿室＿＿＿＿＿＿＿＿＿：

编号：＿＿＿＿＿＿＿＿＿

贵单位＿＿＿＿＿月＿＿＿＿＿日的装修申请已获批准，请严格按用户室内装修规定施工。

装修公司名称：＿＿＿＿＿＿负责人：＿＿＿＿＿＿联系电话：＿＿＿＿＿＿

用户公司名称：＿＿＿＿＿＿负责人：＿＿＿＿＿＿联系电话：＿＿＿＿＿＿

装修有效期：＿＿＿＿＿年＿＿＿＿＿月＿＿＿＿＿日至＿＿＿＿＿年＿＿＿＿＿月＿＿＿＿＿日

注意事项：

（1）施工人员必须自觉遵守用户室内装修规定；

（2）施工人员须佩戴出入证，不得在非施工楼层逗留，不得将施工证借与他人使用；

（3）施工人员不得在装修现场吸烟，不得在公共地方聚集、喧哗；

(4) 所有发出噪声、震动、粉尘或异味的工程须于非办公时间内进行；

(5) 关门施工并禁止擅自开启进出风口封条；

(6) 未经批准不得进行动火作业；

(7) 严禁乱倒乱放余泥、垃圾、杂物；

(8) 严禁占用公共设施或阻塞公共地方；

(9) 一切未经管理公司书面批准的装修工程，管理公司有权停止施工；

(10) 请妥善保管用户室内装修批准书及用户室内装修违约记录，如有遗失，恕不补回。

工程部盖章：_____

7. 装修通知

_____室：

现有_____室_____公司将于_____月_____日起至_____月_____日进行室内装修。期间，贵单位办公环境可能受到影响。我公司已要求上述装修单位严格按照用户室内装修规定施工，不得在办公时间进行产生严重噪声、粉尘、气味等的操作，如贵单位在正常办公时间受到该室因装修所致的严重滋扰，可随时与我公司联系，以便我公司采取有效措施予以制止。联系电话：

管理公司盖章：_____
年　　月　　日

8. 用户室内装修工程竣工验收申请书

管理公司：

我单位_____室的室内装修工程已于_____年_____月_____日竣工，并符合用户室内装修规定及管理公司装修批复的规定，现向贵公司申请工程验收并退还装修保证金_____元（收据号：　　）和施工人员出入证押金_____元（收据号：　　）。

用户签名盖章：_____
年　　月　　日

随函附上：装修保证金收据复印件、防火材料发票复印件、竣工图纸一式三份。

9. 装修验收书

装 修 验 收 书

装修地点			开工时间			竣工时间	
装修项目			使用单位			施工单位	
验收意见	装修单位						
	业主						
	管理部门		隐蔽工程验收项目：1. 管线（　　）2. 消防漆（　　）3. 其他（　　）				

用水	初始读数	终止读数	实用量	水费	用电	初始读数	终止读数	实用量	电费

装修合格验收

施 工 单 位	房 屋 业 主	管 理 处	财 务 部
负责人 （签名）：	签名：	装修主管 （签名）：	签名：
备注		公司领导意见	

10. 用户室内装修工程竣工合格通知书

＿＿＿＿＿公司：

经我公司工程部验收，贵单位室内装修符合用户室内装修规定，可以投入使用。请贵单位接通知后携带保证金收据及经办人证件资料到管理公司服务中心办理退还装修保证金和施工出入证押金等手续。

管理公司：＿＿＿＿＿＿

年　　月　　日

11. 用户室内装修违约单

NO：＿＿＿＿＿＿

房　　号		装修公司名称	
负　责　人		联系电话	

序　号	违　规　事　项	违约金额（人民币）	发现违约事项用"√"表示
1	施工人员出入大厦不佩戴出入证		
2	施工现场未配备应有的消防器材		
3	大厦办公时间使用天那水、涂料等产生浓烈气味影响周围用户		
4	大厦办公时间产生粉尘影响周围用户		
5	不按要求清运余泥		
6	在装修现场吸烟		
7	强行用电梯运载超长或超重物品		
8	大厦办公时间使用电锯(电钻)产生噪声，影响周围用户		
9	在茶水间、厕所倾倒余泥、渣滓、水泥浆或油漆等污染物		
10	装修现场未封闭空调		
11	开门施工，导致周围环境卫生差		
12	盗用公共电力		
13	施工过程及货物进出大厦时损坏大厦设施(地面、电梯、墙壁等)	按损坏价值计算	
14	盗用大厦公共物品，如中央机电设备、灭火筒、电器、垃圾桶或其他公共物品	按原价2倍计算	
15	越权装修(超越管理公司批准的权限装修)	管理公司据情况定	

装修公司签名确认：＿＿＿＿＿＿＿＿　日期：＿＿＿＿＿＿

管理公司经办人签名确认：＿＿＿＿＿＿＿＿　日期：＿＿＿＿＿＿

12. 关于违反装修规定的最后警告书

＿＿＿＿＿室＿＿＿＿＿公司：

贵公司在大厦内＿＿＿＿＿室进行装修期间，于办公时间内（8：00～19：00）从事引起噪声/粉尘/气味/余泥等污染的操作，违反了用户室内装修规定，同时也对大厦内其他用户的正常办公造成严重影响，我公司曾多次劝告，贵单位均未能采取合作态度。

为维护大厦写字楼的正常办公环境和对装修单位的统一管理，现我公司发出最后警告书，如再出现上述违规装修，我公司将不得不对贵公司采取停止供电，甚至清场等措施，直至贵公司承认错误，并保证严格遵守大厦装修规定后，方可重新进场施工。

敬请贵公司严格遵守本大厦的用户室内装修规定。

管理公司盖章：

年　　月　　日

13. 装修单位清场通知

_____室_____公司：

贵公司于_____月_____日装修期间，严重违反了大厦用户室内装修规定，给其他用户的正常办公和大厦安全造成严重影响和威胁。虽经我公司多次劝告，仍未采取有效措施。为保证大厦的安全，维护用户利益，确保大厦良好的办公环境，现作清场处理。若需复工，请到大厦管理部办理申请，经批准后方能重新施工。

清场原因	1. 未获管理公司书面批准擅自进行装修	
	2. 装修人员无大厦施工出入证	
	3. 装修现场无灭火器材	
	4. 使用冲击钻、电锯等产生严重噪声，引致周围用户多次投诉	
	5. 办公时间内从事油漆操作，经劝阻无效	
	6. 装修期限过后仍进行施工操作	
	7. 不服从大厦管理人员管理	
	8. 装修期间使用电炉、空调或留宿等	
	9. 其他	

14. 装修单位复工申请

管理公司：

我公司是_____室的装修单位，因我公司在装修过程中违反大厦有关装修规定，给大厦的安全和附近办公的用户造成了严重影响，我公司深感歉意。我公司已根据管理公司装修单位违规清场通知中的要求进行了整改。

为不使工期延误，恳请贵公司批准我公司复工。我公司保证严格遵守用户室内装修规定，服从管理，按大厦规定进行施工。

特此申请

装修负责人签名或公章：_____

_____年_____月_____日

第四章 物业管理公约与规定

第一节 物业管理公约

一、物业管理公约的涵义

业主在购买物业后，一般要与开发商或其聘请的物业管理公司签订《房屋使用、管理、维修公约》（也称物业管理公约），这是国家规定在购房过程中必须签署的一个文件。

所谓"公约"，即公共契约，是指大家约定、共同遵守的行为准则，反映约定人的共同意志和利益，具有道德和法律约束力。

物业管理公约是指根据国家的法律及政府房地产行政主管部门的有关规定及房屋预售（销售）合同，在特定的物业管理辖区内，开发商、业主（包括使用人）和物业管理公司对物业的使用、维修和管理所共同约定、必须共同遵守的行为准则，它是物业管理辖区内进行有效管理的基础。

物业管理公约是一种将业主（或使用人）以及管理者双方对于特定物业（业主所购房产、公用地方及其配套设施等）的权利和义务以文字的形式加以确定，并对全体业主（或使用人）以及管理者均有约束力的文件，究其本质而言，是一种业主与管理者就特定物业的管理、使用、有偿服务等问题达成的书面协议。

二、物业管理公约的作用

在一个物业有着众多的物业的所有人。他们在同一片蓝天之下共同工作、生活，在一个区域里朝夕相处，为了小区（楼宇）的共同利益，也为了每一个业主的利益，有必要有一个全体业主共同遵守的行为准则，有一个行为规范上的共同目标或要求。物业管理事务除业主外，也使发展商、物业管理公司深涉其中，物业管理公约反映的是物业小区（楼宇）业主、物业管理公司、开发商等各个方面的共同意志，由各方共同审定、共同执行。订立物业管理公约的目的，就是要明确有关的行为准则，以建立一个物业小区（楼宇）良好的居住、使用和管理秩序。

物业管理公约既有法律上的意义，也有道德上的意义。从法律上说，物业管理公约由物业管理公司和业主共同签署，其法律性质属协议、合约的性质，属于合同类。公约本身虽然不是法律规范，但是具有法律意义的文件，签署契约就要遵守契约，违反契约要承担相应的法律责任，因此，物业管理公约具有法律上的约束力。从道德上说，信守诺言是一项道德义务、道德责任。当事人在法律和道德的双重责任的约束下，履行物业管理公约中确定的义务，避免做出物业管理公约中明确禁止的行为。也就是说，物业公约具有以下两个方面的作用：

（1）物业管理公约一方面明确业主（租户）、开发商和物业管理公司等各方面的权利和义务，以准法律文件形式出现，具有法律约束力；

（2）另一方面具有道德约束力。

两者关系为：道德约束力是法律约束力的基础，没有较强的道德约束力，法律约束力难以顺利执行，甚至会适得其反，变成一句空话，所谓"法不罚众"，就是这个意思；反之，只强调道德约束力，而不讲法律约束力，道德约束力将失去后盾，最终会被削弱，变得苍白无力。

三、物业管理公约的订立

物业管理公约作为业主与管理者之间的协议，应当由全体业主与物业管理公司共同签订。但是，在业主入住率达到 50%（建筑面积）之前，开发商作为该物业第一业主，有权选定临时的物业管理公司，由该物业管理公司拟定公约，并将公约文本报上级有关部门审核、备案。业主应在验收所购房产、办理入住手续时与物管公司签署物业管理公约。如果开发商、物管公司要求业主签订含有损害业主权益内容、未经核准的管理公约时，业主有权拒绝。在房产交付使用且业主入住率达 50%后，开发商、物业管理公司应在房产管理部门的指导下，召开全体业主大会，经业主大会选举产生业主委员会。业主大会及业主委员会有权根据实际情况及广大业主的要求，决定是否续聘原物业管理公司或选聘新的物业管理公司，并有权修改原物业管理公约。

发展商在物业小区（楼宇）建成前就应选定好物业管理公司，物业公司在统筹物业管理的方案时，拟就物业管理公约，在业主入住物业小区（楼宇）时，和业主逐个签署。

这里需要注意的是：

（1）在业主委员会成立之前，购房者与前期物业管理公司（这个期间的物管公司大多是由开发商指定和聘用的，或者只是开发商的物管部）所签的物业管理公约，必须是经过政府物业主管部门核准的。

（2）大部分情况下，管理公约是在业主入住之前由管理公司先制定出来，这时的管理公约是临时性的，里面的许多条款都属于探索性条款。经过一段时间的实践，等业主委员会成立并开始履行职责后，有权对管理公约中不适宜的条款予以修改。许多购房者只注意签购房协议，常常忽视物业管理公约，这是不明智的。一旦在物业管理公约上签字后，该公约对业主和物管公司都具有约束力。

四、物业管理公约的内容

（1）前言部分。说明制订公约的法律依据和产生公约权利和义务的基础。

（2）关键词说明部分。

（3）业主的权利、义务和责任部分。

（4）明确开发商的权利、义务和责任部分。

（5）管理公司的权力、义务和责任部分。

（6）业主大会和业主委员会部分。

（7）管理公约承诺书部分。

五、业主公约

《中华人民共和国物业管理条例》规定，业主公约应当对有关物业的使用、维护、管理，业主的共同利益，业主应当履行的义务，违反公约应当承担的责任等事项依法作出约定。业主公约对全体业主具有约束力。

业主公约是全体业主遵守物业管理各项规章制度的行为守则。业主公约由业主委员会负责制定(可参照政府主管部门或行业协会给出的业主公约示范文本),由全体业主讨论通过并签字生效。在尚未召开业主大会、成立业主委员会物业区域,可先参照政府主管部门或行业协会给出的业主临时公约(示范文本)制订本物业的业主临时公约。

在物业管理实践中,业主公约是物业管理中一个极为重要的文件,在许多时候取代着物业管理公约,实际上它和物业管理公约是两个不同的文件。二者都是约定的行为准则,严格上说业主公约是物业管理公约的一部分。

(一)业主公约和物业管理公约的区别

1. 业主公约是由业主委员会起草,经业主大会(业主代表大会)通过后生效,业主公约的主体是业主;前述的物业管理公约是由物业管理公司拟就,其主体为开发商、业主和物业管理公司。

2. 业主公约只对业主的行为有约束力,不涉及对物业管理公司的权利、义务的设定;前述的物业管理公约对业主和物业管理公司具有普遍的约束力。

3. 业主公约可以无须每一个业主签署,前述的物业管理公约要由物业管理公司和每一个入住业主签署。

(二)业主公约的主要内容包括

1. 业主大会的召集程序;

2. 对业主委员会成员的选举与罢免程序;

3. 业主参与住宅区物业管理的权利;

4. 业主对业主委员会和物业管理公司的监督权;

5. 业主使用物业区内公共场所及公用设施的权利;

6. 业主对住宅区或物业区内重大事项的表决程序等。

六、管理公约范本(见附件1)

七、业主公约范本(见附件2)

第二节 物业管理规定

一、管理规定的涵义和作用

管理规定是一系列涉及到物业的使用和管理的各类规章制度,是由若干具体到某一方面的管理规定所组成,是有效进行物业管理的重要依据。"管理规定"是一份综合性的管理文件。制定管理规定的目的是为了规范业主或使用人的行为,监督管理人员的工作质量,保障物业、公共设备和设施的正常使用,创造一个安全、方便、文明、舒适的工作环境或生活环境。管理公约从大的方面明确了开发商、业主和物业管理公司各方面的权利、义务和责任。但对于如何使用和管理物业的具体细节,尚未做出规定,因此在实际操作中,需要一份涉及物业使用和管理的各个方面的综合性文件,这就是管理规定。如果说管理公约是物业管理辖区内的《宪法》,那么,关于物业管理各个方面的管理规定则相当于《刑法》、《公路法》、《森林法》等各个方面的具体规定。

管理规定由一系列具体到某一方面的管理规定所组成。物业管理规定的主要内容包括:治安管理规定、消防管理规定、电视监控管理规定、机动车辆管理规定、非机动车辆管理规定、进出物品管理规定、清洁卫生管理规定、绿化管理规定、楼宇维修养护管理规定、设备养护管理规定、室内装修管理规定、电梯使用管理规定、禁止违章用地及违章搭建管理规定、费用分摊与缴纳管理规定、物业服务项目管理规定等。

二、制订管理规定的原则

（1）合法性原则。制订管理规定一定要符合政府有关物业管理、房地产方面的法规要求，以政府有关的法律、法规以及开发商的房屋预售（或房屋销售）合同、管理公约为依据。

（2）实事求是的原则。要从物业的实际情况出发，制订适合本物业情况的管理规定。

（3）可执行性原则。在管理规定面前，要求人人平等，要求维护规定的严肃性。因此，在制订管理规定时，一定要考虑到它的执行难度，即可执行性，并不是"越严越好"。

三、管理规定范本

以下分别给出大厦和住宅小区有关方面的管理规定，仅供参考。

1. 大厦管理规定（见附件 3）

2. 住宅小区管理规定（见附件 4）

第三节 用 户 手 册

物业管理公司为了住宅或楼宇的管理，对业主的服务会根据每一幢物业的不同情况，设计、订立一系列的物业管理的标准、程序、制度，简称为物业管理文件或规章制度。物业管理公司为了告知先后入住的业主有关物业管理的制度、要求，就把物业管理文件中有关涉及业主权利和义务、入住手续等文件，综合汇编为"用户手册"发给住宅或楼宇入住的业主或使用人。

一、用户手册的概念

目前还尚无法律、法规对用户手册作过明确的规定。从物业管理的运作实践来看，用户手册是物业管理公司发给住宅小区或楼宇的业主或使用人的一本应当告知和必须告知的有关该物业管理及相关规定的规范性文件和手册。

用户手册是物业管理公司单方制定的，它无需业主的承诺，其目的是为了使业主或使用人了解居住小区或楼宇的情况，物业管理公司的基本情况，明确业主与使用人和物业管理公司的权利和义务，物业管理的规定和要求，以便在业主入住后加强双方的联系和协作。通过物业管理的双方共同努力，共创住宅小区或楼宇的安全、宁静、优雅的生活和工作环境。

二、用户手册的性质

用户手册本身不是什么法律规范，是物业管理公司创设的一种工作性的规范化文件，不具有法律上所称的约束力。但是，凡用户手册中涉及到国家有关的法律、法规和政策规定内容的，均必须服从不得违反。如果用户手册中有与法律、法规、政策相抵触的条文，即视为无效。

凡用户手册的内容涉及到物业公司承诺服务标准的，只要不同法律、法规、政策相抵触，就可视为单方承诺的义务，在工作实践中必须履行，否则在法律上会引起争议，有违反民事义务承担法律责任之嫌。

用户手册的内容涉及到要求业主履行义务的，必须要有相应的法律、法规和政策为依据，或者要有相应的契约类的文件为依据，或者要求符合社会公认的道德要求。物业管理公司不得在用户手册中无端要求业主或使用人承担既无法律依据，又不近情理的义务。

用户手册作为物业管理公司履行义务的规范，也带有准法律的效力，如果物业管理公司违反自己的单方承诺，损害了住宅小区或楼宇的业主和使用人的合法利益的，业主和使用人可以依据相关的民事法律去追究物业管理公司的责任。

用户手册中如果有业主或使用人和物业管理公司共同签署的文件，如物业管理协议等，这类协议具有合同的性质，受合同法律的约束。无论业主或使用人，还是物业管理公司违反合同，都应依法依合同承担相应的法律责任。一方当事人违反合同，另一方当事人可依法申请仲裁或向有管辖权的人民法院起诉。

三、用户手册的分类

依手册的组成方式来分，可以分为单一文件式用户手册和汇编文件式用户手册。单一文件式的用户手册就是用户手册只由一个综合性文件组成，内部按章排列或按目排列，一气呵成。其内容可包罗万象，可以从物业管理公司欢迎业主或使用人的致辞（公开信）开始，一直到业主或使用人的投诉电话号码。汇编文件式的用户手册，就是由物业管理公司把有关物业管理的单个文件汇总起来，系统排列成册。

依手册是否需要业主或使用人的签字承诺来分，可以分为合同式和非合同式。合同式用户手册就是在整个用户手册的组成文件中，有一个或几个要由业主或使用人来签字确认的，主要有房屋管理协议、业主公约、公共契约等。非合同式用户手册就是全部文件由物业管理公司制定，无需业主作任何签字确认的用户手册。

从目前的物业管理实践来看，用户手册完全由物业管理公司单方拟就，各地也没有统一的格式，国家房地产行政管理部门和行业管理协会也没有此类的"标准格式"或"示范文本"。因此，用户手册无论在形式上还是在内容上都没有形成统一。

四、用户手册的作用

制定用户手册的作用有三点：知情服务作用、知己自律作用、知彼配合作用。

1. 知情服务作用，是指物业管理公司把用户手册提供给业主或使用人，让业主或使用人了解居住区或楼宇及其周边情况，了解物业管理公司的管理服务的规定和要求，其最终目的是为了更好地为业主和使用人提供服务，寓管理于服务之中，管理本身也是一种服务。

2. 知己自律作用，是指在用户手册中含有很多工作程序性的规定和业主或使用人需要承担的义务，只有让业主或使用人知晓了这些，认识到遵守规章制度的必要性，业主或使用人才会遵守规章制度，履行义务，才会自律。

3. 知彼配合作用，是指通过用户手册也让业主或使用人了解物业管理公司的组织机构、工作流程、运作规律，从而让业主或使用人在接受服务和管理的过程中和物业公司有良好的配合合作。二点作用归结为一点，就是让物业管理公司和广大业主通过共同努力，建设好一个良好的生活环境和工作环境。

五、用户手册的内容

各类物业小区和楼宇各有自己的管理特点，因此，向业主或使用人发放的用户手册的内容、要求也有不同。但是用户手册的基本内容是相通相同的。

以目前物业管理的实践来看，用户手册涉及的内容无确定性的规定，全凭物业管理公司自身对"用户手册"的认识水平和工作需要来决定。但综合各种具体的用户手册的内容来看，其内容大致可分为六项：

1. 物业和物业公司的简介；

2. 住户入住程序的规定（如业主或使用人须知）；

3. 各项管理的规定、日常注意事项；

4. 各项收费标准、服务标准的规定，违章赔偿标准；

5. 物业小区精神文明建设类的规定；

6. 物业管理各方需要签署的文件。

其中，第三项的内容最为丰富也最为复杂。物业管理活动，具体来说可以分为：装修管理、房屋保修管理、房屋管理、环境卫生管理、园林绿化管理、公共设施管理、消防管理、治安管理、交通管理。为实施管理而设定的许多具体要求，有些是国家、地方上的相应法规的引用，有些是物业公司创设的工作性规定。

第四项的内容是最为敏感的。服务收费，政策性极强，同时又涉及到业主和使用人切身的利益。凡是法律、法规和政策规定的，物业管理公司必须执行。有关违章赔偿标准的设立，要有相应的法规、政策为依据。物业管理公司不能擅自设立违章处罚标准。

一份用户手册到底由几项内容组成，这既取决于物业管理的实际需要，也取决于物业管理公司的管理风格。

六、编制用户手册写作要点

1. 住宅小区或楼宇简介的一般内容

住宅小区或楼宇简介的内容要视物业的具体情况而定，如果为一个新建的、地域相对偏离市中心区域的住宅小区，其简介要突出介绍和说明小区与社会服务各单位的联系办法，如从小区到机场、码头、著名的大医院、宾馆的交通情况，联系的电话号码。如果为一个新建的商住楼，其简介则要突出介绍与商业营运有关的政府机关、社会服务单位的联系办法，如商住楼附近的各商业银行的营业网点状况、工商税务机关的办公地点、出租汽车的扬招点。尽管每一个居住小区或楼宇各有其差别，但也有其共同之处。住宅小区或楼宇简介可以考虑四项共同性内容：

（1）居住小区或楼宇的地理位置。这项内容旨在说明居住小区或楼宇在地理上的位置，从而说明"出行"的种种交通关系；

（2）居住小区或楼宇的公共设施情况介绍。这项内容旨在说明公共设施分布情况，可供使用情况，推荐业主使用，如小车的泊位数量，摩托车、助动车、自行车的车库分布；

（3）居住小区或楼宇的组成概况。这项内容旨在使业主或使用人加强对物业的了解，增加对物业及其居住的感情。如楼宇有二个主楼二个裙房组成，住宅小区有若干个"园"组成；

（4）居住小区或楼宇周围情况介绍。周围情况包括商业服务的网点分布，邮政通讯公共服务的布局，学校、电影院、文化馆设置情况，等等。

2. 物业管理公司简介一般的内容

为了加强业主和使用人对物业管理的了解，也为了配合好物业管理公司的工作，物业管理公司简介一般可以包括：

（1）物业管理公司投资和组建情况。这项内容旨在说明物业管理公司由谁投资设立的（或与开发商的关系），是哪一类经济性质的企业，其上级主管单位为谁，物业管理公司建立后，企业变化改组的历史沿革；

（2）物业管理公司组织机构的设置。这项内容旨在说明各物业管理公司的内部机构的设置，整个公司业务的分类分工的大致情况，以便于业主或使用人与公司各部门的合作。尤其要说明本住宅小区或楼宇由哪一个管理处负责；

（3）物业管理公司的经营范围和经营业绩。这项内容旨在说明物业管理公司兼营服务项目、物业公司管理的其他物业、主要经营业绩。

3. 业主或使用人须知一般的内容

业主或使用人须知是由物业管理公司在制定整个用户手册时，以告知业主（使用人）履行权利承担义务为主要内容而编写的。只要做到既不漏项也不要重复就可以了。一般来说可以包括以下内容：

（1）业主和使用人入住小区或楼宇的期限和办理入住手续的必备资料 。

（2）文明公约或家庭美德守则。文明公约或家庭美德守则旨在使居住小区或楼宇形成一个良好的社会风气。

（3）业主和使用人的不应作义务。

（4）房屋损坏（瑕疵）的修理责任。

物业公司还可根据需要增添其他须知的内容，如为了保证夜间的正常休息，可以进行音响器材在夜间使用的分贝限制等等。

4. 日常注意事项一般内容

物业管理中的业主或使用人要注意的事项一般是指业主或住户差不多每天都要碰到但又要特别注意的事项。如果这些"要点"不掌握，搞不好会给整个住宅小区或楼宇的管理带来极大的麻烦。这些注意事项可以概括为以下几类：

（1）公共设施的安全正确使用。

（2）防止下水管道的堵塞。

（3）交通工具的合理停放。

七、编制用户手册的注意事项

用户手册是一种规范化的工作文件、手册，是由物业管理公司单方拟定的。物业管理公司往往由于对物业管理中业主和物业管理公司之间的地位把握不准，把民事法律关系误认为是行政法律关系，因此用户手册中常有一些不当或违法的规定。这些应当引起足够的重视。

1. 物业管理公司不可自行设定处罚权

从现行的用户手册的内容来看，物业管理公司会根据全体业主和使用人的利益或为了社会公众的利益，设定业主要履行一系列的义务，这从管理上来说是必要的，但又同时规定业主在不履行义务的情况下，物业管理公司可以给予经济上的处罚，而这样的规定是无法律依据的，是违法的。在我国，有权设定处罚权的是法律、法规和地方性法规、部门规章、地方性规章；有行使处罚权的机关是国家的行政机关和法律法规授权行使处罚权的企事业单位，物业管理公司无权设定或行使处罚权。

2. 物业管理公司不可限制业主或使用人的对外交易关系

业主或使用人入住小区或楼宇，会发生委托装潢公司装修居室或楼宇，会发生购买建材装修材料、安装防盗门窗等一系列的行为。物业管理公司单方制定的用户手册时，不可指定业主或使用人购买指定的防盗门、防盗窗，指定装潢的施工队伍。此类的指定限制了业主或使用人的自由选择的权利，违反了自愿的原则，是无效的。物业管理公司指定业主或使用人对商品和劳务的选择，对于未被指定的商品和劳务供应的企业来说，也就失去了同类商品和劳务供应企业之间的公平竞争的机会，这是不公平的。

3. 物业管理公司不可违章设立收费项目

我国的价格法规定的价格定价包括政府定价和企业定价两类。物业管理公共性服务收费属于政府定价范畴，即使实行酬金制的物业，费用的设立也须得到业主和管理部门的批准。

复习思考题

1. 什么是物业管理公约？
2. 物业管理公约有何作用？
3. 物业管理公约有哪些内容？
4. 什么是业主公约？业主公约有什么作用？
5. 为什么业主公约分为"临时公约"和"业主公约"两种？
6. 公约的实操中应注意哪些问题？
7. 什么是物业管理规定？它有什么作用？
8. 制订管理规定的原则有哪些？
9. 什么是用户手册？用户手册有哪些作用？
10. 编制用户手册有哪些注意事项？

【案例讨论】

业主没有参加《管理公约》的制订，但却要遵守，这合理吗？

某业主接到入住通知后赶去办理手续，开发商和物业管理公司告诉他，要先签订《管理公约》，然后才能把钥匙给他。该业主认为自己没有参加制订管理公约，管理公约是开发商和物业管理公司制订的，并且自己不同意《管理公约》中的某些条款，因此不肯签订《管理公约》，而开发商和物业管理公司因此拒绝支付钥匙，请问：

(1) 签订《管理公约》能否作为交付房产的前提条件？

(2) 业主能否以自己没有参加制订《管理公约》为由而拒签？

附件1：××大厦管理公约及承诺书

根据《中华人民共和国物业管理条例》和建设部颁布的有关物业管理的法律法规和××市房地产管理的有关法规、政策以及《××房屋预售合同》的规定，结合××大厦(以下简称大厦)的实际情况，为维护大厦各业主和用户的合法权益，明确各自的责任和义务，确保大厦的管理能够达到高标准，特制定本管理公约。

本管理公约对大厦全体业主、用户、发展商及管理者均有约束力。

第一章 定 义

在本公约中，除文意另有所指而需作另外解释外，下列用语将有以下意义：

1. **大厦** 指座落于××市××路××号，命名为"××"的建筑物。

2. **发展商** 指××开发有限公司。

3. **公共地方** 指发展商根据本公约在大厦内所指定的公共地方，其中包括大厦各入口、通道、服务车辆及垃圾收集车辆起落货位、升降机(包括服务升降机)、防火楼梯间、走廊、卫生间、避难层、茶水房、电表房、后备发电机房、中央空调设备机房、电掣房、泵房、洒水系统泵房、消防设备控制室、水箱、升降机房（核心筒）及为该大厦的业主、用户而设并供其共用之其他地方或范围，但不包括任何业主拥有独立使用权的地方及发展商保留之地方。

4. 公共设施

指为该大厦的公众利益而安装的各种机械、设备、仪器、装置，包括供水管、排水系统管、中央空调系统、消防系统、电子监控系统；电视音响系统、升降机、自动扶梯、卫生间设备、帷幕墙、电话接线系统、照明系统、保安系统、供电系统（包括紧急发电机）、污水处理系统，以及所有供大厦使用之运河水道、沟渠、水道、管道、槽沟、电线、电缆、公用通告板及其他机械、卫生设备。以上所列各类设备不论是设置于公共地方或保留地方内，都属于公共设施的一部分，但任何只供个别业主或租户使用的设施则不包括在内。

5. 保留地方 指属发展商所有权或使用权的裙楼之天台、主楼顶层之天台和其他大厦内非单元及非公共地方。

6. 管理 指管理者根据本公约、用户守则应履行及遵守的全部责任。

7. 管理者 指发展商或任何根据本公约被指定管理该大厦的人士或机构。

8. 管理规则 指本公约及用户守则内一切条款或规则及发展商或管理者按本管理公约授权适时制定各项与大厦管理有关的规章制度。

9. 业主 指对每个单元拥有或共同拥有房屋所有权的人士，并包括其日后的合法继承人或承让人。

10. 单元 指在该大厦内各业主拥有房屋所有权的单元，包括商业单元、写字楼单元或其他单元。

11. 业权份额 指各单元业主的房屋所有权面积占有大厦总建筑面积之份额。

12. 本公约 本管理公约及其附件。

13. 土地批文 指政府主管部门有偿出让大厦所占地段国有土地使用权的批文、文件及有关合同。

14. 用户守则 指发展商或其授权的管理者根据本公约的规定制定的各业主、用户使用其所拥有的单元及大厦之公共地方、公共设施时所需要遵守的细则。

15. 管理费按金 即于入住前发展商授权之管理者向各单元业主收集的相当于已被批准的管理预算的三个月管理费。

第二章 总 则

（一）大厦各业主拥有的权益

1. 在受土地批文的限制和保障下，独自拥有其名下的单元的所有权，包括占有权、使用权、处分权及收益权；

2. 各单元业主可将其名下所占的物业及权益自由出售、转让、馈赠、遗赠抵押、出租或以其他方式处置或变卖，而无需取得其他业主或有任何权益的人士的同意；

3. 可与其他业主共同使用大厦的公共地方和设施，例如楼梯、走廊通道、升降机、消防系统、供水及排水系统、电力供应系统以及大厦所有的保安、卫生设施，以便适当使用及享用其名下物业；

4. 可根据本公约维护自身的合法权益；

5. 可根据本公约条款监督管理者及管理人员的工作。

（二）业主的义务

1. 业主在行使上述权利和使用其名下单元时，须遵守本公约的规定；

2. 业主须依照公约的规定，负责及缴交其名下应分担的管理费、按金及其他款项；

3. 业主须负责维修大厦的主要结构，包括外墙、公共地方及公共设施等；

4. 业主须缴交其名下单元须付的税项以及水、电、煤气等公共设施费用；

5. 业主有义务为其名下单元购买有关的保险，并保持其连续有效性；

6. 业主须遵守发展商或其授权的管理者所订立的《用户守则》、《装修指南》及其他规章制度；

7. 业主在行使本章第（一）条第三产业款权利时，必须要该处的承受人在公证处签署承诺书，承诺履行及遵守本公约和用户守则，并在处理后一个月内以书面通知大厦管理者有关承受人的姓名、地址及处理日期。否则，原业主将对承受人的违约行为负连带责任。

（三）业主的责任

1. 不得改变楼宇的结构，不得更改承重墙、横梁、支柱等，或加建、扩建、拆除任何建筑物；不得改变大厦任何部分的外貌，不得在大厦外墙安装任何遮光帘、遮篷、花架、天线、旗杆、广告、招牌、灯箱或其他任何伸出物，亦不可堵塞任何窗户；

2. 不得切割、损坏、更改、干扰楼宇任何公用部分之水、电或煤气等供应及排水道、暗渠、喉管、电缆、固定装置等设施；

3. 各单元的业主只可按《房屋预售合同》规定的用途使用，不得将其名下单元作非法或不道德用途，或在单元内进行任何足以妨碍或侵扰其他业主的事项；

4. 不得私自占用和妨碍他人使用公用地方及公用设施；

5. 不得在所购房产的地面上放置超过规定荷载的物品。在将重物搬进大厦之前，应通知大厦管理者。管理者有权安排重物之合理放置，以使负载分布均衡；

6. 未经管理者批准不得自行安装和使用烹调设备、大型空调或采暖系统等；不得在楼宇内进行任何足以引致楼宇所投购保险失效或引致保险费增加的行为；

7. 未经管理者书面同意，不得随意在大厦的公共地方张贴广告、悬挂标志或文字；

8. 未经向管理者申报并获批准，任何业主或用户不得擅自更改、迁移或增大用电、用水装置和中央空调的负荷；

9. 如果对所购单元进行装修或大的改造，须经管理者同意，并订立施工管理协议和缴付有关费用；

10. 业主的雇员或亲友进入大厦，须遵守管理规定的义务，并对他们违反公约的行为负连带责任；

11. 违反第二章第（三）条的业主须就所引致的损失负责及支付一切有关开支。

第三章　发展商的权利

（一）发展商保留的权利

1. 管理者及其他发展商许可的人，为检查、维修及保养大厦的任何一部分，包括公共地方、公共设施或任何为大厦利益而安装的设施，或为履行管理者对大厦的管理责任，有权携带一切必需的设备、机器及材料进入大厦的任何一部分。如有必要，可进入大厦的任何单元，但发展商在行使此项权利时，不得妨碍其他业主使用其所属的单元；

2. 发展商可授权管理者向大厦各业主收取管理费及管理费按金；

3. 根据大厦管理的实际情况，在业主委员会成立以前，发展商有权或授权管理者订立及修改有关管理大厦的规则，而无需任何业主同意，所有管理规则及其修改不得抵触本公约条款，并应张贴于大厦告示栏；

4. 发展商有权在业主委员会成立前指定或委托任何人为大厦管理者。发展商可与管理者签署管理合同，订立管理的职责范围、年期及酬金等，而无需经其他业主同意，但管理合同的内容不能违反本管理公约的条款；

5. 在受本公约的限制和保障下，发展商有权转让、抵押、出租或以其他任何方式处置大厦任何部分(已出售的部分除外)，而无需任何业主同意；

6. 发展商可就大厦管理事宜另行订立细则或规章制度，但不得抵触本公约的条款；

7. 发展商有权在业主委员会成立前审核批准大厦年度管理预算或修订的年度管理预算。

(二) 为了使发展商可以有效地行使本章第(一)条给予发展商的权利，各业主于此公司共同及各自授权发展商代表各业主行使上述权利。

(三) 上列发展商的权利，不得转让或转卖，在发展商出售其名下所有单元后，上列的各权利将告消失，但不影响在此之前发展商按上列权利所采取的一切行动和所签署的一切文件。

第四章　管理者的权利

(一) 一般事项

1. 发展商按本管理公约第三章第(一)条第 4 款所定或委托的管理者，享有以下的权力，但同时须遵守和履行本公约中其应遵守及履行的责任及义务。

2. 管理者将被视为全部业主代理人，而非个别代理。每一个业主将被视为已不可撤销地任命管理者为执行本公约规定的代理人。

(二) 管理者的权力及责任

1. 在不抵触发展商权力的情况下，管理者有权对大厦进行有效的管理和维护，并为此负责，其中包括(但不限于)下列事项：

(1) 检查、视察大厦，必要时包括所有单元的内部。

(2) 每一位业主及其使用者应严格按照管理者确定的装修规则，完成其单元的装修工程。如果管理者发现该业主聘用的承包商及其工人违反装修规则，管理者有权拒绝这些人士进入大厦。管理者有权要求装修的业主缴交装修按金，由管理者补偿业主及其聘用的承包商等人士引起的所有损失。该按金在装修工作完成后发还给该业主。

(3) 根据大厦的日常运作，建立一套完整的管理工作程序，并在实施中不断完善。

(4) 根据管理公约，制订大厦用户守则及其他必要的规章制度，并以有效的形式督促业主和用户遵规守约。

(5) 对大厦公共部分和公共设施进行维护，使之保持良好的状态，包括主要结构、幕墙、窗框、门及玻璃；进行设备、器材的更换、修理、涂漆等。

(6) 负责人事管理工作，并指导和监督所招聘之员工完成各项管理工作和保障各项公用设施正常运作。

（7）根据大厦实际情况，负责建立健全财务管理制度和编制大厦管理预算，收取管理费和代收水、电、煤气、蒸汽等市政公用设施使用费及追收欠款。

（8）处理所有对于管理大厦的投诉及各项维修，并协助调解业主或用户之间因大厦管理而引起的纠纷与争执。

（9）负责大厦的保安工作，保持大厦的正常秩序，尽力使业主或用户免遭骚扰。

（10）对各项管理职责定期（每季及每年）作出检讨和总结，并对改善大厦管理或增加服务项目等事宜向发展商或业主委员会递交报告及作出建议。

（11）清除及拆运任何不符合管理规则规定的建筑物或安装物、摆放的货物及杂物，应向负责人征收及收取清除费和因此而发生的有关费用。

（12）控制该大厦内所有车辆停放、行人交通，拖离或扣留所有违反管理规则所准许停泊的车辆，并向这些车辆的车主收取拖离及扣留费用，并可收取欠款利息及手续费。

（13）在所有有关该大厦的法律诉讼中作为全体业主的代表。

（14）防止任何人未经管理者书面同意或未按本公约的规定而占有或使用公共地方及公共服务设施。

（15）采取一切必要措施以遵守政府对于大厦的要求。

（16）防止任何人对大厦或公共设施进行有害的变更及损害。

（17）节日期间可装饰大厦幕墙，包括灯光及其他饰物。如管理者认为有必要，可以组织大厦内的文娱活动。

（18）采取一切必要措施（包括提出及进行诉讼）制止各业主违反、不遵守或不履行本公约或用户守则的规定。

（19）聘请、撤换及付酬予律师、建筑商、会计师及专业顾问、承建商、工人、代理人、清洁工人及其他工作人员。

2. 管理大厦公共地方及公用设施

（1）安排保养和维修大厦的公共地方及公用设施。

（2）确保所有大厦业主或用户依照大厦管理公约规定的用途正确使用其所占大厦部分，如果有大厦业主或用户违反大厦管理公约，管理者应尽量使用可行的方法制止此违约行为。

（3）在有合理需要时，替大厦公共地方及外墙涂漆、清洁、铺砌或视情况而施行其他适当工程。

（4）更换在公共地方的破损玻璃。

（5）保持大厦中密闭的公共地方的通风系统运作良好及作适当维修。

（6）保持大厦的环境清洁、卫生及美观。

（7）阻止任何废物被弃置于大厦的公共地方，负责清除大厦公共地方的垃圾及安排适当时间间隔收集垃圾。

（8）采取适当措施防止大厦任何公共地方受阻塞。

（9）保持大厦的所有公用设备、机械和器材（包括大厦消防系统、保安系统、空调系统、电话系统、电梯系统、电器系统、煤气系统、蒸汽系统、给排水系统等）性能良好和运作正常。当有需要或在方便的情况下，管理者可与第三者订立合约维修上述设备、机械或器材（唯在大厦管理预算中已批准者及在紧急情况下除外）。

（10）在可能的情况下阻止任何垃圾或其他物体从大厦弃置、排出、侵蚀和抛出于街道、暗道、污水渠、排水渠或水沟，并把已弃置、排出、侵蚀或抛出的垃圾或物体移走。确保管理者所进行的维修或其他工程不会对毗邻的排水渠、引水道、水道、行人道、水沟、水管、电缆、电线、公共设施或其他工程造成损害。如有损害，应及时补救，令有关人士或政府部门满意。

（11）安排大厦保安及管理员的正常工作。根据大厦管理公约或用户守则之条款，管理、保养、维修及监督使用以下设施：①装卸货区；②垃圾车停放处；③车辆出入口、公共阶梯、人行道、街灯、围墙及公共空地。

（12）管理者可用业主或大厦管理处名义投保。投保项目可包括火灾、其他意外天灾、第三者责任保险、劳动保险等与业主和管理大厦有关的保险。但各业主对其单元内利益应自行投保。

3. 管理大厦财务：

（1）负责管理大厦的财务管理及账务处理。

（2）财务管理包括编制每年度之管理大厦预算及尽可能使大厦之运作控制在此预算范围内。当年度管理预算不足以应付所有管理开支，管理者应提交修订预算供发展商或业主委员会审核批准。

（3）每月或每季定期向单元业主、租客或用户收取管理费。

（4）管理者负责的财务处理包括：

A. 向各大厦单元征收所应付的费用（如管理费）；

B. 根据已批准的预算支付所有管理大厦的开支及其他不可预见的管理开支；

C. 定期复审征收情况以确保所有业主、用户准时履行其财务上的责任；定期与发展商或业主复审欠款，并于发出适当警告后，以发展商代理人名义或大厦全体业主名义提出法律诉讼。

以上规则及其修改应张贴于该大厦告示栏。

4. 管理费用：

（1）大厦管理费标准由管理者根据支出预算审定，并需经发展商或业主委员会审定。管理者有权根据大厦收支的实际情况调整管理费标准，但仍须报发展商或业主委员会审批。

（2）各业主需于每月或每季的第一日预先缴交其单元每月或每季应付的管理费。首期管理费自向业主发出交楼通知书之日起计算。

（3）根据已获发展商或业主季员会批准的预算，管理者可从大厦管理费中支付有关管理大厦的一切支出费用。上述所提及的支出费用包括但不限于：

A. 保养及修理此大厦外墙、电梯、自动扶梯、中央空调系统、消防系统、保安系统、电话系统、电器系统、煤气系统、蒸汽系统、给排水系统及其他机械设备、机器装置和设施；

B. 管理者酬金；

C. 管理者所认为需要购买火险及各种责任保险的保险费；

D. 聘用管理人员的开支，包括全年的薪金、假期、津贴制服费等支出；

E. 购买及租赁所有必需的机械及器材支出；

F. 大厦公共地方适当照明费用；

G. 聘请法律、会计等专业人士的费用；

H. 储备金；

I. 大厦公共的水、电费及其他费用；

J. 清理垃圾费；

K. 清洁大厦公共地方及幕墙的费用；

L. 大厦幕墙节日装饰的费用；

M. 行政办公支出；

N. 其他为管理大厦而发生的合理支出（包括大厦完成前筹备管理期间的一切开支）。

管理者应每月向各业主公布管理收支账项，并张贴于大厦告示栏。

不论单元是否空置或被占用、出租予其他租户或许可其他人使用，该单元业主须负责缴交管理费及其他该单元应付费用给管理者。

（4）管理费、其他费用及欠款利息的追收。业主欠缴管理费及其他根据管理公约规定的任何费用，管理者应向业主发出通告，详列所欠款项及清还期限。若过期未付，管理者可采取法律行动令业主缴纳欠款。所有管理费、管理费按金及其他根据管理公约或管理规则应付款项，任何业主如果未能于应付款项计期日起15天内支付，则管理者有权采取下列措施并收取附加费用：

A. 收取未缴付的款项自应付之日起到支付日的利息，利率按每月0.5%计算；

B. 管理者有权对欠款业主进行法律起诉或作出其他追讨行动，如停止该单元供电、空调和限制该欠款或违约的业主、雇员、租客使用大厦电梯及其服务、设备、公用设施，直至该欠款业主清偿全部欠款、利息为止，而重新接驳供应费用或为追讨所支出费用概由该业主、租户、用户负责；

C. 业主欠缴管理费或其他费用超过三个月时，发展商或业主委员会有权或授权管理者向人民法院申请拍卖或转让欠款业主名下的物业以偿付欠款，剩余金额（在扣除追讨的各项费用及开支后）交还该业主。

5. 管理费按金：

（1）大厦全体业主应于入住时缴交三个月的管理费作为管理费按金存入大厦信托账户；

（2）如大厦管理账户出现赤字，管理者有权在征得发展商同意后于信托账户提取适当金额以垫支不足之数。并可在得到发展商或业主委员会同意后，增收管理费以偿还信托账户所垫支的款项。

（3）业主入住时所缴交的管理费按金不退回，但可以在出售、转让、馈赠、遗赠其名下单元时转至承受人名下。

6. 账目审核及保存：

（1）管理者应向大厦全体业主公布经注册会计师审核的年度账务收支表。

（2）管理者须妥当地保存管理收支账目。

（3）管理者于呈辞或职务被终止时，须把所有有关大厦的文件、记录、图纸、管理账目移交给发展商，发展商可聘请中国注册会计师审核管理账目。

7. 管理者根据本公约作出的行为及决定在各方面对所有业主均有约束力。

8. 管理者及其雇员在下列情况下无需对业主及其使用者负责：

（1）为履行本公约所进行之一切管理工作，但涉及刑事责任、蓄意或疏忽而造成之损失不包括在内。

（2）因下列原因造成的服务中断：①因任何设施、装置必要保养；②火灾、水灾等不可抗力的损害、毁灭；③无法避免的煤燃料、材料、供水、电力、蒸汽、空调短缺；④管理者所无法控制的其他一切原因。

9. 管理者应尽全力依照本公约的规定履行其对该大厦的管理和维护的职责。

（三）管理者酬金

1. 管理者酬金即因管理者履行本公约的职责而由大厦全体业主付给管理者的报酬。该酬金由发展商与管理者拟定。

2. 管理者无需从管理者酬金中支付因招聘任何职工作为该大厦管理、运作、会计、核数等一切直接开支费用。

3. 管理者酬金于每月第一天由管理者自动从大厦管理账户中扣除。

第五章　业主大会及业主委员会

（一）业主大会

如符合《物业管理条例》的规定，发展商及管理者须组织及召开大厦业主大会，选出主席及业主委员会。业主委员会一经产生后，每年至少须召开一次业主大会。管理者、业主委员会或不少于该大厦的业权份额的业主可召开特别大会，以便讨论或决定任何影响或关于大厦的事项，或为全体业主的利益就大厦的保养管理向管理者提供意见。下列规定适用于任何业主大会：

（1）管理者每年须召开一次会议。管理者、业主委员会或不少于该大厦20％的业权份额的业主可合法召开特别会议。

（2）每次召开会议须至少提前七日发出书面通知，列明开会时间、地点及讨论事项。

（3）会议的法定人数为该大厦不少于20％的业权份额单元的业主亲自或派代表出席。出席者达法定人数，会议方可进行。

（4）出席每次会议的业主须互相推选大会主席。

（5）主席须确保将出席者及会议程序记录存档。

（6）表决时，如赞同和反对票数相等，主席可投第二票即决定性的一票，使动议成为决议。

（7）业主可亲自或派代表投票。

（8）委派代表的文件须于开会前交予管理者。

（9）于正式召开的会议上，由亲自或派代表出席及投票的业主多数票通过的任何有关大厦的事项的决议案，对全体业主均有约束力。

（二）业主委员会

1. 业主委员会经由各业主选举产生。

2. 任何业主均有资格参与业主委员会委员的选举，选举投票时的票权数按有关规定执行。

3. 业主委员会表决议案时，每位委员一票。

4. 业主委员会有权监督管理者履行本公约规定的职责。

5. 业主委员会有权按本公约规定监督发展商，发展商行使的权力不得超出本公约规定。

第六章 其 他 事 项

一、若本公约任何条文于任何法律下成为无效、非法或不能执行，本公约其余条文的有效性、合法性及执行性并不因此而受损。

二、有受本公约约束的业主倘因公约条款发生争议，应首先用协商办法解决；协商不成，可向大厦所在地之在民法院提起诉讼。

三、本公约所规定的任何发给大厦各业主的通知，以送至有关业主的单元或所知业主的最后通讯地址，以该单元或通讯地址内收信人签收为准；如通过邮局以挂号信投送的，则以邮局挂号收据为准；所有不以其单元为通讯地址的业主应将其选择的通讯地址事先通知管理者。

四、本公约的制定及解释是根据中华人民共和国的相关法律。

五、本公约自签署之日起生效。

本公约由大厦单元的第一位购置者与大厦的发展商共同签署。大厦其他单元购置者在购买其所属单元时将签署一份承诺书，承诺遵守本公约各项条文。因此大厦各单元的业主，将共同享有及遵守本公约所载的权利及义务。

发展商：　　　　　　　　大厦单元第一位购置者：

法人代表：　　　　　　　（或授权代表）

（或授权代表）

　　　　　　　　　　　　物业管理公司：

　　　　　　　　　　　　法人代表：

　　　　　　　　　　　　（或授权代表）

　　　　　　_____年_____月_____日

承 诺 书

致：××开发有限公司及××物业管理有限公司

为了维护大厦各业主之权益及促进大厦的管理，本人/我等/本公司：

（一）确认已收到××开发有限公司及××物业管理有限公司_____于_____年_____月_____日，在××市签署的"××大厦"管理公约及业主守则各一份。

（二）声明完全明白及履行、遵守上述管理公约及业主守则之规定。

（三）同意将来若将该物业产权转移（包括但不限于出售、转让、馈赠、遗赠或互易）时，需取得承让人在公证处签署与此相同的承诺书，并在产权转移后一个月内将该份承诺书交发展商及管理公司，以确保该承让人遵守该管理公约及业主守则的规定。此外，亦同意以书面通知发展商及管理者关于单元拥有人的变更及承让人的姓名、联络地址及其他有关资料。

（四）同意在管理者收到本人/我等/本公司承让人的承诺书前，如上述承让人有违反管理公约或业主守则的行为（包括但不限于拖欠管理费或有关费用），其法律责任将由本人/我等/本公司及承让人双方承担。

为计算本人/我等/本公司所需负担之管理费，本人/我等/本公司所拥有单元的建筑面积为_____平方米，位置在_____层_____号。

签　章：

_____年_____月_____日

附件2：业主公约（示范文本）

（说明：1. 本示范文本中未订立事项可以用"×"表示；2. 本示范文本中的 ［　］中内容，据实填写在其前面的空格中；3. 可根据实际情况对本文本有关条款予以选择、调整、补充；4. 本示范文本中所指物业类型分为：住宅、办公用房、商业用房、厂房、仓库、其他用房。）

第一条　（本物业的基本情况）

物业名称：_____，物业类型：_____，物业业主总户数_____户，总建筑面积_____（m²）；

物业座落位置：_____；

公共场所及公用设施状况：_____。

第二条　（订立公约的目的）

为维护本物业全体业主、使用人的合法权益和物业管理区域内的公共秩序，保障物业的安全与合理使用，维护并营造安全、文明、方便、舒适的生活与工作环境，根据现有物业管理相关法律、法规、规章和规范性文件制订本公约。

第三条　本公约的订立、修改、通过、生效等遵照《成都市物业管理业主大会规则》的规定。

第四条　（本物业业主在物业管理中的权利）

1. 依法享有所拥有物业的各项法定权利。

2. 有权就物业管理的有关事项向业主大会及其办事机构、物业管理公司提出投诉，并得到答复；有权对本物业的管理服务工作提出建议、意见和批评。

3. 有权依法通过民主程序与其他业主一起对本物业实施民主管理。具体是：

（1）参加业主大会会议的权利及在业主大会会议上的建议权、表决权；

（2）业主委员会委员的选举权和被选举权；

（3）对业主公约、业主大会章程和物业管理工作报告等的审议权；

（4）请求召开业主大会会议的权利；

（5）监督业主大会及其办事机构业主委员会的工作，监督物业管理公司履行物业管理服务合同的情况。

4. 对本物业区域内装饰装修中出现的影响公众利益的质量事故、质量缺陷以及其他影响周围住户正常生活与工作的行为，有权检举、投诉。

第五条　（本物业业主在物业管理中的义务）

1. 本物业全体业主均需自觉遵守本公约和业主大会章程。

2. 业主在与他人建立合法使用、维护、改造所拥有物业的法律关系时，还应告知并要求对方遵守本物业管理的有关制度和本公约，并承担连带责任；

在转让所拥有物业时，应告知受让人有关本物业管理的制度，并将本公约作为转让合同的附件。

3. 执行业主大会及其办事机构——业主委员会的决议、决定。

4. 维护本物业公共场所（地）的整洁、美观、畅通及共用设施设备的良好；遵守成都市市容市貌、环境卫生、绿化、环境保护等相关管理规定。

5. 遵守本物业共用部位和共用设施设备的使用、公共秩序和环境卫生的维护等方面的规章制度；并配合物业管理公司的管理服务活动。

6. 依照物业管理服务合同交纳物业管理服务费；根据有关物业管理法规、规章、规范性文件和业主大会决议，交纳物业专项维修资金。

7. 进行室内装饰装修时，遵守建设部《住宅室内装饰装修管理办法》和《成都市城市房屋装修结构安全管理规定》；在工程开工前，向物业管理公司申报登记，清楚物业管理公司告知的关于装饰装修工程的禁止行为和注意事项，与物业管理公司签订装饰装修管理协议，并将此协议内容告知自行委托的装饰装修施工企业；不得拒绝和阻碍物业管理公司依据装饰装修管理协议的约定，对装饰装修活动的监督检查；不得因房屋装修影响毗邻房屋的使用安全。

8. 因搬迁、装饰装修等原因确需合理使用本物业共用部位、共用设施设备的，应事先通知物业管理公司，并在约定的期限内恢复原状，造成损失的，给予赔偿。

9. 委托物业管理公司对自用部位的有关设施设备进行维修、养护的，应自行支付相应费用。

10. 当房屋建筑及附属设施设备已经或可能妨碍、危害毗连房屋的他人利益、安全，或有碍外观统一、市容观瞻的，按规定或约定应由业主单独或联合维修、养护的，业主应及时进行维修养护；拒不进行维修养护的，由本物业业主委员会委托物业管理公司进行维修养护，其费用由当事业主按规定或约定分担。

11. 当物业管理公司对物业共用部位、共用设施设备维修养护时，相关业主应予以配合；人为造成本物业共用部位、共用设施设备或其他业主房屋及附属设施设备损坏的，由造成损坏责任人负责修复或赔偿经济损失。

12. 为防止水、气泄漏或火灾并对上述灾害进行及时有效地处理，业主、使用人须主动向物业管理公司预留家庭主要成员的紧急联系方式；业主、使用人也应配合物业管理公司对上述灾害发生时采取的紧急避险措施。

13. 在本物业范围内，不得有下列行为：

(1) 擅自改变房屋建筑及其设施设备的结构、外貌(含外墙、外门窗、阳台等部位设施的颜色、形状和规格)、设计用途、功能和布局等；

(2) 对房屋的内外承重墙、梁、柱、板、阳台进行违章凿、拆、搭、建；

(3) 占用或损坏楼梯、通道、走廊、屋面、平台、道路、绿地、停车场、自行车房(棚)等共用部位、设施及公共场所(地)；

(4) 损坏或擅自拆除、截断、改变连接改造供电、供水、供气、通讯、排水、排污、消防等共用设施；

(5) 不按规定堆放物品、丢弃垃圾、高空抛物；

(6) 违反规定存放易燃、易爆、剧毒、放射性等物品和排放有毒、有害、危险物质及饲养家禽、宠物等；

(7) 践踏、占用绿化地、损坏、涂划园林建筑小品；

(8) 影响市容观瞻或本物业外观的乱搭、乱贴、乱挂、设立广告牌等；

(9) 随意停放车辆，鸣喇叭或以其他方式制造超过规定标准的噪音；

（10）擅自在房屋建筑的外墙上安装遮阳光帘、遮蓬、花架等其他结构，不按指定位置安装空调外机且不进行滴水处理；

（11）使用电梯时超载、运载粗重物品，在轿厢内吸烟、张贴、涂画或损伤内壁；

（12）进行危害公共利益、侵害他人合法权益或其他不道德的行为；

（13）法律、法规及政府规定禁止的其他行为。

第六条 （本物业业主大会）

本物业业主大会应按《成都市物业管理业主大会规则》的规定予以设立和运作。

本物业业主大会对重大事项作出的有效决定，使少数业主利益受到损失的，其他业主应给予相应补偿。涉及修改本公约、修改业主大会章程、调整物业管理公共服务费标准、选聘与解聘物业管理公司、筹集物业专项维修资金、物业管理诉讼、分担业主委员会活动经费等重大事项的，必须由业主大会会议以三分之二以上投票权数通过决定。

第七条 （本物业业主委员会）

在本物业内，只成立一个业主委员会。

本物业业主委员会的成立和运作，遵循《成都市物业管理业主大会规则》的规定。

第八条 （业主大会和业主委员会的经费）

本物业业主大会和业主委员会议事活动所需的费用，不包含在本物业区域内物业管理公共服务费中，在业主大会会议通过后，由全体业主［按各自拥有的物业权属份额分担］［按分担］。

第九条 （本物业管理服务合同的订立）

本物业由业主委员会根据业主大会授权以合同形式委托一个物业管理公司实施统一的专业化物业管理服务。本物业业主委员会可以通过招标或其他方式选聘物业管理公司，并与业主大会选定的物业管理公司订立、变更或解除物业管理服务合同。

第十条 （本物业的管理服务费分担）

本物业管理公共服务费标准由全体业主按其拥有物业权属份额大小共同分担，并在物业管理服务合同约定期限内付清；代办服务、特约服务由业主按规定或约定支付相应费用。

第十一条 （本物业共用部位、共用设施设备的专项维修资金）

本物业建立的物业共用部位、共用设施设备专项维修资金，其归集、管理、使用执行成都市物业专项维修资金管理办法的规定。

第十二条 （本物业的共用部位、共用设施设备的保险）

本物业的共用部位、共用设施设备的保险由全体业主按其拥有物业权属份额大小享有权利、履行义务，由实施物业管理服务的物业管理公司代行办理相关手续；业主的家庭财产与人身安全的保险由业主自行办理。

第十三条 （物业管理诉讼）

物业管理诉讼的责任由本物业区域内全体业主共同承担；经业主大会授权，由业主委员会具体实施；物业管理诉讼费用由全体业主共同承担。

第十四条 （违约责任）

因违反本公约或不遵守本物业业主大会、业主委员会的决议、决定，而造成其他业主、使用人人身伤害或财产损失的，当事人应承担赔偿责任。

业主、使用人逾期不交纳其应承担的物业管理服务费及按规定应交纳的其他费用，本物业业主委员会应协助物业管理公司向业主、使用人追收，以保障本物业管理的正常进行；其他业主也可依据本公约依法提起诉讼；物业管理公司可以向县级以上物业管理主管部门申请限制业主出租、转让和抵押其拥有的物业，也可依法直接向人民法院起诉。

业主、使用人不按期交纳本物业专项维修资金，致使本物业共用部位、共用设施设备在保修期满后无法得到及时大修、中修和更新、改造的，由业主委员会负责催收。催收未果的，由业主委员会依法申请仲裁或向人民法院提起诉讼。

业主以业主大会或者业主委员会的名义，从事违反法律、法规的活动，触犯刑律的依法追究刑事责任；尚不够刑事处罚的，依法追究治安管理处罚责任。

第十五条 （本公约的修改补充）

本物业业主大会可以根据本物业的实际情况对本公约进行修改补充，并报物业管理主管部门备案。修改补充条款自业主大会通过之日起生效，无须经业主重新签订。

第十六条 （本公约纠纷的处理）

业主之间因本公约发生的纠纷，由本物业业主委员会协调，协调不成的，可提请物业管理主管部门调解，也可依法申请仲裁或向人民法院提起诉讼。

第十七条 （本物业的使用人在物业管理活动中的权利和义务）

本物业使用人在物业管理活动中的权利和义务由业主和使用人约定，但不得违反相关法律法规规章等规定和本公约及本物业管理区域内的相关管理制度。

第十八条 （本公约的执有及备案）

本公约由业主、业主委员会各执一份，并在通过之日起 7 日内报物业管理主管部门备案。

业主所拥有本物业的房屋类型：_____；建筑面积：_____ m²；

房屋座落：_____幢_____〔座〕〔单元〕_____号

业主的联系电话：

业主的身份证号码：

业主（签章）：

年　月　日

业主临时公约（示范文本中华人民共和国建设部 2004 年 9 月 6 日印发）

第一章　总　　则

第一条　根据《物业管理条例》和相关法律、法规、政策，建设单位在销售物业之前，制定本临时公约，对有关物业的使用、维护、管理，业主的共同利益，业主应当履行的义务，违反公约应当承担的责任等事项依法作出约定。

第二条　建设单位应当在物业销售前将本临时公约向物业买受人明示，并予以说明。

物业买受人与建设单位签订物业买卖合同时对本临时公约予以的书面承诺，表示对本临时公约内容的认可。

第三条　本临时公约对建设单位、业主和物业使用人均有约束力。

第四条　建设单位与物业管理企业签订的前期物业服务合同中涉及业主共同利益的约定，应与本临时公约一致。

第二章 物业基本情况

第五条 本物业管理区域内物业的基本情况

物业名称＿＿＿＿＿＿＿＿＿＿＿；

座落位置＿＿＿＿＿＿＿＿＿＿＿；

物业类型＿＿＿＿＿＿＿＿＿＿＿；

建筑面积＿＿＿＿＿＿＿＿＿＿＿。

物业管理区域四至：

东至＿＿＿＿＿＿＿＿＿＿＿；

南至＿＿＿＿＿＿＿＿＿＿＿；

西至＿＿＿＿＿＿＿＿＿＿＿；

北至＿＿＿＿＿＿＿＿＿＿＿。

第六条 根据有关法律法规和物业买卖合同，业主享有以下物业共用部位、共用设施设备的所有权：

1. 由单幢建筑物的全体业主共有的共用部位，包括该幢建筑物的承重结构、主体结构，公共门厅、公共走廊、公共楼梯间、户外墙面、屋面、＿＿＿＿＿＿、＿＿＿＿＿＿、＿＿＿＿＿＿等；

2. 由单幢建筑物的全体业主共有的共用设施设备，包括该幢建筑物内的给排水管道、落水管、水箱、水泵、电梯、冷暖设施、照明设施、消防设施、避雷设施、＿＿＿＿＿＿、＿＿＿＿＿＿、＿＿＿＿＿＿等；

3. 由物业管理区域内全体业主共有的共用部位和共用设施设备，包括围墙、池井、照明设施、共用设施设备使用的房屋、物业管理用房、＿＿＿＿＿＿、＿＿＿＿＿＿、＿＿＿＿＿＿等。

第七条 在本物业管理区域内，根据物业买卖合同，以下部位和设施设备为建设单位所有：

1. ＿＿＿＿＿＿＿＿＿＿＿；

2. ＿＿＿＿＿＿＿＿＿＿＿；

3. ＿＿＿＿＿＿＿＿＿＿＿；

4. ＿＿＿＿＿＿＿＿＿＿＿。

建设单位行使以上部位和设施设备的所有权，不得影响物业买受人正常使用物业。

第三章 物业的使用

第八条 业主对物业的专有部分享有占有、使用、收益和处分的权利，但不得妨碍其他业主正常使用物业。

第九条 业主应遵守法律、法规的规定，按照有利于物业使用、安全、整洁以及公平合理、不损害公共利益和他人利益的原则，在供电、供水、供热、供气、排水、通行、通风、采光、装饰装修、环境卫生、环境保护等方面妥善处理与相邻业主的关系。

第十条 业主应按设计用途使用物业。因特殊情况需要改变物业设计用途的，业主应在征得相邻业主书面同意后，报有关行政主管部门批准，并告知物业管理企业。

第十一条 业主需要装饰装修房屋的，应事先告知物业管理企业，并与其签订装饰装修管理服务协议。

业主应按装饰装修管理服务协议的约定从事装饰装修行为，遵守装饰装修的注意事项，不得从事装饰装修的禁止行为。

第十二条 业主应在指定地点放置装饰装修材料及装修垃圾，不得擅自占用物业共用部位和公共场所。

本物业管理区域的装饰装修施工时间为_____，其他时间不得施工。

第十三条 因装饰装修房屋影响物业共用部位、共用设施设备的正常使用以及侵害相邻业主合法权益的，业主应及时恢复原状并承担相应的赔偿责任。

第十四条 业主应按有关规定合理使用水、电、气、暖等共用设施设备，不得擅自拆改。

第十五条 业主应按设计预留的位置安装空调，未预留设计位置的，应按物业管理企业指定的位置安装，并按要求做好噪音及冷凝水的处理。

第十六条 业主及物业使用人使用电梯，应遵守本物业管理区域的电梯使用管理规定。

第十七条 在物业管理区域内行驶和停放车辆，应遵守本物业管理区域的车辆行驶和停车规则。

第十八条 本物业管理区域内禁止下列行为：

1. 损坏房屋承重结构、主体结构，破坏房屋外貌，擅自改变房屋设计用途；

2. 占用或损坏物业共用部位、共用设施设备及相关场地，擅自移动物业共用设施设备；

3. 违章搭建、私设摊点；

4. 在非指定位置倾倒或抛弃垃圾、杂物；

5. 违反有关规定堆放易燃、易爆、剧毒、放射性物品，排放有毒有害物质，发出超标噪声；

6. 擅自在物业共用部位和相关场所悬挂、张贴、涂改、刻画；

7. 利用物业从事危害公共利益和侵害他人合法权益的活动；

8. _____；

9. 法律、法规禁止的其他行为。

第十九条 业主和物业使用人在本物业管理区域内饲养动物不得违反有关规定，并应遵守以下约定：

1. _____；

2. _____。

第四章 物业的维修养护

第二十条 业主对物业专有部分的维修养护行为不得妨碍其他业主的合法权益。

第二十一条 因维修养护物业确需进入相关业主的物业专有部分时，业主或物业管理企业应事先告知相关业主，相关业主应给予必要的配合。

相关业主阻挠维修养护的进行造成物业损坏及其他损失的，应负责修复并承担赔偿责任。

第二十二条 发生危及公共利益或其他业主合法权益的紧急情况，必须及时进入物业专有部分进行维修养护但无法通知相关业主的，物业管理企业可向相邻业主说明情况，在第三方(如所在地居委会或派出所或_____)的监督下,进入相关业主的物业专有部分进行维修养护,事后应及时通知相关业主并做好善后工作。

第二十三条 因维修养护物业或者公共利益,业主确需临时占用、挖掘道路、场地的,应当征得建设单位和物业管理企业的同意,并在约定期限内恢复原状。

第二十四条 物业存在安全隐患,危及公共利益或其他业主合法权益时,责任人应当及时采取措施消除隐患。

第二十五条 建设单位应按国家规定的保修期限和保修范围承担物业的保修责任。

建设单位在保修期限和保修范围内拒绝修复或拖延修复的,业主可以自行或委托他人修复,修复费用及修复期间造成的其他损失由建设单位承担。

第二十六条 本物业管理区域内的全体业主按规定缴存、使用和管理物业专项维修资金。

第五章 业主的共同利益

第二十七条 为维护业主的共同利益,全体业主同意在物业管理活动中授予物业管理企业以下权利:

1. 根据本临时公约配合建设单位制定物业共用部位和共用设施设备的使用、公共秩序和环境卫生的维护等方面的规章制度;

2. 以批评、规劝、公示、_____等必要措施制止业主、物业使用人违反本临时公约和规章制度的行为;

3. _____;

4. _____。

第二十八条 建设单位应在物业管理区域内显著位置设置公告栏,用于张贴物业管理规章制度,以及应告知全体业主和物业使用人的通知、公告。

第二十九条 本物业管理区域内,物业服务收费采取包干制(酬金制)方式。业主应按照前期物业服务合同的约定按时足额交纳物业服务费用(物业服务资金)。

物业服务费用(物业服务资金)是物业服务活动正常开展的基础,涉及全体业主的共同利益,业主应积极倡导欠费业主履行交纳物业服务费用的义务。

第三十条 利用物业共用部位、共用设施设备进行经营的,应当在征得相关业主、物业管理企业的同意后,按规定办理有关手续,业主所得收益主要用于补充专项维修资金。

第六章 违约责任

第三十一条 业主违反本临时公约关于物业的使用、维护和管理的约定,妨碍物业正常使用或造成物业损害及其他损失的,其他业主和物业管理企业可依据本临时公约向人民法院提起诉讼。

第三十二条 业主违反本临时公约关于业主共同利益的约定,导致全体业主的共同利益受损的,其他业主和物业管理企业可依据本临时公约向人民法院提起诉讼。

第三十三条 建设单位未能履行本临时公约约定义务的,业主和物业管理企业可向有关行政主管部门投诉,也可根据本临时公约向人民法院提起诉讼。

第七章 附 则

第三十四条 本临时公约所称物业的专有部分,是指由单个业主独立使用并具有排他性的房屋、空间、场地及相关设施设备。

本临时公约所称物业的共用部位、共用设施设备，是指物业管理区域内单个业主专有部分以外的，属于多个或全体业主共同所有或使用的房屋、空间、场地及相关设施设备。

第三十五条 业主转让或出租物业时，应提前书面通知物业管理企业，并要求物业继受人签署本临时公约承诺书或承租人在租赁合同中承诺遵守本临时公约。

第三十六条 本临时公约由建设单位、物业管理企业和每位业主各执一份。

第三十七条 本临时公约自首位物业买受人承诺之日起生效，至业主大会制定的《业主公约》生效之日终止。

承诺书

本人为＿＿＿＿＿＿＿＿＿（物业名称及具体位置，以下称该物业）的买受人，为维护本物业管理区域内全体业主的共同利益，本人声明如下：

一、确认已详细阅读＿＿＿＿＿（建设单位）制定的"×××业主临时公约"（以下称"本临时公约"）；

二、同意遵守并倡导其他业主及物业使用人遵守本临时公约；

三、本人同意承担违反本临时公约的相应责任，并同意对该物业的使用人违反本临时公约的行为承担连带责任；

四、本人同意转让该物业时取得物业继受人签署的本临时公约承诺书并送交建设单位或物业管理企业，建设单位或物业管理企业收到物业继受人签署的承诺书前，本承诺继续有效。

承诺人（签章）

＿＿＿＿＿年＿＿＿＿＿月＿＿＿＿＿日

注：《业主临时公约（示范文本）》使用说明

1. 本示范文本仅供建设单位制定《业主临时公约》参考使用。

2. 建设单位可对本示范文本的条款内容进行选择、修改、增补或删减。

3. 本示范文本第三条、第三十七条所称业主是指拥有房屋所有权的房屋买受人，其他条款所称业主是指拥有房屋所有权的建设单位和房屋买受人。

附件3：××大厦管理规定

（一）设备设施管理规定

为了确保××大厦楼宇、设备、设施的正常使用与安全，使用户有一个安全、洁静、方便、舒适的工作环境，使楼宇、设备管理达到物业管理标准，特制订本规定，望各使用人与客户积极支持、互相配合、共同遵守。

（1）爱护大厦设备、设施，爱护公物，损坏者要赔偿。

（2）禁止在楼内、室内擅自乱拉、乱搭、乱接电线与管道。如确需要，要向工程设备部门书面申请，经同意后才能安装施工。

（3）随手关灯，切断电源。

（4）严禁使用电炉、电热杯、油灯等电器设备。

（5）大厦内（包括过道）、室内禁止搭建和改建，如确需要，要经大厦工程设备部门、保安部门书面同意后才能施工。

（6）使用人装修、装饰房屋必须得到工程设备部门、保安部门的书面同意，必须以不影响房屋结构为前提。

（7）工程施工时不得影响其他使用人的正常办公、工作等，不得占用公共场所作为施工场地。

（8）电梯不能超载运行，望用户配合。

（9）客梯只准载客，不准装运其他货物。如需装运货物，请到指定货梯（工作梯）装运。

（10）电梯内不准乱写、乱涂、乱贴、乱划，保持电梯整洁。

（11）如发现灯不亮、线路有故障、空调不制冷、卫生设备等，请来电报修，工程部门将及时修理，望用户配合。修理后请在维修单上签字认可。

（12）使用人如有特殊需要，请与工程设备部门及时联系。

（13）使用人如违反上述规定，将按照有关物业管理规定，视情节严重程度予以赔偿，或依法追究责任。

（14）如对大厦维修与管理工作有意见、建议等，可到大厦内投诉点书面投诉，或直接到大厦管理部投诉。

（二）大厦机动车辆管理规定

为了维护××大厦管理辖区内的交通秩序，保持大厦内外安静、整洁，保持消防通道和人行道的畅通，特制订本规定，望各使用人和客户积极支持、互相配合、共同遵守。

（1）所有外来车辆未经管理部门许可，不得进入××大厦及地下车库，也不得在大厦内长时间停放。

（2）禁止货车、卡车进入地下车库。

（3）禁止车辆在××大厦管理辖区内乱停乱放，不准停放在大厦门口，不准停放在交通要道，不准停放在绿化带，违者将报城管部门进行处罚。

（4）机动车辆必须在指定区域停放，并收取停放费。

（5）长期停放在××大厦范围内的车辆，应向管理部申请，领取物业管理部发出的"停车证"，并按时缴纳停车泊位费。如果迟交，要付滞纳金。如果不交泊位费，保安部门有权吊销"停车证"，阻止该车进入车库泊位。

（6）泊位费根据××大厦物业管理部的机动车辆统一收费标准收取。

（7）驶入大厦管理辖区内的车辆，均须听从本管理部保安员的指挥调度。

（8）驶入大厦管理辖区内的车辆若损坏路标、公用设施，应按价赔偿。

（9）严禁在大厦管理辖区内擅自冲洗汽车。

（10）使用人与客户如对大厦车辆管理有意见、建议等，可到大厦内投诉点书面投诉，或直接到大厦管理部投诉。

（三）××大厦消防管理暂行规定

为了加强消防工作，保护业主生命、财产安全，根据《中华人民共和国消防法》和××市有关消防规定，特制订本规定，望各使用人和客户积极支持、互相配合、共同遵守。

（1）××大厦消防安全由物业管理公司保安部负责、协调，物业管理公司全体人员都是义务消防员。

（2）各单位按使用楼层实行防火责任制，并由各单位领导担任防火责任人，负责做好各自所属范围的防火安全工作。消防工作要贯彻"预防为主，消防结合"的方针。

（3）各使用人与客户应指定义务消防员。防火责任人和义务消防员的职责是：

A. 认真贯彻、执行消防法规和上级有关消防工作指示，开展防火宣传，普及消防知识。

B. 经常检查防火安全工作，特别是办公用房的安全工作，纠正消防违章，整改火险隐患。

C. 管理消防器材设备，特别是室内消防器材，定期检查，确保各类器材和装置处于良好状态。安全防火通道要时刻保持畅通。

D. 管理部、工程设备部门负责管理好消防泵与消防电梯等，定期运转和保养，使之处于良好状态。

E. 管理公司保安部负责管理好消防监控中心，实行24小时监控。

F. 使用人与管理部要定人、定时、定措施，组织制订紧急状态下的疏散方案。接到火灾报警后，在向消防机关准确报警的同时，迅速启用消防设施进行扑救，并协助消防部门查清火灾原因。

(4) 楼梯走道和出口必须保持畅通无阻，任何单位或个人不得占用或封堵。严禁在通道上停放车辆和堆放物品，大厦防烟门应经常关闭。

(5) 不得损坏消防设备和器材，妥善维护楼梯、走道和出口的安全疏散指示和事故照明设施。

(6) 大厦内严禁经营和贮存烟花、爆竹、炸药、雷管、汽油等易燃易爆物品以及各类剧毒物品，不得在大厦内燃放烟花、爆竹。

(7) 办公室内烟头及火柴余烬要及时熄灭。

(8) 遵守安全用电管理规定，严禁超负荷使用电器，以免发生事故。

(9) 各使用人进行室内装修时，必须向管理公司工程部提出书面申请，经批准后方可动工。需要增设电器线路时，必须符合安全规定，严禁乱接临时用电线路。装修采用阻燃材料。若要使用易燃或可燃材料，必须经消防机关批准，按规定进行防火处理。

(10) 需要进行烧焊等动火作业的，应向工程部、保安部提出申请。经批准后，在大厦工程部人员的监护下，持有明火操作证的人员方可作业。

(11) 晚上大厦内严禁施工，特别是动用明火。

(12) 发现火情，应立即告知管理部或拨火警电话119，并关闭电气闸和门窗，迅速离开工作场所，切勿从电梯逃生，应徒步从楼梯下去。

(13) 根据市消防管理暂行规定，有下列情形之一的，视情况报请有关单位进行处罚：

A. 占用或封堵楼梯、走道或安全疏散出口的；

B. 封闭或损坏安全疏散指示、事故照明设施或消防标志的；

C. 使用电炉、电热锅、电热杯等的；

D. 乱拉、乱接电器线路的；

E. 擅自挪用灭火工具、器材或消防备用水源的。

(14) 有下列情形之一的，责令停止作业，并视情况报请有关部门处以惩罚：

A. 未办理申报审批手续即进行室内装修的；

B. 室内装修所用材料不符合防火要求及未进行防火处理的；

C. 未办理申报审批手续即进行动火作业的；

D. 烧焊、用火、用电作业时，防火安全措施不落实的。

（15）各使用人必须服从消防机关和保安人员有关防火方面的管理，对刁难、辱骂或以暴力等手段妨碍消防监督人员工作的有关人员，根据情况，报请有关部门进行处罚，直至依法追究其责任。

（16）使用人如对大厦消防管理有意见、建议等，可到大厦内投诉点书面投诉，或直接到大厦管理部投诉。

附件4：××住宅区管理规定

第一章 总 则

第一条 为了加强××住宅区管理，保障住宅区房屋和公用设施的正常使用，创造清洁、优美、舒适、安宁的生活环境，特制定本规定。

第二条 ××物业管理公司（以下简称管理公司）统一负责该住宅区管理工作。

第三条 住宅管理原则：

1．统一管理，综合服务；

2．独立核算，以区养区；

3．专业化管理与社会化管理相结合。

第四条 住宅区内房屋（包括住宅区的平房、多层住宅、高层住宅、商业楼、办公楼及其他用途的楼房）的住户合法权益受法律保护，不受非法侵犯。

第五条 住宅区内的公用配套设施，部分实行有偿使用。住户有合理使用的权利和维护的义务。

第二章 住宅区管理机构和职责权限

第六条 管理公司以合同形式对所辖住宅区实行统一管理，管理公司向授权委托机关承担经济和法律责任。

第七条 管理公司的职责和权限：

1．对各种房屋在使用、维修、装修、租赁等方面的管理和监督；

2．对公用配套设施方面，如供水、供电、消火栓、电梯、机电设备、路灯、连廊、园林绿化、卫生环保、供气管道、储罐站、明暗沟、化粪池、检查井、单车棚的管理；

3．对公共地方，如文化、体育、娱乐场所的管理；

4．对商业服务网点的管理；

5．对道路交通及停车场的管理；

6．对治安秩序的管理；

7．对便民服务设施的管理；

8．依法依约对违章行为实行处理。

第八条 住宅区内原则有一个"业主委员会"的群众组织，委员会的职责是：

1．听取和征求住户意见，及时反映住宅区住户的要求，并提出合理化建议，监督管理公司履行管理职责，维护住户的合法权益；

2．协助管理公司、派出所以及政府各级主管部门搞好住宅区管理工作；

3．通过各种形式开展宣传、教育和文化娱乐活动。

第三章 住宅区的使用、维修、养护

第九条 住户应合理使用住宅和公共配套设施，有责任保护房屋的完整和使用的安全。

第十条　住户需要对房屋进行装饰、维修，必须事先申报，经管理公司批准，并严格遵守政府房地产行政主管部门关于房屋装修改造的规定。

第十一条　住户对房屋的使用，必须严格遵守下列规定：

1. 不准改变房屋的结构、用途和外貌；

2. 不准对房屋的内外墙、梁、柱、板、阳台、平台、天台、通道乱搭乱占；

3. 不准堆放有损房屋的危险物品；

4. 不准利用房屋从事危害他人合法权益和其他非法的活动。

第十二条　房屋的维修，按下列范围划分，分别承担责任：

1. 室内部分，由住户负责；

2. 室外部分，如整体外墙面、楼梯间、通道、天台等，由管理公司按异产毗连房屋维修责任划分与费用分摊规定，负责组织维修；

3. 异产毗连房屋维修时，住户应积极支持配合，不得以任何理由阻碍维修工作（如上层楼漏水，危及下层楼住户时，上层楼住户应积极配合及时进行维修）。

第十三条　凡需维修的房屋，住户应及时进行维修，住户不在本市的，可委托管理公司代办，不得借故拖延或抵制。

第十四条　住宅区内所有配套设施，如路灯、电梯、消防栓、机电设备、电表、水表、公用天线、园林绿化、停车场、娱乐场所、单车棚、上下水管道、明暗沟、化粪池等，不得随意动迁、拆改，如人为造成损坏，应由损坏者负责修复或赔偿。前款如属自然损坏，管理公司负责及时维修。

第四章　环境及治安

第十五条　住户有保护和美化住宅区环境的权利和义务，禁止损坏环境的行为。

第十六条　为保护和美化住宅区内环境，必须遵守下列 10 个不准：

1. 不准随意践踏、占用绿化草地，摘折花木；

2. 不准在公共地方拉绳晾晒衣物；

3. 不准攀、涂园林艺术雕塑；

4. 不准从楼上往楼下抛杂物；

5. 不准在公用的楼梯间、通道、天台、平台等处堆放杂物；

6. 不准随地吐痰，乱丢烟头、纸屑、果皮、饮料罐（瓶）；

7. 不准随意停放机动车辆、堵塞消防通道、鸣高音喇叭；

8. 不准播放大功率音响、大声喧哗吵闹、鸣放鞭炮；

9. 不准饲养鸡、鸭、狗等禽畜；

10. 不准有影响市容观瞻的乱搭、乱贴、乱挂等现象和行为。

第十七条　管理公司内部须设立治安管理小组或治保委员会，在业务上接受公安部门的领导，配合公安部门搞好社会治安工作。

第十八条　住户有责任配合治安人员做好治安保卫工作，确保住宅秩序和住宅内的安定。

第十九条　机动车辆在住宅内应按规定的道路行驶和在规定的场所停放。

第五章　管理经费

第二十条　为保证住宅区管理和维修、养护工作的正常开展，管理公司可按规定收取以下经费：

 1. 公用设施管理维修养护费（住户缴纳）；

 2. 卫生清洁费（住户缴纳）；

 3. 商业、服务业、摊贩管理费（使用者缴纳）；

 4. 车辆停放保管费（使用者缴纳）；

 5. 公共场所有偿使用费（使用者缴纳）；

以上各项费用收取办法及标准按有关文件执行。

 第二十一条　住宅区管理经费应本着专款专用的原则，取之于民、用之于民，公用设施管理维修养护费的收支情况应定期公布，接受房屋业主和使用人的监督。

第六章　违　规　处　分

 第二十二条　凡违反本条例，有下列行为之一者，视其情节轻重，报请有关部门进行处罚，并依法追究民事、刑事责任。

 1. 违反第十一条中任何一项的；

 2. 未经批准而擅自装修、改建或扩建的；

 3. 拖延或抵制房屋维修的；

 4. 人为过失造成公共房屋维修的；

 5. 违反第十六条中任何一项的；

 6. 收留、隐藏计划外怀孕、生育者的。

 第二十三条　机动车辆在住宅区内违反本条例有关规定的，报请交通部门的进行处罚。

 第二十四条　被处罚者如对处罚不服，应在接到处罚通知后五天内向上级房管部门申请复议，或在 15 天内向人民法院起诉，逾期将采取必要措施或申请人民法院强制执行。

第五章 物业日常管理与维护——工程管理

当物业管理公司接管物业、业主入住后，前期的物业管理宣告结束，围绕业主对物业管理服务的种种要求，为给业主创造一个安全、舒适和文明的工作、生活环境，物业管理进入了日常管理阶段。本章主要从房屋修缮管理、设备管理两项工程管理介绍物业的日常管理与维护的要求与操作。

第一节 房屋维修管理

房屋维修是物业管理公司最经常、最持久、最基本的工作内容之一。房屋竣工交付使用以后，房屋会逐渐陈旧、破损，使用价值也会逐步降低。为了延缓这个过程，就需要经常对物业进行维护、保养和修缮，以全面或部分地恢复保持房屋原有的使用功能，防止、减少和控制其破损程度的发展，使物业达到保值、增值的目的。

一、房屋维修的概念

房屋修缮是物业管理中的一项基础性工作，房屋修缮管理在整个物业管理工作中具有重要的地位和作用。狭义的房屋维修仅指物业管理公司对房屋的养护和维修；广义的房屋维修则还包括对房屋的改建。

房屋在使用过程中产生的自然损坏和人为损坏必然导致房屋使用功能的降低或丧失，为恢复或部分恢复其原有的功能，就要及时地有针对性的进行房屋修缮。一般情况下，房屋修缮主要是为了恢复保持和提高房屋的安全性与耐久性。有时，为改善或改变房屋的居住条件，甚至是为了改善或提高房屋的艺术性要求，需要进行特殊的房屋修缮即装修。

二、房屋维修的特点

维修与新建的对象都是房屋建筑，在设计和施工理论上是相通的，因而它们有共性的一面，但是，由于房屋维修与新建房屋的应用理论不同，所以又有其独自的特点。

（1）房屋维修是在已有房屋的基础上进行，是对房屋的构件、部分项目进行养护维修，局部或全部的更新、修复。因此，工作上受到原有条件的限制，设计和施工都只能在一定的范围内进行，往往是借鉴原有房屋的构造、部件、装饰、布局等。

（2）房屋使用期限长，在使用中由于自然或人为因素的影响，会导致房屋的损坏或使用功能的减弱，而且由于房屋所处的地理位置、环境和用途的差异，同一结构的房屋，其使用功能减弱的速度和损坏的程度也是不均衡的，因此，房屋的维修是大量的、经常性的工作。

（3）房屋维修项目多，涉及面广，零星分散，各类房屋装修材料的品种、规格多，备用材料的规格和品种也多。有些材料可以用新材料代替，通过修缮工程的实践、观察、研究、总结，可以改进旧房的结构与装修。

（4）房屋维修由于要保持原有的建筑风格和设计意图，并与周围环境相协调，因此技术要求较高。由于房屋维修的这种特殊性，决定了它有独特的设计、施工技术和操作技能的要求，而且对不同建筑结构、不同等级标准的房屋，采用的装修标准也不同。

（5）房屋维修具有生产和服务双重性。生产性是指房屋维修过程中必然会结合增添设备、改进装饰装潢、改善结构等项工作，通过维修可使房屋增值。服务性是指房屋维修的基本目的是为住户提供服务，保证房屋的正常和安全使用。

三、房屋损坏的现象和原因

1. 房屋损坏的现象

房屋建成交付使用后，由于多种原因的影响，就开始损坏。房屋的损坏包括外部损坏和内部损坏。外部损坏是指房屋的外露部位，如屋面、外墙、勒脚、外门窗和防水层等的污损、起壳、锈蚀及破坏等现象；内部损坏是指房屋的内部结构、装修、内门窗、各类室内设备的磨损、污损、起壳、蛀蚀及破坏等现象。房屋外部项目的长期失修，会加速内部结构、装修、设备的损坏。

2. 房屋损坏的原因

导致房屋损坏的原因是多方面的，基本上可分为自然损坏和人为损坏两类。

（1）自然损坏。自然损坏的因素有以下 4 项：①气候因素。房屋因经受自然界风、霜、雨、雪和冰冻的袭击以及空气中有害物质的侵蚀与氧化作用，会对其外部构件产生老化和风化的影响，会使构件发生风化剥落，质量引起变化。②生物因素。主要是虫害（如白蚁等）、菌类（如霉菌）的作用，使建筑物构件的断面减少、强度降低。③地理因素。主要指地基土质的差异引起房屋的不均匀沉降以及地基盐碱化作用引起房屋的损坏。④灾害因素。主要是突发性的天灾人祸，如洪水、火灾、地震、滑坡、龙卷风、战争等所造成的损坏。自然损坏的速度是缓慢的，但有时是突发性的。

（2）人为损坏。人为损坏是相对于自然损坏而言的，主要有以下 3 种情况：①使用不当。由于人们在房屋内生活或生产，人们的生产或生活活动以及生产设备、生活日用品承载的大小、摩擦、撞击的频率、使用的合理程度等都会影响房屋的寿命；还有由于不合理地改装、搭建，不合理地改变房屋用途，周围设施影响等，使房屋遭受破坏。②设计和施工质量的低劣。这是先天不足，房屋在建造或修缮时，由于设计不当，施工质量差，或者用料不符合要求等，影响了房屋的正常使用，加速了房屋的损坏。③预防保养不善。有的房屋和设备，由于没有适时地采取预防保养措施或者修理不够及时，造成不应产生的损坏或提前损坏，以致发生房屋破损，倒塌事故。

上述因素往往相互交叉影响或作用，从而加剧了房屋破损的过程。

四、房屋维修管理的内容

房屋维修管理的目的是要确保房屋的完好，不仅要修缮危损房屋，而且还包括对房屋进行日常保养、维护、定期检查等，因此，房屋维修管理的内容主要有以下几项：

（一）房屋质量管理

房屋质量管理中，安全检查非常重要，它是房屋使用、管理、维护和修理的重要依据。定期、不定期地对房屋进行检查，随时掌握房屋的质量状况和分布，不仅能及时发现房屋的危损情况，抢修加固，解除危险，而且能为编制房屋维修计划、进行房屋维修工程设计、编制房屋修缮工程概预算等科学地管房修房提供依据。房屋质量管理中最主要的一项工作是房屋完损等级的评定。

1. 房屋完损等级分类

房屋完损等级是依据各类房屋的结构、装修和设备等的完好或损坏程度确定的。房屋结构是指基础、承重构件、非承重墙、楼地面、屋面等；房屋装修是指门窗、墙的内外饰面、顶棚、细木装修等；房屋设备是指水、电、照明、空调和一些特殊设备(消防、电梯、水泵、监视器等)等；其他的房屋组成部分如烟囱、楼道、天台等，可自行决定归并到某一部分。

房屋完损等级一般分为五类，即完好房、基本完好房、一般损坏房、严重损坏房和危险房。

(1) 完好房。是指房屋的结构、装修和设备各部分均完好无损，不需要修理或经一般小修就能具备正常使用功能的房屋。

(2) 基本完好房。是指房屋结构基本完好牢固，少量构部件有轻微损坏，但还稳定，屋面或板缝局部渗漏，装修和设备有个别零部件有影响使用的破损，但通过维修可恢复使用功能的房屋。

(3) 一般损坏房。是指房屋结构有一般性损坏，部分构部件有损坏或变形，屋面局部漏雨，装修局部有破损，油漆老化，设备管道不够畅通，水电管线、电器等有部分老化、损坏或残缺，不能正常使用，需要进行中修或局部大修、更换部件的房屋。

(4) 严重损坏房。是指年久失修的房屋，房屋的部分结构构件有明显或严重倾斜、开裂、变形或强度不足，个别构件已处于危险状态，屋面或板缝严重漏水，设备陈旧不齐，管道严重堵塞，水、电、照明的管线以及电器等残缺或严重损坏，已无法使用，需要进行大修或改进的房屋。

(5) 危险房屋。是指承重物件已属危险构件，结构丧失稳定和承载能力，随时有倒塌可能，不能确保使用安全的房屋。

2. 房屋完损等级的评定

房屋完损等级是指对现有房屋的完好或损坏程度划分等级，即现有房屋的质量等级。房屋完损等级的评定是指按照统一标准、统一项目、统一评定方法，对现有整幢房屋进行综合性的完好或损坏的等级评定。房屋完损等级评定是一项目测与定量定性分析相结合的专业技术性很强的工作。

(1) 完损等级评定的要求：①对整幢房屋进行综合评定；②以实际完损程度为依据评定，而不能以建造年代或原始设计标准高低为依据；③掌握好评定等级的决定因素，以结构部分的地基基础、承重构件，以及屋面中最低的完损标准来评定；④严格掌握完好房标准和危房标准；⑤对重要房屋评定等级严格复核测试；⑥对正在施工的房屋，要求做施工前房屋评定。

(2) 完损等级评定的基本做法

房屋完损等级评定的基本做法可分为定期和不定期两类。

定期评定一般是每隔1~3年(或按各地规定)对所管房屋逐幢进行一次全面的完损等级评定。这种评定的特点是量大面广，通过评定可以全面、详细地了解房屋的现有状况，可以结合房屋的普查进行。基本做法是：首先进行组织准备，包括制定评定工作计划、建立评定组织、培训评定人员等；其次是实施检查；最后是统计汇总。

不定期评定，就是随机地在某个时间内对房屋状况进行抽查。一般在以下一些情况下进行不定期的抽查：①根据气候特征，如雨季、台风、暴雨、山洪过后，着重对危房、严重损坏房和一般损坏房等进行抽查，评定完损等级；②房屋经过中修、大修、翻修和综合维修竣工验收后，重新评定完损等级；③接管新建房屋后，要进行完损等级评定。

（3）完损等级的评定方法

房屋完损的等级，标志着房屋质量的好坏，它是根据房屋各个组成部分的完损程度来综合评定的。具体做法是：按照建设部颁布的《房屋完损等级评定标准》的规定，将房屋结构分为四类：①钢筋混凝土结构——承重的主要结构是用钢筋混凝土建造的；②混合结构——承重的主要结构是用钢筋混凝土和砖木建造的；③砖木结构——承重的主要结构是用砖木建造的；④其他结构——承重的主要结构是用竹木、砖石、土建造的。各种房屋分结构、装修、设备三个组成部分进行评定。

前三类结构房屋的完损等级评定，主要有以下四种情况：①房屋的结构、装修、设备等组成部分，各项完损程度符合同一个完损标准，则该房屋的完损等级就是分项所评定的完损程度；②房屋结构部分各项完损程度符合同一个完损标准，但在装修、设备部分中有1～2项完损程度下降了一个等级，其他各项仍和结构部分符合同一完损标准，则该房屋的完损等级按结构部分的完损程度来确定；③房屋结构部分中非承重墙或楼地面分项完损程度下降一个完损标准等级，在其他两个部分中有一项完损程度下降一个完损标准等级，三个组成部分的其余各项都符合上一个等级以上的完损标准，则该房屋的完损等级可按上一个等级的完损程度确定；④房屋结构部分中地基基础、承重构件、屋面等项的完损程度符合同一个完损标准，其余各项完损程度可有高出一个等级的完损标准，则该房屋完损等级可按地基基础、承重构件、屋面等项的完损程度评定。

其他结构房屋完损等级的评定，有以下两种方法：①结构、装修、设备三部分各项完损程度符合同一完损标准，则该房屋的完损等级就是分项的完损程度；②结构、装修、设备三部分中绝大多数项目完损程度符合同一完损标准，有少量分项高出一个等级完损标准，则该房的完损等级按绝大多数分项的完损程度评定（见表5-1）。

房屋完损等级评定表 表5-1

房屋情况	完损标准分类	结构部分				装修部分					设备部分				评定等级
		地基基础	承重结构	非承重墙	屋面	楼地面	门窗	外饰面	内饰面	顶棚	装修	水卫	电照	空调	特种设备	
幢　号： 户　别： 结构分类： 建筑面积： 现在用途：	完　好 基本完好 一般损坏 严重损坏 危　房														
附　　注														

3. 危房的评定与解危办法

目前，我国每年都有相当数量的旧房转化为危房，这些危房严重威胁着住户的居住安全，因此，加强危房的检查管理，组织好危房的鉴定，并确定解危办法，是房屋质量管理

116

的主要任务。

(1) 制定划分危房的标准

房屋危险程度的划分，一定要根据房屋构件损坏范围大小、变形和损坏程度及对周围环境和整个房屋的危险程度而定，是一项技术强、责任重大的工作。①整幢危房。是指房屋结构大部分均有不同程度的损坏，已危及整幢房屋的安全，整幢房屋随时有倒塌的可能，无维修价值。②局部危房。是指房屋构件大部分结构尚好，只有局部结构损坏，一旦发生事故，整幢房屋无太大影响。只要排除局部危险，就可继续安全使用。③危险点。是指房屋某个承重构件或某项设施损坏，但对整幢房屋结构未构成直接威胁。

(2) 建立危房鉴定机构，组织鉴定

物业管理企业要设立房屋安全鉴定机构，依据有关鉴定标准，按照有关规定，根据受理申请，开展初始调查、现场查勘、检测验算、论证定性和签发鉴定文书等工作，在掌握测算数据、科学论证分析的基础上，确认房屋建筑质量及安全可靠程度。

(3) 确定解危办法，监督检查排险情况

对危房的不同情况，可采取不同的解危办法：①观察使用法。这一方法适用于采取一定技术解危措施后，尚能短期使用，但仍需随时观察危险程度的房屋。②处理使用法。这一方法适用于采取适当技术解危措施后，可以解危使用的房屋。③停止使用法。这一方法适用于无修缮价值，又暂无条件拆除，不危及相邻建筑和影响他人安全的房屋。④整体拆除法。这一方法适用于整幢既危险又无维修价值、随时可能倒塌并危及他人生命财产安全的房屋。

4. 房屋完好率、危房率的计算

计算房屋完损等级，一律以建筑面积(m²)为计量单位，评定时则以幢作为评定单位。房屋完好率是房产管理与经营单位(包物业管理企业)的重要技术经济指标之一。所谓房屋完好率，就是完好房屋的建筑面积加上基本完好房屋建筑面积之和，占总房屋的建筑面积的百分比，即：

房屋完好率=(完好房屋的建筑面积+ 基本完好房屋的建筑面积)÷管理房屋总的建筑面积×100%

所谓危房率，就是指整幢危险房屋的建筑面积占总的房屋建筑面积的百分比，即：

危房率=整幢危险房屋的建筑面积÷管理房屋总的建筑面积×100%

(二) 房屋维修施工管理

房屋维修施工管理，是指按照一定施工程序、施工质量标准和技术经济要求，运用科学的方法对房屋维修施工过程中的各项工作进行有效、科学的管理。房屋的维修可以由物业管理公司自己做，也可以委托给专业的施工队做，这两种方式的管理是不同的。对专业维修施工管理只要做好维修工程的招标、维修工程的设计和技术交底、签订承包合同、施工质量监管、工程竣工验收及价款的结算和维修技术资料的整理、建档等管理工作；自行完成的房屋维修工程管理比专业承包维修复杂。下面主要以自行完成来讨论房屋维修施工管理的内容、方法和具体做法。

1. 维修施工管理的基本内容

(1) 落实房屋维修任务，编制房屋维修计划、维修设计方案和施工组织设计；

(2) 做好维修工程开工前的准备工作，包括做好住房临时迁移工作，施工水电的安排，材料的采购、放置以及确定施工方案等；

（3）制定合理的材料消耗定额和严密的施工措施，在施工中经常性地进行材料和技术管理工作；

（4）大、中修和更新改造工程要编制施工组织设计，组织均衡流水主体交叉施工，并对施工过程进行严格质量控制管理和全面协调衔接；

（5）加强对房屋维修现场的平面管理，合理利用空间。

2. 维修施工管理的程序和方法

（1）制订房屋修缮设计方案

以房屋勘察鉴定为依据，充分吸取业主意见，使维修方案更合理可行。规模较小的维修工程，物业管理公司可自行组织设计；较大的维修工程必须由具有设计资质证书的单位承担。

（2）落实房屋维修施工任务

根据年、季、月度维修计划，逐一落实施工任务。

（3）施工组织与准备

施工组织与准备是施工开工前，在组织、技术、经济、劳力和物资等方面，为保证顺利开工而事先必须做好的一项综合性组织工作。根据工程量大小和工程难易等具体情况，分别编制施工组织设计（大型工程）、施工方案（一般工程）或施工说明（小型工程）。

维修施工组织准备工作的主要内容：①对修缮工程应摸清施工现场情况，包括电缆、电机以及燃气、供暖、给排水等地下管网及其走向，并平整好现场；②修缮工程设计图纸齐全；③编制施工组织设计或施工方案，并获得批准；④材料、成品和半成品等构件能陆续进入现场，确保连续施工；⑤领取建筑施工执照；⑥安置好需搬迁的住户，切断或接通水、电源；⑦落实资金和劳动力计划。

一般工程施工方案内容：①工程概况；②主要施工方法及保证工程质量、安全、节约、冬期和雨期施工方面的技术措施；③单位工程进度计划；④施工现场平面图。

小型工程施工说明的内容：①工程概况；②修缮性质和内容；③安全质量技术措施；④旧料利用和料具配置；⑤修缮预算等。

（4）技术交底（图纸会审）和材料、构件检验

在施工准备阶段，物业管理公司修缮施工部门应首先熟悉维修设计或修缮方案，在此基础上，参与技术交底和图纸会审，并将会审中就有关问题提出的解决措施等作为施工的依据之一。

修缮设计施工图会审的主要内容：①设计、方案和说明是否符合有关技术规范或规定；②修缮设计及其说明是否完整清楚，图纸尺寸、标高、坐标轴线交叉点是否明确，土建与设备是否配套；③新旧建筑与毗邻建筑、地上建筑与地下构筑物有无矛盾；④修缮施工技术装备条件能否达到设计要求，以及采用预制构件与施工场地间有无矛盾；⑤对修缮设计提出合理化建议或修改设计。

施工技术交底。在施工和有关人员学习修缮设计与图纸会审的基础上，由施工负责人向负责该工程的技术员、工长、班长等进行施工技术交底。一般大、中、翻修工程的技术交底。包括：①修缮方案及其修缮范围、内容与要求；②毗连房屋的使用和产权情况及房屋内部产权交叉情况，避免错修；③根据修缮方案，提出修缮工程达到的质量标准及房屋

上升完好等级；④按修缮方案要求，提高修缮质量、确保安全生产的技术措施；⑤提出原有房屋结构部、构件拆除的方法与要求，以及拆除的安全技术措施；⑥保证住户人身财产安全的安全措施与防护措施；⑦旧料利用的施工要求及技术要点；⑧施工方法、施工秩序和工序穿插、衔接；⑨所用主要材料的品种、规格、质量及混凝土工程、砌筑砂浆的配合比、标号、骨料要求等。

对材料、成品、半成品的检验工作，包括：①凡有出厂证明或检验报告单的，原则上不需要检验，但对性能容易变化或由于运输影响、储藏过期可能变质的，仍需经过检验，在确定合格后才能使用；②凡现浇混凝土结构、预制构件的混凝土及砌筑砂浆必须按规定作试块检验；③对成品、半成品要检验其出厂合格证明、品种与规格，凡不合格的，严禁使用；④对新材料、代用材料等，应有权威部门的技术鉴定书方能使用；⑤对所有的旧料，须经技术部门鉴定或经抽样验试合格后才能使用。

(5) 施工调度与现场管理

施工调度就是以工程施工进度计划为依据，在整个施工过程中不断求得劳动力、材料、机械与施工任务和进度等要求之间的平衡，并解决好工种与专业之间衔接的综合性协调工作，其主要任务有以下两点：①经常检查督促施工计划和工程合同的执行情况，进行人力、物力的平衡调度，促进施工生产活动的进行；②组织好材料运输，确保施工的连续性，监督检查工程质量、安全生产、劳动保护等情况，发现问题，找出原因，提出措施，限期改正。

施工现场的经常性管理，是指以施工组织设计、一般工程施工方案或小型工程施工说明为依据，在施工现场进行的各种管理活动，其主要任务有：①修建或利用各项临时设施，安排好施工衔接及料具进退场，节约施工用地；②把场内建筑垃圾、多余土方、余料和废料及时清运出场，创建文明施工现场；③确保住户人身和财产安全，做好施工防护工作，处理好与毗邻建筑物的关系，同时，也要做好施工现场的材料和机具设备管理。

(6) 质量管理与施工安全

质量管理是指为保证和提高修缮工程质量，贯彻"预防为主"、对下道工序负责、为住户负责的原则而进行的一系列工作的总和。房屋修缮质量管理要做好以下几个方面的工作：①建立健全质量监督检查机构，配置专职或兼职质检人员，分级管理，层层负责，并相互协调配合；②质量机构和质检人员必须坚持标准，参与编制工程质量的技术措施，并监督实施，指导执行操作规程；③坚持贯彻班组自检、互检和交接检查制度，对地下工程、隐蔽工程，特别是基础与结构关键部位，一定要经过检查合格、办理签证手续后，才能进入下一道施工工序；④在施工准备阶段，熟悉施工条件和施工图纸，了解工程技术要求，为提高施工组织设计质量，制定质量管理计划与质量保证措施，提供控制质量的可靠依据；⑤施工过程中，加强中间检查与技术复核工作，特别是对关键部位的检查复核工作；⑥搞好施工质量的检查验收，坚持进行分项工程检查工作，做好隐蔽工程的验收及工程质量的评定工作，不合格的工程不予验收签证；⑦加强现场对建筑构配件、成品与半成品的检查验收，检查出厂合格证书或测验报告；⑧对建筑材料的品种、规格和质量进行严格检查验收，主要材料应有产品合格证或测验报告；⑨发生工程质量事故，按有关规定及时上报主管技术部门，并查清事故原因，进行研究处理；⑩已交付使用的修缮工程，要进行质量跟踪，实行质量回访。在保修期间内，因施工造成质量问题时，按合同规定负责保修。

同时，必须加强对安全生产工作的领导，建立、健全安全生产管理制度，严格执行安全操作规程，确保安全施工。

（7）修缮工程竣工交验

修缮工程竣工交验必须符合房屋交验的条件和质量评定标准，才能通知有关部门进行验收，验收合格签证后才能交付使用。

工程交验的具体条件：①符合修缮设计或方案的全部要求，并全部完成合同中规定的各项工程内容；②做到水通、电通、路通和建筑物周围场地平整，供暖通风恢复正常运转并有使用功能；③竣工图和施工技术资料准备齐全。其一，物业管理公司应根据各地城市建设的档案管理的有关规定，对施工技术资料进行分类整理，装订成册后存档。其二，凡按图施工的工程可以原有施工图作竣工图；工程变更不大的可利用原有施工图修正即可；对于变更较大的工程，必须重新绘制竣工图。竣工图必须加盖竣工图签，经复核无误，施工负责人签字后方能归档。

修缮工程质量交验标准包括：①修缮工程的分项、分部工程必须达到建设部颁发的《房屋修缮工程质量检验评定标准》中规定的合格标准和合同规定的质量要求；②修缮工程中的主要项目，如钢筋强度、水泥强度等级、混凝土工程和砌筑砂浆，均应符合《房屋修缮工程质量检验评定标准》中规定的全部要求；③观感质量评分合格率不低于95%。

修缮工程交验的有关资料包括：①项目批准文件；②工程合同；③修缮设计图纸或修缮方案说明；④工程变更通知书；⑤技术交底记录或纪要；⑥隐蔽工程验签记录；⑦材料、构件检验及设备调试等资料。

（三）房屋维修的责任关系

房屋维修责任关系是指对房屋维修责任的划分及维修承担人的确认，排除维修障碍，使维修工作得以落实。正确地判断和处理房屋维修的责任关系，可以避免由于维修责任不明或由于他人阻碍而使房屋得不到及时修缮，并导致房屋发生危险等情况，因此，明确的责任关系有利于房屋及时得到修缮。

房屋修缮责任的划分基本原则有3条：

1. 新建房屋在保修期内

新建房屋，自每幢房屋竣工验收之日起，在规定的保修期内，由施工单位负责房屋质量保修，竣工验收与业主进入的时间差，由建设单位负责。

按建设部"商品住宅实行住宅质量保证书和住宅使用说明书制度"的规定：

（1）地基基础和主体结构在合理使用寿命年限内承担保修。

（2）正常使用情况下各部位、部件保修内容与保修期：屋面防水3年；墙面、厨房和卫生间地面、地下室、管道渗漏1年；墙面、顶棚抹灰层脱落1年；地面空鼓开裂、大面积起砂1年；门窗翘裂、五金件损坏1年；管道堵塞2个月；供热、供冷系统和设备1个采暖期或供冷期；卫生洁具1年；灯具、电器开关6个月；其他部位、部件的保修期限，由房地产开发企业与用户自行约定。

（3）住宅保修期从开发企业将竣工验收的住宅交付用户使用之日起计算，保修期限不应低于本规定第五条规定的期限。房地产开发企业可以延长保修期。

同时，《住宅室内装饰装修管理办法》也规定：在正常使用条件下，住宅室内装饰装修工程的最低保修期限为 2 年，有防水要求的厨房、卫生间和外墙面的防渗漏为 5 年。保修期自住宅室内装饰装修工程竣工验收合格之日起计算。

2. 保修期满后

保修期满后，由业主承担维修责任，并承担维修费用。对业主委托物业管理企业管理的物业，具体规定如下：

（1）物业管理企业承担房屋建筑共同部位、共用设施设备、物业规划红线内的市政公用设施和附属建筑及附属配套服务设施的修缮责任。

房屋建筑共同部位包括楼盖、屋顶、梁、柱、内外墙体和基础等承重结构部位和外墙面、楼梯间、走廊通道、门厅、电梯厅、楼内车库等。房屋建筑共用设施设备包括共用的上下水管道、落水管、邮政信箱、垃圾道、烟囱、供电管线、共用照明、天线、中央空调、暖气管线、供暖锅炉房、高压水泵房、楼内消防设施设备、电梯等。物业规划红线内的市政公用设施和附属建筑包括道路、室外上下水管道、化粪池、沟渠、池、井、绿化、室外泵房、自行车棚、停车场等物业。规划红线内的附属配套服务设施包括网球场、游泳池、商业网点等。

修缮费用按建设部《城市异产毗连房屋暂行规定》执行。由各业主按业权比例分担，做法是建立物业维修基金，事先向各业主按比例收取，在全体业主的监督下专款专用。

上述修缮责任及费用应在物业管理委托合同中写明。

（2）业主承担物业内自用部位和自用设备的修缮责任。自用部位和自用设备是指户门以内的部位和设备，包括水、电、气户表以内的管线和自用阳台。业主可自行修缮，也可委托他人或物业管理企业修缮。但物业管理企业都负有检查监督的责任。修缮费用由业主支付。

3. 其他情况

凡属使用不当或人为造成房屋损坏的，由其行为人负责修复或予赔偿。

物业管理企业的房屋维修管理人员应该明确国家和地方的有关规定。修缮房屋是房屋所有人应当履行的责任，异产毗邻房屋修缮，应依照《城市异产毗邻房屋管理规定》，划分应承担责任者；租赁私房的修缮则由租赁双方依法约定修缮责任。对房屋所有者或应承担房屋修缮的责任者不及时修缮，或者在房屋修缮时，遭到使用人或相邻住户借故阻挠而可能导致房屋发生危险的，物业管理企业的房屋维修管理部门可依据有关规定采取"排除解危"的强制措施，排险解危费用由当事人承担。

（四）维修档案资料管理

在制定房屋维修计划，确定房屋维修、改建等方案，实施房屋维修工程时，不可缺少的重要依据便是房屋建筑的档案资料。为了更好地完成房屋维修任务，加强房屋维修管理，就必须设置专门部门和专职人员对房屋建筑、安装及维修的档案资料进行管理。房屋维修所需要的档案资料主要包括以下几个方面：

1. 房屋新建工程、维修工程竣工验收时的竣工图及有关房屋原始资料；

2. 现有的房屋及附属设备的技术资料；

3. 房屋维修的技术档案资料等。

（五）房屋维修资金管理

房屋维修资金管理指修缮资金的筹措与使用安排。物业管理企业用于房屋修缮的资金，其来源除业主缴交的维修基金，以及物业管理服务费中的一部分外，还包括物业管理企业开展多种经营收入的部分盈余。维修基金用于大、中修，物业管理服务费中的一部分用于日常的维修养护，开展各种经常收入中的部分盈余主要是弥补修缮资金的不足。

五、房屋维修工程

（一）房屋修缮工程的分类

在物业管理中，主要是按房屋的完损状况和工程性质划分，根据房屋的完损状况和相应的工程性质，房屋修缮工程可分为翻修、大修、中修、小修和综合维修5类：

（1）翻修工程

指原有房屋需全部拆除、另行设计、重新建造或利用少数主体构件进行改造的工程，它包括原地翻修改建、移地翻修改建、小区复建房等。翻修工程主要适用于：①主体结构全部或大部严重损坏，丧失正常使用功能，有倒塌危险的房屋；②因自然灾害破坏严重，不能再继续使用的房屋；③主体结构、围护结构简陋、无修理价值的房屋；④地处陡峭易滑坡地区的房屋或地势低洼长期积水又无法排出地区的房屋；⑤国家基本建设规划范围内需要拆迁恢复的房屋。

翻修工程投资大，工期长，应尽量利用旧料，其费用应低于该建筑物同类结构的新建造价。翻修后的房屋必须达到完好房屋标准。新建住宅小区，基本上不存在翻修工程。

（2）大修工程

指需牵动或拆换部分主体和房屋设备，但不需全部拆除，一次费用在该建筑物同类结构新建造价的25％以上的工程。大修工程主要适用于：①主体结构的大部分严重损坏，有倒塌或有局部倒塌危险的房屋；②整幢房屋的公用生活设备（包括上水、下水、电照、通风、采暖等）必须进行管线更换，需要改善新装的房屋；③因改善居住条件，需局部改建的房屋；④需对主体结构进行专项抗震加固的房屋。

大修工程的主要特点是，工程地点集中，项目齐全，具有整体性。大修后的房屋必须符合基本完好或完好标准的要求。在进行大修工程时，可考虑适当增添新的设施，改善居住条件。

（3）中修工程

指需牵动或拆换少量主体构件，保持原房的规模和结构，一次费用在该建筑物同类结构新建造价的20％以下的工程。中修工程主要适用于：①少量结构构件形成危险点的房屋；②一般损坏的房屋，如整幢房屋的门窗整修，楼地面、楼梯维修、抹灰修补、油漆保养、设备管线的维修和零配件的更换等；③整幢房屋的公用生活设备，如上下水管道、通风采暖设备管道、电气照明线路等需局部进行更换改善或改装、新装工程的房屋以及单项目维修的房屋。

中修工程的主要特点是，工地比较集中，项目较小，工程量较大，常有周期性。中修后的房屋70％以上必须符合基本完好或完好标准的要求。

（4）小修工程（零修工程或养护工程）

小修工程即房屋的日常养护，指为了保持房屋的原有完好等级，进行日常养护和及时修复小损小坏的工程。小修工程的平均费用一般为房屋现时造价的1％以下。

（5）综合维修工程（成片轮修工程）

指成片多幢（大楼可分为单幢）大、中，小修一次性应修尽修，其费用控制在该片（幢）

建筑物同类结构新建造价的 20％ 以上的工程。

这类维修工程应根据各地的情况、条件的不同，考虑到一些特殊要求，如抗震、防灾、防风、防火等，在维修中一并予以解决。综合维修工程主要适用于：①该片（幢）大部分严重损坏，或一般性损坏需进行有计划维修的房屋；②需改变片（幢）面貌而进行有计划维修的工程。经过综合维修后的房屋，必须符合基本完好或完好房的标准要求。综合维修工程在统计时计入大修工程项目内，可以不单独列出。

（二）房屋维修标准和经济技术指标

房屋维修标准及经济技术指标是房屋维修工作实行科学化管理的重要依据。

1. 房屋维修标准

维修标准是按不同的结构、装修、设备条件，将房屋分为"一等"和"二等以下"两类分别制定的。划分两类房屋的目的在于对原结构、装修、设备较好的一类房屋加强维修养护，使其保持较高的使用价值；对二等以下的房屋，主要是通过维修，保证使用安全，适当改善住用条件。

维修标准按主体工程、木门窗及装修工程、楼地面工程、屋面工程、抹灰工程、油漆粉饰工程、水电卫暖设备工程、金属构件及其他等9个分项工程进行确定。

2. 房屋维修工程经济技术指标

考核房屋修缮管理的为：①房屋完好率；②年房屋完好增长率、年房屋完好下降率；③房屋维修工程量（m^2/人·年）；④维修人员劳动生产率（元/人·年）；⑤大修、中修工程质量合格率、优良率；⑥维修工程成本降低率；⑦年职工负伤事故频率；⑧小修养护及时率；⑨机械设备完好率等。

六、房屋的日常养护

房屋的日常养护是物业管理公司房屋修缮管理的重要环节，认真贯彻"以防为主"的方针是保持房屋完好的保证。

（一）房屋日常养护的含义

房屋养护是保养维护房屋建筑的意思。房屋养护工作包含的内容有：房屋零星损坏日常修理、季节性预防保养以及房屋的正确使用维护管理等工作，这是物业管理公司对房屋业主和使用人最直接、最经常的服务工作。房屋养护同房屋修缮一样，都是为了房屋能正常使用，但两者之间又有区别。修缮工程是在相隔一定时期后，按需开工进行的一次性的大、中修；房屋养护则是经常性的零星修理，及时地为广大住户提供服务项目，以及采取各项必要的预防保养措施，维护保养好房屋。

（二）房屋日常养护的类型和内容

房屋日常养护可分为小修养护、计划养护和季节性养护。

1. 房屋小修养护的内容

房屋小修养护，又称为零星养护，指结合实际情况确定或因突然损坏引起的小修，包括：

（1）屋面筑漏（补漏）、修补屋面、泛水、屋脊等；

（2）钢、木门窗的整修、拆换五金、配玻璃、换纱窗、油漆等；

（3）修补楼地面面层，抽换个别楞木等；

（4）修补内外墙、抹灰、窗台、腰线等；

（5）拆砌挖补局部墙体、个别拱圈，拆换个别过梁等；

（6）抽换个别檩条，接换个别木梁、屋架、木栓，修补木楼梯等；

（7）水、卫、电、暖气等设备的故障排除及零部件的修换等；

（8）下水管道的疏通，修补明沟、散水和落水管等；

（9）房屋检查时发现的危险构件的临时加固、维修等。

2. 房屋计划养护的内容

计划养护主要属于房屋保养性质，是定期对房屋进行检修保养。计划养护的任务应安排在报修任务不多的淡季。若报修任务多时，应先安排报修任务，再做计划养护工作。

3. 房屋季节性养护的内容

房屋季节性养护是指由于季节性气候原因而对房屋进行预防保养工作，其内容有防台风、防汛、防梅雨、防冻、防治白蚁等。

（三）房屋日常养护的一般程序

1. 工程项目收集

物业管理企业日常服务的房屋小修养护工程项目，主要是通过房屋维修管理人员的走访查房和业主（住户）的随时报修这两个渠道来收集取得的。①走访查房收集，是指物业管理人员定期对辖区内住（用）户进行走访，并在走访中查看房屋，主动收集住（用）户对房屋维修的具体要求，发现住（用）户尚未提出或忽略的房屋险情及公用部位的损坏。物业管理公司可通过建立查房手册来提高走访查房的实际作用。②住（用）户随时报修收集。为方便住（用）户的随时报修，物业管理企业可采取以下措施：第一，设置便民报修信箱，在辖区内的繁华地段和房屋集中的地方，设置信箱，供住（用）户随时投放有关的报修单和预约上门维修的信函，物业管理企业要及时开启信箱。第二，建立接待值班制度，物业管理企业可配备一名专职或兼职报修接待员，负责全天接待记录住（用）户的电话、信函、来访。接待员要认真填写好报修单位和由两联组成的处理回报单的接待登记表。第三，组织服务咨询。物业管理企业一般可利用节假日，在公共场所或房屋集中地点摆摊设点，征求住（用）户提出的意见并收集报修内容。

2. 编制小修工程计划

通过走访查房和接待报修等方式收到小修工程服务项目后，物业管理企业应分别轻重缓急和劳动力情况，作出维修安排：对室内照明、给水排污等部位发生的故障及房屋险情等影响正常使用的维修，应及时安排、组织人力抢修；对暂不影响正常使用的小修项目，均由管理人员统一收集，编制养护计划表，尽早逐一落实实施。

在小修工程的收集过程中，若发现超出小修养护范围的项目，管理员应及时填报中修以上工程申报表。

3. 落实小修工程任务

管理人员根据急修项目和小修养护计划，开列小修养护单。房屋小修养护工凭单领取材料，并根据小修养护单的工程地点、项目内容进行小修工程施工。对施工中发现的房屋险情可先行处理，然后再由开列小修养护单的管理人员变更或追加工程项目手续。

4. 监督检查小修养护工程

在小修养护工程施工中，管理人员应每天到小修工程现场解决工程中出现的问题，监督检查当天小修工程的完成情况。

（四）房屋日常养护服务的考核指标

房屋日常养护服务的考核指标主要有：定额指标、经费指标、服务指标和安全指标。

1. 定额指标

维修养护工人的劳动效率要完全达到或超过人工定额；材料消耗要不超过或低于材料消耗定额。同时，要通过合理组织生产，发挥劳动潜力和充分回收利用旧料，努力降低小修养护成本。达到日常养护工程定额的指标，是完成小修养护工作量、搞好日常服务的必要保证，因此，工程定额指标的完成情况，应作为考核维修养护人员劳动实绩，进行工资总额分配的主要依据之一。

2. 经费指标

日常养护经费可通过各种方式筹集，如按约定在管理费用中提取的维修费用便是常用渠道。

3. 服务指标

（1）走访查房率。一般要求管理人员每月对辖区内的住（用）户要走访查房50％以上；每季对辖区内的住（用）户要逐户走访查房一遍，其计算公式如下：

月走访查房率＝当月走访查房户数÷辖区内住（用）户总户数×100％

季走访查房率＝当季走访查房户数÷辖区内住（用）户总户数×100％

（注：走访查房户数计算时对月（季）内走访如系同一户超过一次的按一户计算。）

（2）养护计划率。管理人员应按每月编制的日常养护计划表依次组织施工。考虑到日常养护中对急修项目需及时处理，因此在一般情况下，养护计划率要求达到80％以上。遇特殊情况或特殊季节，物业管理公司可统一调整养护计划率，其计算公式如下：

月养护计划完成率＝当月完成属计划内项目户次数÷当月养护计划安排的户数×100％

（3）养护及时率，其计算公式如下：

月养护及时率＝当月完成的日常养护次数÷当月全部报修中应修的户次数×100％

（注：当月全部报修中应修的户次数，是指剔除了经专业人员实际查勘后，认定不属日常养护范围，并已作其他修缮工程类别安排的和因故不能安排维修的报修户次数。）

4. 安全指标

确保房屋正常使用和工作、住用安全，是日常养护的首要指标。建设部颁布的《房地产经营、维修管理行业经济技术指标》规定，必须确保住用安全，杜绝塌屋死亡事故；保证安全生产，杜绝重大伤亡事故，年职工负伤事故率小于0.3％等等。

第二节　设备设施管理

物业的附属配套设施与设备是物业不可缺少的重要组成部分，特别是现代建筑物，无论是综合性大厦，还是住宅或公寓，都配套有完善、先进的各种辅助设施和设备，以满足生活水平逐渐提高的人们的各种不同的需要，只有这些设备和设施正常运作，房产物业的功能和作用才能充分发挥，真正体现出价值，物业的设备设施管理是物业管理的重要工作之一。

一、物业设备设施的构成

在现代建筑中，综合性的多功能智能大厦越来越多，即使是民用建筑，在建设概念与配套功能上也与过去有了很大的不同，除了满足居住的需要外，还要求居住得舒适、安全，这样，房屋建筑的附属设备设施就成了房屋建筑的一个不可分割的重要组成部分。一般的物业设施设备主要由以下各系统构成：

1. 给排水系统

包括：①供水设备、设施，是指用人工或自动方法提供水源，以解决市政供水水压不足，满足房屋使用人正常用水的设备和设施，可以划分为总蓄水池、水泵、分蓄水池、水阀、水表及供水管网等几个方面。②排水设备、设施，是指用来排除生活污水和房屋雨、雪的设备和设施，包括：排水管道、排污管道、通气管、清通设备、提升设备、室外排水管道、污水井、化粪池等。根据纳污（废）性质，建筑物中的排水管道可分为生活污水管道、生产废水管道和雨水管道。③房屋卫生设备，包括：浴缸、水盆、小便斗、镜箱、冲洗盆、抽水马桶、面盆等不同种类。④热水供应设备，包括：淋浴器、热水管道、热水表、加热器(电热、气热或锅炉等)、循环管、冷水箱、疏水阀、自动温度调节器、减压阀等。⑤消防设备，包括：喷淋系统、消防栓、灭火器、灭火瓶、消防龙头、消防泵和配套的消防设备，如烟感器、温感器、消防报警系统、防火卷帘、防火门、排烟送风系统、防火阀、消防电梯、消防走道及事故照明、应急照明等。

2. 燃气系统

包括煤气灶、煤气表、煤气管道、天然气管网等。

3. 空调、通风系统

包括：①供暖设备，供暖设备有热水供暖和蒸汽供暖之分，包括锅炉、蒸汽喷射器、输热部分(热量的输送管道等)、散热部分(热量散发的设备)，以及一些辅助设施。②供冷设备，指可以使屋内空气流动，降低室内温度，给住用者带来凉爽感觉的部分，包括冷气机、深井泵、空调机、电扇、冷却塔、回水泵及输送冷水的管网等。③室内通风设备，即室内通排风换气的设备，包括通风机、排气口及一些净化除尘的设备等。

4. 电气工程设备系统

电气工程设备系统是指物业供电、照明及电器控制服务设备设施，房屋运输设备，防雷及接地装置，包括：①供电及照明设备，包括高压开关柜、变压器、低压开关柜及各种温控仪表、计量仪表、配电干线、楼层配电箱、备用电源、电表、各种控制开关、照明设施等。②电器服务设备设施，包括广播设备、电信设备、电视系统设备、共用无线及电视监控设备和电脑设备等。③房屋运输设备，即建筑物内运载人或物品的垂直运输设备，包括电梯和扶梯。④防雷及接地装置，不同用途的房屋建筑(构筑)物，有不同的防雷等级要求的设备。

5. 智能化楼宇的技术设备系统

在智能化楼宇中，主要的技术设备有以下几种：①计算机监控设备。以楼宇自动化系统来说，它包括能源监控系统、安全管理系统、消防及火警系统、给排水管理系统、交通管理系统等。②综合布线系统。一个将楼宇自动化系统、办公自动化系统等许多系统连接成整体的物理实体。③计算机信息管理技术设备。主要是指楼宇的办公自动化系统，其中包括资料档案管理、多媒体信息查询、电视会议、财务计划、人事管理以及电子数据库(EDI)系统等。④计算机网络与现代通讯技术设备。在智能化楼宇中，通讯自动化系统是一个中枢神经系统，包括以数字式程控交换机为中心的通信系统，以及通过楼宇的结构化综合布线系统来实现计算机网格、卫星通信、闭路电视、可视电话、电视会议等系统。

6. 电话通信设备

电话通讯设备的主体是电话交换机，用户程控交换机主要由硬件和软件两部分组成。①硬件，是指计算机及机器等外围设备，具体有公共设备、用户/线架设备、辅助设备等；②软件，是指电脑程序与数据库，具体有操作系统、呼叫处理程序、系统监视和故障处理程序、故障诊断程序、维护和运行程序等。

二、物业设备管理的内容

设备管理工作一般由物业管理公司的工程部门主管，并由专人负责。基层管理有分散性管理方式和集中的专业化管理方式等。设备管理主要由维修管理和运行管理两大部分组成。维修与运行既可统一管理，也可分别管理。

不同的房屋设备有不同的特点，因此，房屋设备管理的内容也各不相同，一般包括以下内容：

1. 房屋设备的基础资料管理

主要内容是建立设备管理原始资料档案和重要设备的维修资料档案。

（1）设备原始资料档案管理。设备在接管后均应建立原始资料档案，这类档案主要有：验收文件，包括验收记录、测试记录、产品与配套件的合格证、订货合同、安装合同、设备安装图与建筑结构图、使用维护说明、遗留问题处理协议与会议纪要等；建立设备卡片，应记录有关设备的各项明细资料，房屋设备卡片格式见表 5-2、表 5-3。

房屋设备卡片（正面）　　　表 5-2

设备编号 设备类别 设备名称 设备型号、规格 设备所在地点		建造单位 建造年份 交接验收日期凭证 开始使用年限	房屋设备原值 预计使用年限 预计残值 预计清理费用 预提大修更新基金额		
设备原值及预提维修基金记录		设备大修记录	停用记录		
设备原值	预提维修基金日期	预提维修基金金额	大修日期	大修金额	停用日期	原因	动用日期

房屋设备卡片（背面）　　　表 5-3

报废清理记录	事故记录	其他需要记录的事项
报废日期 报废原因 设备原值 累计预提维修金额 变价收入 清理费用	事故发生时间 事故发生原因 事故处理结论	记卡日期 注销日期 卡片登记人

（2）重要设备维修资料档案管理，包括：①报修单。每次维修填写的报修单，每月统

计一次，每季装订一次，物业维修管理部门负责保管以备存查。②运行记录。值班人员填写的设备运行记录每月一册，每月统计一次，每年装订一次，由物业管理企业设备运行管理部门保管好，以备存查。③考评材料。定期检查记录奖罚情况、先进班组、个人事迹材料，每年归纳汇总一次并装订保存。④技术革新资料。设备运行的改进、设备革新、技术改进措施等资料，由设备管理部门汇总存查。

2. 房屋设备的运行管理

房屋设备运行管理的主要内容是：建立合理的运行制度和运行操作规定、安全操作规程等运行要求(标准)及文明安全运行的管理，并建立定期检查运行情况和规范服务的制度等，其中，对于设备安全管理，除了加强设备安全检查和对操作人员、维修人员的安全操作、安全作业的训练和管理外，还要建立安全责任制和对住(用)户进行安全教育，向住(用)户宣传一些危险设备(如电梯)的安全使用知识。

3. 房屋设备的维修管理

房屋设备的维修管理是指根据设备的性能，按照一定的科学管理程序和制度，以一定的技术管理要求，对设备进行日常养护和维修、更新。

三、物业设备管理的制度

现代物业管理的涵义，其最主要的内容就是专业化管理。首先，要建立一系列管理制度；其次，由于物业管理的服务性，在维修管理中要注意增强员工的服务意识。

(一)岗位职责

岗位职责的制定与工程管理的组织形式设置有关，不同的组织形式有不同的岗位职责，但是，各级职责都应包括工程管理的各项工作。下面仅以常见的、按专业设置的工程管理组织形式列举工程各级职责。

1. 工程部经理

工程部经理是进行管理、操作、保养、维修，保证设备设施正常运行的总负责人，其主要职责是：

(1) 在公司经理的领导下，贯彻执行有关设备和能源管理方面的工作方针、政策、规章和制度；

(2) 负责组织设备的使用、维护、革新改造直至报废的整个使用过程的管理工作，使设备始终处于良好的技术状态；

(3) 在"安全、可靠、经济、合理"的前提下，及时供给各设备所需的能源(水、电、油、气等)，做好节约能源的工作；

(4) 组织人力、物力，及时完成住户提出的请修要求，为住户提供良好的工作、生活条件；

(5) 组织编制各种设备的保养、检修计划，原材料采购计划，并组织实施；

(6) 组织收集、编制各种设备的技术资料、图纸，做好设备技术管理工作；

(7) 组织拟定设备管理、操作、维护等各种规章制度和技术标准，并监督执行；

(8) 组织员工开展技术业务学习，不断提高员工的业务和技术水平。

2. 各技术专业主管

各技术专业主管在部门经理的领导下，负责所管班次的组织、管理工作，并负责编制所管专业的保养和维修计划、操作规程及有关技术资料和图纸，协助部门经理完成其他上级安排的工作。

（1）负责编制所管设备的年、季、月检修计划及相应的材料、工具准备计划，经工程部经理审批后负责组织计划的实施，并检查计划的完成情况；

（2）负责检查所管设备的使用、维护和保养情况，并解决有关技术问题，以保证设备经常处于良好的技术状态；

（3）负责制定所管系统的运行方案并审阅运行记录，督导下属员工严格遵守岗位责任，严格执行操作规程，保证设备的正常运行；

（4）组织调查、分析设备事故，提出处理意见及措施，并组织实施，以防止同类事故的再次发生；

（5）负责制定所管设施的更新、改造计划，以完善原设计和施工遗留的缺陷，并负责工程监督，以实现"安全、可靠、经济、合理"的目标；

（6）负责组织培训，不断提高下属员工的技术、思想素质以及服务水平；

（7）完成上级交代的其他工作。

3．领班

（1）负责本班所管设备的运行、维护、保养工作，严格做到三干净（设备干净、机房干净、工作场地干净）、四不漏（不漏电、不漏油、不漏水、不漏气）、五良好（使用性能良好、密封良好、润滑良好、紧固良好、调整良好）；

（2）以身作则，带领并督促全班员工严格遵守岗位责任制、操作规程、员工守则及公司各项规章制度，及时完成上级下达的各项工作任务；

（3）负责本班的日常工作安排和调整，做好各项记录并汇总，定期交上级主管审阅；

（4）负责制定本班设备的检修计划和备件计划，报主管审核后组织实施。

4．技术工人

（1）服从上级的调度和工作安排，及时、保质、保量地完成工作任务；

（2）自觉遵守公司的各项规章制度、操作规程，认真操作，保证安全，文明生产；

（3）努力工作、学习，不断提高思想素质和技术水平，保证优质服务。

5．资料统计员

（1）负责收集、整理、保管工程部各种技术资料及设备档案；

（2）负责本部门各下属单位的各项工作报表的汇总、存档，并定期送经理审阅；

（3）负责能源、材料、人力等各项资源消耗的统计；

（4）完成上级交办的其他工作。

（二）管理制度

1．接管验收制度

设备验收工作是设备安装或检修停用后转入使用的一个重要过程，把住这一关，对日后的管理和使用有着很重要的意义，因此，在进行房屋设备的运行管理和维修管理之前，要做好房屋设备的接管验收工作，接收好房屋设备的基础资料。接管验收不仅包括对新建房屋附属设备的验收，而且包括对维修后房屋设备的验收以及委托加工或购置的更新设备的开箱验收。

房屋设备的第一次验收为初验，对发现的问题应商定解决意见，并确定复验时间。对经复验仍不合格的应限定解决期限。对设备的缺陷及不影响使用的问题可作为遗留问题签定协议保修或赔款补偿。这类协议必须是设备能够使用、且不致出现重大问题时方可签订。验收后的验收单与协议等文件应保存好。

2. 预防性计划维修保养制度

为了延长设备的使用寿命，防止意外损坏而按照预定计划进行一系列预防性设备修理、维护和管理的组织措施和技术措施叫计划维修保养制度。实行计划性维修保养制度可以保证房屋设备经常保持正常的工作能力，防止设备在使用过程中发生不应有的磨损、老化、腐蚀等状况，充分发挥设备的潜力和使用效益，正确掌握设备状况，提高设备运转效率；实行预防性维修保养制度，既可以延长设备的修理间隔期，降低修理成本，提高维修质量，又可以保证房屋设备的安全运行，对延长设备使用寿命，树立物业管理企业的良好形象都将起到很重要的作用。

3. 值班制度

建立值班制度并严格执行，可以及时发现事故隐患并排除故障，从而可保证设备安全、正常地操作运行，具体内容包括以下几个方面：

（1）房屋设备值班人员必须坚守岗位，不得擅自离岗，如因工作需要离岗时，必须由符合条件的人替岗，并向其交代离岗时间、去向；

（2）按时巡查，作好记录，及时发现事故隐患，及时解决、及时报告；

（3）接到请修通知，及时通知、安排有关人员抢修、急修；

（4）不得随意调换值班岗位，就餐实行轮换制。

4. 交接班制度

搞好交接班工作，可以保证值班制度的实施，具体内容有：

（1）值班人员做好交接班前工作，包括按巡查表认真仔细巡查，发现问题及时解决，当班问题尽量不留给下一班，并做好记录和环境卫生工作；

（2）接班人员提前 15 分钟时间上岗接班，清查了解所上班次，办理好交接班手续；

（3）值班人员办完交接班手续后方可下班，若接班人员因故未到，值班人员应坚守岗位，待接班人员到达并办完手续后才能离开；

（4）除值班人员外，无关人员不得进入值班室。

5. 报告记录制度

建立报告记录制度可以让物业经理、技术主管和班组长及时了解设备的运行情况及设备维修管理情况，及时发现设备管理中在的问题，以便及时解决，具体内容有：

（1）向班组长报告。发现以下情况时，应向班组长报告：主要设备非正常操作的开、停、调整及其他异常情况；设备出现故障或停机检修；零部件更换或修理；维修人员工作去向；维修材料的领用；运作人员暂时离岗。

（2）向技术主管报告。发现下列情况时，应向技术主管报告：重点设备非正常操作的启动、调整及异常情况；采用新的运行方式；重点设备发生故障或停机抢修；系统故障及检修；重要零件更换、修理、加工及改造；成批和大件工具、备件和材料领用；员工加班、调班、补休、请假。

（3）向物业经理报告。发现下列情况时，应向物业经理报告：重点设备发生故障或停机修理；影响楼宇或小区的设备故障或施工；系统运行方式的重大改变，主要设备的技术改造；重点设备主要零部件更换、修理或向外委托加工，设备的增改或向外委托加工；班组长、技术骨干以上人员及班组结构调整。

除了上述设备管理制度外，还有设备清修制度，设备技术档案资料保存、管理制度，房屋设备更新、改造、报废规划及审批制度，承租户和保管房屋设备责任制度及房屋设备清点、盘点制度等一系列房屋设备管理制度体系，从而有效地实现专业化、制度化的房屋设备管理。

四、服务意识

各类房屋设备尽管功能各异，但其根本目的都是为住用人提供某种特定的服务，改善其工作生活条件和物业的整体环境。无论是给排水、供电照明等日常使用的设备，还是消防、自动报警等紧急情况下使用的设备都与广大住用人的日常生活、工作密切相关。房屋设备管理的"管、修、用"必须以管理为基础，维修为保障，围绕向住用人提供良好服务这个核心而展开。

1. 及时掌握并排除设备故障

工程设备部门必须建立多方面的信息渠道和监测机制，在故障发生后的最短时间内掌握它和排除它，将住用户的报修和投诉降低到最低水平。

（1）建立设备自动监测系统。现在一些智能型的大楼大多安装了设备的监测系统，某处设备发生了故障，系统能及时将信息传送到监控室，监控室就立即将情况报告工程设备部门。例如，空调、水泵、电梯等重要设备的自动监测是十分必要的。

（2）加强设备的巡查。自动监测是重要的，但是它不能解决全部的设备故障问题，而且自动监测本身也会发生故障，因此，人工巡视检查就显得必不可少。巡查以工程部为主，建立部门、班组多级巡查制度，同时还应该依靠其他部门的配合，如保安巡视、清洁检查中发现情况也应及时向工程部报告。

（3）一旦发现了设备出现故障，应该及时排除。

2. 建立设备报修及投诉渠道

没有住用户的投诉是最理想的，但是任何物业管理公司都做不到这一点。我们一方面要减少投诉，另一方面还应为住用户提供方便的设备故障投诉渠道。

（1）有关设备方面的投诉一般可向工程设备部门提出。

（2）任何一个部门接到报修或投诉，都应负责立即将此报修或投诉转告工程部，并记录备案，认为必要时可将情况向总经理报告。

（3）一定要防止推托现象，如住用户向某部门提出问题，某部门推给另外一个部门，让住用户转来转去解决不了问题。

（4）工程部当班员工在接到故障投诉后到达现场，属一般故障应该立即排除，复杂的故障应立即向领导汇报，由领导组织力量排除。在现实中，许多住用户有意见并不因为设备有了故障，而是因为有了故障得不到及时解决。故障总是难免的，但是有了故障无处投诉或投诉多次仍不能解决，这就会使住用户感到难以忍受。

3. 正确处理复杂故障

所谓复杂故障，是指难以马上解决的设备问题。物业管理公司应该分别情况，予以正确处理。

（1）第一种是设备比较复杂，一次或多次修复仍达不到原来状况。在这种情况下，物业管理公司应该花大力气认真修复，不厌其烦，使住用户满意。

（2）第二种是设备本身的工作参数达不到设计标准，一般是产品质量有问题。对这种情况，物业管理公司应向住用户说明实情，表示歉意，并表示将尽快与生产厂家联系，解决问题。

（3）第三种是设备运转正常，达到了设计标准，却达不到住用户的要求。这种情况最难处理，如空调运转正常，某位住用户却偏偏说冷或热，进行投诉，当班员工急匆匆赶到现场却发现一切正常，这时候员工往往会带点情绪，容易给双方造成不愉快。物业管理公司应教育员工，遇到这种情况应保持规范的礼貌服务，进行友好的解释，切忌用生硬的口气回答，如"没有办法"、"就是这样"等。

4. 遵守上门维修服务规范

住用户的每间房间都有设备，如果设备坏了，一般都要上门进行维修，员工应按照服务规范上门维修。上门维修不仅有技术的要求，而且有礼仪礼貌、劳动纪律等多方面的要求，弄不好会引起住用户的反感，造成不好的影响。因此，凡上门维修的员工必须有较强的服务意识，要将上门维修的全过程作为体现自己技术水平和服务水准的过程。

上门维修服务的规范要求是：

（1）敲门。有门铃时，轻按门铃，按铃时间不要过长，无人应答再次按铃，按铃时间加长。没有门铃时，则轻叩门三响，无人应答再次叩门，叩门节奏渐快、力度渐强。若无人应答，等候十分钟。若主人仍未返回，填写歉意信留言栏，塞入用户门内。

（2）介绍。主人闻声开门或在门内询问时，首先自我介绍："对不起，打搅了，我是物业管理公司维修人员×××，前来为您服务。"

（3）致歉。双手递交歉意信，诚恳地说："对不起，××设备出了故障，给您添麻烦了。"

（4）进门。如进入公寓、住室等十分整洁的房间，员工应将鞋子脱在门外，赤脚进入，或穿好自备鞋套，经主人许可后进门服务。在特殊情况下，如用户家里没有铺地板，经主人许可，进门可不必套鞋套，进入室内步子要轻，工具袋背在肩上，如拎在手中，则应高于地面一定距离，不能在地上拖着工具袋。走到工作地点后，将干净的帆布或塑料布铺在主人选定的位置，用于存放工具和需要拆卸的零件，不能将工具和拆卸下来的零件直接放在地上。

（5）维修。维修工作中手脚要轻，尽可能不发出噪声。实在无法避免时，应事先向房间主人打招呼，并说一声"非常对不起"。

（6）整理。修理完毕，用自备专用擦机布将设备擦拭干净，收好维修工具，将所有散落的工具、零件及杂物等收拾干净，如地面受污染，应负责打扫干净。

（7）试用。当着主人的面试用设备，证实设备恢复正常运转，并请主人验收。

（8）讲解。向用户讲解故障原因，介绍维修保养知识，并告诉主人正确使用设备的注意事项。

（9）收费。按规定标准收费。

（10）填单。如实填写维修服务工作单，并请用户对修理质量、服务态度与行为进行评价并签名。

（11）辞别。向用户告辞，走出房间，步子要轻，工具袋背在肩上，如拎在手中，则应离开地面一定距离，至门口时，应转身面对房间主人说："今后有问题，请随时联系，再见。"

（12）整个工作期间不得收受房间主人送的物品，也不能借用主人家里的工具、抹布等。

五、物业设备维修人员组织与工程分类

（一）物业设备维修人员组织

由于物业配套设备设施类型较多，因此，物业管理公司工程部一般分设几个班组，分别负责各项设备的运行、养护和维修，如强电组、弱电组、水暖组和综合组等。强电组主要负责发电、配电、供电系统及相应电器的维修保养；弱电组主要负责电梯、消防系统、电视监控系统、通讯系统及广播系统的线路和相应设备的维护、修理；水暖组主要负责供水、排水、供暖、供冷及相应设备管理的运行、维护和维修；而综合组主要负责泥水、木器等综合维修工作。

（二）维修工程的分类

目前对房屋设备维修工程的分类尚无统一规定，一般可分为以下几种：

1. 设备大修工程。是指对房屋设备进行定期的包括更换主要部件的全面检修工程。

2. 设备中修工程。是指对房屋更换少量零部件、进行正常的和定期的全面检修。

3. 设备更新和技术改造工程。是指设备使用到一定年限，其效率低、耗能大、年使用维护费提高或污染（腐蚀、排气、粉尘、噪音）问题严重，为使其技术性能得到改善提高，降低年使用维护成本而进行的更新改造。

4. 设备日常零星维修保养工程。是指对设备进行日常的保养、检修及排除运行故障而进行的修理。

六、各类设备的管理与维修

（一）房屋给排水系统的管理与维修

1. 给水系统

（1）管理范围的界定。物业管理公司对给水系统的管理范围，各地市政部门都有规定。一般居住小区内供水设备的管理职责如下：高层楼房以楼内供水泵房总计费表为界，多层楼房以楼外自来水表井为界。界限以外（含计费水表）的供水管线及设备，由供水部门负责维护、管理；界限以内（含水表井）至用户的供水管线及设备由物业管理公司负责维护、管理。供水管线及管线上设置的地下消防井、消火栓等消防设施，由供水部门负责维护、管理，公安消防部门负责监督检查；高、低层消防供水系统，包括泵房、管道、室内消防栓等，由物业管理公司负责维护、管理，并受公安消防部门的监督检查。

（2）给水系统的管理，应做到：①防止二次供水的污染，对水池、水箱定期消毒，保持其清洁卫生；②对供水管道、节门、水表、水泵、水箱进行经常性维护和定期检查，确保供水安全；③发生跑水、断水故障，应及时抢修；④消防水泵要定期试泵，至少每年进行一次；保持电气系统正常工作，水泵正常上水，管道节门水龙带配套完整，检查报告应送交当地消防部门备案。

2. 排水系统

（1）管理范围的界定。室内排水系统由物业管理公司维护管理。道路市政排水设施管理职责如下：以3.5m路宽为界。凡道路宽在3.5m（含3.5m）以上的，其道路和埋设在道路下的市政排水设施，由市政工程管理部门负责维护、管理；道路宽在3.5m以下的，由物业管理公司负责维护、管理。居住小区内各种地下设施检查，井盖的维护、管理，由地下设施检查井的产权单位负责，有关产权单位也可委托物业管理公司维护、管理。

（2）排水系统的管理内容：①定期对排水管道进行养护、清通。②教育、约束住户不要把杂物投入下水管道，防止堵塞。下水道堵塞应及时清通。③定期检查排水管道和节门等是否有生锈和渗漏等现象，发现隐患及时处理。④室外排水沟渠应定期检查和清扫，清除淤泥和杂物。

3. 消防设施

（1）对于室内消防设施的维修、管道及阀门的维修，与室内供水管道部分的维修相同。室内消防设施也是由管道、阀门等构成，其损坏同样是管道漏水、阀门漏水或关闭不严等。对于室内外的管道，同样应做好冬季的防冻保温工作，以确保它们处于良好的工作状态。

（2）对于消防栓接圈的封闭圈及水龙带，应按有关规定进行定时检查、保养及试验工作，以防止老化、霉变、失效，对于检查不合格的应及时更换。

（3）对于储水池（箱、塔），应贮存足够的水量，并随时补足，对于离心泵及其电机，应按有关规定，定时检查保养，并应根据有关规定设置备用水泵。

（二）电力系统的管理与维护

1. 供电设备的管理。对供电设备进行管理的目的是保证其正常运行，供电不间断。内容主要有：①了解和掌握全部设备的各种资料，掌握用电的一般知识和应遵守的用电规定；②定期巡视维护和重点检测；③建立各项设备档案；④积极有效地宣传安全用电、合理用电的知识等。

2. 供电设备的维护与保养。供电设备的维护范围，须按照供电规则中所规定的产权分界点的划分原则来执行。依据"全国供用电规则"对维护管理与产权分界的界定，供电局与用户电气设备的维护管理范围遵照以下原则：①低压供电的，以供电接户线的最后（第一）支持物为分界点，支持物属供电局；②10kV及以下变压供电的，以用户厂界外或配电室前的第一断路器或进线套管为分界点，第一断路器或进线套管的维护责任由双方协商确定；③35kV及以上高压供电的，以用户厂界外或用户变电站外第一基电杆为分界点，第一基电杆属供电局；④采用电缆供电的，本着便于维护管理的原则，由供电局与用户协商确定；⑤产权属于用户的线路，以分支点或以供电局变电所外第一基电杆为分界点，第一基电杆维护管理责任由双方协商确定。计费电度表及附属件的购置、安装、移动、更换、校验、拆除加封、启封等均由供电局负责。

对供电设备的维护可分为日常巡视维护和定期检查保养两个方面。应根据供电范围内的具体情况，参照供电部门的"电气设备运行管理规程"，定出固定的检查日期和内容，按照设备的使用频率和季节的不同，定出重点检查的项目。供电规程中的所有规定都是系统正常运行的保证，也是维护保养的标准和依据。

（三）制冷、供暖系统的管理与维修

1. 制冷、供暖系统操作、保养和维修的基本内容

（1）熟悉空调设备的工作原理及操作方法，制定相应的操作规程，并严格执行。

（2）定期巡查、记录设备运转情况，使设备的润滑、水、制冷剂等保持在正常范围内。

（3）机组运行时，应注意观察仪表读数是否处于正常范围内，如果不正常，应及时调整，必要时可关机，以防止事故发生。

（4）定期检查各风机、水泵的运转情况，有无杂音、振动、渗水情况，并定时加润滑油、定时检修。

（5）定期检查各风机、冷却塔皮带的松紧情况，磨损太大时应及时更换。

（6）定期巡查各管网有无裂缝或漏水以及堵塞，有问题及时排除，保证水管畅通。

（7）定期检查清理过滤器中积存的尘埃和杂物，对风管中的各种风阀要定期检查，防止卡死。

（8）根据锅炉用水量，定期清洗、保养锅炉，软化用水装置。

（9）定期清除锅炉燃烧室及烟道的炭灰，防止积存过多。

（10）每年停炉期间对锅炉进行全面保养，彻底清除水垢及杂质，对安全阀、转动机械及其附属设备进行检修。

（11）做好空调、锅炉等设备耗电的计量、记录及收费工作。

2. 空调系统工作制度

①空调工对当班空调系统运行负有全部责任。领班必须组织好空调工按照巡回检查制度，定时对外界及空调区域的温度、相对湿度进行监视，根据外界天气变化及时进行空调工作情况调节，努力使空调区域的温度、相对湿度符合要求的数值范围。②严格执行各种设备的安全操作规程和巡回检查制度。③坚守工作岗位，任何时间都不得无人值班或擅自离岗，值班时间不做与本岗位无关的事。④负责空调设备的日常保养和一般故障检修。⑤值班人员必须掌握设备运行的技术状况，发现问题立即报告，并及时处理，且在工作日记上作好详细记录。⑥值班人员违反制度或失职造成设备损坏的，将追究其责任。⑦认真学习专业知识，熟悉设备结构、性能及系统情况，做到故障判断准确，处理迅速及时。

（四）电梯的管理与维护

1. 电梯操作、保养和维修的基本内容

（1）根据各种类型的电梯图纸资料及技术性能指标，制定电梯安全维修保养的规章制度。

（2）对电梯运行人员和维修人员进行业务培训，坚持劳动主管部门的资质审查、持证上岗制度。

（3）重视和落实电梯的保修和安全年检工作。

（4）除电梯的日常保养维护外，电梯的故障修理必须由经劳动部门审查认可的单位和人员承担。

（5）必须坚持定期检查维护保养工作计划，健全电梯设备档案及修理记录。

（6）电梯钥匙要有专人管理，停梯须出告示。

（7）电梯运行管理中发生任何故障时，首先要救护乘客出梯。

（8）做好电梯的耗电计量及收费工作。

（9）保持电梯机房、井道、轿厢的清洁及空气流通。

（10）定人定时对轨道、门导轨进行清洁，加油润滑等。

2. 电梯操作、保养和维修的基本制度

（1）电梯工作制度。①严格执行电梯设备的安全操作规程和巡回检查制度。②坚守工作岗位，值班时间不做与本岗位无关之事。③密切监视和掌握各机的运行动态。遇重大活动，及时做好需变动的电梯运行方式的调度、管理工作，必要时可设置专梯以适应客流量的需要。④每日19：00以后及节假日期间，由于客流量减少，一般可关闭数部电梯。⑤按时完成设备的定期保养和维修工作。⑥认真学习专业知识，熟悉设备结构与性能，做到判断故障准确，处理迅速及时。⑦值班人员违反制度或失职造成设备损坏的，将追究其责任。

（2）电梯维修、保养操作规程。①电梯停驶保养时，首先应切断控制电源，确保安全。②电梯机房要保持整洁，做到无积灰、无蛛网，地板上无垃圾和灰尘；电梯机房不得堆放杂物和易燃物品，不准闲人进入，不准住人；电梯机房要有明亮的采光，窗玻璃完好无损且光亮清晰，通风良好，并配有必要的消防器材。③曳引电动机全部外形要擦净，做到无油垢、无黄油，底盘无积油。④电梯控制屏用吹风器或用漆刷轻掸，做到无灰尘；磁铁接触开关无锈蚀，无油垢。⑤井道底坑如有积水，必须首先断电，然后排除。保持底坑整洁，确保电梯下越程的极限开关有效动作。⑥轿箱内外、顶上、底下均须经常擦净，防止生锈腐蚀；要定期油漆，保持清洁美观。⑦各层站厅门及地坎糟要经常清洁，以防门脚阻塞而影响厅门畅通。厅门外要定期擦净，保持整洁卫生。⑧电梯检修或保养时必须挂牌，确认轿厢内无乘客后，方可停机。⑨在轿厢顶维修和保养时，除了判断故障和调试需要外，禁止快速运行。工作时必须戴安全帽。⑩井底作业时，禁止关闭厅门（厅站留有人监视时除外），厅门口必须摆设告示牌，防止无关人员靠近。⑪电梯凡是转动机件均须加油润滑，要做到定点、定质、定量、定期、定人，确保安全运行。⑫维修保养工作完成后，必须认真清理现场，清点工具和物品，切忌遗漏。⑬机房、井道因工作需要动火时，必须遵守大厦动火规定，办好动火证，指定专人操作和监视，事后清理火种。

复习思考题

1. 什么是房屋维修管理？
2. 为什么说房屋维修是物业的基础管理？
3. 房屋维修有哪些特点？需要坚持哪些原则？
4. 房屋完损等级分为几类？
5. 如何进行房屋完损等级评定？
6. 维修施工管理的基本内容有哪些？
7. 房屋维修工程如何分类？
8. 房屋设备设施的构成包括哪些系统？
9. 房屋设备管理的内容有哪些？
10. 房屋供电、给水、排水设备设施的管理范围如何界定？

【案例分析】

1. 突然停电引起的投诉

某大厦刚竣工开业，入住的用户不多，其中一家是某银行的分理处。一天下午因停电造成该处多部电脑死机，丢失大量数据，严重影响了工作效率，并造成电脑等设备损坏。该银行要求管理公司认真改善供电管理，给其一个明确的解释，并赔偿由此而带来的一切经济损失。

2. 电梯困人造成的投诉

1997年4月，某38层高的大厦刚投入使用不久，供电局设在大厦车场入口旁的供电房爆炸，整个大厦停电长达一天。1号电梯在3～4楼停车场困梯，内有七、八名客户。物业管理公司工程人员配合电梯保养公司于20分钟后打开电梯门，困梯用户纷纷投诉。适时，大厦楼层用户因电梯无法启动只好步行下楼；大厦广场也聚集大约近百名准备上楼层的客户，投诉者数不胜数。

3. 水浸引致的投诉

1997年7月一天的凌晨，某商住楼23楼供水管突然爆裂。刹那间一股水流从裂纹中喷射而出，很快淹过走廊，漫到电梯厅。见此情景，巡楼保安员一边报告值班主管立即派人前来抢险，一边用备用沙袋挡在电梯口，防止水流进电梯损坏电梯。由于事发突然，物业管理公司紧急排水处置后，23楼仍有几家用户进水，造成投诉。

附件：××写字楼工程部任务和岗位设置

一、任务

工程部是实施大厦工程管理，保障设备、设施正常运行的职能部门。工程部的管理具有严密的科学性和较高的技术性，它是为用户创造安全、文明、舒适、方便的商住环境的基本保证和坚强后盾，是反映大厦服务水准、良好形象和声誉的重要标志。

工程部的职责范围如下：

1. 负责大厦电力系统、电讯系统、电梯系统、空调系统、供水系统的运行管理，维护保养和故障检修。

2. 负责大厦公共设施、设备的维修保养。

3. 负责用户室内二次装修的审批、监管。

4. 负责对用户室内设施、设备提供有偿维修服务。

5. 负责大厦外判工程的监管工作。

二、工程部架构图

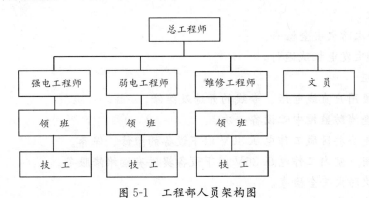

图 5-1　工程部人员架构图

三、岗位职责

工程部各班组职责范围

（一）强电组

1. 负责高低压配电房、高压电房、发电机房、冷冻机房、电梯机房、楼层配电房及冷却塔的日常运行、维修、保养。

2. 负责非办公时间大厦所有设备的应急维修。

3. 负责大厦外立面照明灯具的启、停。

（二）弱电组

1. 负责大厦内工作电压36V以下的弱电系统的日常运行、保养、维修。

2. 负责大厦内直线电话、专线的开通及维修。

3. 负责维修用户室内弱电设备。

（三）维修组

1. 负责给排水系统、湿式灭火系统及水泵房的日常运行、维修和保养。

2. 负责用户室内设备的维修。

3. 负责各楼层公共设施设备的维修。

工程部各班组工作细则

（一）弱电组

1. 每班每小时一次巡查高压室。

2. 每班每小时一次巡查低压室。

3. 每班每小时一次巡查发电机房。

4. 每班每小时一次巡查变压室。

5. 每班每小时一次巡查冷冻机房及控制室。

6. 每班一次巡查电梯机房。

7. 每月一次巡查楼层配电房，并负责有关设备的保养。

8. 每班一次巡查冷却塔。

9. 每班按时间表启停外围、立面灯具及电梯。

10. 负责非办公时间的紧急维修。

11. 负责供电中心、冷冻机房及控制室内各种设备的保养及所属设备检修。

12. 保持供电中心、冷冻机房及控制室环境清洁，每天打扫一次；各配电箱、电柜表面每天清洁一次。

13. 每班一次防火安全检查。

14. 每月两次发电机试运行。

（二）弱电组

1. 负责大厦用户直线电话、专线的开通及维修。

2. 每班巡查消防监控中心设备一次。

3. 负责大厦公共区域工作电压36V以下设备的维修、保养。

4. 负责为用户室内工作电压36V以下设备提供有偿维修服务。

5. 每班一次防火安全检查。

6. 每周一次按责任范围巡查责任设备。

7. 每天一次清洁电信机房。

（三）维修组

1. 每天两次巡查水泵房，并负责室内设备的维修；泵体、地面每周清洁一次；控制柜内每月一次清洁除尘。

2. 每天两次巡查排污泵，并负责设备维修；每月一次清洁控制柜灰尘。

3. 每天一次巡查水表房，并负责室内设备维修；每周一次清洁地面、设备表面。

4. 每天两次巡查供水设备并负责设备维修。

5. 每周一次巡查湿式报警阀房；每周一次打扫卫生，并负责室内设备维修。

6. 设备责任人每周一次巡查责任设备；每月一次清洁责任设备及周围环境卫生。

7. 每周一次巡查大楼各公用设施分体式空调机，并负责有关维修。

8. 每天一次巡查各辖区内有无火灾隐患。

9. 为用户室内设备提供有偿维修服务。

10. 负责大厦公共设施的维修、整改。

11. 负责擦窗机的管理及维修保养。

工程部各岗位工作职责

（一）总工程师

1. 在总经理的领导下，全面负责工程部的各项工作。

2. 负责组织开展大厦工程设备的维修、养护、运行、管理。

3. 负责制定工程管理制度和设备操作规程程序。

4. 负责制订培训计划，定期开展对本部门员工的业务培训。

5. 负责监督、检查、指导本部门员工工作，定期对本部门进行考核。

6. 负责洽谈、评讨、监督工程外判项目，组织对外判工程的质量验收。

7. 负责审核用户的室内装修。

（二）系统工程师

1. 在总工程师的领导下，管理本系统的员工和所辖设备。

2. 制订并监督执行本系统的设备定期保养规定及技改项目方案。

3. 制订本系统员工的安全教育和业务培训计划。

4. 制定本系统的操作规程要求和工作指令。

5. 提出本系统的备仓计划，协助采购专业性较强的工具或零件。

6. 负责本系统的外判项目（含外判工程、代维工程以及仪器、仪表、工具送检）的洽谈审定，监督并验收施工。

7. 负责与相关业务主管部门进行业务联系。

8. 负责本系统各类图纸和资料的收集、分类。

9. 负责室内二次装修的初审。

（三）领班

1. 在系统工程师领导下，对所辖设备及员工进行管理。

2. 安排执行所辖设备的定期保养规定及参与执行有关的技改项目。

3. 监督执行部门的工作指令。

4. 负责跟进工程单的作业情况。

5. 定期组织所管辖员工进行技术和安全生产等业务知识交流。

6. 做好本班组的技术档案、维修保养记录和交接班记录等原始记录。

7. 负责监督、跟进相关外判工程的进展情况。

8. 及时反馈常用物料、维修零件、工具等材料的品质情况。

第六章 物业日常管理与维护——环境与安全管理

为了给物业使用者提供良好的工作、生活环境，维护正常的工作及生活秩序，物业管理公司必须开展物业环境与安全管理，这也是物业日常管理的重要内容。本章主要从治安、消防、车辆、清洁、绿化等几个方面的管理来介绍物业日常管理和维护的要求和实操要点。

第一节 治 安 保 卫 管 理

物业管理的治安保卫管理工作是物业管理公司为保证所管辖物业区域内财物不受损失、人身不受伤害、用户的工作生活秩序正常而进行的防盗、防破坏、防流氓活动、防意外及人为突发事故等一系列管理活动。

一、治安管理方式

物业管理中的治安工作根据物业使用性质的不同而有不同的管理方式，主要有封闭式管理和开放式管理两种，也有将两种模式结合起来的综合管理方式。

（1）封闭式管理

封闭式管理方式适用于政府机关、部队等一些部门或一些因其住户有特别要求的物业管理。其管理特点是整个物业为封闭体系，物业入口有保安人员每天 24 小时看守，用户有专用通行证件，外来人员须征得物业内用户同意并办理登记手续方可入内。从目前我国物业管理发展情况来看，封闭式管理已成为多数住宅小区的普遍要求。

（2）开放式管理

一些大的住宅小区或商业楼宇采用开放型管理方式，不仅用户无需办理专用通行证件，且外来人员只要着装整洁也可自由进出。不过，一些商业楼宇在非办公或营业时间还是采用封闭式治安管理，以确保业主用户的财产安全。

二、治安管理的特点

（1）受制性大

一般来说，物业公司的安保部门在履行其安全管理服务职能的过程中，要受到来自公安主管部门的指导和国家有关法律、法规的制约。譬如，安保管理服务的方式和行为不能超越公安主管机关的管理，不能超出国家的法律规定而自行其事。物业治安管理中一切具有维护社会治安性质的行为和行动都必须在公安主管机关部门的监督指导下进行，其工作活动的性质及全部内容相对于公安主管机关的治安管理工作来说都具有辅助性、从属性。其自主性与机动灵活性也均是以受制性为前提的。

（2）综合性强、管理难度大

一些大型商住区或高层综合楼宇不但楼幢多、楼层高、面积大、隐蔽场所多、进出口多，而且区内业主、用户成分不一，各种配套物业（饮食、文体、娱乐场所）多，人员流量大、成分复杂，且众多单位又有各自的管理部门，物业管理公司不能干预过多，因而其治安形势严峻，治安工作难度大。

（3）服务性强

物业治安管理属物业管理整体工作的一部分，从本质上讲，是为用户提供保卫安全服务的。因此，作为物业管理公司的保安员，要始终树立"服务第一、用户至上"的思想，融严格认真与真诚礼貌于一体，既要坚持原则按章办事，又要文明礼貌，乐于助人。

另外，由于物业安保的内容与要求属于物业服务合同的一部分，即物业治安管理的服务项目、手段、方法措施和所达水平必须满足合同要求，所以物业治安管理又具有一定的履约性特点。

三、治安管理的基本原则

（1）坚持"预防为主、防治结合"的原则

治安工作同消防工作一样，关键是要做好预防工作，应防患于未然。物业管理中的治安工作的根本目的就是保障用户的人身及财产安全，维护用户正常的工作及生活秩序，确保物业的正常使用及免遭破坏。衡量治安工作的第一标准就是物业范围内不发生任何刑事案件，不出治安事故。做好各项预防工作是治安工作的关键，故保安员应时刻提高警惕，防止可疑人员进入管辖区域，防止各类刑事案件和治安事故的发生。

（2）坚持物业内的治安管理与社会治安工作相结合的原则

任何物业，无论其封闭程度多大，也只是所在城市的一个建筑点，是该城市的一个小社区，其治安工作也必然只是城市社会治安的一部分，物业管理中的治安工作有赖于社会力量和公安部门的支持。因此，物业管理公司属下的保安部应与当地公安机关保持密切的联系，及时了解社会治安情况，掌握犯罪分子动向，积极配合公安部门搞好物业周围的治安工作，打击不法分子的违法乱纪行为，确保物业的安全，为社会治安工作做出贡献。

（3）坚持专业治安防范与群防群治相结合的原则

物业区域内的治安防范也应与社会治安防范一样，应坚持专群结合的原则。即一方面应强调、突出物业管理公司保安部门的保安职责，不断改进工作，提高治安管理工作水平，另一方面应主动向广大住、用户宣传治安政策、知识，宣讲治安动态，晓以注意事项，强化他们的安全防范意识，争取他们的理解、支持与配合，只有这样，物业管理区域的治安工作才能更全面、更有效。

（4）坚持重点防范与一般管理相结合的原则

即不光要做好平时的门卫、巡逻、监控，还要特别注意重点区域（重要库房，贵重物品存放处，事故易发地段等）、重要时段（夜半更深、重大节庆、活动日等）的保安工作。总之，不同类型物业的保安管理部门应根据自身物业的治安管理特点，分清主次、轻重，将重点防范与一般管理很好地结合起来。

（5）坚持"服务第一、用户至上"的服务宗旨

管理就是服务，保安也是一种服务。治安管理者必须紧紧围绕这一中心开展工作，既要有公安人员的警惕性，又要有物业管理人员的服务性；既要坚持原则，按制度办事，又要时刻替用户着想，主动帮助用户解决困难；既要与违法犯罪分子坚决斗争，又要为用户提供热情、周到的服务。

（6）坚持治安工作硬件与软件一起抓的原则

物业管理中的治安工作的好坏既要靠治安工作的软件管理，也要靠治安防治的硬件设施。因此，一方面要抓好保安队伍建设，认真完善各项治安防范制度，落实治安防范措施；另一方面，要搞好物业治安防范的硬件设施建设，建立并完善电视监控系统、消防报警系统等，应购置充足的对讲机、巡更器及其他治安工作所需的设备等。

四、治安管理的内容

（1）建立健全安全保卫组织机构。在国外，物业管理由专业的保安机构负责，在国内物业治安主要是由物业管理公司自行负责。因此，物业管理公司应建立健全安全保卫组织，加强对保安部的领导和管理，配备充足的保安人员。

（2）制定和完善各项治安管理制度。物业管理公司应根据物业的实际情况，建立并完善保安员岗位责任制和各项治安保卫制度，如针对用户的有：用户非办公时间出入登记管理制度、大件物品出入管理制度等；对内部保安员的有：保安员交接班制度、保安员值班岗位责任制等。

（3）负责维护辖区内部治安秩序，预防和查处治安事故。

（4）打击违法犯罪活动。物业管理公司应贯彻和执行公安部门有关安全保卫工作的方针、政策，积极配合公安部门打击辖区内及辖区周围的违法犯罪活动。

（5）制定巡视值班制度。根据辖区内实际情况，物业管理公司应每天 24 小时安排保安员巡视值班，具体工作可分为门卫、守护和巡逻三个方面来实施。

（6）加强辖区内车辆管理。物业管理公司应加强辖区内车辆的安全管理，做好车辆停放和保管工作，确保车辆按规定行驶和停放，保证辖区内道路畅通、路面平坦、无交通事故发生、无车辆乱停乱放现象。

（7）完善辖区内安全防范设施。物业的治安管理除了靠人防力量外，还应注重治安硬件设施的技术防范。如在商住小区四周修建围墙或护栏，在综合性商业大厦内安装闭路电视监控系统，在物业内的一些重要部位、重点单位安装防盗门、防盗报警系统等。

（8）定期对保安员开展各项培训工作。只有常抓不懈地开展培训工作，提高保安员的思想素质和业务能力，才能提高治安防范能力。对保安员培训的内容包括法律、职业道德教育，礼貌服务意识，基本的物业管理知识，管理公司规章制度，治安保卫知识和消防知识等。

（9）密切联系辖区内用户，做好群防群治工作。物业治安管理是一项综合的系统工程。通常，物业管理公司只负责所管理物业公共地方的安全工作，要保证物业的安全使用和用户的人身财产安全，仅靠物业管理公司的保安力量是不够的，必须把辖区内的用户发动起来，强化用户的安全防范意识，建立各种内部安全防范措施。

（10）与物业周边单位建立联防联保制度，与物业所在地公安机关建立良好的工作关系。

五、保安部组织架构

物业治安管理任务比较明确，不同类型、不同规模的物业，保安部的机构设置不同。一般来说，物业管理规模越大，物业类型及配套设施越多，其保安机构设置越多。

按保安员工作性质和工作任务的不同，保安部下辖办公室、门卫班、巡逻班、电视监控班、消防班、车场保安班等，其组织架构如图 6-1 所示。

这种分班方式的特点是每个班治安任务专一，便于班内的管理，便于治安设备的管

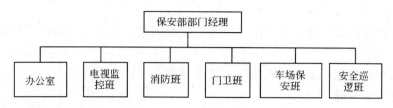

图 6-1 保安部组织结构图

理。但这种分班方式的缺点是每个专业班，如门卫班保安员不同时上班，要分成早、中、晚班及轮休等，因而不利于治安工作的统一管理。

由于保安部要 24 小时负责辖区的安全保卫工作，有的物业管理公司对保安部采取"四班三轮转"方式分班。这种分班方式就是将不同工作性质的保安人员按照每一班次的工作需要分成四个班组，每天有三个班组分别上早班、中班、夜班，一个班轮休，每个班都有消防、巡逻、门卫、电视监视、车场、内巡等保安员。这种分班方式便于治安工作的统一管理，但是要求班长具有较全面丰富的保安工作经验。

六、保安部各级人员的岗位责任制

1. 部门经理工作职责

保安部经理是在物业管理公司总经理的直接领导下负责整个物业范围内的安全保卫工作，其主要工作职责有：

（1）制定保安部工作计划，建立健全各项保安工作制度；

（2）主持部门工作例会，组织保安部全体保安员开展各项治安保卫工作；

（3）积极组织开展以"五防"（防火、防盗、防破坏、防爆、防自然灾害）为中心的安全法纪教育，领导和组织对保安员的培训工作；

（4）组织对较大案件的调查处理工作；

（5）监督考察本部门各岗位保安员的工作表现，处理有关保安工作方面的投诉；

（6）完成总经理下达的其他任务。

2. 保安经理助理职责

（1）在保安部经理不在时，代行经理职权处理有关保安工作事宜；

（2）协助部门经理搞好保安部日常管理工作；

（3）检查监督各班组工作，发现问题及时向部门经理汇报；

（4）搞好所管区域的重点防范工作。

3. 保安员的职责

保安员的工作有几种，实践中每个保安员一天上班期间都有可能转换几个岗位，这样做是保证保安部每天 24 小时运转的工作安排，同时避免保安员在某一岗位上班过分疲劳等。不同的保安岗位（如门卫、巡视、电视监控等）有不同的工作要求，其工作职责不同。

保安员的一般工作职责为：

（1）认真遵守公司的规章制度，按时上下班，不迟到早退；

（2）文明礼貌，行为规范，努力为业主、租户提供优质服务；

（3）坚守工作岗位，提高警惕，严防犯罪分子从事破坏活动；

（4）熟悉辖区内业主租户情况，掌握辖区内治安特点，保护辖区物业及业主、租户的人身财产安全；

（5）认真做好防火、防盗等工作，发现不安全因素应立即查明原因，尽快排除险情并及时向上级汇报；

（6）认真做好执勤记录，严格执行交接班制度。

七、门卫治安管理

门卫是物业安全的第一卫士，在物业治安管理中占有极为重要的地位，门卫的素质代表着保安队伍的整体素质，在某种程度上代表着管理公司全体员工的服务素质。

1. 门卫的基本条件

门卫代表着管理公司的形象，因此，门卫应具备较高素质：身高 1.75 米以上，高中以上文化程度，体格健壮，相貌端正，机警灵活，文明礼貌，具有较丰富的治安管理工作经验和较好的服务意识。

2. 门卫的治安职责

（1）疏通车辆和人员进出，维护门口交通秩序，保证车辆及行人安全，使门前畅通无阻；

（2）严格制止闲杂人员、小商贩、推销人员进入辖区；

（3）提高警惕，发现可疑人员和事情后应及时处理并迅速报告领导；

（4）认真履行值班登记制度，详细记录值班中所发生、处理的各种情况；

（5）坚持执行用户大宗及贵重物品凭证出入制度，确保用户财产安全；

（6）认真做好非办公(经营)时间用户出入登记工作；

（7）积极配合其他保安员，做好各项安全防范工作，把好管区的大门关。

3. 门卫的服务职责

"友善与威严共存、服务与警卫并举"是门卫的基本要求。门卫的工作除治安管理职能外，更重要的是为用户及客人提供各种服务：

（1）为用户及客人提供物业引导服务，包括物业小区或大厦的方向位置等；

（2）为用户及客人提供有关物业管理的简单的咨询服务；

（3）帮助用户及客人有秩序地乘电梯出入；

（4）当大堂人流过分拥挤时，引导部分客人从消防电梯厅进出；

（5）当用户及客人携带较多物品时，为其提供必要的帮助；

（6）为老弱病残及其他需要帮助的用户及客人提供必要的、可行的服务。

八、巡逻治安管理

巡逻是物业安全的又一保障。

1. 巡逻范围及方式

保安巡逻的范围只严格限定为物业的公共地方，如辖区的绿化区、休闲娱乐场所、车场、大厦的公共走廊、电梯厅、走火梯通道、洗手间、茶水间等。未经用户许可，保安员一般不允许进入用户的物业以及用户工作或生活的房间内。

保安巡逻的方式主要有定时巡逻和不定时巡逻、穿制服巡逻和着便衣巡逻、白天巡逻和夜间巡逻等方式。

2. 巡逻保安的职责

（1）巡视检查辖区内是否有不安全的因素，发现情况应及时报告，并采取有效措施进行处理；

（2）认真记录巡逻过程中发现的情况，做好巡逻的交接班工作；

（3）对行迹可疑人员进行必要的询查，劝阻推销人员、小商贩等尽快离开辖区；

（4）制止辖区内打架斗殴事件的发生；

（5）制止在辖区内，尤其是在大厦或住宅楼的电梯内、电梯厅、公共走廊等地的大声喧哗、随地吐痰、吸烟等不文明行为；

（6）看管好车场内的车辆，防止撬车、盗车事件的发生；

（7）检查消防设施是否完好，及时消除火灾隐患；

（8）为客人提供有关大厦管理的咨询服务，必要时为客人作向导；

（9）配合管理公司其他部门的工作，发现工程设备、清洁卫生等方面的问题应及时向有关部门反映；

（10）协助解决用户遇到的其他困难。

3. 电子巡更系统

为监督检查保安员的巡逻工作，不少住宅区或商业大厦都配备了电子巡更系统。电子巡更系统是一种检查记录保安员巡逻是否到位的电子设备，包括手机、墙机、打印机及附件等。墙机安装在大楼楼面及一些重要地方，保安员持电子巡更器的手机巡逻到墙机处，将手机插入墙机方孔内，手机就已录有标记信号、日期和具体时间，通过打印机输出手机记录内容就可检查到保安员巡逻的具体时间及到位情况。电子巡更器只是对监督保安员是否巡逻到位起一定的作用，它无法检查保安员的巡逻质量。因此，必须加强对保安员的教育工作，努力提高巡逻质量。

九、电视监控管理

要提高物业治安管理水平，除了依靠治安管理的人的因素外，还要依靠治安管理的物的因素，也就是要建立并完善治安管理的技防措施。

电视监控系统在治安管理中占有极为重要的技防地位，是物业治安管理的重要组成部分。门卫、巡逻、监控三足鼎立，是组成物业治安管理较为完善的系统。

1. 电视监控系统

电视监控系统主要由电子摄像头、电视屏幕和录像机三部分组成。电子摄像头安装在大楼的重要位置，如出入口、电梯内、电梯厅、停车场、公共走廊等公共地方及一些重要的设备、设施房间内，通过电线连接至电视监控室。在电视监控室，电视摄像头所摄入的电子信号转换成图像在电视屏幕上显示出来。一般情况下，一个电视屏幕定时显示一个摄影地点的图像，不少大厦现采用比较先进的大屏幕多画面的电视监控系统，即一个电视屏幕同时显示多个摄像地点的图像。

2. 电视监控室

电视监控室是电视监控系统的控制室，在大楼的保安工作乃至整个物业各项管理工作中处于极为重要的地位。

（1）监控室是辖区治安工作的观察中心。整幢大厦的公共地方的治安形势全都通过电视屏幕显示出来，同时，监控人员可全面观察整幢大厦的安全状况，及时发现某个监控部位的异常情况，并采取适当的处理措施。

（2）监控室是辖区治安工作的指挥中心。在治安工作系统中，监控、门卫、巡逻是最重要的治安岗位，三者通过无线联系形成安全工作网络。监控在三者中处在调度和指挥的地位，监控覆盖面广，反馈的信息既多又快，一旦某一部位有情况发生，可由监控人员调动保安力量迅速赶到现场。

（3）监控室是设备自动控制中心。很多商住区或综合大楼将电梯、消防、供水、供电等系统设备控制与电视监控放置在一起，使监控室成为物业管理工作的总调度室和指挥中心，在夜间，控制室即为整个物业的总值班室。

十、车辆的停放及管理

物业管理公司要搞好车辆管理工作，主要应搞好停车场的建设，建立健全车辆管理制度。

（一）车场的建设

车辆管理是治安管理工作的一部分，在治安管理工作中占有及为重要的地位。车辆管理的重点是防止车辆乱停乱放和车辆丢失，要做到这一点，就必须搞好停车场的规划和建设。

目前，车辆停放主要有以下场所：私宅车库、房前宅后的小路上、辖区内专用停车场、地下公共停车场和停车楼等。

物业管理公司对停车场位置的规划与房地产发展商对车辆位置的规划不同。房地产发展商是在物业开发前规划设计停车场，并尽可能使停车场车位充足，保证用户停车方便。物业管理公司则是对建好的停车场进行布局规划，在方便用户车辆停放的同时，更重要的是考虑车辆的安全管理，因而规划时主要应考虑如下问题：

1. 是否经济

在建设停车场时，投资者既要为用户提供存放车辆服务，又希望能回收投资并获得利润，因而，在规划时要考虑建设成本。物业管理公司应根据开发商所提供的停车场情况，并结合物业所处的地理及交通位置，综合考虑车场建设。若停车场大，日后进出物业的车辆较多，可加大对停车场投资，完善停车场的各附加设备设施，引进先进的电脑自动化管理手段；若停车场本来就小，停车位少，进出物业的车辆又不多，在规划停车场时，应侧重经济、简易的管理手段。

2. 是否方便管理

为做好这一点，可从以下四个方面入手：

（1）规划好停车场的区位布置。车辆可分为机动车和非机动车，机动车又分为汽车、摩托车等，汽车一般又有小型轿车、大客车、卡车等。各类车型、各种规格的车辆混杂停放在一起，既不方便车主，也不利于管理，还容易发生交通事故。因此，要把停车场规划为不同的区位。具体规划办法如图6-2所示。

（2）保持停车场清晰明亮。一些大厦的停车场建在地面下，无论是从方便的角度，还是从安全防盗的角度考虑，都应保证车场内光线充足，便于车主找到车位，清楚识别自己的车辆；也使管理人员能有效地监视车场，及时发现异常情况；同时也便于消防管理的实施。

（3）有清晰的指示标志。停车场应设置清晰而又足够的各种标志，如指示信号灯、路标、指示箭头等。

（4）配备必要的安全防范设备。为了防止车辆被盗，除了加强车场管理的人力外，还

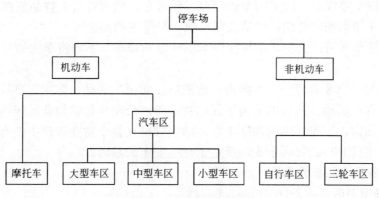

图 6-2　停车场区位布置

应加强监控装备。如可安装电视监控系统，以便管理人员可全面监控车场情况；在车辆出入口处设置管制性栏杆，以做必要的检查；为了防爆，可在停车场存放适量的防爆设备；为防火，停车场应有充足的消防设备，如消防栓、灭火器等。

（二）建立健全的车辆停放管理制度

有良好的停车场是车辆停放的基础，而建立健全的管理制度才能保证车辆停放安全，防止车辆乱停乱放和车辆丢失、被盗等。常见的车辆停放管理制度如下：

1. 车场保安员岗位责任制

停车场管理一般需设两个岗位：一个是登记收费岗位，另一个是指挥车辆出入和停放岗位。与此对应，各岗位的职责有所不同。

（1）收费岗保安员的岗位职责：①认真执行车辆停放收费管理制度，坚持原则，不得徇私舞弊，如不开票或停车乱收费等；②礼貌待人、热情服务，做到钱票相符、日清月结；③认真做好财物的保管工作，防止财物被盗；④认真做好交接班工作，如清点停车场内车辆，清点现金、发票等，并详细记录；⑤协助带车保安员维护停车场秩序，保证车辆安全。

（2）带车岗保安员职责：①礼貌待人、热情服务，保持良好的服务形象；②认真执行停车场管理规定，维护车辆良好的停放及行驶秩序；③指挥车辆的进出和停放在指定位置上；④认真检查车型、车牌号，避免出现差错；⑤掌握月租、时租不同车主的车型、车牌号和车主基本情况，提高服务水平；⑥认真检查停放车辆，发现漏水、漏油等现象，尽快设法通知车主；⑦对违章车辆，及时制止并加以纠正；⑧提高警惕，发现可疑人员应立即上报，并密切注意事态发展。

2. 车辆管理规定

（1）进入停车场的车辆必须服从管理公司的统一管理。

（2）车辆必须按车场的导向标志和保安员的指引方位行驶，不得逆行，不得在人行道、绿化带上行驶，不得高速行驶，不得鸣喇叭，进入停车场时限速为 5 公里/小时以下。

（3）月租车停泊固定车位，时租车不得停泊在月租车位，有车辆的停放不得超出车位划线范围，以免阻塞交通，影响隔邻车位的停放或造成车辆碰撞。

（4）用户长期停放在停车场的车辆，必须在管理公司办理定位立户手续，领取停车牌，停在指定车位，并凭牌出入，按月纳停车费。

（5）车主将车停放后，应关闭车辆门窗，锁好车，请勿将贵重物品放在车内。

（6）严禁在停车场内吸烟，严禁装载易燃、易爆等物品。

（7）保持停车场清洁卫生，不得在停车场洗车和修车，不得将车内的垃圾废物弃置在停车场内。

治安管理是各物业管理公司为防盗、防破坏、防流氓活动、防灾害事故而对所管物业进行的一系列管理活动。其目的是为了保障物业管理公司所管辖物业区域内的财物不受损失，人身不受伤害，工作、生活秩序正常。治安管理在整个物业管理中具有举足轻重的地位，它保证业主(用户)的安居乐业，奠定了社会安定的基础。

十一、治安保卫队伍的建设

（一）治安保卫队员的条件

1. 一般要求的基本条件

（1）退伍军人(凭退伍证)或身体素质好、具备一定的军训基本功的青年。

（2）身高 1.7 米以上。

（3）20 岁以上，30 岁以下(凭身份证)。

（4）初中以上文化程度(凭毕业证)。

（5）身体健康(凭市、区级以上医院的体检表)。

（6）思想品德好(当地县以上公安机关出具的无犯罪前科的证明材料)。

（7）符合计划生育规定(凭计划生育证或未婚证)。

（8）非当地户口的要有具当地户口的成年人担保。

2. 一般考虑的优先条件

（1）近年度退伍军人优先；

（2）党员优先；

（3）高中以上文化程度优先；

（二）治安保卫队员的训练

为培养一支纪律严明、训练有素、文明执勤的保安员队伍，必须对保安人员进行常规性的军事化、正规化、规范化的学习和训练。

1. 上岗前培训

对新录用的保安员在上岗前必须进行岗前培训，培训内容包括：

（1）公司简介。

（2）物业管理的基本知识，主要学习《物业管理条例》及其实施细则。

（3）企业内部的管理制度：主要有员工守则，工作纪律，劳动纪律，人事管理规定。

（4）安全防火教育：消防基本知识。

（5）质量体系标准的基础知识，主要学习质量方针和质量目标。

（6）公司相关工作规范中的基本要求。

（7）其他有关知识：法律知识，职业道德教育。

（8）军训：主要为队列训练。

2. 岗位培训

对在岗的保安员要进行常规培训，以便保持、提高其所需掌握的基本知识、技能和方法，培训内容包括：

（1）详细学习公司制定的工作规范（指导）内容：即职责权限，规章制度、规定，工作程序、规范、标准。

（2）常规训练：队列训练、擒拿格斗、体能训练、消防灭火训练、交通指挥训练。

（3）有关精神文明内容的学习。

十二、治安管理中常见问题的处理方法

在治安管理中，常常会碰到各种各样的问题，这就要求保安员遇事沉着、头脑冷静，既要有丰富的治安工作经验，又要有良好的服务意识，认真分析问题，尽快解决问题。以下是一些治安工作中常见问题的处理方法。

1. 执勤中遇到不执行物业管理规定、规劝不听者的处理方法

保安人员担任门卫和巡逻任务时，经常会碰到有些人不按规定出示证件强行进入，或在大楼内公共地方随地吐痰、乱丢垃圾、吸烟等，对这些问题的处理方法为：

（1）纠正违章行为时，要做到说话婉转和气、条理清晰、态度友善和蔼，千万不要盛气凌人、态度粗暴、训斥当事人。

（2）耐心劝导违规者遵守物业管理规定，如出示通行证件、不随地吐痰等。

（3）帮助、引导违规者纠正错误，执行物业管理规定，如引导客人到指定区域吸烟，帮助客人将乱扔的果皮、纸屑等拾起来放进垃圾筒等。

（4）对个别客户蛮横无理打骂保安人员时：①当值保安员应保持冷静，克制自己的情绪；②尽量做到打不还手、骂不还口，及时将事态报告保安部；③保安部电视监控室把发生纠纷的现场情况进行录像，以备公安部门取证用；④保安部尽快通知附近巡逻保安员赶赴现场，劝阻并平息纠纷；⑤将肇事者扭送到公安机关依法处理。

2. 发现可疑人员的处理方法

（1）主动礼貌地询问对方，了解情况。

（2）若对方是辖区物业的用户或用户的客人，不熟悉情况，就应热情帮助客人，主动为他排忧解难。

（3）若对方是小商贩、推销人员，就应劝阻他们尽快离开，不要影响用户的工作和休息。

（4）若对方神色慌张、语无伦次、支支吾吾，应将其带到保安部接受进一步的调查。

（5）若发现对方与公安部门通缉人员的相貌特征相似，且行动诡秘、狡诈，应尽快通知保安部派保安员协助将其送到公安部门查处。

3. 发现犯罪分子偷盗、抢劫的处理方法

（1）尽快将情况通知保安部，保安部应通知附近保安员尽快赶赴现场支援。

（2）采取机智方法将罪犯制服。

（3）若无法制服罪犯，且罪犯逃跑，则应记清罪犯的衣着、相貌、身高及其他明显特征，并及时报告保安部和公安部门。

（4）保护好现场，防止其他人员进入，等保安部或公安部门有关人员接手处理并经批准后方可离开。

十三、治安保卫常识

（一）正当防卫常识

1. 正当防卫的条件

正当防卫的出发点是为了保护合法的权益。正当防卫的条件包括不法侵害和防卫两个方面的条件。

（1）正当防卫的不法侵害条件

①必须有真实存在的不法侵害行为，才能进行正当防卫。所谓真实存在的不法侵害行为，是指客观上发生了危害社会的行为。也就是说，这种危害社会的行为不是行为人主观想象和推测的，而是客观存在的。②必须针对正在进行的不法侵害行为，才能实行正当防卫。这个条件说的是正当防卫的时机问题。不法侵害正在进行，是指不法侵害行为已发生并尚未结束。

此时，不法侵害行为处于实施阶段。譬如，杀人犯正举刀向被害人砍来，盗窃犯正在撬门扭锁。不法侵害行为尚未发生或者已经结束，都不属于正在进行的不法侵害行为。在这种情况下实施的行为，都不属于正当防卫。

（2）正当防卫的防卫条件

防卫行为是由不法侵害行为引起的，它包括防卫对象和防卫限度两个条件。①正当防卫必须针对不法侵害者本人实行。这一条件是指正当防卫不能针对没有实施不法侵害的他人进行。正当防卫目的在于排除不法侵害，所以，只能采取给侵害者本人造成损害的方式进行，不能损害他人的合法权益。对于未达到法定责任年龄的人及精神病人所实施的侵害行为，不能实行正当防卫。情况紧迫的，可采取紧急避险。②正当防卫不能超过必要限度，造成不应有的损害。正当防卫的必要限度，是指有效制止不法侵害所必需的限度。判断正当防卫的必要限度，一是要看防卫行为是否能有效制止住不法侵害；二是要把防卫行为与侵害行为进行比较，凡是经综合分析认为防卫行为与侵害行为在性质、强度、手段等方面大体相当，即可认定是制止不法侵害所必须的限度。否则，为了保护轻微的合法权益，而对不法侵害者造成重大损失的；或能用较缓和的防卫手段就足以制止不法侵害，而采取激烈的、强度很大的手段的，就是超过正当防卫的必要限度。

上述正当防卫的两个方面的四个条件，是一个有机联系的整体，缺一不可，只有这两个方面的四个条件同时具备，正当防卫才能成立。否则，就是非正当防卫。

2. 常见的非正当防卫

非正当防卫，是指行为人的行为不符合正当防卫某个条件的"防卫"。非正当防卫属于不法行为，要承担相应的法律责任。常见的非正当防卫，主要有以下几种：

（1）假想防卫。正当防卫必须要针对真实存在的不法侵害行为才能进行。假想防卫，是指不法侵害行为实际不存在，只是由于行为人认识上的错误，想象或者推测存在着不法侵害，并对想象或推测中的侵害人实行侵害的行为。

（2）防卫挑拨。正当防卫所针对的不法侵害行为是侵害人主动发起的，防卫人被迫进行防卫，以避免损害。防卫挑拨，是指不法侵害的行为人以故意挑衅、引诱等方法，促使对方先对自己实行袭击，然后以"正当防卫"为借口加害对方的一种行为。

（3）不适时防卫。正当防卫必须是针对正在进行的不法侵害行为才能实行。不适时防卫，是指针对不是正在进行的不法侵害行为所进行的"防卫"行为。它包括两种情况，提前防卫和事后防卫。

（4）局外防卫。正当防卫必须是针对不法侵害者本人实施。局外防卫，是指防卫者对不法侵害者以外的人实行的侵害行为。

（5）抗拒防卫。正当防卫是合法权益的保卫者，对不法侵害者进行的反击。对实行合法行为的人，不存在正当防卫问题。抗拒防卫，是指行为人为了保护自己的非法利益，而对执行职务或其他实行合法行为的人所进行的抗拒、侵害行为。例如：逃犯抗拒公安人员的追捕。

（6）互殴行为。正当防卫的双方，一方是不法侵害者，另一方是合法权益的保卫者。如果双方都有互相侵害的故意，都实施了不法行为，则都属于不法侵害者，双方都无正当防卫的权利。互殴行为，是指双方互相殴斗的行为。

（7）防卫过当。正当防卫不能超过必要限度。防卫过当，是指行为人的防卫行为超过了必要限度，给对方造成了不应有的损害的行为。

3. 正当防卫在保卫工作中的意义

正当防卫作为一种法律制度，对于做好治安保卫工作具有重要意义。

（1）正当防卫可以保证保安有效地履行职责，积极地同违法行为作斗争。在保安工作中，当遇到公共利益、本人或其他人的合法权益受到了不法侵害时，就可以正当防卫为武器，排除不法侵害，确保业主和保安人员的合法权益不受侵犯。

（2）正当防卫能够起到预防违法犯罪，保证社会安定的作用。

根据正当防卫的规定，任何公民在正当防卫过程中，依法对不法侵害者本人造成人身或财产的损害，不负法律责任。这样就使那些图谋不轨或胆敢以身试法的分子感到恐惧，有所震慑，使其不敢或轻易地进行危害社会的活动，从而起到了预防和减少违法犯罪的作用。

（3）正当防卫有利于提高法律意识，自觉维护社会主义法制。正当防卫，一方面鼓励积极地同违法犯罪行为作斗争；一方面又要求严格遵守正当防卫的条件，防止感情用事，滥用防卫权，超过正当防卫的必要限度，以致破坏社会主义法制。

（二）紧急避险

紧急避险是指为了公共利益、本人或他人的人身及其他权利免受正在发生的危险，不得已采取的损害另一合法利益的行为。

紧急避险的构成要件主要有：

1. 必须是合法利益受到紧急危险的威胁。这里说的危险，一是指他人的不法侵害；二是自然界力量的危害；三是动物的侵袭等。对合法的行为不能实行紧急避险。

2. 危险必须是正在发生的，而不是危险尚未到来或者已经过去，在这种迫在眉睫时刻，才可实行紧急避险。

3. 避险行为必须是为了使合法利益免遭损害而实施的，否则不成立，也不允许实行紧急避险。

4. 避险行为必须是在没有其他方法可以排除危险，在迫不得已的情况下实施的。

5. 紧急避险必须是实际存在的，不能是假想的或推断的。

6. 避险行为不能超过必要的限度。也就是说损害他人的利益必须比保全的利益为轻，否则超过必要限度，造成不应有损害的，应当负刑事责任。我国刑法第十八条第三款，关于避免本人危险的规定，不适用于职务上、业务上负有特定责任的人，不能以保全自己或者其他权利为由，而逃避自己应尽的责任和义务。如果为此造成后果的，应承担法律责任。

（三）现场保护常识

我国《刑事诉讼法》第七十二条规定："任何单位和个人，都有义务保护犯罪现场，并立即通知公安机关派员勘察。"保安人员在自己执勤辖区内如果发现刑事案件，更应担负好保护现场的工作，为公安机关破案创造条件。

案件现场，是指犯罪分子作案的地点和留有与犯罪有关痕迹和物证的一切场所。

1. 露天现场的保护

对露天现场的保护，通常是划出一定的范围布置警戒。范围的大小，原则上应当包括犯罪分子作案的地点和犯罪分子可能遗留痕迹的场所。范围划定后，即可采取措施加以保护，如对于不大的露天现场，条件又许可时，可以在现场周围绕以绳索，或撒以白灰作为标记。对于现场的重要部位和出入口，应当设岗看守或者设置屏障遮挡。对于通过现场的道路，必要时可以中断交通，指挥行人绕道而行。对于大院内空地上的现场，可以将大门关闭，如果院内有其他住户，可以划出进出通道。有些露天现场虽位于偏僻处，但也应加以保护，防止破坏。

2. 室内现场的保护

对室内现场的保护，通常可将房门封闭，并在门窗和重点部位设岗看守，对房子周围和进出室内经过的场所，应布置警戒，禁止任何人接近。

第二节　消　防　管　理

消防管理是指预防物业火灾发生，最大限度地减少火灾的损失和火灾中的应急措施，消防工作包括灭火和防火，消防管理的内容有消防队伍的建设、消防制度的订立以及消防设备管理和火灾中的应急措施。

一、消防的基本知识

（一）燃烧的条件

燃烧，俗称着火，是指可燃物与氧或氧化剂作用发生的释放热的化学反应，通常伴有火焰和发烟现象。任何物质发生燃烧，都有一个由未燃状态转向燃烧状态的过程。这个过程的发生必须具备三个条件：可燃物、助燃物和着火源。缺少其中任何一个条件，燃烧都不能发生，而且这三个条件必须相互结合、相互作用，否则，就不会产生燃烧。

1. 可燃物

凡是能与空气中的氧气或其他氧化剂起化学反应而致燃烧的物质都称为可燃物。按其物理状态，可燃物分为三类：一是气体可燃物（如氢气、一氧化碳等），二是液体可燃物（如汽油、酒精等），三是固体可燃物（如木材、服装等）。

2. 助燃物

凡是能帮助和支持可燃物燃烧的物质，即能与可燃物发生羊化反应的物质称为助燃物（如空气、氧气、高锰酸钾等）。空气是最常见的助燃物。

3. 着火源

凡能引起可燃物与助燃物发生燃烧反应的能量来源都称为着火源。着火源可分为：明火、化学热能、电热能、光能等。不同的可燃物质燃烧所需着火能量是不同的。一般情况下，可燃气体比可燃液体和可燃固体燃烧所需的着火能量要少。着火源的温度越高，越容

152

易引起可燃物燃烧。

（二）预防火灾的基本措施

预防火灾，就是要消除产生燃烧的条件，防止燃烧发生，从而达到防火的目的。预防火灾的基本措施有：

1. 控制可燃物

控制可燃物的具体方法有：控制可燃物品的储存量；以难炽或不燃材料代替易燃或可燃材料；用防火涂料浸涂可燃材料，提高其耐火极限；保持可燃物处于良好的通风状态，从而降低可燃气体、蒸汽和粉尘的浓度，使它们的浓度控制在爆炸下限以内。

2. 隔绝助燃物

隔绝助燃物就是破坏燃烧的助燃条件。具体措施有：将易燃、易爆物的生产置于密闭的设备中进行；对容易自燃的物品进行隔绝空气存放；变压器充惰性气体进行防火保护；关闭防火门、窗，切断空气对流；用沙、土覆盖可燃油液等。

3. 消除着火源

消除着火源，就是破坏燃烧的热能源。具体措施有：安装防雷、防爆装置；采取控温、遮阳等措施避免着火源；在建筑物之间构筑防火墙，在同一大厦不同楼层之间及同一楼层的不同区域安装防火卷帘等。

（三）火灾扑救的基本方法

一切灭火方法都是为了破坏已经发生的燃烧条件，在火灾发生后，往往是根据燃烧物质、燃烧特点、火场具体情况以及消防设备性能等进行灭火。具体灭火的方法主要有：

1. 窒息灭火法

窒息灭火法就是根据可燃物燃烧需要足够的空气（氧气）这一条件，采取适当措施阻止空气流入燃烧区，或采用不燃物、惰性气体冲淡空气中的氧气含量，使燃烧物缺乏氧气的助燃而熄灭。这种灭火方法适用于扑救密闭的房间和生产装置、设备容器内的火灾。

2. 冷却灭火法

冷却灭火法是根据可燃物发生燃烧必须达到一定温度这一条件，将水或灭火剂直接喷洒在燃烧物上，使燃烧物的温度降低到燃点以下，从而终止燃烧。此法还可用于冷却尚未燃烧的物体，如建筑构件、设备等，避免它们受热辐射影响而发生燃烧或爆炸。

3. 隔离灭火法

隔离灭火法是根据发生燃烧必须具备可燃物这一条件，将与燃烧物邻近的可燃物隔离开，阻止燃烧进一步扩散。

4. 抑制灭火法

抑制灭火法就是将灭火剂喷在燃烧物上，使其参与燃烧反应，使燃烧中产生的游离基消失，形成稳定分子或低活性游离基，从而使燃烧终止。

（四）常用消防设施设备和器材

1. 灭火器

灭火器是一种可由人力移动的轻便灭火器具，它由筒体、筒盖、瓶胆、喷嘴等部件组成。灭火器结构简单、操作方便、使用面广，是扑救初起火灾必备的灭火器材。

灭火器种类较多，按其移动方式主要有手提式和推车式灭火器。以下介绍的主要是手提式灭火器。按其内装灭火剂种类分为化学泡沫、干粉、二氧化碳、卤化烷灭火器等。

（1）化学泡沫灭火器。泡沫灭火器是比较常见的简易灭火器，适用于扑救一般固体物如木材、丝绸织品等的火灾，但不适用扑救油类及带电的电气设备火灾。平时放置时，不宜用力摇拽或过于倾斜；使用时，只需将手提式灭火器的筒身颠倒过来并摇晃几次，使筒内的酸与碱充分混合发生化学反应，所产生的气体和喷出的泡沫液体即可灭火。

（2）干粉灭火器。干粉灭火器是以高压二氧化碳为动力，通过喷射筒内的轻而细的干粉覆盖在燃烧物上，使之与空气隔绝而达到灭火目的。干粉灭火器适用于扑救石油制品、可燃气体、易燃液体、电器设备等引起的火灾。使用时，将灭火器喷嘴对准着火处，拔掉保险销，按下压把或提起拉环，瓶内的压缩气体夹带着干粉即喷向火焰根部。

（3）卤化烷灭火器（哈龙灭火器）。常用的卤化烷灭火器有 1211、1301 灭火器等，是目前较常用的灭火器材，其灭火适应面广，久贮不变质，适用于常见固体、液体、气体物质引起的火灾。使用时，拔掉保险销，压下手把，对准火焰根部即可。

（4）二氧化碳灭火器。二氧化碳是一种比较稳定的不燃烧、不助燃气体。二氧化碳灭火器是一种有效的、适应面广的灭火器，而且灭火后没有残留物，一般的固体、液体及带电设备等都可用二氧化碳灭火器灭火，其使用方法与卤化烷灭火器相同。

近年来，科学家发现卤化烷灭火器所用的化学试剂会破坏地球上空的臭氧层，影响人类生存环境。为了更好地保护大气环境，不少发达国家在 20 世纪 90 年代初就开始停止生产和使用卤化烷灭火器，我国公安部于 1994 年也发文限制使用卤化烷灭火器，改用无毒、无害的二氧化碳灭火器。

2. 火灾自动报警系统装置

火灾自动报警系统的作用是尽早地探测到火灾的发生并发出警报，以便采取措施，预防和减少火灾的损失。火灾自动报警系统主要由火灾探测器和火灾报警控制器等组成。火灾探测器能够尽快将发生火灾的信号（如高温、烟雾、气体辐射光）转变成电信号输入火灾报警控制器而发生警报，并指示火灾发生的部位和时间。按监测的火灾特性不同，火灾探测器常分为如下几种：①烟感火灾探测器。是能感应燃烧产生的烟雾的探测器。②温感火灾探测器。当某一部分温度突然上升，达到一定临界点后，温感器会自动感应并将信号传至控制室。温感火灾探测器适用于经常存放大量粉尘、烟雾及水蒸气的场所。③可燃气体火灾探测器。适用于易燃易爆场所泄漏的可燃气体（如煤气）的监测。④光感火灾探测器。适用于突然起火而无烟雾的易燃易爆场所。

3. 自动喷淋灭火系统装置

自动喷淋灭火系统是按适当间距和高度装置一定数量喷淋头的供水灭火系统，主要由喷头、阀门、报警控制装置和管道等组成。发生火灾时，当喷淋头所在位置温度达到临界点（约 60～90℃）时，喷淋头上焊锡点熔化，水即自动喷出进行灭火，消防水泵会自动将水不断地输送过来，同时还发出火灾警报。

4. 消火栓系统

消火栓系统主要由供水泵、管网、消火栓、水带、水龙头、喷水栓、报警按钮及报警电话等组成。发生火灾时，通过击碎玻璃报警，消防中心接报后会自动启动消防水泵，消防人员接上喷水栓，打开水龙头开关即可灭火。

5. 防排烟系统

现代化的高层楼宇里可燃材料多，发生火灾时会产生大量有毒烟气，因而，在安全通道附近都安装有排烟装置。

6. 加压送风系统

发生火灾时，为防止烟雾、毒气进入疏散通道及消防电梯厅，除安装防火门外，还应在每一层的疏散楼梯及消防电梯前安装百页式加压送风系统，以供应充足的新鲜空气，确保人员疏散和消防电梯的正常运行。

7. 安全通道与消防电梯

当发生火灾时，人员可通过安全通道（即防火楼梯）进行紧急疏散直达室外或其他安全处（如避难层、平台等）。消防电梯是供消防灭火、抢救伤员、运输消防器材的专用电梯。

（五）物业管理中常见火灾的扑救对策

在物业管理过程中，由于管理不当或其他一些意外的原因而引发火灾，给物业公司和住用人带来巨大的经济损失甚至危及人身安全。所以做好防火安全工作至关重要。

1. 居民住宅火灾扑救对策

（1）煤气和液化石油气器具火灾。煤气和液化石油器具起火时，应先用浸湿的麻袋、棉被等覆盖起火的器具，使火窒息；然后关闭气门断绝气源；再用水扑灭燃烧物或起火部位的火。灭火后打开门窗通风。如切断气源不能实现，则应立即将液化石油气罐移至安全场所，并划出不得用明火的警戒范围。

（2）厨房油锅起火。油锅起火时，不要慌，将锅盖盖上即可灭火。不可将起火的油倒入其他器皿中或倒在地上。

（3）电器用具火灾。当电器用具起火时，首先断开电源，然后用干粉灭火器将线路上的火灭掉。确定电路无电时，才可用水扑救。

（4）儿童玩火引起火灾。儿童玩火引起的火灾起火部位多在厨房、床下等位置，在灭火的同时应将液化气罐迅速搬走，避免高温作用使气罐爆炸扩大火势，然后用水灭火。

居民住宅火灾时应注意：①发现室内起火时，切忌打开门窗，以免气体对流，使火势扩大蔓延。灭火后，需打开门窗，将未燃尽的气体或烟气排除，防止复燃。②嗅到煤气或液化气罐漏气或异常气味，切忌用明火检查。应关紧阀门断绝气源，并应立即打开门窗排除可燃气体。③发现起火后，除自救外，夜间要喊醒邻居，绝不可只顾抢救自己的财物，而不灭火，使火灾扩大蔓延，造成人员伤亡。

2. 人员密集场所火灾扑救对策

商贸楼宇、住宅区，都有一些方便工作、生活的配套设施，如医院、学校、幼儿园、商店、俱乐部、餐厅等，而这些地方往往又是人员比较集中的场所，发生火灾后若不能及时抢救，容易造成较大的人员伤亡和财产损失。

（1）人员集中场所起火后，首先应切断电源，关闭通风设施；打开所有出入口，尽快疏散人员；启动灭火设备及时灭火。

（2）医院、学校化验室和试验室用的燃体、气体起火，应及时撤离出未燃物资，同时用浸湿的织物覆盖窒熄，或用二氧化碳干粉灭火器或水扑救，并用沙土围堵地面流淌的液体。灭火后，打开门窗排除可燃气体。

（3）电器设备、电路起火，要切断电源，用干粉灭火器或水扑救。

（4）当火势威胁到病员、学生时，要尽快疏散或抢救，并将他们安顿到安全地带。

（5）幼儿园、托儿所起火，迅速抢救出孩子，并关闭着火房间。大班的孩子由教师引导疏散，小班的孩子应由教师用被褥裹身，抱、背、抬出燃烧地点。火大来不及疏散，要将孩子转移到安全房间，等待消防队来抢救，千万不可乱动。

（6）在灭火的同时，要把起火点的未燃物资搬走或隔离，防止扩大燃烧。

扑救人员集中火灾场所时应注意：①当有化学、塑料类物质燃烧时，要注意防毒气和烟雾中毒；②利用广播形式宣传、引导和稳定人们的情绪，做到循序地按疏散计划撤出被困人员，防止人群拥挤造成踏、压伤亡事故；③灭火时要沿墙根行动，防止燃烧点上部坠落，落下东西伤人。

3. 高层建筑火灾扑救对策

高层建筑具有楼高层多、人员密度大、出口相对较小等特点，给火灾的营救工作带来一定困难。

（1）抢救和疏散人员

扑救高层建筑火灾、抢救和疏散人员是一项重要而巨大的任务，消防人员要针对不同情况采取不同方法，及时进行疏散抢救，避免和减少人员伤亡及财产损失。尽量利用消防电梯、防烟楼梯、普通楼梯、封闭楼梯、疏散阳台、疏散通廊、缓降器、救生袋、擦窗工作机等已有设施进行安全疏散。

① 当高层建筑发生火灾，楼内住有不同民族、不同国籍、使用不同语言的人员时，应用相应的语言广播，告诉大家哪一层楼的哪一个部位着火，以及安全疏散的路线、方法等。播音员在广播时，语调要镇静，充满信心，内容简明扼要，以安定楼内人员心理，防止惊慌错乱或跳楼事故的发生。

② 当某一楼层某一部位起火，且燃烧范围不大时，应先通知着火楼层及其上一层和下一层的人员疏散。若火势已经开始发展，则应适时地用广播通知着火层以上各楼层。不应一有火警就通知全楼，以防造成楼内人员惊慌混乱，对撞拥挤，影响疏散。

③ 当某一房间内起火，而门已被封住，使室内人员不能走出时，若该房间有阳台或有室外走廊，则房内人员可从阳台或室外走廊转移到相邻未起火的房间，再绕道到疏散楼梯间疏散。

④ 当某一防火分区着火，着火楼层的大火已将楼梯间封住，致使着火层以上楼层的人员无法从楼梯间向下疏散时，可先将人员疏散到屋顶，从相邻未着火楼梯间往地面疏散。

⑤ 当建筑物内设有避难层时，人员可向避难层疏散，特别是老人、幼童等应优先疏散到避难层。应重点护送老人、幼童等到可以脱险的部位，再转移到安全地点。

⑥ 当被困人员较多时，应调集民用或军用直升机营救。直升机在没有停机坪的建筑物上可以通过施放软梯营救屋顶被困人员，或将消防人员用软梯运送到屋顶，或将绳索、救生袋、缓降器、防护装具等运送到屋顶抢救被困人员。

（2）疏散和抢救物资

火场上除了抢救人员，疏散和保护物资也是一项急迫的工作。抢救物资要据轻重缓急和具体情况采取有针对性的措施。

疏散物资的工作由火场指挥部或火场指挥员具体组织指挥并请失火单位的领导和工程技术人员参加，确定疏散物资的方法、先后顺序、疏散路线及疏散出来的物资的存放地点。将疏散物资的人员编成组、队，确定负责人。确保人员和物资的安全，保证疏散工作的顺利进行。

对处于楼层内的贵重物资，当电梯、楼梯等出入口失去疏散能力时，可采用安全绳疏散。将绳子一端拴在楼内牢固的部位上，另一端由楼下的战斗员牵拉成斜面，然后把捆扎好的物资挂在安全绳上，让其自动下滑到地面。

需要疏散的物资因火势迅猛，来不及全部疏散到安全地带时，可先将物资搬往最近处的区域内，如邻近的房间、走廊、通道等，然后再往安全地带疏散，以便赢得疏散物资的时间。

对于难以疏散的物资要采取措施加以保护：①对于固定的大型机器设备，用喷射雾状水流、设置水幕等方法冷却；不能用水冷却的，也可用不燃或难燃材料予以遮盖；②对于易燃液体，可喷射泡沫予以覆盖；③对于忌水渍、烟熏、灰尘污染的物资，如香烟、粮食、书籍、家用电器等，应用篷布等进行遮盖。

二、消防组织及其职责

物业管理公司总经理是当然的第一防火责任人，全面负责所辖物业的消防工作。物业管理公司消防管理组织机构如图 6-3 所示。

防火领导小组的组长一般由总经理担任，副组长一般由保安部经理担任。专职防火办公室一般设在保安部内。为了加强物业的消防管理，物业管理公司应在保安部内成立一专职消防队，具体

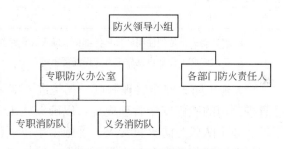

图 6-3　物业管理公司消防管理组织机构

负责消防中心监控工作和定期开展消防安全检查工作。除了专职消防队外，还必须建立一支义务消防队。义务消防队由管理公司内身体素质好、能吃苦耐劳、不怕困难和牺牲的员工组成。防火领导小组的职责有：①负责领导物业辖区的防火工作；②负责制定辖区年度防火工作计划；③负责制定消防器材、设施的补充、维修、更新计划；④负责组织定期防火安全检查工作；⑤负责火险隐患的整改工作；⑥负责检查消防设备的运行、维修、保养情况；⑦制定消防演习方案，组织消防演习。

三、物业消防管理措施

1. 贯彻落实"谁主管，谁负责"的消防原则

"谁主管，谁负责"原则的中心就是层层落实防火责任制，从而调动各部门、各岗位和全体员工搞好消防工作的积极性。作为物业管理公司的法人代表，物业管理公司的总经理要对本单位的防火安全工作负全面责任；各部门经理要对本部门的防火安全负责；各班组负责人以至每个职工都要对自己管辖工作范围内的防火安全负责。

2. 建立健全消防安全制度

（1）动用明火管理制度。严格控制明火的使用是物业管理消防工作中相当重要的一个环节。有了明火，也就有了火种，因此，动用明火必须经过严格的审批手续。申请动用明火的施工单位，必须事先向管理公司提出书面申请，填写"临时动用明火申清表"，详细说明动火事由、动火部位、起止时间、防范措施等，待管理公司工程部、保安部同意后报防火负责人审批方可动火。申请表如表 6-1 所示。

动 火 单 位		地 址		动火负责人	
动 火 原 因		动 火 时 间		动 火 部 位	
动 火 作 业 安 全 措 施					
动 火 单 位 意 见					
工 程 部 意 见					
保 安 部 意 见					
管理公司防火 责 任 人 意 见					
备 注					

注: 1. 申请动火单位须注明动火具体部位、动火起止时间和安全措施。

2. 申请表交工程部审批后, 再交保安部审批。

(2) 施工防火安全管理制度。凡是进入辖区物业内进行室内装修的施工单位都必须遵守管理公司的装修安全管理规定, 以确保施工中的防火安全。①施工单位要建立临时防火组织, 施工队长为防火负责人。②施工单位须任命 2~3 名现场防火安全监督员, 具体负责现场消防工作及安全防火教育工作。③施工人员须遵守安全管理规定, 施工材料按指定路线运进, 施工垃圾按指定地点堆放。④施工时欲动火作业, 须办理动火手续。⑤施工现场严禁吸烟。⑥施工现场须配备一定数量的灭火器。⑦可燃物要与其他物品隔离, 单独存放, 专人保管。⑧施工用电应遵守一般电子设备的技术标准, 在指定电源接线, 不得任意接线, 如需增加用电负荷, 须向管理公司工程部申请临时用电。

(3) 重点部位防火管理制度。①物业消防管理的重点部位主要包括各种机房、油库、仓库、厨房、商场、卡拉 OK 厅等。②重点部位的防火工作必须由专人负责, 根据"谁主管, 谁负责"的消防原则, 重点部位的防火责任人由管理公司防火负责人任命。③重点部位防火责任人必须履行防火职责, 制定重点部位防火管理制度, 落实防火措施。④重点部位严禁吸烟, 严禁堆放杂物与各种化学品、易燃物等。⑤根据重点部位的火灾特点, 制定详细的火灾扑救措施, 确定人员疏散和物资疏散路线。

(4) 消防安全检查制度。为预防火灾, 确保业主及物业的安全, 必须进行消防安全检查。①保安部专职消防员必须每天巡视大厦或小区的每个角落, 做好安全检查记录工作。②管理公司防火领导小组每月一至两次开展对辖区消防安全工作的全面检查。③每月对消防设备进行测试检查, 确保消防设备处于良好状态。④及时发现并尽量消除火灾隐患, 通知有关部门或个人限期整改。

3. 做好消防教育培训

"预防为主, 培训先行"。消防培训是增强消防工作的透明度, 发动用户和管理公司员工自觉地同火灾作斗争的一项重要措施, 也是贯彻"预防为主, 防消结合"方针的一个重要内容, 是提高所管辖区内的全民消防意识, 普及消防法规和消防知识的重要途径。

（1）对员工的培训教育。管理公司的员工是物业消防管理的主要力量，对员工的消防培训主要有以下三方面内容：①学习消防理论知识；如政府的消防法规、防火和灭火的基本原理和基本知识；②熟练使用常用灭火器材，如手提灭火器的操作、防毒面具的穿戴、大楼消防设施的使用等；③开展消防综合演练，在消防演练中提高员工灭火能力及对各种应急情况的处理能力。

（2）对用户开展消防宣传教育。消防工作仅靠管理公司的努力是不够的，还有赖于物业内全体用户的积极配合。管理公司必须加强对用户的消防宣传教育工作，促使用户学习消防知识，增强防火意识，提高自救能力。对用户来说必须了解并掌握如下三方面要求：①大楼防火工作的各项规定；②手提式灭火器的使用方法；③消防应急通道位置及紧急情况时的疏散方法。

四、物业管理中的消防演习

物业管理公司每年应组织一至两次消防演习，通过演习来检验小区（或大厦）防火、灭火工作；通过演习来增强员工及用户的消防意识，提高用户逃生及自救能力；通过演习来检验员工灭火、疏散用户、保护物业等能力；通过演习来检验消防设施的运作情况。

（一）消防演习组织及职责

1. 消防演习组织

建立好消防演习组织是保证消防演习顺利进行的前提。消防演习组织按员工的消防工作任务来划分，主要由灭火队、疏散队、动力队、抢救队等组成，其指挥系统如图 6-4 所示。

其中，灭火队主要负责火灾的现场灭火工作；疏散队的主要任务是指挥用户通过消防通道疏散，劝阻围观人员远离火灾现场，维持火灾现场秩序等；动力队的主要任务是确保消防用水和应急供电，尽快停止空调等的运行；抢救队的主要任务是负责抢救贵重物品和伤员等。按员工的消防工作位置来划分，消防组织主要由现场灭火抢救队、外围抢救队和动力队组成，其指挥系统如图 6-5 所示。

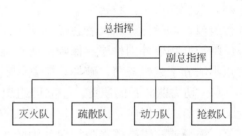

图 6-4　消防演习组织指挥系统
（按员工的消防工作任务分）

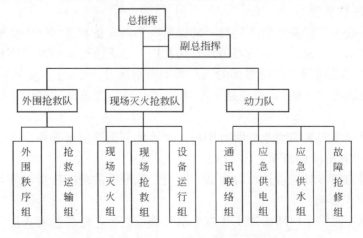

图 6-5　消防演习组织指挥系统（按员工的消防工作位置）

2. 各级指挥员的工作职责

(1) 总指挥的职责。①向消防值班人员及其他有关人员了解火灾的基本情况，包括起火的具体方位、燃烧情况、用户疏散情况、灭火人员到位情况及消防设备的运行情况等；②命令消防值班人员起动相应的消防系统，监视报警运行信号，紧急广播通知大厦用户立即疏散；③命令管理公司员工根据各自的分工，迅速各就各位；④及时掌握火场扑救情况，命令火场灭火队采取适当方式灭火；⑤命令抢救队采取有效措施，指挥用户通过走火通道疏散，救护伤员，抢救重要物资，帮助运送消防器材，维护大厦外围秩序，引导消防车到位等；⑥掌握消防设备及其他相关系统的运行情况，并根据火场灭火需要命令动力队确保应急供电，确保消防供水，确保通讯联络畅通，确保消防电梯正常运行；⑦协助公安机关查明火灾原因，处理火灾后的有关事宜。

(2) 副总指挥的职责。①总指挥不在场时，代行总指挥的职责；②配合、协调总指挥分析火场情况，决定和指挥义务消防队员使用适当的灭火器材和消防设备灭火；③迅速向总指挥报告火场情况；④根据现场需要命令消防中心值班队员操作相应的消防设备；⑤根据火场情况，向总指挥请求援助或向总指挥建议放弃抢救、灭火等，义务消防队员撤离现场。

(3) 火场抢救队队长的职责。①指挥抢救人员火速赶往现场，本着先救人、后救物的原则，救护伤员，抢救物资；②指挥人员安全疏散；③指挥运输组救护重伤员到附近医院进行抢救；④指挥运送火场急需的灭火用品；⑤指挥看护组看护好贵重物品。⑥指挥保安人员维护好物业外围秩序，保障消防通道畅通，严禁非救火人员靠近或进入受灾建筑物，防止不法分子趁机盗窃、破坏；⑦安排员工在主要路口等候并引导消防车。

(4) 动力队队长的职责。①立即组织设备运行员工和设备抢修员工各就各位；②指挥变配电房员工确保应急供电，切断非消防供电；③指挥通讯维修员工确保消防电话畅通和应急广播畅通；④指挥水暖组启动消防水泵，确保消防应急供水；⑤指挥空调组停止空调机组运行；⑥指挥电梯组确保消防电梯正常运行，供灭火、抢救伤员用，将其他电梯一律迫降在第一层，停止使用；⑦指挥员工启动送风排烟设备，对疏散楼梯间保持正压送风排烟。

(二) 消防演习注意事项

1. 演习前注意事项

(1) 全面检查消防设备和消防器材，确保所有消防设备和器材处于良好状态。

(2) 对住宅小区来说，消防演习最好安排在周末白天进行；而对写字楼来说，消防演习应安排在白天办公时间，以使更多的用户参加消防演习。

(3) 应选好演习"火场"，如高层写字楼的"火场"宜选在避难层，尽量减少演习对用户的影响。

(4) 演习前要预先通知物业内所有用户，要求他们做好演习准备。

2. 消防演习时的注意事项

(1) 由于消防演习时间较长，应根据需要只是象征性的断电少量时间，避免长时间停电对用户产生较大影响。

(2) 消防演习时对用户的疏散工作应采取分楼层进行，先疏散着火层用户，再从高到低层疏散用户。

第三节　物业清洁保养与管理

物业清洁保养是物业管理的重要组成部分，是体现物业管理水平的重要标志。

一、物业清洁保养的含义

物业清洁保养与环境清洁卫生是既有联系又有区别的概念。环境清洁卫生是通过扫、刷、铲、洗、水冲等原始方法将环境表面的垃圾、废物、尘埃、污渍等清理掉，使之干净。

物业清洁保养是现代意义上的清洁卫生工作，它既包含一般清洁卫生工作的内容，又区别于一般的清洗卫生工作。通常这种清洁保养是由专业清洁保养公司来进行的。因此，物业清洁保养是指经过专门培训的清洁保养人员，使用专门的清洁机器、清洁工具和清洁物料，按照科学的管理方法和严格的清洁保养程序、技术规范，对特定物业本身及各种装饰材料进行清扫和护理，以求保持其应有的表面光泽、颜色和高洁净度的一项专业化的工作。

二、清洁保养常用的机器

1. 洗地机

洗地机又叫刷地机，由机身、水箱及针刷和针盘组成，它利用马达转动，带动圆型针刷或针盘，对地面进行擦磨，主要用于清洁地面。

洗地时，应根据不同地面情况选用不同的针盘或针刷。通常清洗平滑的地面，多用不同型号的洗地垫；清洗凹凸不平的地面，多用尼龙或棕制的针刷。

2. 抛光机

洗地机也可用于地面抛光，只要在洗地机针盘上换上黄色或白色洗地垫，就可以用洗地机进行抛光。因为一般的洗地机转速慢，抛光效果差，因此，又出现了专门用于抛光的高速抛光机。

3. 吸尘机

吸尘机由马达、储物桶、尘袋、吸扒等组成，它利用马达转动产生空气负压，从而将垃圾碎屑和灰尘吸入箱内，主要用于地面吸尘和其他吸尘。

吸尘机使用频繁，插头、接线、开关、软管、吸扒、尘袋等容易出故障，应经常维护保养检修。

4. 吸水机

吸水机的构造原理与吸尘机相同，主要由马达、储水箱、吸水扒、滤网盒、防保球等组成，用于吸水。

5. 地毯机

地毯机是利用马达带动圆盘式或滚桶式毛刷旋转除污，同时具有输送清水（清洁剂）、吸除回收污水功能。

在清洁保养工作中，应根据地毯质料、天气、环境等因素来决定干洗、湿洗。

6. 吹风机

吹风机又叫吹干机，是利用马达转动，加速空气流动，使被吹物体尽快干，主要用于地毯清洗吹干或地面打蜡后吹干。

7. 高压清洗机

高压清洗机由高压泵、马达、高压管及射水枪组成，是利用马达加压，将水喷射出高压吹流，冲洗物体表面。主要用于清洗地面、外墙、车场、厨房等。

三、清洁保养常用的清洁工具

常用的清洁工具有扫帚、簸箕、地拖、橡胶刮、羊毛套、垃圾车、压干车、喷雾器、梯子。另外，在日常清洁保养过程中还有其他经常用的工具，按不同用途可简单分类如下：①擦拭用品：毛巾、抹布、垫片；②去污用品：刷子、百洁布、胶手套；③开荒工具：刮刀、铲刀、钢丝棉、砂轮；④喷洒工具：喷壶、水桶、瓢；⑤掸尘工具：掸子。

四、清洁保养常用的清洁剂

清洁剂的种类很多，不同的清洁剂，性质不同，用途也不同。只有使用得当，才能取得预期的效果；如果使用不当，就可能损坏建筑装修材料，造成不良后果。因此，了解和掌握各种清洁剂的性质、作用和使用常识，正确地选用清洁剂，既能达到清洗目的，又能保护建筑装修材料。

1. 碱性类清洁剂

（1）洗洁精。洗洁精是最广泛使用的一种清洁剂。普通洗洁精适用于任何环境下的除污。使用时，要按不同清洁工作的需要加水稀释，一些洗洁精要用清水冲洗。

（2）全能水。较洗洁精去污力强，使用方法与洗洁精相同，不含腐蚀性，主要用于去除较顽固的污渍。

（3）玻璃水。专门用来清洗玻璃和瓷片，使用时，要按照说明书加水稀释。

（4）绿水。是一种去污性能较强的洗涤剂，适用于洗涤顽固污渍或污垢环境，对蜡有溶解作用，使用时要用水稀释。

（5）烧碱。属强力去污、去油洗涤剂，适用于洗涤顽固油污或污渍。烧碱有强腐蚀性，使用时要谨慎。

（6）除油剂。是一种专门清除油污的洗涤剂，使用时要用水稀释。

（7）地毯水。是专门清洗地毯的洗涤剂，品种很多。

2. 酸性类清洁剂

（1）强力洁瓷灵。是一种极具腐蚀性的清洁剂，能腐蚀水泥渍、水垢、污渍，对物体表面有腐蚀作用，适用于建筑装修后的粗糙石材表面开荒。使用时须极为谨慎，最好经批准后再使用。

（2）洁瓷灵。是一种常用的石类除污垢清洗剂，适用于清洗石类、瓷质表面污垢，酸性虽然比强力洁瓷灵弱一点，但也有一定的腐蚀性，使用时要谨慎。

（3）洁厕精。是洗手间常用的清洁剂，具有除臭、杀菌、去垢作用。

（4）漂白水。是使用较广泛的清洗剂，具有漂白作用，带微酸性，不易损坏石质表面。

（5）105 石水。是一种进口的石类清洗剂，内含溴之素成分，是较理想的石类开荒清洗剂。

（6）盐酸。是适用于粗糙石类开荒清洗的清洗剂，对水泥有较强的渗透腐蚀性，不可用于水泥地面或墙身。使用时要谨慎，最好在主管的指导下使用。

注意：所有强腐蚀性清洁剂使用前应首先在物体表面淋上清水，再使用稀释至一定比例的清洁剂。为了安全起见，使用强腐蚀性清洁剂时，最好进行小范围的试用，观看其效果，然后再决定是否大范围使用。使用时，为了防止意外，最好穿戴劳动保护用品，如胶手套、水鞋和眼镜。

五、室内清洁保养

（一）大堂的清洁保养

1. 日常保洁项目

（1）清扫地面及入口处脚垫。

（2）抹净玻璃门、玻璃幕和玻璃间格。

（3）抹净各种家具摆设以及装饰物。

（4）抹净墙壁和墙壁上的装饰物。

（5）抹净标志牌、邮箱、服务台。

（6）垃圾桶、烟灰缸的清倒、抹净。

（7）抹净金属柱身、扶手、架子等金属饰物。

2. 保洁注意事项

（1）为了减少客人将室外尘土带入室内，大堂入口处应铺设防尘脚垫。遇到下雨天，应派专人去大堂入口处为带伞的客人分发装雨伞胶袋。

（2）大堂入口区域应派专人清洁保养，随时擦除客人进入时留下的脚印和其他灰尘。

（3）大堂地面多为花岗石、大理石、瓷砖、胶地板或地毯，应根据不同的建筑装修材料，采取不同的清洁保养方法。

（4）不锈钢、铜、铝合金等装饰物，如柱身、扶手、标志牌等，容易受腐蚀，清洁保养时要选用专用清洁剂、保护剂，保养时注意不要留划痕。

（5）注意不要碰倒、撞坏大堂内的各种摆设饰物。

（二）办公室（写字楼）的清洁保养

1. 日常保洁项目

（1）清倒烟灰缸、纸篓等。

（2）清扫地面。

（3）抹净办公桌、文件柜、沙发、茶几等家具。

（4）抹净门、窗、内玻璃及墙壁表面。

（5）抹净空调送风口及照明灯片。

2. 保洁注意事项

（1）对办公室的日常保洁，由于受时间制约多，需要在规定的时间内迅速完成工作。因此，必须制定周密的保洁计划，然后要求保洁人员按计划工作，动作利索快捷。

（2）地拖、抹布等保洁工具，可多备几份，以减少往返清洗的时间，提高短时间内突击作业的效率。

（3）如果是在客户下班后进入办公室做保洁工作，最好要求客户留人看守。若客户不能留人，最好由2人以上同时进出，共同工作，并注意不做令人怀疑的动作，以免产生误会。

（4）抹办公桌时，桌面上的文件、物品等不得乱动。如发现手表、项链、钱包等贵重物品，应立即向主管报告。

（5）吸尘机噪声大，室内吸尘工作可安排在客户上班前或下班后进行。

（三）洗手间的清洁保养

1. 日常保洁项目

（1）及时冲洗便池，不得留有脏物。

（2）及时清倒纸篓、垃圾桶，保持纸篓或垃圾桶手纸不超过1/3。

（3）不断拖抹地面，做到洁净、干爽。

（4）定期擦洗云台、面盆、大小便池等卫生洁具。

（5）抹净门窗、天花、墙壁、窗台。

（6）定期消毒，喷洒除臭剂、室内清新剂。

（7）及时补充洗手液、香球、手纸。

2. 保洁注意事项

（1）清洁洗手间时应在现场竖立"正在清洁"指示牌，以便客户注意并予以配合。

（2）清洁洗手间所用的器具应专用，使用后应定期消毒，并与其他清洁工具分开保管。

（3）保洁人员应注意自我保护，保洁时带保护手套和口罩，预防细菌感染，防止清洁剂损害皮肤。保洁完毕，应使用药用肥皂洗手。

（4）注意洗手间的通风，按规定开关通风扇或窗扇。

（四）公共通道的清洁保养

1. 日常保洁项目

（1）清洁走廊和人行楼梯地面的垃圾、尘土。

（2）抹净走廊墙壁、墙壁饰物和指示牌。

（3）抹净走廊垃圾桶、花盒、消防栓等设施。

（4）抹净楼梯扶手及栏杆、挡板。

（5）清扫抹净电梯门、电梯厢及电梯沟槽。

2. 保洁注意事项

（1）清扫楼梯一般是从上到下倒退着工作，要注意安全，避免跌落事故。

（2）清扫楼梯为主体作业，不能让垃圾、尘土等从楼梯边落下去。拖擦时，地拖不能太湿，不能让楼梯边侧面留下污水迹。

（3）事先了解、确认电梯门、电梯厢、楼梯扶手所用的材质，选用相应的清洁剂。一般应先做试验后再正式使用，以防损坏腐蚀材质。

（4）清扫扶手电梯时，应在停止运行时进行，以确保安全。

（5）清洁楼梯时，应在楼梯使用量最少时进行，并竖立"正在清洁"的指示牌，用拦护绳拦护，以防行人滑倒跌落。

（五）垃圾的收集处理

1. 垃圾的存放应注意

（1）存放容器要按垃圾种类和性质配备。

（2）存放容器要按垃圾的产生量存置在各个场所。

（3）存放容器要易存放、易清倒、易搬运、易清洗。

（4）有些场所的存放容器应加盖，以防异味散发。存放容器及存放容器周围（地面、墙壁)要保持清洁。

2. 垃圾的收集清运需要注意如下事项

(1) 及时清除大厦内所有垃圾。在正常情况下，垃圾桶内的垃圾不能超过桶容积的2/3。

(2) 收集清运垃圾时，用垃圾车或垃圾袋装好，不能将垃圾散落在楼梯和楼面上。

(3) 收集烟灰、烟头时，必须确认烟头完全熄灭，或在收集起的烟灰、烟头上洒水，以防火灾。

(4) 收集清运垃圾时，要选择适宜的通道和时间，只能使用货运电梯，绝对不能使用客用电梯。

(5) 保洁人员收集清运垃圾时，应注意卫生，戴口罩和防护手套。工作完毕后要洗手消毒。

六、外墙清洗

为了保持大厦的清洁、美观，同时为了保持大厦的物业价值和整个城市的市容美观，应定期对外墙进行清洗。

(一) 外墙清洗的条件

1. 气候条件

清洗大厦的外墙是在室外的高空中进行作业的，作业难度大，危险性也大，因此，清洗外墙必须考虑气候因素。根据高空作业的要求，外墙清洗必须在良好的气候条件下进行。作业前，要事先掌握天气预报情况，如果风力超过4级，就不能进行高空作业。作业时，还要密切注意突然的天气变化情况，如遇到突然起风或下雨，应立即通知高空作业的员工停止作业，采取积极安全的保护措施撤下地面。此外，在下雨、有雾、潮湿以及高温(35℃以上)或低温(5℃以下)等恶劣天气下，不适宜进行外墙清洗。

2. 员工条件

从事外墙清洗的员工必须有良好的身体条件和心理素质，年龄应在40岁以下，血压正常，视力良好，无恐高症。员工在进行高空作业前，必须经过严格的身体检查和定期的身体复查，一旦发现有不适合高空作业的疾病，应立即停止工作。同时，身体合格的外墙清洗员工必须经过专门的高空作业培训，取得有关部门核定的高空作业许可证，在有效期内方可上岗。为了确保高空作业的安全，未经高空作业培训和未取得高空作业许可证的人员，不得从事高空清洗外墙工作。此外，员工在从事高空作业前，绝对不能饮酒，主管若发现员工有感冒或其他身体不适症状，应暂停其高空作业。

3. 安全保护措施

外墙清洗是在高空中进行作业的，高空作业与地面作业有许多不同的特点。例如，外墙清洗员工如果是利用吊篮进行高空作业，吊篮移好位置后，一般是从上到下进行作业的；外墙清洗员工如果是利用吊板进行高空作业，则只能通过吊板从上向下作业。清洗外墙的员工，完全依靠高空设备吊在空中作业，为了保证清洁员工的人身安全，必须绝对选用符合安全标准的劳动保护工具。而且，外墙清洗员工必须严格遵守高空作业的安全规范。

4. 外墙清洗的方式

目前，外墙清洗主要有两种方式：使用吊篮和吊板作业。如果外墙的高度较低，也可以用升降台或高台搭架作业。

七、清洁保养的管理

物业的清洁保养水平，直接取决于清洁保养工作的管理水平。同样的物业、同样的员工、同样的机器和物料，用不同的管理方式，就会出现不同的清洁保养水平。

（一）清洁保养的工作计划

清洁保养工作计划是进行大厦清洁保养工作的主要依据。科学、周密的工作计划，能使管理者、作业者心中有数，能使各项工作有组织、有次序、有节奏地进行，能合理地组织人力、物业、财力，安排时间，提高工作效率和工作成果。

1. 确定工作计划的条件

制定工作计划时，首先要根据清洁保养合同规定的服务范围、服务内容、服务次数、服务标准和大厦物业实际情况，确定工作计划。

（1）绘制大厦平面图，包括首层平面图、标准层平面图、顶层平面图、环境平面图等。

（2）掌握空间功能。以办公楼为例，构成平面包括工作空间（办公室、会议室等）、服务空间（茶水间、洗手间等）、通道空间（走廊、楼梯等）。

（3）测量面积，主要包括建筑面积、营业面积、使用面积及大厦外墙、外墙玻璃面积等，以便计算工作量。

（4）弄清装饰材料，包括地面、墙面、顶棚及外墙，正确掌握表面材料的性能特征。

（5）判断可行路线，主要判断或测定人流方向、出入口、行动路线、集中场所等。

（6）确定各区域、各部位的工作内容、工作量、工作时间、工作次数。

（7）确定工作班次，包括早班、晚班、公休日班次等。

2. 制定工作计划的程序

（1）熟悉清洁保养合同内容和工作计划的条件。

（2）计算单位工作时间和综合工作时间。

（3）编制班组人员表。

（4）编制工作计划，包括日常日班工作计划、日常夜班工作计划、定期工作计划等。

（5）工作实施记录。

（6）如果原定的工作计划不符合实际，则应改进，重新修订计划。

3. 制定日常清洁保养计划的注意事项

单项工作计划和一次性工作计划比较容易制定，日常巡回保养计划则比较难，关键是如何安排工作人员和工作时间，以确保大厦各区域、各部位、各项目的清洁保养能够有条不紊地进行。员工安排要合理，责任要明确。每个员工负责哪些区域、哪些部位、哪些项目要明确，要责任到人。编排员工分工时，可按条分，即按楼梯、洗手间、地面、墙身、垃圾收集清运等不同项目分工；也可按块分，即按区域、按楼层、按片分工；也可按条块结合的办法分工。分工一经确定，就要保持相对稳定，这样，既有利于员工熟悉工作，提高保养质量，又有利于增强员工的责任感。员工的工作安排也可按时间带进行安排，各大厦具体情况不同，时间带如何安排，应根据实际情况确定。员工除按条块分工定岗位外，应有一定的机动力量，以便应付突发的事件。

（二）清洁保养的检查监督

为了确保作业计划、卫生标准、责任制的贯彻和落实，应该实行部门经理、主管、领班三级管理制，各级对上级负责，实行严格的检查监督制度。

1."四查"

（1）员工自查：员工依据本岗位责任制、卫生要求、服务规范，对作业的效果进行自查，发现问题及时解决。

（2）领班作业检查：领班在指定管理的岗位和作业点，实施全过程的检查，发现问题及时解决。

（3）主管巡查：主管对辖内的区域、岗位进行巡查或抽查，应结合巡查所发现的问题、抽查纠正后的效果，把检查结果和未能解决的问题上报部门经理，并记录在交接本上。

（4）部门经理抽查：部门经理应对辖内区域、岗位和作业员安排有计划的抽查；每天不少于辖内 30％ 的区域、岗位、作业点，及时解决问题。

2. 检查的内容

（1）员工的言行是否符合行为规范。

（2）员工的仪表仪容是否符合有关规定。

（3）员工的工作质量是否已达到各项卫生标准。

（4）员工的作业操作有无违反操作规程、安全条例。

（5）员工的服务是否按服务规范服务。

（6）辖内区域的公共设施状况。

3. 检查的要求

（1）检查与教育、培训相结合。检查过程中发现的问题，不仅要及时纠正，还要帮助员工分析原因，对员工进行教育、培训，以防类似问题再发生。

（2）检查与奖励相结合。在检查过程中，将检查的记录作为对员工工作表现等的考核依据，依据有关奖惩和人事政策，对员工进行奖惩和有关人事问题的处理。

（3）检查与测定、考核相结合。通过检查、测定不同岗位的工作量、物料损耗情况，考核员工在不同时间的作业情况，更合理地利用人力、物力，提高效率，控制成本。

（4）检查与改进、提高相结合。通过检查，对所发现的问题进行分析，找出原因，提出改进措施，改进服务素质，提高工作质量。

八、物业的清洁"开荒"

清洁"开荒"是物业保养行业的一个专门用语，它一般是指对竣工验收、接管验收后的物业或久未清洁的物业从室内到室外进行一次全面、彻底的清洁。一幢建筑物经建筑装修之后，还不能立刻投入使用。因为一般的装修公司在装修的过程中，无论怎样精雕细琢，总会留下一些收尾工作，这些工作只有经过专业人员"开荒"清洁之后，物业才可以投入使用。

清洁"开荒"的主要内容有：清理建筑物内外的建筑垃圾；清除粘附在地面、墙身、玻璃等建筑材料面上的水泥渍、胶渍、油漆以及其他灰尘污垢；对公用部分（如走火梯、电梯、洗手间、茶水间、设备房等）、办公室以及建筑物内的其他设施进行清扫等等。现代社会，大厦建筑得越来越高档、豪华，所用的装修材料也多种多样，要清除装修后残留的污迹，必须使用专门的机器、工具和药剂，在专业人员的指导下完成，否则有可能使装修材料的饰面受到损害，造成不可弥补的破坏。现在，一些装修公司或物业管理公司已经把这项工作交给专业的清洁公司来完成。

第四节　物业绿化管理

物业绿化是指在物业管理的区域内，种植树木花草进行绿化美化，为业主、使用人创造清新优美的生活、工作环境。加强环境保护，营造良好的生态环境已成当今人们的共识和追求，反映到物业管理工作上，最直接的就是要做好绿化管理。

物业绿化，以居住区绿化内容最丰富，工作最全面。居住区绿化是城市绿化系统中最广泛、使用率最高的一部分，是城市生态系统中影响最大、最接近居民的生态环境，也是居住环境中其他成分所不能替代的自然因素。

一、物业绿化的类型和要求

在物业管理的居住区中，除了在本区域内设有大型公共绿地外，物业绿化的类型主要有：游园绿化、宅旁庭院绿化、道路绿化和建筑内外绿化等。

物业绿化要求统一规划、合理分布和组织，采取集中与分散、重点与一般相结合的原则，形成以游园绿化为核心，道路绿化为网络，宅旁庭院绿化、建筑内外绿化为基础的点、线、面有机结合的绿化体系。

（一）游园绿化

1. 游园的类型

居住区里的游园，是供居民日常生活中就近游览观赏、休闲娱乐等活动的公用绿地。游园通常包括居住区游园（大游园）、居住小区游园（中游园）和住宅组群游园（小游园）等。

2. 游园绿化的要求

无论是哪一类游园，都要求做到定额指标高额、布局均匀合理、植物配置得当。

（1）定额指标高额。一般而言，2.5～4.0万居民的居住区设一个大游园，人均绿地16m²，占地面积约30～60hm²；0.7～1.3万居民的居住小区设一个中游园，人均绿地8m²，用地面积约6～10hm²；每一住宅组群设一个小游园，人均绿地4m²，用地面积约1～2hm²。

（2）布局均匀合理。游园的分布只有考虑到其服务半径，才可呈现均匀状态。因此要求：居住区大游园的服务半径为1000～1500m，步行15～25min；居住小区中游园服务半径不得超过800m，步行6～8min；住宅组群小游园服务半径不应超过300m，步行1～3min。从总体布局来看，居住区大游园布置在几个居住小区的交接处、居住小区中游园安排在各个居住小区的中央地段、住宅组群小游园则设置在各个住宅组群之中比较合适。另外，大、中型游园不得有马路和人行道从中穿过，并应注意使用防护带与街市噪声和烟尘单位等污染源隔离，以保证环境质量。

（3）植物配置得当。花草树木，特别是大乔木的种植面积及其绿化覆盖率，是衡量游园效益的重要标志。因此，要求绿地的绿化种植用地面积不低于其绿地总面积的75%。在选择花草树木时，要注意以下几点：①有一定数量芳香性植物；②常绿与落叶树种各占一定比例；③有相当数量的观赏乔木、灌木；④不选或少选散发异味和易引发过敏、中毒的植物。

（二）道路绿化

道路绿化，是指对物业管理居住区的主干道路、分支道路及小巷两旁进行绿化而形成的绿化带，起到连结、导向、分割、围合等作用。

1. 主干道路绿化

主干道路的宽度为 20～30m，车行道宽度 10m 左右，主干道路绿化不仅要注重美化环境、遮荫纳凉以改善小气候，而且要考虑防风、减噪、降尘等防护功能。因此，绿化设计以常绿树木为骨干，以草皮、灌木、乔木形成多层次复合结构的绿化景观。但值得注意的是，在道路交叉口及转弯处种植树木以不影响行驶车辆的安全视距为原则，不能选用体型过于高大的树木。

2. 分支道路绿化

分支道路的宽度为 10～20m，车行道宽度 5m 左右，街道两旁绿化设计以创造观赏和调节微小气候的最佳效果为出发点，各种植 1～2 行行道树，并间种花、灌木、草皮或绿篱、草皮。但是必须注意，行道树要避开住宅窗台，花灌木高度也不宜高过窗台，任何花草树木更不得含有对人体健康有不良影响的因素。

3. 小巷绿化

小巷的宽度为 2～3m，靠近居民住宅，绿化设计应结合宅旁庭院绿化，因地制宜，适当布置。

（三）宅旁庭院绿化

1. 宅旁庭院绿化的形式

根据居民的不同爱好和生活习惯，以及不同的环境条件，宅旁庭院绿化大致可分为以下四种类型：（1）树木型。以高大的树木为主形成树林，但要注意选植快生与慢长、常绿与落叶，以及不同色彩、不同树型的树种来配置，避免过于单调，（2）花园型。在宅间以常绿、开花植物形成篱笆或用栏杆围成一定范围，依规则式或自然式布置花草树木，有较为丰富的色彩层次。（3）草坪型。以草坪绿化为主，在草坪边缘适当种植一些乔木、花灌木、花草之类的植物。（4）棚架型。以棚架绿化为主，可遮荫纳凉，既美观又实用，较受居民的喜爱。

2. 宅旁庭院绿化的要求

宅旁庭院绿化要求以种植花草树木为主，绿地率达到 90%～95%。种植观花、观叶、观果的各种灌木、藤本、草本、宿根花卉，以孤植或丛植的方式形成自然树群，一年四季，不同植物有不同的季相，春华秋实，充分表现观赏植物的形、色、香、韵等自然美态，能够使居民感受到强烈的时空变化。

（四）建筑内外绿化

建筑内外的绿化空间，有利于人们消除疲劳、增强身心健康。建筑内外绿化类型有室内绿化，阳台、窗台绿化，墙面绿化，屋顶绿化等四种类型。

1. 室内绿化

室内绿化主要是利用植物盆栽、盆景、插花等形式装饰美化居室、厅堂、梯道、走廊、商场、会议室、办公室、游乐场等室内空间。室内绿化包括以下形式：

（1）盆栽。是把观赏植物种植在各种形状、大小以及不同材料的容器中供人观赏。盆栽是室内绿化最为普遍的装饰品，不受空间和地形的限制，摆设灵活，养护管理方便。

（2）盆景。是把植物、山石等材料，运用"缩龙成寸，咫尺千里"的手法，经过精心设计和艺术加工布置在陶盆等容器而成的自然风景的缩影，被誉为"立体的画，无声的诗"。

（3）插花。是以切取植物可观赏的枝、叶、花、果为材料，利用植物的自然美态，经过巧妙的布置插入容器中，插花装饰性很强，极易渲染和烘托气氛，富有强烈的艺术感染力。

室内绿化要求绿化布置要与室内功能与性质相协调，与整个室内环境协调。即：①室内绿化布置要与室内空间的位置、大小相宜；②室内绿化布置要与室内环境协调。

2. 阳台、窗台绿化

（1）阳台绿化。阳台是室内绿化过渡到室外绿化、形成住宅横向绿色空间序列，也是从地面庭院绿化逐步上升到屋檐、屋顶绿化、形成纵向绿色空间序列的一种形式。因此，阳台是住宅建筑立面要重点绿化装饰的部位。

阳台是居住空间的扩大部分，在满足住户生活功能的同时，阳台绿化设计应按建筑立面的具体情况，栽种攀缘或蔓生植物，采用垂直绿化或水平绿化。如西阳台夏季西晒，采用垂直绿化可起到隔热降温的作用，使阳台变得清凉舒适；在朝向好的阳台，可采用水平绿化。

阳台绿化位于建筑的高处，空间有限，具有风大、光照强烈、建筑材料吸收辐射热多、土层浅而蒸发量大等特点，选择水平根系发达、抗旱性强、管茎粗放的中小型木本攀缘植物或蔓生植物，如金银花、常春藤、地锦、凌霄、十姐妹、杜鹃、牵牛、扁豆等效果较好。另外，阳台上还可摆放盆花，也可在花槽中种植一年生或多年生草花，如天竺葵、美女樱、金盏花、半枝莲、矮牵牛等。

（2）窗台绿化。窗台似乎是住宅建筑中微不足道的绿化场所，但对于久居闹市的居民来说，能欣赏到窗台绿化带来的乐趣，自然也是一种享受。窗台作为建筑立面绿化装饰的组成部分，也是住宅横向和纵向绿色空间序列中不可缺少的一部分。窗台绿化的特点和要求与阳台绿化的极为相似。因此，最简单的方式是将盆栽植物放置在窗台上，盆下用托盘防止漏水即可。也可采用将种植池固定在窗台上，将盆花放置在种植池内或直接利用种植池来栽培植物。

3. 墙面绿化

墙面绿化是垂直绿化的主要形式，是利用具有吸附、缠绕、卷须、钩刺等攀缘特性的植物进行建筑墙面的绿化。

墙面绿化的种植形式有地栽、容器种植、堆砌花盆种植。

（1）地栽。地栽有利于攀缘植物的生长，也便于养护管理。一般沿墙种植，株距0.5～1.0m。

（2）容器种植。在不适宜地面种植的情况下，砌种植槽，在容器中种植，同样能达到较好的绿化效果。

（3）堆砌花盆种植。应用预制的建筑构件——堆砌花盆，砌成有趣的墙体表面，在其中种植攀缘植物，也可以种植其他非藤本的观叶或观花植物，使墙面构成五彩缤纷的植物群体，可形成犹如立体花坛一样的效果。

4. 屋顶绿化

屋顶绿化，是指利用新型建筑材料和施工技术在屋顶上建造庭院进行绿化，打破高层建筑远离绿地的局限。屋顶绿化也称屋顶花园或平台花园。

（1）屋顶绿化的形式。在现代住宅建筑中，钢筋混凝土的平屋面较为普遍。这种平屋面是开拓屋顶绿化最有潜力的部分。根据屋顶花园的布置特点，有以下两种形式：①周边式。即沿屋顶女儿墙四周设置种植槽，种植高低错落、疏密有致的花草树木，中间留空作为活动场所。四周绿化还可以选用枝叶垂挂的植物，进行建筑立面的美化。②庭院式。即根据屋面大小和使用功能，将地面的庭院移植到屋顶上，运用园林布局手法种植花木，设置花架、水池、假山、花坛、小桥等，自由灵活，功能齐全，绿化效果良好。

（2）屋顶绿化的要求。①考虑荷载。屋顶绿化首先要考虑屋面荷载大小。一般庭院式屋顶花园荷载为 $500\sim1000kg/m^2$。在屋顶绿化布局时，尽量把重量大的部分，放置在梁、柱和承重墙等结构上。为减轻荷载，应尽量选用轻质种植介质、轻质建筑材料。②选好植物。由于屋顶地势高，日照充足，风大，温度明显较地面高，而相对湿度明显较地面低，生态环境较差，因此，应选用耐干燥气候、浅根性、抗风、低矮健壮、生长缓慢的植物。

二、物业绿化管理

物业环境绿化养护管理是一项经常性的工作，物业管理公司应根据所管物业的类型、规模和绿化管理要求合理组织人力，制定相应的工作计划，责任落实，管理到位，保证绿化工作的正常开展和物业环境绿意盎然。

（一）绿化养护管理的机构设置

绿化养护管理机构设置可根据实际情况而定。若是将养护工作承包给专业园林绿化部门，则只需几名管理人员便可；若是自己从事绿化养护管理工作，则至少应设一个养护组并兼带管理职责，如需要还可设花圃组和服务组，花圃组和服务组均可对外直接经营，为公司创收。一般而言，物业公司绿化部机构设置如图 6-6 所示。

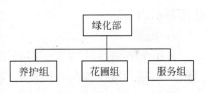

图 6-6　物业公司绿化部机构设置

（二）绿化养护管理的实施

物业绿化施工完成，经主管部门验收后，便需开始进行绿化养护管理工作。这是一项经常性的工作，必须一年四季不间断地进行。只有精心养护、细心管理，才能收到应有的绿化和美化功效。绿化物养护管理主要工作内容有灌水、排水、施肥、中耕、除草、修剪、整形、树体保护、病虫害防治等。

1. 灌水与排水

水分是植物体的基本组成部分，其重量的 $40\%\sim80\%$ 是水分，树叶的含水量高达 80%，而且植物体内的一切生命活动都是在水的参与下进行的。如果缺水或水分过多，对植物的生长会产生严重影响，甚至导致植物死亡。因此，只有合理的灌溉，防旱防涝，才能保证植物的正常生长。

（1）灌水的原则

不同的植物对水分的要求各不相同，有的喜湿，有的耐旱。即使是同一种植物，在不同的生长时期,其对水分的需求量也有差异。合理的灌溉,应掌握两个原则:①灌足浇透。每次浇水都应灌透土层,不能仅仅湿润地表,否则会因水分蒸发而使植物根系吸不到水,达不到灌溉的目的。浇水时,开始时水流应细而慢,便于土壤吸收,继而水量逐渐加大,才可灌足浇透。②看天看地看树。灌溉要掌握灵活性,在不同的条件下确定不同的浇水次数和浇水量。看天:注意天气和季节的变化,阴天和气温低时可少浇或不浇水,晴天和天气炎热时要增加浇水次数和浇水量,天旱季节要勤灌,雨季则要注意排水。看地:砂质土排水性好,要勤灌足灌;粘质土和砂壤土有较好的保水能力,可适当减少浇水次数;施肥后浇水要足,这样可以促使肥料渗透到土壤内,有利于根系吸收水分,并稀释肥料浓度而不致烧根。看树:新梢旺盛生长和大量形成叶片时需水量大;秋季开花结果时期需水较少,水多易引起落花落果;冬季浇水次数和浇水量应明显减少,以保证安全越冬。

(2) 灌水的方法

不同的灌水方法,其用水量和成本各不相同。主要的灌水方法有:①沟灌。即在栽植行间开沟,引水灌溉。这种方法省工省力,但用水量大。②喷灌。即用喷灌机械作业,适用大面积绿地草坪、庭院、苗圃和行道树等。③滴灌。即将一定粗度的水管置于土壤中或植物根部,滴注根系分布范围内。此法省工、省时、省水,但一次性投资较大。

(3) 排水的方法

雨季常因积水而造成植物根部腐烂甚至死亡,因此要及时排水。排水方法有以下两种:①利用自然坡度排水,绿化用地安排在 $0.1\%\sim0.3\%$ 的坡度。②开设排水沟,可在地表挖明沟或在地下埋管设暗沟,并安排好排水的去处。在大雨或长期阴雨天,还应及时清沟排水。

2. 施肥

栽植的各种绿化树木,将长期从一个固定点吸收养料,即使是肥力很高的土壤,也会因逐年消耗而减少养料,因此,应不断增加土壤肥力,确保植物旺盛生长。

施肥要有针对性,即因种类、树龄、生长期等不同,施用不同性质的肥料,这样才能收到最好的效果。

(1) 基肥。基肥一般采用堆肥、饼肥、骨粉等农家肥。在栽植前整地时将腐熟的基肥翻入土中,或移植时进行沟施或穴施,随灌水及降雨使肥分逐渐渗入根部而被吸收利用。

(2) 追肥。追肥一般采用化学肥料或人粪尿、饼肥等进行液施。化学肥料按其营养成分的不同,可分为氮肥、磷肥、钾肥和微量元素肥料。氮肥能促进枝叶快长,在春季植物发叶、抽梢、扩大树冠时施用。秋季多施磷肥,对开花结果有好处。秋后停施氮肥而加施磷、钾肥,利于安全越冬。追肥的原则是勤施、薄施,并根据植物种类、植株大小、土壤干湿程度而施用不同的肥量,在芽前、芽后、花前、花后、果前、果后追肥最为理想。

(3) 根外追肥。根外追肥一般采用化学肥料,如尿素、磷酸二氢钾及硫酸亚铁等,浓度低($0.1\%\sim0.2\%$),机械喷施。根外追肥成本少、见效快。喷施时间以清晨及傍晚或阴天喷洒叶片,效果更好。风大、太阳过强时则不宜喷施。

3. 中耕除草

中耕是指采用人工方法疏松表土，以减少水分蒸发，增加土壤透气性，提高土温，促进养分的分解，利于根系生长。特别是宅旁庭院绿地、小游园等，常常受践踏而板结，如果长期缺乏管理，会影响植物的正常生长。中耕次数要根据实际情况进行。在雨后或灌溉后，必须结合除草进行中耕。中耕程度依植物及季节而定，浅根性植物中耕宜浅，深根性植物中耕宜深；夏季结合除草中耕宜浅，秋后结合施肥中耕宜深。

除草可避免杂草与绿化树种争夺养分、水分和阳光，减少病虫害的发生和传播。初春杂草生长时就要及时铲除，但杂草种类繁多，难以一次锄尽。春夏季节要除草2～3次，切勿让杂草结籽，否则翌年又会大量滋生。除草可结合中耕进行，也可用化学除草剂除草（方便、经济、除净率高）。

4. 修剪整形

修剪整形是物业绿化管理过程中一项十分重要的养护管理措施。修剪是对植株的局部进行剪理；整形是通过修剪来整理植株的外形和骨架，调节和控制绿化树木的生长与开花结果；更重要的是满足观赏的要求，达到叶茂、花艳、树美的效果。修剪整形主要是针对室外绿化植物而言。由于各种树木生长的自身特点以及对其预期达到的观赏要求不同，修剪整形的形式也不同。一般可分为两种形式：①人工式修剪。即将树冠修剪成各种特定的形状，如半圆式、多层式、螺旋式、半球形以及各种动物形，甚至修剪成亭、台、牌楼、花瓶、绿门等形状。这种特定的修剪形式，不是按树冠的生长规律进行整形，一段时间后参差不齐的枝条又会长出，破坏了造型，故要经常修剪。②自然式修剪。即在修剪时保持树木的自然生长状况，保留原有树冠的完整，仅对病枝、枯枝、伤残枝、交叉枝、重叠枝、回抱枝、乱枝、密生枝以及抽生出的枝条等进行修剪。对主干明显的树木，修剪时应注意保护顶芽，防止偏顶而破坏冠形。绿化树木的修剪整形可常年进行，但大规模的修剪以在休眠期进行为好，以免伤流过多，影响树势。

5. 树体保护

绿化树木是多年生植物，难免会受到各种环境条件的破坏，如机械损伤、风吹折枝等，造成伤口溃烂、树体倾斜，若不及时补救，甚至会造成树木死亡。因此，必须加以重视。

（1）处理伤口。发现树干有伤口，最好立即处理。先将伤口四周被破坏的树皮修削平滑，用2%～5%的硫酸铜液、0.1%的升汞溶液、石硫合剂等冲洗伤口，防止感染病菌。然后涂抹某些黏着性好、不腐蚀树体的药剂后，再行伤口包扎。

（2）修补树洞。先将树洞内腐烂木质彻底清除，刮去洞口边缘的死坏组织，直至露出新组织为止，将石灰、黄沙、水泥、碎砖等混合填充物放入洞内，洞口再用水泥封面，略低于树皮，使树皮能粘着水泥面伸延愈合，将水泥包没。

（3）涂白。树干涂白，可防止病虫危害，减弱地表反射的辐射热，延迟树芽萌动期，避免早春寒害。涂白剂配方：水10份，生石灰3份，石硫合剂0.5份，食盐0.5份，油脂少许。配置时先化开石灰，把油脂倒入充分搅拌，再加水拌成石灰乳，最后放入石硫合剂及盐水即可。

（4）树干固定。一般在树的下风处植立桩，支撑牢固维持树木，使其不致因风吹而摇动歪身。桩头可选用木桩、竹桩。但这类桩头寿命较短，成本较高，故近年来已普遍采用水泥桩。

6. 病虫害防治。绿化植物在生长过程中，时常遭到各种病、虫危害，轻者造成生长不良，失去观赏价值，重者植株死亡，损失惨重。因此，有效保护绿化树木，使其减轻或免遭各种病虫危害，是物业绿化管理的一项重要工作。

（1）病害。绿化植物病害，按其性质可分为传染性病害和非传染性病害两大类。①传染性病害。是由生物性病原，如真菌、细菌、病毒、类菌质体、线虫、螨虫、寄生性种子植物等引起的病害，具有传染性。②非传染性病害。是由非传染性病原，如营养物质缺乏或过剩、水分供应失调、温度过高或过低、光照不足、湿度过大、土壤有害盐类过量、药害、肥害等引起的病害，不具有传染性。

（2）虫害。绿化植物虫害，按其食性和危害部分可分为四大类：①苗圃害虫。有地老虎、蛴螬、种蝇等，栖居于土壤中，危害种子或幼苗的根部、芽和幼芽。②枝梢害虫。有蛾类和甲虫类，它们钻蛀、啃食植株的枝梢及幼茎，直接影响主梢的生长。另有蚜虫、蚧壳虫，它们用刺吸式的口器吸取植株汁液，传播病毒，引起病害。③食叶害虫。有枯叶蛾、毒蛾、刺蛾等，它们大量食害叶片，造成植株生长衰弱，失去观赏价值。④蛀秆害虫。有天牛、象甲类，它们在植株内部钻蛀取食，严重影响植株生长，甚至整株死亡。

（3）病虫害防治。①综合防治。是病虫害防治的根本原则，综合防治特别强调化学防治与生物防治相结合，减少环境污染，避免病虫害产生抗性，提高防治效果。②根据各种病虫害的发生规律，抓住防治对象的薄弱环节，通过破坏其生活规律，可达到事半功倍的防治效果。③建立专业组织，由专业人士负责病虫害防治工作，防重于治，治早治小，才能有效地消灭或控制病虫危害。

除以上专项工作外，物业管理公司绿化管理人员还应派人巡视，防止对绿化物的人为损坏，并应加强绿化知识的宣传教育，使业主、用户和行人树立绿化意识，自觉遵守绿化管理规定。

（三）绿化养护管理的质量要求和考核指标

1. 绿化养护管理的质量要求

（1）树木：生长茂盛无枯枝；

（2）树形：美观完整无倾斜；

（3）绿篱：修剪整齐无缺枝；

（4）花坛：土壤疏松无垃圾；

（5）草坪：平整清洁无杂草。

2. 具体的考核指标

（1）新种树苗：本市苗成活率大于95%，外地苗成活率大于90%；

（2）新种树木：高度1尺处倾斜超过10cm的树木不超过树木总数的2%；栽植1年以上的树木保存率大于98%；

（3）五大虫害的树木不超过树木总数的2%；树木二级分枝枯枝不超过树木总数的2%；

（4）绿化围栏设施无缺损；绿化建筑小品无损坏；

（5）草坪无高大杂草，绿化无家生或野生的攀援植物；

（6）绿地整洁无砖块、垃圾；

（7）绿化档案齐全、完整，有动态记录。

（四）绿化档案资料管理

绿化档案资料管理是一项十分重要的基础工作。家底清、情况明才能提高管理水平。绿化档案资料除了原始设计图纸、接管验收资料外，还要建立绿化管理手册。绿化管理手册分为大小两种，两种手册具有不同的要求和作用：

（1）绿化管理大手册。绿化管理大手册作为物业基础资料留存在物业管理公司内。它根据每处绿地的现场测估资料，按照 1/200～1/500 的比例用植物图例绘入大手册的平面图中，并且标明主体树、骨干树的位置，误差不得超过 1‰，在其他栏目中填明树木的品种、规格、数量、建筑小品、绿化设施等，定期注记绿化动态，提供管理的依据和参考。

（2）绿化管理小手册。绿化管理小手册是绿化小组和养护工人经常使用的工作手册。小手册内除了没有绿化平面图外，其他均与大手册相同。小手册必须经常与实地核对，以便及时、准确、全面地反映绿化管理的现状，处理随时发生的问题。

（五）居住区绿化管理规定

为了切实维护好居住区内的绿化，物业管理公司可以从以下 10 个方面来制定管理的有关规定：

（1）爱护绿化，人人有责；

（2）不准损坏和攀折花木；

（3）不准在树木上敲钉拉绳晾晒衣物；

（4）不准在树木上及绿地内设置广告招牌；

（5）不准在绿地内违章搭建；

（6）不准在绿地内堆放物品；

（7）不准往绿地内倾倒污水或乱扔垃圾；

（8）不准行人和各种车辆践踏、跨越和通过绿地；

（9）不准损坏绿化的围栏设施和建筑小品；

（10）凡人为造成绿化及设施损坏的，根据政府的有关规定和公共契约的有关条文进行赔偿。如属儿童所为，应由家长负责支付款项。

复习思考题

1. 治安管理的方式有哪几种？

2. 治安管理有哪些特点？

3. 治安管理的原则有哪些？

4. 治安管理有哪几部分构成？

5. 车场建设应如何考虑？

6. 火灾扑救的基本方法有哪些？

7. 常见的灭火器有哪几种？各适宜扑救哪些火灾？

8. 物业消防管理有哪些措施？

9. 消防演习应如何组织？

10. 外墙清洗需要哪些条件？

11. 绿化有哪些类型?

【案例讨论】

1. 保安半夜进民宅

北京朝阳区某住宅区张先生夫妇在凌晨被室内的响动惊醒,立即起床打开卧室门,发现有人已走到客厅卧室过道处,此人自称是小区物业管理公司的保安。张先生夫妇把物业管理公司告上法庭,要求物业公司就保安深夜入室原因、处理及在解决该事件中的消极、不负责任的行为向他们当面道歉,并赔偿精神损失费每人各5万元。张先生的要求合理吗?物业管理企业面对此类问题应该怎样处理?

2. 物业管理公司有权检查业主携带的袋子吗

某小区业主反映,有一天他携带了一个袋子和一个箱子出外,物业管理公司的保安见到后,强行要求检查,否则拒绝他走出小区,该业主迫于无奈,只好从命。但看着保安把自己整理好的东西翻乱,该业主生气的同时也感到疑惑,物业管理公司的保安人员有权检查业主进出小区时所携带的袋子吗?

3. 物业管理公司有没有强制权利

某物业管理公司反映,在他们管理的小区里出现了几件挠头的事情:一件是张先生带着好几条狗在花园里玩,把李先生吓得连晨练都无法继续,李要求物业管理坚决把狗从花园里轰走,张却不听劝告;其二是王先生要装修,准备把一面墙拆掉。而刘先生认为这墙是承重墙不能拆,并要求物业管理公司制止,结果王先生也不听劝告等等。物业管理公司询问,这类某些业主不遵守物业管理公约,破坏社区环境、秩序,损害公共或其他业主的利益,但又不至于严重到妨害社会治安的情形,物业管理者进行管理干涉时,行为人不仅根本不听规劝,甚至采取一些不当行为拒绝管理,物业管理公司能否对其采取强制性措施,迫其停止该不当行为?也就是说物业管理公司有无强制权利。

4. 车辆被划伤了是谁的责任

陈先生到某小区访友,将车辆停在小区的地下停车场。三个小时后,陈先生把车开走。一个小时之后,陈先生又回到小区,向小区管理处投诉。称其在小区期间车上的三个轮胎装饰盖不见了,而且车身上也发现了轻度划痕。当时因为有急事要办,没有仔细检查,办完事后才发现车辆有问题,因此要求管理处赔偿损失。陈先生的要求合理吗?为什么?物业管理企业面对此类问题应该怎样处理?

5. 停车场的安全措施

万先生从某大厦停车场开车驶出。大厦室内停车场共有八层,万先生的车停在五楼,车场出口在二楼。万先生开车顺着车道一路拐弯,当车转到离出车口不远的弯道上,万先生一不留神,撞在弯道拐角处,撞损了墙角,车也撞坏了。车场保安员拦住万先生,要求赔偿车场损失。万先生也非常气愤地向管理公司投诉。称管理公司在停车场未设"小心转弯"的警示标志,安全措施不当,因此自己不仅不应赔车场损失,管理公司还应赔偿自己的撞车损失。万先生的要求合理吗?为什么?物业管理企业面对此类问题应该怎样处理?

6. 公共清洁靠大家

某住宅小区经常接到投诉,抱怨公共卫生差,垃圾乱丢。管理公司加强了环境清洁,并在每楼层都放置了一个小型垃圾桶。但不久又收到投诉,说垃圾桶臭气熏天,不如不放置。管理公司调查发现,很多用户直接把垃圾、剩菜倒入垃圾桶,虽然小区内有垃圾房专门放置装修垃圾,但一些装修用户却把余泥、碎石堆在垃圾桶旁,造成严重污染。于是管理公司撤掉了垃圾桶,一切又照旧,小区内乱丢乱放风气不减,清洁卫生环境继续恶化,而且又有用户投诉,要求重新放回垃圾桶。物业管理企业面对此类问题应该怎样处理?

7. 一次外墙清洗引起三起投诉

物业管理公司与一家外墙清洗公司签定协议,开始对某商住楼进行清洗。清洗公司为了不影响商场的经营,首先清洗了1~4楼的商场,然后清洗上层的住宅。期间,商场用户不断投诉,称清洗公司下滴的水把商场外墙又污染了,而且下飘的水滴影响了商场生意。接着,物业管理公司又接到住宅区居民的渗水投诉。一名王先生在电话投诉中还说，清洗外墙的人竟然跑到他家阳台上擅自接用水，把阳台弄得全是泥浆脚印。清洗的第三天，商住楼绿化保养商也向物业管理公司投诉，楼外成片的马尼拉草坪草茎干瘪枯萎，受损面积正在随着外墙清洗部位的延伸面而扩大，估计是外墙清洗使用的清洁剂造成的。管理公司调查发现外墙清洗人员果然是用了酸性超标的清洁剂。物业管理企业面对此类问题应该怎样处理？

第七章 现代各类物业的管理

随着社会的进步、科技的发展，现代物业建造档次越来越高，物业类型也日益丰富，相应地对物业管理要求也越来越高。熟悉现代物业类型与特征，了解现代物业的发展趋势，对把握物业管理规律性、提高物业管理水平会大有帮助。

第一节 现代物业管理的主要类型与特性

一、现代物业的主要类型

现代物业按其房屋建筑的产权性质、使用功能、建筑高度及结构类型等不同可以有多种分类。常见的分类按高度将物业分为低层、多层和高层物业；从用途上分可分为住宅和非住宅，这种分类演变为目前国际上常采用的"四分法"，即从物业用途及物业管理开展的角度将其分为居住物业、工业物业、商业物业、特殊用途物业四个类型。

1. 居住物业

现代居住物业主要包括新型单体多、高层住宅，公寓、别墅和综合性居住小区等，其中尤以居住小区这种形式为多。现代居住类物业日益呈现集中成片、建筑新颖、风格多样、室内布局合理、装修高档、设备先进齐全、室外配套完善、环境洁净优美、生活方便舒适等特点。

2. 工业物业

现代工业类物业主要包括一般的工业大厦、工业厂区和特种工业建筑。工业大厦、厂房按生产的工业产品不同，分为标准厂房与非标准厂房两类。现代工业物业厂区规划完整、建筑安全实用、机器设备系统先进、生产规范（多是流水线作业），强调水、电、原料供应顺畅，货物起卸运输方便，废料、废水、废气处理彻底，排运便利，场区清洁优美。

3. 商业物业

商业物业也被称为"商用物业"、"收益性物业"，包括办公楼宇、商场物业、酒店物业、加油站、停车场等。

（1）办公、写字楼物业。办公、写字楼物业主要包括各行各业的行政办公、业务大厦及商务写字楼宇。其中，纯出租的办公楼宇，一部分有统一房型的办公室，另一部分房型不固定，可以根据需要进行分割、组合。现代商业化的办公、写字楼宇大多位于城市中心繁华地段，交通便利，建筑档次高，外观风格鲜明，内部装修高档，设施设备先进，管理服务周全。

（2）商场物业。现代商场物业主要包括各类商场、购物中心、购物广场及各种专业性市场等。其中，大型商场多集中在城市中心区或人流密度大的次中心区，而购物中心或购物广场基本分为两类：一类是封闭型的，大多是高层商厦，多位于市中心区；另一类是敞开式的市场和广场型，一般由露天广场、低层建筑物构成，包括附设的大型停车场，多处于郊区和乡镇高速公路边。由于其进货渠道宽，货物品种多，场地运营成本低，售货量大，商品售价相对较低，经营上占有一定优势。

现代商场物业，建筑造型新颖别致，外观装饰注重独特的广告效应，内部装修强调空间的充分利用，货品齐全，购物方便，经营项目综合配套，并着意营造豪华、高雅、温馨的购物氛围。

（3）酒店宾馆物业。该类物业具体包括酒店、饭店、宾馆、旅馆等物业，主要功能是提供餐饮、住宿等服务。按建筑装修标准不同及管理服务水平高低分为不同星级。现代酒店宾馆类物业外观设计独特，内部装修豪华，服务项目齐全，多附有停车、购物、商务、会议、娱乐及健身场所，并注重特色服务、标牌效应和联号经营。

4. 特殊用途物业

主要指用于科研、教育、文体、卫生、军事、宗教等用途的物业。在建筑和管理上有自身的特点和要求，此处不再一一列述。

二、现代物业的主要特性

现代物业除了有各自的特征外，还呈现一些共同的特性，归结起来主要有以下几点：

1. 建筑等级高，装修豪华，设施设备先进

现代物业广泛应用新科技、新材料、新的施工工艺，建筑主体结构稳固，空间利用高度集约，内外装修高档豪华，设施、设备系统先进，建筑等级大大提高，建筑内涵更加丰富。

2. 建筑风格多样，个性突出

新型建筑在设计、外观上追求个性鲜明、风格多样和民族时代特色，如著名的悉尼歌剧院、香港中银大厦、会展中心等许多建筑都以独特的艺术化的外观设计、新颖的幕墙装饰、丰富的色彩搭配给人留下深刻印象，使人产生丰富联想，从而扬名世界。

3. 使用类型多，功能多样

随着社会经济的发展、分工的深化、新兴行业的不断涌现，对物业使用的特殊要求必然导致物业类型的日益增多（如传媒业的现代报业大厦、广播大厦、电视大厦等）。与此同时，即使同一物业，也常常融多功能于一体，如大型建筑常集居住、商业、办公、餐饮、娱乐等多功能于一体，以最大限度地发挥物业的使用价值。

4. 讲求与人性、环境的协调统一

现代物业强调与自然环境及城市地域特点的兼容，强调无论是外观还是内部空间布局装修，尽量能给人以视觉等多种美感享受，使用便捷舒适，达到建筑与自然和人的和谐统一。

5. 科技含量高，趋向智能化

现代物业无论是规划设计还是本体建造、使用管理，无一不体现高科技的应用。科技的应用在节约建筑投资、增加建筑安全性、丰富建筑内涵、发挥建筑整体功能等方面起到非常关键的作用。自动化、智能化是多学科高科技的结晶，也是现代物业发展的一大方向。

6. 管理要求高，技术性强

现代物业不仅建筑本身标准高，其设施设备也更加先进，加之使用上的高技术性，必然对管理的专业性、技术性要求越来越高，如各种自动化设备、系统设施的维护维修都有

极强的专业性。只有专业高效的管理，才能保证现代物业整体功能的正常发挥。

第二节　高层楼宇的物业管理

随着社会经济的发展、建筑科技的进步，高层楼宇的兴建越来越多。尽管近年来有关高层楼宇易造成城市热岛效应、峡谷风、光污染、妨碍空中交通、耗能大、遇险救助困难等弊端被很多人认识，但由于城市土地资源的日益匮乏及高层楼宇集中办公、经营等带来的高效益，高层楼宇的发展势头依然很强劲。

一、高层楼宇的含义

高层楼宇，顾名思义，是指那些层数多、高度大的用于生产、经营和居住等用途的人工建筑。随着生产力的进步、大工业的兴起、社会经济的发展，人口越来越向城市集中，对房屋土地的需求也越来越大。这种对房屋土地日益增长的需求不可能靠无限扩大城市规模的途径来解决，于是，向空间发展、增加建筑高度便成了必然的选择。高层楼宇的使用类型越来越广，包括酒店、宾馆、商住楼宇、办公大楼、功能完善的综合大厦，涉及文化、娱乐、通信、金融、交通等各行各业。

那么，究竟多少层以上或高度达到多少的建筑物才能被称为高层楼宇呢？我国通常规定 10 层以上的住宅和总高度超过 24m 高的公共建筑及综合建筑为高层建筑；美国则规定 7 层以上或高度达 22～25m 以上为高层建筑；日本却把 8 层以上或建筑高度超过 31m 的称为高层建筑。

在 1972 年的国际高层建筑会议上，对高层建筑的定义取得了比较统一的认识，并把高层建筑分为四类：

第一类高层建筑：9～16 层(最高到 50m)；

第二类高层建筑：17～25 层(最高到 75m)；

第三类高层建筑：26～40 层(最高到 100m)；

第四类高层建筑：40 层以上(高度 100m 以上)。

二、高层楼宇的特点

高层楼宇较之低层楼宇不论在建筑本身、设备配置、装修档次、使用功能，还是在管理方面都有许多不同，有其自身的特点，主要体现在以下几个方面：

1. 建筑规模大，标准高

高层楼宇身高层多，必然建筑面积大(几千～几十万平方米)、建筑标准高(设计、施工、装修都是高标准)。随之而来的，使用维护要求也高。

2. 人口集中，涉及面广

高层商住楼宇住户来自各行各业、不同地方、不同国籍；高层办公楼宇中，会集国内外大小公司机构、不同业务往来人员，涉及面十分广泛。相对来说，高层楼宇人员素质高，对管理服务和特殊服务的要求也高。

3. 设施设备复杂，专业化程度高

为了保证高层楼宇正常运转、发挥功能、生活使用方便，高层楼宇都配备了各种复杂的设施设备，需要专业化的维护管理。

4. 集多功能于一体，综合性强

现在的高层楼宇多数集商业、居住、办公、餐饮、娱乐、休闲等功能于一体，各部分功用有机结合，综合性强。

三、高层楼宇的设施设备配置

高层楼宇通常配有下列设施设备：

1. 供电系统

高低压配电房、配电干线、楼层配电箱构成大厦的供电系统，由配电房给配电。该套系统除了保证大厦内工作生活用电外，还须给一些设备提供动力，如中央空调机、水泵、电梯等。同时，高层楼宇一般还要配备备用发电机组，其主要功用是在发生火灾时为消防泵、消防电梯、消防通道照明、消防报警提供用电，也用于市电停断后的大楼供电。

高层楼宇供电系统的配置通常能做到分层分区控制，以节约用电。

2. 运输系统

高层楼宇的运输系统指载客载货电梯、自动扶梯、消防电梯等。电梯对于高层楼宇的正常运转必不可少，同时，其耗电量极大。因此，选配性能优良、荷载适当的电梯十分重要。

3. 中央空调系统

高层楼宇通常都配备集中或半集中式的空调系统，也即我们通常说的中央空调系统。中央空调系统由水系统(冷源)和风系统(空气处理及分配系统)两大部分组成。其中，水系统具体由冷水机组、冷却水泵、冷冻水泵、冷却塔及水管与相关配件组成，风系统由风机盘管、新风处理设备、风柜、风管及相关附件组成。为节省用电，方便控制，中央空调系统也要能做到分层分区控制。南方城市或天气炎热时节，中央空调还应有备用系统(北方高层楼宇还普遍设有锅炉房、送水送气管道、暖气片等一整套暖气系统)。

4. 给排水系统

高层楼宇的地下储水池、水泵、楼顶蓄水池、供水管网构成大厦的给水系统；污水井、化粪池、雨水井、排水管网构成了大厦的排水系统。给水是由市政管网将水注入地下储水池，再由水泵加压转抽到楼顶蓄水池，然后分流各层。水泵一般都有备用品，以便维修主水泵时，能用备用水泵向大厦正常供水。

5. 消防系统

高层楼宇的消防系统，配备完整的由以下7个部分组成：第一部分：消防控制中心。它由集中报警器、联防控制柜、消防电梯控制柜及控制器组成。第二部分：火灾报警系统。除设在消防中心的火灾集中报警器外，高层楼宇一般还设有区域报警器、消防巡检箱、烟感探测器、温感探测器、手动报警按钮、火灾警铃、火灾扩音机、扬声器及对讲机等通信联络器材。第三部分：消防栓系统。这部分应用较普遍，主要包括：消防水泵，包括高区消防泵、低区消防泵和喷洒泵、补压泵等。消防栓，由供水管网、阀门、水龙带、喷水枪等组成。第四部分：喷洒自动灭火系统。它由喷水泵、供水管网和喷头等组成。第五部分：防排烟系统。主要由防排烟阀门、排风机、正压送风机组成。第六部分：安全疏散系统。一般由安全通道、安全疏散指示灯、防火门、防火卷帘门等组成。第七部分：手提式灭火器。多是干粉和泡沫灭火器。这套系统应定期检视保养、试运行，以确保紧急使用时万无一失。

6. 电视监控、电子巡更、门禁管理、防盗报警系统闭路电视监控系统主要由电子摄像头、电视监视器、录像机及三者之间的连线构成，用于监控大厦重要部位，及时发现并记录异常情况，提高保安效率；电子巡更系统主要由巡更手机、墙机及打印机与附件构成，用于自动记录保安巡视到位状况；门禁管理系统实质是一套电子门锁系统，电子门锁能自动识别来人是否具有进入资格（通过感应所带磁卡信息），以确定是否开门放行；防盗报警系统有机械和红外防盗报警两种，前者是因为接触报警，后者是用红外线感应是否有异常人员擅闯、擅越。以上几种系统可以合称为安全防范系统，目的在于提高物业保安的可靠性。

7. 通信、广播系统

许多高层楼宇都配有程控交换系统等通信系统，以方便内外部信息交流。广播系统平时可用于播放背景音乐，遇突发情况时，可用于应急通知、报警、指挥。另外，高层楼宇还有防雷设施等。若是高层住宅楼宇，可能还配有可视对讲系统、燃气系统等。

需要强调指出的是，许多新型高层楼宇都配备有多种智能化、网络化、设备系统，使高层楼宇的设备体系更先进完善。

四、高层楼宇的管理内容和要求

高层楼宇本身是一个综合性的复杂系统，只有各个方面、各个环节都管好了，才能保证整个系统的良好运行，否则，任一环节的疏漏都可能导致整个大楼的瘫痪，甚至酿成不可挽回的损失。上节所述高层楼宇的特点决定了高层楼宇管理的内容和特殊要求，主要有以下几个方面：

（一）治安管理

高层楼宇由于人口集中，人员成分复杂，流动性强，加之建筑内楼梯通道、通风井道、竖井、天台、转换层、架空层、地下室等隐蔽死角多，容易形成治安隐患，所以，做好治安防范工作十分重要。一般需要从以下几个方面着手：

1. 建立高素质的治安队伍

高素质的治安人员是搞好大厦治安保卫工作的根本。为此，在人员招聘时就要严格把关，要注意身体素质、文化素质，更要注意思想素质、道德品质，要抓好上岗前的物业管理基本知识技能培训、法制制度教育、职业道德教育、文明执勤教育，还要抓好平时业务技能的训练、演习及严格管理，以保证有一支爱岗敬业、纪律严明、应变能力强、行为文明规范的专业保安队伍。

2. 健全各种安全保卫制度

为了使高层楼宇的治安防范疏密不漏，必须建立健全各种安全管理制度。健全的安全管理制度是治安周密严谨持久的保证，为此，高层楼宇的治安管理应建立《保安员上岗执勤制度》、《值班出入口大堂访客登记制度》、《巡逻保安员岗位职责》、《保安员应付紧急事件行动方案》、《机动车停车场管理规定》、《摩托车、自行车保管规定》等规章制度，要求保安人员严格遵循执行这些制度规定。同时，要熟悉大厦常住人口情况及变动情况，在易引起治安事件的时段、地点重点检查防范，确保大楼安全。

3. 健全技术防范设施

技术防范设施是治安管理中的硬件，适当配备先进的技术防范器具设施是提高安全管理水平、管理效率，切实保障大厦安全必不可少的条件。综合现有国内高层楼宇安全管理技术防范设施配备情况，主要包括以下设施设备：具有存储、记录、查询和自动检索功能的计算机治安管理系统，重要部位场所的闭路电视监控系统，可视对讲系统，电子门锁系统，通信联络系统，机械防盗系统，公共照明系统及总值班工作系统等。在此基础上，做好对上述设备的维护、保养、检修、更新工作，使之能真正发挥效用。

总之，人精器良，制度严明，方能切实保障大厦的安全。

（二）机电设备管理

高层楼宇机电设备复杂、技术性强，管理难度大、要求高。事实上，搞好机电设备管理维护是高层楼宇物业管理的一项重要基础工作，它需要周密严谨的安排、扎实细致的工作才能完成。为此，必须健全相应的管理职能机构，如设备管理维修工程部、专业维修维护小组，招聘一批技术熟练、有一定实践经验的专业人员，如电工、电梯工、机械师、高级专业技师等；健全各种管理维护制度，如电梯管理使用维护检视制度，发电设备的管理检查维修保养制度，给排水系统维修保养制度，消防系统的管理检查维修和定期测试制度，通信、防盗、闭路电视等系统的维护保养制度和各专业小组人员的管理值班制度等；同时要加强专业人员的管理培训，提高他们的技术水平，稳定员工队伍；建立完整的设备档案，清楚掌握各种设备状况。另外，也可将各类设备的专项维修交予专业维修公司去做。这样，设备管理的重点是挑选符合资质的公司，进行招标发包，签订合同，检查验收及资料回收归档。

（三）楼宇保养维修管理

高层楼宇价值高、使用面广，良好的维护、养护可以延长楼宇的使用寿命，改善其使用功能，提高楼宇运营使用的经济效益。高层楼宇保养维护管理的内容主要有以下几个方面：

（1）监督对楼宇的合理使用，防止对楼宇结构、附属设施的破坏，维护楼宇或设备的完整性，提高楼宇完好率；

（2）按《房屋完损等级评定标准》对房屋进行检查评定，然后根据《房屋修缮范围和标准》的规定，进行修缮设计，制订修缮方案，确定修缮项目，实施修缮工程管理；

（3）建立楼宇自身的技术档案，掌握房屋完好情况；

（4）建立健全维修保养制度，定期检视维修，及时处理住、用户的报修；

（5）做好楼宇维修基金、经费的管理。

（四）清洁卫生管理

高层楼宇由于人口集中，人流大，空余面积小，易脏易乱；同时，高层楼宇住用户对清洁卫生标准的要求也高。所以，高层楼宇的清洁卫生管理要设专职人员，配备相应的卫生清洁器具与用品，订立专职制度、标准、工作程序，规定装、堆、放、清垃圾的要求。除了有定时的清扫清洗外，还要有巡逻保洁，并有检查监督。对于几年一次的整栋大楼外立面的清洁等复杂的专项清洁工作，可交由专门的清洁公司去做。

（五）消防管理

由于高层楼宇的一些建筑材料耐火极限低，且高层楼宇用火、电、气等网络集中，楼体高易招雷击等火灾因素多，所以发生火灾的可能性、危险性大。一旦出现火情，由于楼宇高、人员多，火势蔓延快，火情扑救和人员疏散困难，往往会造成惨重的生命财产损失，所以必须加强消防管理。

高层楼宇的消防管理，要贯彻"预防为主，防消结合"的方针，立足自防自救（把扑救高层建筑初期火灾的责任落实到管理处人员，实行严格管理和科学管理。应着重抓好以下工作：

（1）健全消防组织，明确消防责任；

（2）制定消防制度，加强消防意识教育；

（3）完善消防设施；

（4）制订灭火应急方案，组织消防演习。

除了以上集中的专项管理外，物业公司为业主、住用户验收楼宇，办理入住、租用手续，搞好庭园绿化；协助公安派出所、居委会等政府职能部门工作，处理业主、住用户投诉，进行租赁管理及提供尽可能周全的各类服务等也是高层楼宇管理工作的一部分。

五、高层楼宇的管理模式

综合当前国内高层楼宇的管理情况，高层楼宇通常有以下两种管理模式：

1. 封闭式管理

所谓封闭式管理，就是以楼宇的整体为管理单位，用隔离体将楼宇（含附属场地）与外界分开，在管理范围内对进出楼宇区域的人员、车辆等流动性因素进行控制管理，即人、车凭牌证出入，重要物件进出须登记。管理者对辖区内治安、防火、清洁卫生、水电供应等全面负责。这种管理模式多用于高档高层住宅楼宇和一些重要部门的高层办公楼宇。采用这种模式管理，集中规范、水平高，其管理目标是尽可能使业主、住用户感到安全舒适与方便。

具体来说，管理单位为了保证安全，在楼宇停车场、存车库、大堂、电梯内等人员流动量大的地方安装闭路电视监控系统，以便在控制中心观察监督上述地方；在出入口安装电动控制闸门，以便保安人员对陌生人或大件物品进出查证、查验放行；安装可视对讲装置、报警装置，以便业主、住用户观察来人，方便与保安的联系。除此之外，还有 24 小时的昼夜巡查，以做到大厦安全的滴水不漏。

为了保证大厦成员生活舒适方便，管理人员还尽可能地提供周密细致的衣食住行用等方面的服务，如提供车辆保管，洗衣熨衣，代购盒饭，提供家庭钟点工，代送子女上学、入托、入幼等服务；设置小运动场、文化娱乐室等服务设施；对涉外房产业主、住用户有针对性地提供代理申请户口、办理家具进口审批申报、房产租赁或转让、申请安装电话等服务项目。总之，要尽可能地满足业主、住用户现实和潜在的服务需求，让每个人感到舒适方便。

2. 一般性管理

所谓一般性管理，是指以保证业主和住用户基本生活秩序为目标的管理。它的要求不像封闭式管理那样严格，但也保证有最基本的生活设施、服务内容，保证楼宇的安全清洁。

高层楼宇的封闭式管理与一般性管理相比较，封闭式管理专职管理人员多，配备的设施设备复杂先进，服务项目周全，专业性强，管理水平要求高，相应的收费标准也高。两种管理模式选择哪种，应综合考虑大厦成员的消费水平、要求和承受能力，以及管理公司的管理经费来源等具体情况而定，不能有意降低标准和要求，不能盲目追求高水平、高档次。

第三节 住宅小区物业管理

住宅小区即人们集中成片居住的区域或区块。但我们现在通常所说的住宅小区，多是指市政配套比较完善、公用设施比较齐全、经过统一规划集中建成的新型成片住宅区。小区不再是单一的居住功能，还兼具服务功能、社会功能和经济功能等各种功能。小区已是规划布局合理、配套设施齐全、功能多样、环境优美、秩序良好的新型城市组成单元。

按人口和用地规模多少的不同，住宅小区可分为居住区、居住小区和居住组团三种规模。一般来说，一个居住区规模是住户 10000～15000 户、人口 30000～50000 人，一个居住小区住户 2000～4000 户、人口 7000～15000 人，一个居住组团住户 300～700 户、人口 1000～3000 人。所以，一个居住区可由若干个居住小区组成，每个居住小区又可由若干个居住组团组成，一个组团可有若干个生活单元。

一、住宅小区的特点

住宅小区是居住类物业集中区域，有一般物业的共性，但就其整体性及其与传统的居民点比较而言，住宅小区有其自身的一些特点：

1. 住宅形式的多样性

现代住宅小区中的住宅，不管是室内装修布局还是外观色彩造型，都丰富多样，风格迥异。高层、低层错落有致，组合、变化多样，再饰以假山、绿地、回廊、雕塑小品、人工湖渠等景致，使一个小区无论是整体还是局部都有鲜明的个性特色，人们往往也就因这鲜明的特色而给小区或建筑起一个十分美好雅致甚至艺术化的名字。

2. 规划的统一性

小区的规划统一性主要表现在小区内建筑整布局协调，设施设备系统完整。即小区建筑从整体布局、外观协调、通风采光、高低疏密配置都有统一综合考虑；同时附属生活服务设施如学校、幼儿园、商业网点、健康娱乐中心等配套齐全；市政基础设施和道路、给排水、煤气、电力、有线电视、电话电缆等构成完整的网络体系；小区内专门设施如治安监控系统、消防系统等也统一配套。

3. 小区功能的多样性

小区除了基本的居住功能外，往往还兼具服务功能，如：文教卫生服务、商业饮食业服务、文体娱乐服务、金融服务、邮电服务等多种服务功能；社会功能，如社区交际交往、社区文化、社区活动、社区文明建设等；经济功能，体现在小区物业管理服务的等价有偿性和住宅作为商品的经营性等方面。

4. 小区的现代社会性

现代住宅小区，少则几百户，多则几万户。来自不同地区（甚至不同国家）、不同行业，具有不同社会背景、文化层次、宗教信仰、肤色、语言的各色人等聚居一处，小区就是一个小社会，社会经济活动频繁、文化宗教多元、生活方式多样、家庭规模核心化、血缘关系疏淡、人际关系广泛而松散、代沟明显等许多现代社会的特点在现代住宅小区都能得到体现。

二、住宅小区物业管理的目标与要求

住宅小区管理是指对新建住宅小区和老城区的整个区域管理，也是对整个区内的居住行为的管理，即对小区内的房屋建筑、市政公用设施的维护、修缮，对公共卫生、交通、治安、市场以及环境容貌的维护与整治等，是通过实施管理法规和制度，对社会居住活动和行为关系、居住习俗进行制约、调节、疏导、监督和服务；通过管理来引导人们居住行为的规范，使之秩序化、合法化；通过严格的依法管理，将管理与服务相结合，寓管理于服务中，寓管理于教育中，以利各种社会关系的相互协调。通过管理，可保护广大人民群众在居住领域内的合法权益，对稳定社会秩序，促进社会文明和稳定进步发展有重要意义。

（一）住宅小区管理目标

1. 经济效益的目标

住宅小区管理一方面通过对整个小区的有偿管理服务，为物业管理企业取得经济收入，达到实现经济效益的目标；另一方面，通过对小区的各种物业的维护管理与修缮，使物业的使用寿命延长，价值增大，从而可实现物业的保值、增值，为业主和开发商实现房屋买卖、租赁创造条件，实现其投资经济效益的目标。

2. 社会效益的目标

通过住宅小区的房屋设备、治安、交通、绿化、卫生和文化教育娱乐等的管理服务，创造一个安全、舒适、文明、和睦、优美的生活空间，这为社会劳动再生产创造了条件，也为人们自身的再生产提供了物质基础。良好的住宅小区管理能培养、教育和引导整个小区居民的正确、健康的思维和行为，创造一个有良好的人际关系与社会公德的社会环境，从精神上给人们以舒适、愉快的享受。此外，住宅小区管理还有利于政府充分发挥城市管理职能，起到"为国分忧"的作用。实施小区管理以后，小区复杂繁琐的管理工作和各种投诉的处理，统统由专业的管理机构负责，政府不再为此花费大量的时间与精力，只需要制定有关的政策规定，对住宅小区管理实行指导、协调和监督。

3. 环境效益的目标

住宅小区的水、电、煤、阳光、树木、花草、空气通风以及建筑和人口密度等方面是构成居住生态环境的重要方面，与人们的身心健康有很大关系。因此，搞好住宅小区管理，能使居住区的环境得到绿化、净化和美化，可以优化人们居住生活的生态环境，使人们身心健康。搞好住宅小区管理还能对整个城市建设规模、格局和风貌产生积极影响，进而实现整个城市环境效益的目标。

4. 心理效益的目标

通过住宅小区的管理，可使住宅和环境达到人们期望的安全、方便、舒适、优美的生活方式，使人们有一种满足、幸福的心理感受。当现实住宅和环境达不到人们的心理期望值时，人们就会产生烦躁等心理感受。因此，良好的住宅小区管理就可以达到实现人们心理效益的目标。当然，这种心理效益是一种心境与感受，因而是无形的和相对的，会随着自身条件和环境的变化而变化。

（二）住宅小区管理的总体要求

按照小区的管理目标，我们可以根据各小区的实际情况和条件制定小区具体的管理要求，总的来说可归纳为：

（1）物质环境管理要求。①增强住宅功能。即要把握住宅建设和居室装修的发展趋势，在设计上注重空间的节省、好用，结构布局的合理，设备安装的方便归位，引导居民在装修时通盘考虑房间布局、采光、通风及厨房设备、卫生设备、生活设备安装的合理性、安全性、舒适性。②搞好小区设施配套。主要是指治安、消防、卫生、交通、文体、娱乐等公建设施配套,一般按"统筹兼顾、添建补缺"的原则,就近、方便配置。③美化环境。主要是要在绿化、美化上下功夫。首先,尽可能将空地绿化,并注意花、草、树木的选择、搭配,再以雕塑、假山、水池、喷泉、亭台、榭舫等装扮小区,使小区景色优美,清幽宜人。

(2)社会环境管理要求。①健全机构,形成机制,实行专业管理与群众管理相结合的模式,充分发挥小区管委会的作用,调动各方面积极性。②完善制度,协调理顺内外部各方关系,进行综合治理。③开展社区文化活动,加强精神文明建设。

三、住宅小区物业管理的具体的内容

1. 房屋管理

房屋管理是小区物业管理的基础和本源。房屋管理的主要内容包括:

(1)房屋结构与外观完整与完好的维护;

(2)房屋老化、损坏的检查、鉴定、赔偿与修复;

(3)房屋内外装修的审批与约束;

(4)建筑内外的标志广告管理;

(5)房屋档案的建立与维护更新。

2. 共用设施设备维修保养

(1)对区内供水、供电、公共照明、电梯、空调等设施设备的管理:①建立各主要设施、设备的管理使用制度;②确定专业技术人员分工负责;③对设施设备进行定期检查维护;④建立报修、回访制度,特殊情况的公告,应急处理。

(2)对区内道路、公共排水、排污管道和化粪池等市政设施维护管理:①道路管理重点是确定车辆通行规则,主要工作是防止占道经营、车辆乱停乱放,做好道路的维护保养,保持道路平整通畅;②排水排污管道和化粪池管理工作的重点是防止人为因素引起的管道堵塞,防漏清疏,做好周期性的检查维护。

3. 公共秩序维护

(1)区内治安管理:目标是保证小区的安全、安宁。其工作分为两部分,一是安全保卫,二是正常工作、生活秩序的维护。包括:①配置保安设备,成立保安队伍,制定保安制度;②对保安员进行专业技能、职业道德培训、考核;③进行区内定点监控、重点防范、治安巡逻;④进出登记,治安事件记录,联防联保;⑤违章纠正,文明礼貌和社会道德教育。

(2)区内车辆管理:车辆管理的主要工作是行驶管理、车辆停放和车辆保管。包括①根据实际情况(道路状况、安静度需要、停放场地大小、人流特别是儿童流量大小等)划定允许进入本区域的车辆品种及型号;②设定合适的行驶线路和限速要求,并进行认真指挥管理;③设定合适的停车场、棚、库房;④订立适当的车辆进出门卫检查、放行制度;⑤订立车辆停放保管制度;⑥禁止车辆乱停乱放,订立执行相应的管理措施;⑦配置相应的监控、防盗设施。

(3)区内消防管理。包括:①贯彻国家和当地政府消防工作法令,制定严密的区内消防制度;②坚持固定的巡查检修制度和节假日重大活动的全面检查,一有问题,限期整改

解决；③健全专职和兼职的消防组织及义务消防制度和责任人制度；④进行防火防灾宣传教育；⑤抓好平时的管理训练、演习。

4. 环境卫生、绿化管理

环境管理的主要任务是维护保持小区的宁静、舒适、整洁、优美。主要工作内容包括：

（1）制止区内乱丢、乱放、乱倒、乱堆废物垃圾，制止乱张贴、乱涂写，制止饲养家畜家禽，控制噪音及空气水质污染，消除区内污染源；

（2）对区内的马路、便道、绿化带、公共场所及时清扫保洁，设立卫生收集器具，及时收集、清运垃圾，及时对垃圾桶等卫生器具清洗消毒归位，加强防疫灭鼠、灭蟑螂、灭蚊蝇，加强对区内经营商户的卫生管理检查，保持区内清洁卫生；

（3）加强小区的绿化养护，对绿化带、区内小公园、道路两侧树木、花草及小品建筑设专人养、培、修、护，保持小区的美化绿化。

5. 收费管理

包括各种收费标准、办法的制定、收费实施，基金和各项经费的使用管理及账目公开等工作。

6. 提供各种服务

现代小区管理的好坏，不仅在于以上所述各项目管理的好坏，更能体现物业公司管理水平高低的是能否提供周到细致的综合性服务。按服务性质，可以将小区内提供的服务分成以下几项：

（1）公共性服务，它是为维护小区的整洁、环境的美化、居民生活的方便，而提供的必需的服务项目。

（2）委托性服务。委托性服务是指根据居民需要，受委托而提供的服务，旨在方便住户。

（3）经营性服务。经营性服务是物业公司本着方便居民生活、补充小区管理经费不足、扩大企业收入来源、推动企业扩大发展而积极开拓的多种经营服务，要求服务态度好、水平高、有针对性。

实际上，住宅区管理的除上述各专项管理服务内容外，前期介入小区的前期规划、配套设施完善性检查、建设期监理和竣工验收、业主入住和装修监管等内容也十分重要，有关内容在第三章中已有较详尽的介绍，此处不再赘述。

为规范和加强管理，行业管理部门和协会已制订了较为详尽的管理内容和要求，具体可参看《普通住宅小区物业管理服务等级标准》（见附件）。

四、住宅小区的文明建设

住宅是人们的基本生存依托之一，人的一生有 1/2 以上的时间要在住宅中度过。因此，搞好住宅小区的文明建设，改善人们居住的物质环境和人文环境，使人们有一个家庭和睦、四邻友善、环境优美、秩序良好、风格高雅的生活空间，对促进小区居民的身心健康，养成良好的生活习惯，形成互助友善、关心他人、关心社会的良好风气，提高人们的精神境界和道德水平有着不可替代的作用。另一方面，小区是城市的基本组成单元，小区文明建设抓得好，对于减轻政府负担，促进社会稳定，形成良好的市风市貌，乃至促进下一代的健康成长，促进整个国民素质的提高都有十分重要的意义。

小区文明建设的基本做法：

1. 抓好小区物质环境的改善提高

抓好小区物质环境的改善提高，努力为区内居民创造一个环境优美、居住安心、生活方便的生活空间，满足人们的基本生存需求。

2. 完善服务体系，做小区居民的贴心人

人们在基本生活环境质量要求得到保证后，自然会渴求精神、文化生活的改善。管理者要进一步发挥小区居民整体的力量，培养引导小区的良好风尚，就要做区内居民的贴心人，尽可能想他们之所想、急他们之所急，完善服务项目，如提供老人保健、儿童教育帮助、家庭生活服务帮助、就业帮助、家庭关系及邻里关系调解帮助等各种服务，让区内居民觉得有依靠、有温暖、有归属感，对管理人员怀有敬佩、信服之心。在这个基础上，引导大家开展一些有益的活动便有了号召力。

3. 制定小区文明公约

环境的优美可带来区内人们的自豪感、认同感。周密细致的服务让区内居民有贴心、归属感，在此基础上，管理单位会同全体居民订立小区文明公约（或业主文明公约），就会得到小区居民的真心拥护和自觉遵守，从而可以用公约对全体居民的行为、语言、思想起规范引导作用，使小区文明水平得到全面提高。

4. 开展丰富多彩的社区文化活动

可以通过与有关部门（政府有关部门、专业文化团体）联合和发动区内营业单位的赞助，开展书画展、文艺表演、体育比赛、知识竞赛等全体区内成员可选择参与的文体活动，让他们充分展现特长、表现个性、增进彼此的了解；在区内建立文体活动室、图书馆、名人雕塑等人文景点，增加小区文化品味；同时还可在区内组建成立社会俱乐部和英语角、戏曲角、拳操角等区内各种活动基地，使居民休闲娱乐有去处，锻炼学习有场所，业余生活更充实；还可区区之间协商共办一些区际文体活动以达到开放、交流、扩大交际面的目的。总之，通过各种社区文化、集体活动的开展，可以培养居民的参与意识、集体荣誉感、地域归属感和自豪满足感，使得人们觉得小区不仅是自己居住的家园，而且是自己的精神家园。

5. 进一步拓展文明建设的深度

可以通过开展文明创建活动，评选文明小区、文明楼宇、文明家庭和模范个人；通过舆论宣传引导，组织区内居民参加爱心捐助，关心教育、环保等公益活动；宣传表彰区内各方面杰出人和见义勇为、热心助人的行为事迹，进一步培养人们关心社会、关心他人、互助友爱、奋发向上的精神品质，使小区文明建设达到更高一层境界。

第四节　商业物业管理概述

商业物业在国内也有人称为"商务物业"、"收益性物业"。美国的罗伯特·C·凯尔则认为商业物业是"一种私有但为公众提供商品、服务、设施和场地的场所"、"例如办公楼宇、购物中心、百货商店、加油站和停车场等"。

随着我国国民经济的发展和城市建设水平的提高，各种类型的商业物业迅速发展，商业物业管理作为物业管理的一个重要组成部分，其市场化、社会化的程度也比较高。商业物业有出租经营、确保最高回报率的目标，它们的设备设施比较先进、复杂，对专业物业管理的要求较高，要求管理者有系统的经营管理理论、服务意识和操作技能，它最能反映现代物业管理的本质。

一、商业物业的类型

（一）划分商业物业的标准

目前，国内尚未有划分商业物业的明确标准，有人在划分"经营性物业"时，把工业厂房与仓库也包括在内，也有人在划分"收益性物业"时，把用于出租的公寓也包括其中。当然，从"经营性物业"或"收益性物业"的概念来看，这种划分并无不妥，但如果把这些分类套用于商业物业就显然不当。因为，工业厂房与仓库明显应属于工业物业，而出租的公寓，无论从不动产管理的惯例或租户性质，都应属于居住物业。因此，划分商业物业，必须符合商业物业所具有的属性，即：

（1）经营性。无论业主或租户，他们付出货币而获得物业永久或一定期限的使用价值，其主要的目的都是直接或间接从事经营活动，他们的付出均构成经营成本的组成部分，经营活动的赢利目的非常明显。

（2）公众性。该类物业主要是为公众服务，为有现实需要或潜在需要的顾客服务，因而，原则上是应该能够向公众开放的。在这类物业中，虽然也有些企业制定了准入"门槛"，如会员制俱乐部，但这种门槛只能是"消费门槛"，凡具有这种消费能力和消费需要的顾客，都应该可以进入。

（3）服务性。该类物业主要从事第三产业，即服务业的经济活动，而不是从事第一产业或第二产业的生产活动。

作为商业物业，必须同时具备以上三种属性，也可以说，这就是划分商业物业的标准，只具备其中一个或两个属性的物业，则不能认为属于商业物业。政府机构的办公楼，虽然也具备服务性和公众性，但不具备经营性，因此，在国外都是把它们划为"特殊物业"或"其他物业"；一般的工业厂房与工业大厦，只具备经营性而不具备公众性和服务性；至于储运仓库，则具备了经营性和服务性，但缺乏公众性，因为允许其出入的仅是物流而非人流。

以上述三个属性来界定商业物业，只能从该类物业的总体特性来进行分析，而不能考虑该类物业的局部情况。比如，有些私立学校、私立医院等，我们不能否认他们均具备了经营性、公众性和服务性等属性，但作为占该类物业大多数的公立学校和公立医院，是不具备经营性的。因此，我们没有必要，也没有理由在这类物业中划出一些为"商业物业"。

（二）商业物业的类型

根据第三产业的部门划分和商业物业的三个属性，商业物业大致可分为：

1. 办公物业

指各种商业机构用于从事经营管理的场所，又称为商务楼。商务楼是商品经济和社会专业分工发展的产物。当商品经济发展到一定水平，客观上就需要一种集中的办公场所，于是，商务楼就应运而生，并得到迅速的发展。按照不同的角度，商务楼可以分为如下的不同类型：

（1）按建筑面积的大小，可以分为小型、中型和大型。

（2）按商务楼的功能可分为单纯型、商住型和综合型。

（3）按大楼现代化程度可分为智能化大楼和非智能化大楼。

（4）按建造等级和所处区位、收益能力等综合因素可分为甲级写字楼、乙级写字楼、丙级写字楼。

2. 酒店物业

酒店一词是从英文"Hotel"译过来的。Hotel 来自法文，原意是小旅馆，我国的称谓在古代为馆驿、客栈、驿站等。酒店是提供饮食产品及客房，各项设施与无形的服务效用的综合型产品与服务，从而获得利润的经济单位。酒店从古代简陋的小客栈发展到今天的"小社会"、"小城市"，完全反映了人类的经济和生活的发展变化，反映了人们的消费要求，是为了人们的各种不同的旅游消费需要而出现的。

3. 商贸物业

商贸物业是为商品流通、销售而进行经济活动的场所，可以分为零售中心（购物中心）、批发市场（交易中心）和街区商铺等类型。

4. 娱乐休闲物业

主要指为人们提供娱乐休闲活动的场所。随着现代生活的节奏加快和社会竞争激烈，在紧张工作之余，娱乐休闲已经成为都市人调节心理、恢复精力的重要手段。因此，该类物业近年在国内发展迅速，按照设施与功能，可分为综合性的娱乐休闲物业（社区会所、会员制俱乐部、主题公园）和专项性的娱乐休闲物业（舞厅、卡拉 OK 厅、保龄球馆等）。

二、商业物业的特点

1. 需要良好的商业氛围

商业物业的经营就是要吸引顾客，所以，讲究良好的区位和交通条件，包括便捷的公共交通和足够的停车场，利用集聚效应，成行成市的布局来扩大消费半径，利用户外广告、霓虹灯饰和巨幅招牌营造气氛。

2. 追求设施的先进性

只有良好的、舒适的、高档次的先进设施，才能保证业主的物业出租率及租客的营业收入。很多有名的酒店、商业大厦，虽然历史悠久，但仍长盛不衰，除了其良好的商业信誉外，其重要的原因之一就是不断更新设备设施，保持先进性，才能吸引租客和顾客。

3. 有很高的租赁比例

很多商业物业的投资者，当物业建成后，全部或部分用于出租给其他人进行经营活动，以收取租金作为投资回报，如办公物业，出租率会远高于自用率。有些商务楼虽然是作为开发建设单位总部的所在地，但也只有部分属自用，其余均出租给其他机构，如广东建设银行大厦、广东发展银行大厦、粤海大厦、健力宝大厦等均是如此。至于购物中心、批发市场等则很多都是出租铺位或摊位。

4. 以出租为主的商业物业具有价值不能库存的特点

以出租为主的商业物业中，房屋建筑物及其设备设施的价值是不能库存的，若当天租不出去，就失去当天的价值和费用回收补偿的机会。如商务楼的房间数是固定的，即使这个月的出租率达到 100%，也无法挽回上一个月空置所造成的损失。而且不论物业的出租情况如何，其物业的管理服务支出的固定成本，一般不会因物业的空置而有太大的变化，如管理处的人员数量、公共照明、电梯服务等，都不会因租客的减少而削减。

三、商业物业管理的模式

1. 自建自管

在商业物业中，有些开发建设单位投资兴建物业后，在即将竣工时则开始筹建班子，准备日后的经营与管理。凡适用于自建自管的物业，首先是开发建设单位本身是惟一的业主，物业中没有出售的部分；其次，也应该是以自用为主，只有部分出租。这样，就不会产生区分所有权的问题，没有共有部分，也甚少共同事务。再次，该类物业需要自建自管，是因为他们的经营活动与管理服务的同步性极强，管理服务中的微小失误，都可能导致经营活动的损失，如在酒店中，服务员的粗心或清洁工的鲁莽，都可能使顾客中止消费。所以，该类型的物业多为酒店物业，尤其对小型、低档次的酒店物业比较适用。而对于四星级或五星级的酒店，则最好按现代管理理论的要求，实行所有权与经营权分离，委托专业的酒店管理公司进行经营管理。

2. 自营与专业物业管理相结合

这种模式是由开发建设单位负责商业物业的出租经营和产权产籍管理，而聘请专业物业管理企业提供日常管理与服务。一些大机构投资兴建的商务楼常用这种模式，建成后部分楼层作为机构总部办公用，其余部分用于出租经营，但又对邻居（承租人）的选择比较慎重。另外，有些零售中心和批发中心，开发建设单位掌握了较多的租赁客源，为降低出租经营成本，也采用这种方式。

3. 委托经营

由开发建设单位把建成的商业物业委托物业管理企业，承担出租经营和日常管理服务工作。这种状况，主要是我国目前的物业管理企业，绝大部分为开发建设单位属下的子公司，物业建成后，开发建设单位"顺理成章"地交给子公司进行经营管理。这种模式要求受委托的物业管理企业有一定的商业物业管理经验，如果缺乏这种经验，一般都会在开业时聘请一些水平较高的专业物业管理企业担任顾问工作。

也有些开发建设单位把出租经营业务委托给房地产代理公司，这样，可以充分利用代理商的营销经验和租户网络，较快地完成物业租赁工作，取得较好的经济效益。

目前的商业物业，大部分都是委托经营型的，因此，研究该类型的物业管理，自然就成为商业物业管理的重点。商业物业管理工作中的每一部分，都应以满足当前的承租人需要和吸引新的承租人为中心。

第五节 写字楼的管理

写字楼是我国目前高档物业的重要组成部分之一，其主要功能是为业主和用户提供高档次的办公场所和管理服务。写字楼一般建筑规模都较大，设备设施先进，对管理服务要求较高，而且很多写字楼都存在着多个业主的情况，客观上需要有人提供专业化的物业管理，现代物业管理正是在美国芝加哥的摩天大楼管理中诞生的。

一、写字楼的含义

写字楼原意是指用于办公的建筑物，或者是由办公室组成的大楼。写字楼可能是所有者自己使用一部分，其余部分用于出租。作为收益性物业，写字楼也常常被用来全部出租，以收回投资和取得利润。当然也有这样一种情况，即发展商建成写字楼后，分单元出售给企业作办公用。但通常情况下，写字楼是指以出租办公室为主的收益性物业。

许多写字楼除了办公室以外，还设有展示厅、会议室、洽谈室等，可以进行包括办公在内的各种商务活动，这类写字楼又称商务楼。在现代，不少大楼将办公、住宿、商务活动等功能综合在一起，又称为综合型写字楼。当然，写字楼功能再多，用作写字办公部分的面积总是最多。

写字楼是商品经济和社会专业化分工发展的产物。写字楼为社会各行各业各部门提供了集中办公的场所，大大缩短了社会各方面人员的空间距离，为他们进行公务、商务往来等提供了极大的便利。现代社会文明发展对写字楼的需求越来越多，要求越来越高。

二、写字楼的类型

1. 按建筑面积的大小分

（1）小型写字楼，一般为 1 万 m^2 以下。

（2）中型写字楼，一般为 1 万～3 万 m^2。

（3）大型写字楼，一般为 3 万 m^2 以上。

2. 按写字楼功能分

（1）单纯型写字楼，就是基本上只有办公一种功能，没有其他功能（如展示厅、餐饮等）。

（2）商住型写字楼，就是既提供办公又提供住宿。这又有两种形式，一种是办公室内有套间可以住宿，如上海启华大厦；另一种是楼的一部分是办公，另一部分是住宿，如北京国际大厦。

（3）综合型写字楼，就是以办公为主，同时又有其他多种功能，如兼作公寓、餐厅、商场、展示厅等。现在许多新建的写字楼还设有舞厅、健身房等。上海瑞金大厦、广州世贸大厦都属于这种类型。

3. 按大楼现代化程度分

（1）非智能型写字楼，即传统的、不具备自动化功能的写字楼。

（2）智能型写字楼，是具有高度自动化功能的办公大楼。根据建设部 2000 年 7 月颁布的《智能建筑设计标准》，智能建筑应兼备建筑设备自动化系统（BAS），通信网络系统（CNS），办公自动系统（OAS）。随着科技快速发展，写字楼自动化程度也不断提高，许多新建的写字楼已实现了停车管理自动化系统、安全防范系统等。

4. 按建造等级、所处位置和物业管理的档次分

（1）甲级写字楼，具有优越的地理位置和交通环境，建筑物的自然状况良好，建筑质量达到或超过有关建筑条例或规范的要求；其收益能力与新建成的写字楼相当；有完善的物业管理服务，包括 24 小时的维护维修及保安服务。

（2）乙级写字楼，具有良好的地理位置，建筑物的自然状况良好，建筑质量达到有关建筑条例或规范的要求；但建筑物的功能不是最先进的（有功能陈旧因素影响），有自然磨损存在，收益能力低于新落成的同类建筑物。

（3）丙级写字楼，物业已使用的年限（楼龄）较长，建筑物在某些方面不能满足新的建筑条例或规范的要求；建筑物存在较明显的自然磨损和功能陈旧，但仍能满足低收入租客的需求并与其租金支付能力相适应；相对于乙级写字楼，虽然租金较低，但仍能保持一个合理的出租率。

三、现代写字楼的特点

（1）现代写字楼多建于大城市的中心繁华地段。因为城市中心地带交通方便，经贸活动频繁，信息集中通畅，便于集中办公、处理公务和经营。以金融、贸易、信息为中心的大城市繁华地段，写字楼更为集中。

（2）现代写字楼建筑规模大，办公单位集中，人口密度大。写字楼多为高层建筑，楼体大，层数多，有相当规模的建筑面积，往往能汇集成百上千家大小公司机构。

（3）现代写字楼有良好的建筑和现代化的设备。现代写字楼一般建筑材料上乘，造价高，具有考究的外部风貌，有独特的线条、格局和装饰。内部一般都配有先进的设备设施，如中央空凋、高速电梯、监控设备、现代资信设备等。

（4）现代写字楼功能齐全，设施配套，形成独立的工作、生活系统。一般写字楼都设有前台服务、会议室、小酒吧、车库等，综合写字楼甚至有餐厅、商场、卧室等配套设施，为客户提供便利的工作与生活条件，满足他们高效办公的需要。

（5）时间集中，人员流动性大。写字楼的主要功能是为业主和客户提供办公场所，因此，写字楼的作息时间比较集中，上下班时间及办公时间，人来人往，川流不息；下班后人走楼空，人流稀少；写字楼的这一作息特征，决定着物业管理和服务工作的特色。

四、写字楼管理的要求

写字楼管理可围绕"安全、舒适、便捷"六个字来展开。安全是指提供安全保障，用户在写字楼里工作放心；舒适是要创造优美整洁的环境，让用户感到舒适、愉悦；方便是指保证设备设施正常可靠运行，同时提供尽可能多的服务，让用户感到方便、快捷，满足他们高效办公的需要。

1. 写字楼管理高起点、高要求

现代写字楼规模大，功能多，设备复杂先进，各方面的管理难度大，要求高；另外，写字楼具有收益性物业的特性，只有高质量、高效率的管理与服务才能赢得客户，获得良好稳定的收益。如果说建筑设备是写字楼经营的硬件，那么物业管理就是其软件。优良的物业管理不仅可以使写字楼保值、增值，还会提高写字楼的档次，获得较高的出租率。

因此，写字楼的管理必须有高标准的管理要求，高技术的管理手段，高素质的员工队伍。

2. 加强治安防范，特别重视消防管理

虽然写字楼人口集中，便于管理，但是写字楼的安全保卫工作却很重要，它不仅涉及国家、企业、个人财产安全及个人生命安全，还涉及大量的行业、商业秘密，而且写字楼一般办公时间开放，人员流动大，给安全保卫工作造成一定难度。

消防工作向来是写字楼管理的重要工作之一。首先，写字楼设备复杂，垂直通道多，装修量大，易燃材料多，加之高层建筑水平风速大和易受雷击，所以火灾隐患多。其次，高层建筑发生火灾不易扑救，基本上只能靠自身消防设备的自救。写字楼入口人流密度大，建造档次高，一旦发生火灾，会造成人、财、物的巨大损失。

3. 对写字楼的清洁保养要求特别高

清洁工作是写字楼管理服务水平的重要体现，关乎大厦的形象，直接影响写字楼的经营。尤其是外墙的清洗，是写字楼重要而经常性的工作。整洁的环境不仅是健康的需要，还能使人赏心悦目，提高工作效率。其次，清洁也是对建筑设备进行维护保养的需要，在延长其使用寿命方面具有重要作用。

4. 强化设备管理工作

相对其他物业，写字楼最大的特点是拥有齐全先进的设备设施，因此设备管理是写字楼管理的基础与核心，是工作量最大、管理最难、技术最复杂的一项工作。设备设施的正常运行是写字楼运作的保证，是写字楼管理水平和专业技术水平的重要体现。

5. 完善配套服务，强化服务质量

为增强写字楼的功能，满足用户方便、快捷的工作需要，写字楼管理应不断完善各种配套服务，一般包括日常性服务、委托代办服务及各种商务服务。应该说，物业管理是管理与服务的统一，然而写字楼更强调服务，集管理、服务、经营于一体，这是由写字楼的性质和功能决定的，也是写字楼管理的重要特征。服务也是一种精细的文化，完善优质的服务可以提高物业管理的品位，提高写字楼经营的档次。因此，写字楼管理要注重服务的质量，强化员工的服务意识和业务素质。

五、写字楼的基本管理

写字楼管理最重要的三个方面是设备管理、安全管理、清洁绿化管理，而且分别由工程部、保安部、清洁部专门提供管理服务。

（一）工程设备管理

1. 写字楼的主要设备

写字楼的主要设备设施有：供电系统、空调系统、电梯、给排水系统、消防系统、通信网络系统及其他配套设备设施，其中重点设备设施的管理有特殊要求。

（1）水电设施：包括高低压变电房、备用发电房、水泵房、上下水管道等。水电设施是写字楼的基础设施，也是重要设施，必须实行 24 小时值班监控，供水供电要有应急措施。供电系统关系到大厦的安全用电和其他设备设施的正常运行，必须按规定进行检查维护，发现问题及时检修，应急发电率须达到 100％。

（2）空调系统：写字楼一般都采用半集中式空调系统，有专用机房，该系统是保证写字楼办公环境舒适宜人的重要条件，也应实行 24 小时值班监控。

（3）电梯：应注重电梯的保养与维护，保证电梯运转正常，电梯运转率不低于 98％。在上、下班人员比较集中的时候，必须保证电梯运行无阻。

（4）消防系统：应特别重视写字楼消防设备和管网的管理，定期检查、试验，保证管网处于完好状态，紧急情况下能及时投入使用。消防设备完好率应达 100％。

2. 写字楼设备管理要求

写字楼设备管理工作量大，专业化程度高，所以人员配备多，技术素质要求高。同时设备管理也是写字楼最重要的工作，具体要求有：

（1）建立设备登记卡及设备维修档案，保证设备管理的规范性、连续性；

（2）建立完善科学的工程部组织架构，选聘有经验的技术骨干，重要工种应持证上岗；

（3）制定工程部各工种各班组的岗位责任制，明确分工与职责，同时制定严格的监管制度，保证设备管理工作的可靠落实；

（4）制定严格的值班、巡查制度；

（5）制定完善的设备保养和维修制度；

（6）制定应急情况处理措施。

3. 写字楼的装修管理

写字楼的室内二次装修是比较多的，用户往往要根据自己的需要重新进行装修。工程部应安排专人负责这一工作，要对新的装修图纸进行审核，并会同保安部上报政府消防主管部门审批，待批准后才能施工，在施工过程中要加强现场监理，确保按规定施工。

（二）安全管理

1. 治安管理的主要任务

（1）门卫工作：着装整齐，维持大门口秩序，疏导交通车辆，为客人拉门、指引楼内方位及提送行李等，同时应注意进出的可疑分子，做好保卫防范工作。

（2）安全巡检：定时和不定时地对大楼内外各个部位进行巡视检查，发现不安全因素应及时解决。

（3）控制室值班：运用监控手段对各重要部位进行电视监视与录像，及时有效地发现和控制犯罪，同时密切注意消防报警系统的设备运行情况。

（4）停车场管理：疏导车辆进出，检查停车证件，收取临时停车费，进行停车场消防和安全管理。

2. 治安管理的要求

（1）建立健全各种治安管理制度，如各种值班制度，非办公时间出入大楼的检查登记制度，下班交接检查制度，定期检查安全设施制度等。

（2）建立用户档案，熟悉业主、租户情况，增加沟通了解，有利于治安工作的开展。

（3）坚持服务原则。从本质上看，保安也是服务，即提供保安服务，因为写字楼管理的宗旨就是为用户服务。

（4）软件与硬件同时抓。一个大楼治安的管理，既要靠软件也要靠硬件，即一方面要提高保安队伍的素质，抓好人防工作，另一方面加强保安设施的建设，完善安全监视系统。

3. 消防管理的要求

消防管理是写字楼管理中一项非常重要的工作，应由专人负责。现代写字楼楼体高而复杂，机电设备多，人员流动大，火灾隐患多，而且一旦着火容易蔓延，不易扑救，只能靠自身消防设施自救。所以消防管理的原则是以预防为主，宣传先行，防消结合，做好防火工作。

（1）明确防火责任人，设专职消防人员。消防人员应熟悉消防基本知识，掌握防火、救火基本技能。

（2）加强消防设施的装备和完善，定期检查、试验，保证紧急情况下立即投入使用。

（3）设立消防监控室，实行 24 小时值班监控，密切注意火警系统的设备运行情况，及时处理紧急情况。

（4）制定消防细则，落实消防措施。

（5）做好消防宣传工作，加强楼宇全体人员防火意识，教育员工、业主、租户遵守用火用电制度，经常开展消防知识普及活动。

（三）清洁绿化管理

1. 写字楼清洁管理的特点

（1）对清洁工作要求高

物业清洁保养是写字楼管理的重要组成部分之一，是物业管理服务水平的直接体现。高质量的物业清洁保养为用户提供整洁、舒适、优美的工作与生活环境，提高大厦的形象和声誉。同时，写字楼多属高档物业，通过清洁保养可以延缓装饰物自然老化和人为磨损，延长物业再装修翻新的周期。所以，物业清洁保养对写字楼的保值、增值具有重要意义。

（2）清洁难度大，专业化程度高

写字楼的保洁，可以说是现代意义上的清洁工作，它既包含一般清洁工作的内容，又不同于一般的清扫清洗工作。由于写字楼装饰装修材料上乘考究，清洁工具和清洁方法都有特殊要求。写字楼大堂、室内地面多为大理石、花岗岩、木地板或地毯等，这些装饰材料需要用相应的机器吸尘、刷洗、打蜡、抛光。就清洁剂来说，常常需要专用清洁剂。高层外墙清洗具一定的危险性、复杂性，专业化程度高。实践证明，现代清洁工作具有相当程度的科学性和专业性，逐渐成为现代社会分工中的一个独立分支，一些专业清洁公司纷纷应运而生。

2. 写字楼清洁工作的主要任务

（1）大堂保洁

大堂是大厦的进出口，是物业使用者和外来客人进入大厦的第一个场所，是显示大厦形象的重要区域，人流量比其他区域多，使用率最高，因此大堂的清洁保养是最重要的。大堂最容易被脏污的部位就是地面，需要定时巡回清洁，以确保地面经常处于清洁状态。地面打蜡是最重要的清洁保养手段，它可以使地面光亮并减轻磨损，尤其是大理石表面坚硬度不如花岗岩，极易磨损，通常情况下应一到两个月保养一次，并每周抛光一次。

（2）洗手间保洁

大厦内一般每层楼设有洗手间，洗手间是大厦内使用最频繁、最易脏污的部位。因此，洗手间的清洁保养，也是显示大厦清洁保养水平的重要方面。

（3）玻璃清洁

玻璃是高档写字楼不可缺少的装饰材料，因此，玻璃清洁也成为清洁工作一个很重要的方面。玻璃的传统清洁方法是用抹布揩，既费时又效果不理想，目前多用刮窗器，速度快效果又好。通常情况下大堂玻璃等每月要大揩一二次，如果雨后玻璃被脏污应及时补做。

（4）地毯保洁

地毯清洗分为干洗和湿洗两种方式。干洗的优点是清洗完毕即可使用，缺点是价格昂贵。目前常用的方法是湿洗，价格比较便宜，正常清洗后 6～7 小时即可干透。由于写字楼夜间不工作，这种方法比较适合。

（5）公共通道保洁

大厦内走廊、人行楼梯、电梯、手扶电梯是客户进出的公共通道，由于人员往来频繁，经常处于不间断使用状态，很容易被脏污，因此必须注意清洁保养。

（6）外墙保洁

近年来，许多城市新建的高档写字楼都装设玻璃幕墙、铝合金、大理石等新型材料。这些外墙表面很容易附着灰尘，经日晒雨淋，表面污迹遍布，极不雅观。而且，由于环境污染，城市上空充满各种废气和带有酸性或碱性的微粒，这些物质附在大厦外墙表面，如果不及时清洗，时间一久，外墙表面就会被腐蚀。为了保持大厦的整洁、美观及物业价值，应定期对外墙进行清洗。

3. 绿化管理

大厦区域和周边绿化是大厦建筑环境及其功能与美观结合的整体，绿化工作以适用、经济、美观、大方为原则，统筹规划，合理布局。

大厦因其着重综合使用的实效和建筑方面的限制，使得可绿化区域和面积较小，室内阳光照射不很充足。尤其对于高层楼宇，花卉摆放过于分散，分布的区域又大，只能借助于人工浇水养育，给绿化工作带来种种困难。为了较好解决这一问题，就必须充分利用大厦范围内的有限场地，采取水平绿化和垂直绿化相结合的方法，在拥挤的建筑空间插入一片片新绿。

六、写字楼的服务

提供多种服务项目，是写字楼性质与特性所决定的。写字楼功能越多，相应配套服务越多，换句话说，写字楼服务项目越多，写字楼功能就越强。提供多种配套服务可以方便用户生活、办公、开展业务，大大提高工作效率，还能使物业管理公司通过有偿服务实现自身的生存与发展。提供优质服务是写字楼管理的基本要求，也是写字楼营销的重要策略，所以必须加强写字楼的服务管理。

（一）前台接待服务

写字楼的前台服务与宾馆相似，主要是为客户提供一些日常服务，包括接待客人，帮助他们解决有关问题，如问讯答复、出入引导、接收外来电话、信报收发等等。

（二）综合配套服务

1. 商务中心

商务中心是写字楼为了方便客人、满足客人需要而设立的商务服务机构。商务中心是写字楼中常见的服务项目，主要服务内容有：

（1）为用户提供打字、复印、传真、电传等服务；

（2）文秘服务，包括各类文件处理；

（3）翻译服务，包括文件、合同等；

（4）商务会谈、会议安排；

（5）承接各种培训服务；

（6）邮政服务。

除以上各种服务，商务中心还提供许多与商务活动有关的其他服务如商务咨询、商务信息查询、印刷服务、办公系统自动化服务等。

商务中心是写字楼常设的基本服务部门，提供的是小区域、多项目的直接服务，客人对商务中心服务质量的评价，是以服务的周到与快捷为出发点的，要做到服务周到、快捷必须依靠经验丰富的工作人员和健全的工作程序。

商务中心的设备很多，如电脑、打印机、传真机、复印机、影视设备、中英文处理机等等，而且多数成本较高，精密性强，商务中心人员应严格按程序操作，定期保养设备，一旦发生故障，应由专业人员进行维修。

2. 团体膳食服务

现代写字楼，一般都集聚着成百上千的职员，他们要工作也要吃饭，办好客户餐厅，解决好一日三餐问题，是写字楼管理的一项十分重要的服务工作，也是物业管理档次高低、服务好坏的重要标志之一。这是因为：

① 膳食服务直接影响物业的出租率，在维系老顾客、增加新顾客方面起着重要作用；

② 膳食服务是与租户接触率较高的服务项目，更能体现物业的管理水平；

③ 搞膳食服务有利于物业保值和物业清洁管理。因为若不设立客户餐厅，允许租户在写字间用餐，不仅清洁卫生难以保证，而且会招致老鼠、蚂蚁等进入物业，给物业的保养带来很大困难。

因此，每一个物业管理公司，都应努力办好客户餐厅，为用户提供清洁卫生、花样翻新、美味可口、物美价廉的饭菜，使客户不仅有一个清新宁静的办公环境，而且有一个舒适满意的用餐之所。

3. 停车场服务

写字楼为方便用户，都设有地下及地面停车场。停车场服务也是与用户接触率较高的一项服务，而且直接关系用户的财产安全，所以停车场服务也是重要的服务项目。停车场的管理、服务和收费一般都归保安部。保安部应设立相应岗位，安排人员进行管理和收费。

4. 康乐中心

写字楼里的用户多是各公司、机构的办公职员，他们每天大部分时间是坐在办公室里处理各种业务，缺少活动、锻炼的机会，为他们提供健身活动的场所不仅是必要的，也是必需的，因此，大多数写字楼都设康乐中心，为租户提供氧吧、健身房、乒乓球厅、台球厅、游泳池、桑拿浴等康乐项目。康乐中心越来越受到办公人员的欢迎，成为写字楼重要的配套功能。

5. 其他配套服务

在搞好以上几种基本配套服务的基础上，物业管理公司还应不断增加服务项目，拓宽服务领域，增强写字楼功能。如开设小购货点，为客户批购办公用品，以方便用户；开设茶饮厅，为客户提供饮品、小食品；举办舞会、卡拉 OK 等文娱活动，以活跃用户的文化生活。

（三）委托代办服务

为方便用户，帮助他们解决日常生活问题，代办、代理各种小型服务业务，使用户足不出户就可以解决许多生活问题，节省时间，集中精力办公。委托代办服务项目很多，下面列举一些常见的服务项目：

1. 代订机票、车票、文化体育节目票等；

2. 个人行李搬运、寄存服务；

3. 酒店预订、出租车预约服务；

4. 花卉代购、递送服务；

5. 代购清洁物品服务；

6. 代订报纸杂志；

7. 代办保险服务。

（四）特约服务

管理公司可以针对个别用户的特殊需要提供单独服务，这种服务一般不是管理公司事先设立的，服务形式、价格都是临时约定的，如洗衣送衣服务、入室清洁服务、提供保安服务等。当然，随着这类服务中某些项目消费者的增多，会形成相对稳定的服务模式和价格。

写字楼的服务项目一般都可归结为以上四类，而且以上服务内容也是写字楼提供的常见服务。随着社会的发展，写字楼功能不断增强，还会有更多的服务项目出现。当然，写字楼不能盲目追求服务项目的增多，要根据写字楼的自身特点而定，如开设哪些服务项目应根据写字楼所处地理位置、档次定位、租产业务特点等确定。

写字楼的经营服务既要注重服务项目的开设、增设，更要追求服务的优质高效，加强服务质量管理。物业管理公司应专门设置服务部负责对业主和用户的服务工作。服务部应设置有关服务岗位，制定各项服务、管理制度及岗位操作规程，招聘有经验的业务骨干与合格的服务人员，并经过专业技术培训，考核合格后上岗，进行服务与管理。

七、写字楼的营销管理

当今写字楼除了少部分自用外，大部分都用于出售和出租，通常把写字楼的租售经营工作称为营销管理。从本来的意义说，写字楼的工作并不包括出售和租赁，但是出售和租赁与管理有密切的联系，两者之间必须建立良好的协调机制；另一方面，许多发展商把这方面的业务也同时委托给管理者，管理者同时又是出售或租赁经营者，这种情况已经占了目前写字楼管理中相当大的比例。写字楼的经营一般以租赁为主，这里重点探讨写字楼的租务管理。

（一）营销推广

写字楼作为收益性物业的特性决定了营销推广是其一项经常性的经营管理内容。这方面应该有专门的营销人员在写字楼前台或设立专门的办公室从事该项工作，一般将该部门称为营销部或营业部。其主要工作内容如下：

1. 市场调研，制订营销策略

写字楼营销的成功与否，影响因素是多方面的。市场因素是外在的关键性因素。只有在了解市场的基础上，才能正确地制定写字楼产品计划，采取相应的营销策略。在一定的市场条件下，产品、价格、管理、促销手段等，就成为写字楼营销策略的主要因素。写字楼产品的核心内容包括写字楼的地理位置、总体布局设计、设施设备、配套功能等等，以产品开拓市场就称为产品策略；价格是营销成功与否的中心问题，营销人员应分析多种情况，制定出合理的、有一定竞争性的价格政策；写字楼良好的物业管理，对大楼的营销租赁起到了相当的推动作用，是写字楼经营的决定性因素；采取多种促销手段搞营销也是非常必要的。

2. 对写字楼宣传推介，树立良好的楼宇形象

对写字楼进行产品推介、形象宣传是促销的重要手段。

（1）广告宣传：可采用广播、电视、杂志、报纸、户外广告及各类印刷品等媒体进行产品宣传，扩大影响，迅速提高并不断维持企业声誉。在广告宣传方面还存在时间策略问题，如集中时间策略、均衡时间策略、周期性时间策略等等。

（2）公共关系活动的开展：卓有成效的公共关系活动能使写字楼与公众建立良好关系，为写字楼树立起良好的社会形象，定期或适时组织联谊活动，可以增进与客户的友谊，促进交流，从而能够及时地了解客户意向，保证销售工作顺利进行；定期走访客户，

征求客人意见，不断改进管理工作，维护企业信誉；及时利用每一个节日，向客人表达衷心的祝福。

3. 与租户谈判签约，处理用户投诉与要求

写字楼营销人员找到目标客户后，还要负责与他们联络、谈判、签约。由于转变投资地点、方向、兼并、破产等各种原因的影响，写字楼用户变动的情况时有发生，所以办理入住、退租手续是写字楼营销服务的经常性工作。固有的用户对办公空间重新布置、改变设备配置等的要求及对管理的意见经常存在，营业部应予以认真解决，以维护企业的良好形象。

（二）物业管理费与管理公约

商务楼的租赁与管理的连结应做好物业管理费的确定和管理公约的制定：

1. 物业管理费的确定

租赁合同中，除了要规定租金价格外，还应规定物业管理费用。通常在租赁合同中注明物业管理费的标准，按月收取。

2. 管理公约

一栋大楼要搞好管理，必须制定管理公约。在签订租赁合同之前，一般将管理公约请客户过目并确认，签订合同时，作为合同附件之一，这样以法律的形式保证管理公约的实行。

（三）租赁管理实务

1. 租赁客户入住

租户进房入住，是销售工作的终点，又是管理工作的起点，它将关系到以后管理工作能否顺利进行。

租赁客户入住的一般程序如下：

（1）签订租赁合同书，管理公约可以单独签订，也可以作为合同附件；

（2）缴付押金与首期租金；

（3）验收房屋，交付钥匙，并将租户手册交给用户；

（4）向各部门如工程部、服务部、保安部发出商社迁入通知单，帮助用户办理入住后办公所需的事项。

2. 租户守则

租户守则是约束各租户的规范性文本，包括通则、安全保卫、用电与防火、停车场等内容。

3. 合同终止与退租

（1）合同到期前的通知：在合同到期前两个月向用户发出书面通知，以提醒对方就续签或退租事项进行商谈；

（2）合同终止的确认：如果用户或写字楼管理处的任何一方决定不再续签，那么合同终止即被确认。在合同终止时，必须确认如下事项：合同终止的时间；结清拖欠的租金及管理费；房间的恢复与赔偿；押金的归还；搬家的时间与配合要求；

（3）退租：如果用户要求提前退租，在谈判中双方应就赔偿事项取得一致。通过谈判确认租赁合同终止后，营业部要及时向财务部、保安部、工程部等有关部门发出书面通知，通报该用户合同终止的时间，并提醒抓紧做好各未了事项。

八、写字楼的管理模式

（一）委托专业公司管理和发展商自己管理

所谓委托管理就是大楼造好后委托给专业物业管理公司，在发达国家，这是最常见的一种形式。而在我国，比较常见的是发展商（业主）自己组建物业管理公司进行管理，这一方面是认为专业物业管理公司水平还不够高，另一方面是受"肥水不流外人田"的思想影响。

（二）经营性管理和非经营性管理

所谓经营性管理，就是管理者不仅要负责管理而且还要负责楼宇的出租、销售等业务。非经营性管理，就是管理者不负责楼宇的出租、销售等业务，这些业务由业主自己负责或委托别人负责，管理者只负责设备、保安、清洁等管理和服务工作。

（三）社会化分包管理和一家管理

所谓社会化分包管理，就是物业管理公司接管写字楼后，将有些管理内容再委托给其他专业公司去做。一家管理，是指受委托物业管理公司自己完成所有的管理内容。发展社会化的管理功能是社会发展的必然趋势，在发达国家是相当普遍的，中国有些写字楼的管理也在不同程度上往这个方向发展，但是由于多方面的原因，目前还达不到高度的社会专业化。

（四）酒店式管理

写字楼经营性物业的特性决定其管理更强调科学性、先进性，是物业管理模式与水平的综合体现。随着中国社会经济的进一步发展以及WTO的加入，写字楼管理的需求会大幅上升，竞争也愈加激烈，先进的管理模式成为物业管理企业保持竞争优势的关键所在。由于写字楼管理集经营、管理、服务于一体，相似于酒店管理，所以现在写字楼开始借鉴酒店管理，形成一种规范化的现代酒店式物业管理模式，这也是目前物业管理行业所普遍提倡的。

第六节　商场物业的管理

商场物业包括各类商场、购物中心、购物广场及各种专业性市场等，其中，融购物、餐饮、娱乐、金融等多种服务功能于一体的大型商场物业也称公共性商业楼宇。随着房地产商品化进程的发展，这些商场物业的产权性质也出现了各种形式，其经营方式多种多样。

一、商场物业的含义

商场物业是指建设规划中必须用于商业性质的房地产，它是城市整体规划建筑中的一种重要功能组成部分，其直接的功用就是为消费者提供购物场所。其中，公共性商业楼宇是因商业发展而兴起的一种新的房地产类型，公共性商业楼宇一般会有很多独立的商家从事经营，各行各业的经营服务都有，范围远远超过零售商店，它不仅包括零售商店，而且包括银行、餐饮等各种服务性行业和各种娱乐场所。

二、商场物业的产权性质

商场物业的产权性质大致可分三种形式：

（1）临时转移产权型。在经营上，这种形式被称为投资保本型。具体是指大型商业物业的开发商向多个个体投资者出售部分物业一定年限的产权(本质是物业的经营使用权)，到期后，开发公司按约定退还部分投资款，收回物业。它与分散出租物业的区别是一次性收取价款。

（2）分散产权型。即将整体商业物业分隔成不同大小的若干块，出售给各个业主，物业的产权由多人拥有。

（3）统一产权型。即物业产权只属于开发公司或某个大业主一家。

总的说来，现在统一产权型的商场物业仍然居多。但由于其一次性投资大，经营或招商所面临的风险也大，在整个商场物业中的比例正逐步变小。分散产权型和临时转移产权型这类新型商业物业正在逐渐增加，这种形式开发商可以尽快收回投资，又能满足众多个体经商者的需要，比较符合现在的市场需要，因此颇为流行。但为了方便管理，大型商场物业往往采取统一经营的形式，对于分散产权型可通过反租来实现。

三、商场物业的类型

（1）从建筑结构上来分，商场物业有敞开式的市场和广场型，如广州的海印电器城、宏城广场等都属此类；同时也有封闭式的购物中心型，如广州天河城，香港的统一中心、太古城等。

（2）从功能上来分，有综合性的专业购物中心，如广州的天河城；也有商住两用型的，如宁波的世贸中心、金光中心等。特别是随着大型居住小区的发展，商住两用型的商业物业在不断增多。

四、公共商业楼宇的管理内容

1. 一般性管理

（1）对小业主或承租商的管理。统一产权型的公共商用楼宇，其经营者都是承租商，可以在承租合同中写进相应的管理条款，对承租户的经营行为进行规范管理，也可以以商场经营管理公约的形式对他们进行管理引导。对于分散产权型的公共商用楼宇，一般宜采用管理公约的形式，明确业主、经营者与管理者的责任、权利和义务，以此规范双方的行为，保证良好的经营秩序。也可由工商部门、管理公司和业主、经营者代表共同组成管理委员会，由管理委员会制定管理条例，对每位经营者的经营行为进行约束，以保证良好的公共经营秩序。

（2）安全保卫管理。公共商业楼宇面积大、商品多、客流量大，容易发生安全问题。因此，安全保卫要坚持 24 小时值班巡逻，并要安排便衣保卫人员在场内巡逻。商场晚上关门时，要进行严格的清场。同时在硬件上要配套，要安装电视监控器及红外线报警器等报警监控装置，对商场进行全方位的监控，为顾客购物提供安全、放心的环境，确保商场的货品不被偷盗。

（3）消防管理。由于公共商业楼宇属于人流密集性场所，所以消防安全非常重要。消防工作要常抓不懈，不仅要管好消防设备、设施，还要组织一支义务消防队，并要有一套紧急情况下的应急措施。

（4）设备管理。管好机电设备，保证正常运转是经营场所管理的一项重要工作。要保证电梯、中央空调、电力系统等的正常运行，不然就会影响顾客购物和商家经营，造成不必要的损失。

（5）清洁卫生及车辆管理。要有专门人员负责场内流动保洁，将垃圾杂物及时清理外运，时时保持场内的清洁卫生，对大理石饰面等要定期打蜡、抛光。车辆管理要分别设置汽车、摩托车、自行车停放保管区。要有专人指挥，维持良好的交通秩序，同时应设专人看管，以防偷盗。

2. 特殊管理

（1）商业形象的宣传推广。公共商业楼宇物业管理的一项重要工作，就是要做好楼宇商业形象的宣传推广，扩大公共商业楼宇的知名度，树立良好的商业形象，以吸引更多的消费者。这是整个商业楼宇统一管理的一项必不可少的工作。以下我们介绍公共商业楼宇良好形象的作用，及如何建立维护公共商业楼宇的良好形象。

第一，公共商业楼宇良好形象的作用

公共商业楼宇良好的形象是商业特色的体现，也是潜在的销售额和一种无形资产。公共商业楼宇必须具有自己鲜明的特色，才会具有对顾客的吸引力。在各类商场不断涌现，各种产品层出不穷、花样繁多的今天，顾客去何处购物，选购哪家商场的商品，会有一个比较、选择、决策的过程，也有一种从众心理和惯性。为此，商家应树立与众不同、具有鲜明特色的形象，以特色丰满形象，以形象昭示特色，以特色的商业标识、商品、服务和特殊的营销策略征服吸引顾客，在实际管理中不断突出这些特色，使顾客熟悉、认识这些特色，印入脑海，潜移默化，传递、追逐这些特色（一段时间后，顾客便会将楼宇的形象与特色联系起来）。这样才能留住老顾客，吸引新顾客，有稳定、壮大的顾客流，所以公共商业楼宇的良好形象就是销售的先行指标。同时，公共商业楼宇的良好形象一旦形成，便是一种信誉、品牌和无声的广告，说到底也就是一种无形资产。当商业市场进入"印象时期"后，消费者过去买"品牌"，现在买"店牌"。可以说，在不同商店里，同样品牌的商品具有不同的价值与形象，商业楼宇的良好形象便具有提升商品价值和形象的作用。

第二，公共商业楼宇识别系统的建立

企业识别系统（Corporate Identity System，简称 CIS）是强化公共商业楼宇形象的一种重要方式。从理论上分析，完整的 CIS 系统由三个子系统构成，即 MIS（理念识别系统）；VIS（视觉识别系统）；BIS（行为识别系统）。三者只有互相推进，共同作用，才能产生最好的效果。

CIS 是一种藉以改变企业形象，注入新鲜感，使企业更能引起广大消费者注意，进而提高经营业绩的一种经营手法。它的特点是通过对企业的一切可视事物，即形象中的有形部分进行统筹设计、控制和传播，使公共商业楼宇的识别特征一贯化、统一化、标准化、个性化和专有化。其具体的做法是：综合围绕在企业四周的消费群体及其他的关系群体（如股东群体、竞争同业群体、制造商群体、金融群体等），以公共商业楼宇特有和专用的文字、图案、颜色、字体组合成一定的基本标志——作为顾客和社会公众识别自己的特征，并深入贯穿到涉及公共商业楼宇有形形象的全部内容。诸如：企业名称、自有商标、商徽、招牌和证章；信笺、信封、账单和报表；包装纸、盒、袋；企业报刊、手册、简介、广告单、商品目录、海报、招贴、纪念品；橱窗、指示牌、办公室、接待室、展厅、店堂；员工服装、服饰、工作包等，使顾客通过对具体认识对象的特征部分的认定，强化和识别楼宇形象。这样便可以帮助顾客克服记忆困难，并使这个一贯、独特的形象在他们决定购物时发生反射作用。它是公共商业楼宇促销的一项战略性工程，必须系统地展开，长期坚持。

（2）承租客商的选配。公共商业楼宇是一个商业机构群，其所有人主要是通过依靠经营商业店铺的出租而赢利，因而公共商业楼宇的管理者必须十分重视对客商的选择及其搭配。

公共商业楼宇的管理者可以从以下五个方面对承租商进行分类选择：

第一，零售商店的经营品种范围。按照经营品种，零售企业可分为家电商店、交电商店、家具商店、食品店、文化用品商店、书店、服装商店、床上用品商店、皮鞋店、五金店、灯具店、日用小百货商店、杂货店等。公共商业楼宇的管理者在选配承租商时，要尽量做到经营各种商品的零售商店"齐"、"全"，以满足购物者各方面的需要。

第二，不同形式的零售商店。零售商店除了传统上分为综合商店和专业商店外，现在还分为百货公司、连锁店、超级市场、自选商场、折扣商店、样品展销商店等。这些零售商店在经营上各有特色，它们能够适应各种收入水平和社会阶层的不同需求。

第三，不同层次的商店。零售商店就其信誉和实力可以划分为不同的层次，如全国性的、省市级的以及其他一般商店。公共商业楼宇的管理者在招租时应充分考虑不同层次商店的选配。

第四，不同的商业机构。商业机构在这里是一个广泛的概念。除了纯商业机构，还包括饮食业企业，如饭店、快餐厅、酒吧、酒楼；服务性企业，如照片冲扩店、干洗店、修理店、理发店、沐浴室；旅游业企业，如旅行社、旅馆；娱乐业企业，如录像室、电子游戏室、游泳池、溜冰场、儿童乐园；金融机构，如银行、信用社等等。公共商业楼宇实际上可以看成是一个商业区，里面可以包容城市商业街区的各行各业。

第五，承租客商在公共商业楼宇的不同作用。根据承租客商向公共商业楼宇承租营业场所的期限，可以将他们分为三种类型，即基本承租户、主要承租户和一般承租户，他们对公共商业楼宇的作用是不同的。基本承租户又称关键承租户，他们的租期通常要在 20 年以上，这对于稳定公共商业楼宇的经营管理及其收入具有主要作用，是公共商业楼宇发展的基础。主要承租户的租期一般在 10 年以上，他们对公共商业楼宇的经营稳定性起到重要作用。租赁期在 10 年以下的为一般承租户。安排这三类承租客商在公共商业楼宇中的结构比例是公共商业楼宇管理的一项十分重要的工作。根据国外经验，一座公共商业楼宇的基本承租户承租的营业面积应达 50％以上，即公共商业楼宇营业面积的一半以上要有长期的客户；主要承租户承租的营业面积应达 30％以上；其余的 20％由一般承租户承租，尽管他们的变动性比较大，但能体现公共商业楼宇对市场变化的适应性。

公共商业楼宇的管理者，应主要依据所管理的公共商业楼宇的规模大小和不同层次去选配承租客商。大型公共商业楼宇，如省级、国家级的，甚至是国际级的，其经营的商品范围、零售商店的类型以及商业机构门类应该是越齐越好，应尽量争取一些省市级、全国性乃至世界级的分店为基本承租户，给人以购物天堂、度假去处的感觉。中型公共商业楼宇，如大城市区一级的，其经营的商品和零售商店类型应该尽量齐全，也应有其他各种商业机构，同时应尽量争取省市级和区级大商店的分店作为基本承租户。小型公共商业楼宇，如一些住宅小区的购物中心则各方面都不必太全，其主要功能是为附近居民提供生活方便。

五、公共商业楼宇的管理方式

公共商业楼宇应实行统一的专业化管理。但在具体的管理决策上应设立公共商业楼宇管理委员会。因为公共商业楼宇管理内容虽包括物业管理、物业形象的宣传推广和对经营者的分类、选择与管理，但不涉及具体的经营问题。物业管理公司不拥有所管物业的产权，因而不具有物业的经营使用权。它只是受物业产权人的委托对物业及设施、使用人的经营行为进行管理，以保证公共商业楼宇良好的经营环境和经营秩序，使经营者的生意好做。

公共商业楼宇本身是一个整体，由于多家经营，各经营者经营活动的许多方面需要协调一致，而物业公司并不参与经营，无权介入各经营者的经营活动。因此，要保证管理的有效性，应该组织由工商管理部门参与、经营者代表组成的管理委员会，对公共商业楼宇的公共事务进行管理。管理委员会由全体经营者投票选举产生，代表全体经营者的利益。日常工作可以由一个执行机构负责，重大决策由管理委员会共同决定或者由管理委员会召开全体经营者大会讨论决定。这样一来，公共商业楼宇的管理者就可以通过管理委员会间接地对各经营者的经营活动进行协调和管理。

公共商业楼宇管理委员会应主要从以下几个方面开展工作：

（1）制定管理章程，并负责监督执行，以规范每个经营者的经营行为。

（2）开展公共商业楼宇整体性的促销活动。如筹资、委托制作宣传公共商业楼宇的商业广告，举办节假日削价展销会，组织顾客联谊活动，以公共商业楼宇名义赞助社会事业等。带旺人气，吸引顾客。

（3）协调公共商业楼宇各经营者的关系。管委会可以通过共同订立的章程，规范每个经营者的经营行为，协调各经营者之间的关系。如：不得欺行霸市，不得进行不公平的竞争；统一营业时间，不影响他人营业；各自负责管好店铺门前卫生等。经营者在经营上发生的矛盾、纠纷，也可由管委会调解解决。

（4）开展一些经营者之间的互帮互助工作，如互通信息、互相提供融资方便等。

（5）协调管理者与经营者之间的关系。一方面，公共商业楼宇管理者可通过管委会来达到统一组织、协调经营者经营的目的。另一方面，管委会又成为经营者与公共商业楼宇管理者之间对话的桥梁和中介。

（6）与工商管理部门配合，严格执行《消费者权益保护法》，严厉打击假冒伪劣产品，维护公共商业楼宇的形象。

具体要求：

（1）成立商场管理委员会，在商场管理部设执行机构，让经营者参与管理。如果公共商业楼宇属分散产权性质，管理委员会由全体业主根据各自产权面积所占的份额，进行投票选举；如公共商业楼宇为统一产权，则管理委员会由所有经营者每人一票选举产生。管委会的组成人员一般由5～9人为宜，不宜过多，否则不便统一思想、统一意见。管委会的人员应该由具有一定代表性、有经营经验和广泛商业关系的人担任。

管委会的主要任务是协助管理公司，协调、规范经营者的经营行为，提出经营方面的合理化建议，决定经营格局的调整、经营方向的定位、经营活动的整体安排（如拍卖、让利等经营活动的组织安排）等重大经营行为，同时协助经营者组织经营、联系货源等，并对违规者进行处罚。

（2）引进工商管理部门。在经营场所内，设置工商管理办公室，由工商执法部门协助对经营者的经营行为进行管理，以保证公共商业楼宇的信誉。

复 习 思 考 题

1. 现代物业有哪些主要类型?
2. 现代物业有哪些主要特征?
3. 我国对高层建筑是如何界定的?
4. 高层楼宇一般配备有哪些设备设施?
5. 住宅小区有哪些特点?
6. 住宅小区管理的目标是什么? 住宅小区管理有哪些特点?
7. 现代写字楼有哪些特点?
8. 简述写字楼营销管理的主要内容。
9. 商场物业有哪些特殊的管理?
10. 简述公共商业楼宇的管理方式。

【案例讨论】

1. 物业管理公司有权罚款吗

某写字楼物业管理公司告知所有的租户,将对租户的房屋装修活动进行统一监督管理。任何租户装修,必须提前提出申请,由物业管理公司审批,并且还规定,如有违反者,将对其处以 3000~5000 元不等的罚款。一家租户在装修时,因没有及时清运垃圾,物业管理公司遂要按规定对其罚款 500 元。租户坚决反对,双方出现了激烈的争执。租户认为,物业管理公司无权对其装修行为指三道四,更无权对其罚款;而物业管理公司认为,它受开发商(业主)的委托,对写字楼进行物业管理,装修管理是其基本和重要的管理内容,租户违反装修管理规定,物业管理公司当然有权进行罚款。请问,物业管理公司到底有无权利对违反装修管理规定的租户进行罚款?

2. 小区应不应该允许饲养宠物

南方某一大厦内业主胡某家中饲养了一头狼狗以及其他小宠物,平时狼狗经常吠叫,影响别人的休息。此外,狗的主人还纵容狗在大厦内随意便溺,影响公共卫生,多数业主联名写信要求物业管理公司采取措施。此问题应该如何解决呢?

3. 入住手续不齐全引发的纠纷

某大厦业主把其物业委托房产代理商租赁。代理商与租户签订了租赁合约。租户到大厦管理公司办理入住手续时,因未携带业主委托代理商签订租赁合约的授权书,管理公司不同意租户入住。但代理商声称业主一定会认可的,于是管理公司为租户办理了入住手续。事后,业主不承认代理商所签订的合同,要求管理公司采取措施收回其物业。管理公司发出限期搬迁的通知后,租户却不同意搬出,并向管理公司投诉,要求管理公司赔偿其装修损失近 10 万元。物业管理企业面对此类问题应该怎样处理?

4. 新用户搬家具遇到的麻烦

某大厦物业管理公司接到一家新入住公司的投诉。该公司用大型车辆搬来一批家具,但车辆超过大厦停车场的限高,车场保管员不准车辆进入室内停车场。该大厦的室外停车空地有限,而且地砖又难以负荷车辆重量,因此当值保安员不准其停在室外空地,要求用户换小型车辆进入。用户把车停在离大厦不远处的市政路面卸家具,结果被交警罚款并收走驾驶执照。该家用户要求管理公司赔偿经济损失。物业管理企业面对此类问题应该怎样处理?

5. 欲匆匆搬离的租户

2000 年 3 月某星期日非办公时间。某大厦一租户雇好搬家公司,准备搬离大厦,但却被大厦管理公司保安拦住。该租户打电话到管理公司主管家中投诉,称管理费、水电费都已结清,其他的事是租户与业主之间的事,与物业管理公司无关,况且车已租好,若不能如期搬迁,管理公司要赔偿由此造成的一切损失。物业管理企业面对此类问题应该怎样处理？

6. 防范废品收购人员顺手牵羊

某大厦 21 楼用户电话向大厦物业管理公司投诉。该公司因处理废旧报纸杂志，联系某收购站上门服务，因当时杂物很多，收购人员协助把废纸清出办公室。但收购人员走后，该公司发现复印机旁几包未启封的复印纸已被收购人员拿走。该公司希望大厦管理公司能加强对废品收购人员的监管，避免发生此类问题。物业管理企业面对此类问题应该怎样处理？

7. 服务承诺没有兑现

某物业管理公司为了加强管理，提高服务质量制订了维修服务承诺，向全体用户公布维修时间，受到了用户的欢迎。可是承诺公布没有几天，就接到大厦 1809 室用户投诉。称他们报修室内空调已有半天，但直到现在仍没有人来维修，质问管理公司维修承诺到底是诺言还是虚假广告，并称管理公司即可以承诺不兑现，他们完全也可以不按约定缴纳管理费。物业管理企业面对此类问题应该怎样处理？

附件：中国物业管理协会关于印发《普通住宅小区物业管理服务等级标准》（试行）的通知

中物协〔2004〕1 号

各物业管理企业：

为了提高物业管理服务水平，督促物业管理企业提供质价相符的服务，引导业主正确评判物业管理企业服务质量，树立等价有偿的消费观念，促进物业管理规范发展，根据国家发展与改革委员会会同建设部印发的《物业服务收费管理办法》，我会制定了《普通住宅小区物业管理服务等级标准》（试行），现印发给你们，作为与开发建设单位或业主大会签订物业服务合同、确定物业服务等级、约定物业服务项目、内容与标准以及测算物业服务价格的参考依据。试行中的情况，请及时告我会秘书处。

附：1. 普通住宅小区物业管理服务等级标准（试行）

2. 普通住宅小区物业管理服务等级标准（试行）的使用说明。

二〇〇四年一月六日

一、普通住宅小区物业管理服务等级标准（试行）

一级项目内容与标准

（一）基本要求

1. 服务与被服务双方签订规范的物业服务合同，双方权利义务关系明确。

2. 承接项目时，对住宅小区共用部位、共用设施设备进行认真查验，验收手续齐全。

3. 管理人员、专业操作人员按照国家有关规定取得物业管理职业资格证书或者岗位证书。

4. 有完善的物业管理方案，质量管理、财务管理、档案管理等制度健全。

5. 管理服务人员统一着装、佩戴标志，行为规范，服务主动、热情。

6. 设有服务接待中心，公示 24 小时服务电话。急修半小时内、其他报修按双方约定时间到达现场，有完整的报修、维修和回访记录。

7. 根据业主需求，提供物业服务合同之外的特约服务和代办服务的，公示服务项目与收费价目。

8. 按有关规定和合同约定公布物业服务费用或者物业服务资金的收支情况。

9. 按合同约定规范使用住房专项维修资金。

10. 每年至少 1 次征询业主对物业服务的意见，满意率 80% 以上。

（二）房屋管理

1. 对房屋共用部位进行日常管理和维修养护，检修记录和保养记录齐全。

2. 根据房屋实际使用年限，定期检查房屋共用部位的使用状况，需要维修，属于小修范围的，及时组织修复；属于大、中修范围的，及时编制维修计划和住房专项维修资金使用计划，向业主大会或者业主委员会提出报告与建议，根据业主大会的决定，组织维修。

3. 每日巡查 1 次小区房屋单元门、楼梯通道以及其他共用部位的门窗、玻璃等，做好巡查记录，并及时维修养护。

4. 按照住宅装饰装修管理有关规定和业主公约(业主临时公约)要求，建立完善的住宅装饰装修管理制度。装修前，依规定审核业主(使用人)的装修方案，告知装修人有关装饰装修的禁止行为和注意事项。每日巡查 1 次装修施工现场，发现影响房屋外观、危及房屋结构安全及拆改共用管线等损害公共利益现象的，及时劝阻并报告业主委员会和有关主管部门。

5. 对违反规划私搭乱建和擅自改变房屋用途的行为及时劝阻，并报告业主委员会和有关主管部门。

6. 小区主出入口设有小区平面示意图，主要路口设有路标。各组团、栋及单元(门)、户和公共配套设施、场地有明显标志。

(三) 共用设施设备维修养护

1. 对共用设施设备进行日常管理和维修养护(依法应由专业部门负责的除外)。

2. 建立共用设施设备档案(设备台账)，设施设备的运行、检查、维修、保养等记录齐全。

3. 设施设备标志齐全、规范，责任人明确；操作维护人员严格执行设施设备操作规程及保养规范；设施设备运行正常。

4. 对共用设施设备定期组织巡查，做好巡查记录，需要维修，属于小修范围的，及时组织修复；属于大、中修范围或者需要更新改造的，及时编制维修、更新改造计划和住房专项维修资金使用计划，向业主大会或业主委员会提出报告与建议，根据业主大会的决定，组织维修或者更新改造。

5. 载人电梯 24 小时正常运行。

6. 消防设施设备完好，可随时启用；消防通道畅通。

7. 设备房保持整洁、通风，无跑、冒、滴、漏和鼠害现象。

8. 小区道路平整，主要道路及停车场交通标志齐全、规范。

9. 路灯、楼道灯完好率不低于 95%。

10. 容易危及人身安全的设施设备有明显警示标志和防范措施；对可能发生的各种突发设备故障有应急方案。

(四) 协助维护公共秩序

1. 小区主出入口 24 小时站岗值勤。

2. 对重点区域、重点部位每 1 小时至少巡查 1 次；配有安全监控设施的，实施 24 小时监控。

3. 对进出小区的车辆实施证、卡管理，引导车辆有序通行、停放。

4. 对进出小区的装修、家政等劳务人员实行临时出入证管理。

5. 对火灾、治安、公共卫生等突发事件有应急预案，事发时及时报告业主委员会和有关部门，并协助采取相应措施。

（五）保洁服务

1. 高层按层、多层按幢设置垃圾桶，每日清运2次。垃圾袋装化，保持垃圾桶清洁、无异味。

2. 合理设置果壳箱或者垃圾桶，每日清运2次。

3. 小区道路、广场、停车场、绿地等每日清扫2次；电梯厅、楼道每日清扫2次，每周拖洗1次；一层共用大厅每日拖洗1次；楼梯扶手每日擦洗1次；共用部位玻璃每周清洁1次；路灯、楼道灯每月清洁1次。及时清除道路积水、积雪。

4. 共用雨、污水管道每年疏通1次；雨、污水井每月检查1次，视检查情况及时清掏；化粪池每月检查1次，每半年清掏1次，发现异常及时清掏。

5. 二次供水水箱按规定清洗，定时巡查，水质符合卫生要求。

6. 根据当地实际情况定期进行消毒和灭虫除害。

（六）绿化养护管理

1. 有专业人员实施绿化养护管理。

2. 草坪生长良好，及时修剪和补栽补种，无杂草、杂物。

3. 花卉、绿篱、树木应根据其品种和生长情况，及时修剪整形，保持观赏效果。

4. 定期组织浇灌、施肥和松土，做好防涝、防冻。

5. 定期喷洒药物，预防病虫害。

二级项目内容与标准

（一）基本要求

1. 服务与被服务双方签订规范的物业服务合同，双方权利义务关系明确。

2. 承接项目时，对住宅小区共用部位、共用设施设备进行认真查验，验收手续齐全。

3. 管理人员、专业操作人员按照国家有关规定取得物业管理职业资格证书或者岗位证书。

4. 有完善的物业管理方案，质量管理、财务管理、档案管理等制度健全。

5. 管理服务人员统一着装、佩戴标志，行为规范，服务主动、热情。

6. 公示16小时服务电话。急修1小时内、其他报修按双方约定时间到达现场，有报修、维修和回访记录。

7. 根据业主需求，提供物业服务合同之外的特约服务和代办服务的，公示服务项目与收费价目。

8. 按有关规定和合同约定公布物业服务费用或者物业服务资金的收支情况。

9. 按合同约定规范使用住房专项维修资金。

10. 每年至少1次征询业主对物业服务的意见，满意率75%以上。

（二）房屋管理

1. 对房屋共用部位进行日常管理和维修养护，检修记录和保养记录齐全。

2. 根据房屋实际使用年限，适时检查房屋共用部位的使用状况，需要维修，属于小修范围的，及时组织修复；属于大、中修范围的，及时编制维修计划和住房专项维修资金使用计划，向业主大会或者业主委员会提出报告与建议，根据业主大会的决定，组织维修。

3. 每3日巡查1次小区房屋单元门、楼梯通道以及其他共用部位的门窗、玻璃等，做好巡查记录，并及时维修养护。

4. 按照住宅装饰装修管理有关规定和业主公约(业主临时公约)要求，建立完善的住宅装饰装修管理制度。装修前，依规定审核业主(使用人)的装修方案，告知装修人有关装饰装修的禁止行为和注意事项。每3日巡查1次装修施工现场，发现影响房屋外观、危及房屋结构安全及拆改共用管线等损害公共利益现象的，及时劝阻并报告业主委员会和有关主管部门。

5. 对违反规划私搭乱建和擅自改变房屋用途的行为及时劝阻，并报告业主委员会和有关主管部门。

6. 小区主出入口设有小区平面示意图，各组团、栋及单元(门)、户有明显标志。

(三)共用设施设备维修养护

1. 对共用设施设备进行日常管理和维修养护(依法应由专业部门负责的除外)。

2. 建立共用设施设备档案(设备台账)，设施设备的运行、检查、维修、保养等记录齐全。

3. 设施设备标志齐全、规范，责任人明确；操作维护人员严格执行设施设备操作规程及保养规范；设施设备运行正常。

4. 对共用设施设备定期组织巡查，做好巡查记录，需要维修，属于小修范围的，及时组织修复；属于大、中修范围或者需要更新改造的，及时编制维修、更新改造计划和住房专项维修资金使用计划，向业主大会或业主委员会提出报告与建议，根据业主大会的决定，组织维修或者更新改造。

5. 载人电梯早6点至晚12点正常运行。

6. 消防设施设备完好，可随时启用；消防通道畅通。

7. 设备房保持整洁、通风，无跑、冒、滴、漏和鼠害现象。

8. 小区主要道路及停车场交通标志齐全。

9. 路灯、楼道灯完好率不低于90%。

10. 容易危及人身安全的设施设备有明显警示标志和防范措施；对可能发生的各种突发设备故障有应急方案。

(四)协助维护公共秩序

1. 小区主出入口24小时值勤。

2. 对重点区域、重点部位每2小时至少巡查1次。

3. 对进出小区的车辆进行管理，引导车辆有序通行、停放。

4. 对进出小区的装修等劳务人员实行登记管理。

5. 对火灾、治安、公共卫生等突发事件有应急预案，事发时及时报告业主委员会和有关部门，并协助采取相应措施。

(五)保洁服务

1. 按幢设置垃圾桶，生活垃圾每天清运1次。

2. 小区道路、广场、停车场、绿地等每日清扫1次；电梯厅、楼道每日清扫1次，半月拖洗1次；楼梯扶手每周擦洗2次；共用部位玻璃每月清洁1次；路灯、楼道灯每季度清洁1次。及时清除区内主要道路积水、积雪。

3. 区内公共雨、污水管道每年疏通1次；雨、污水井每季度检查1次，并视检查情况及时清掏；化粪池每2个月检查1次，每年清掏1次，发现异常及时清掏。

4. 二次供水水箱按规定定期清洗，定时巡查，水质符合卫生要求。

5. 根据当地实际情况定期进行消毒和灭虫除害。

（六）绿化养护管理

1. 有专业人员实施绿化养护管理。

2. 对草坪、花卉、绿篱、树木定期进行修剪、养护。

3. 定期清除绿地杂草、杂物。

4. 适时组织浇灌、施肥和松土，做好防涝、防冻。

5. 适时喷洒药物，预防病虫害。

三级项目内容与标准

（一）基本要求

1. 服务与被服务双方签订规范的物业服务合同，双方权利义务关系明确。

2. 承接项目时，对住宅小区共用部位、共用设施设备进行认真查验，验收手续齐全。

3. 管理人员、专业操作人员按照国家有关规定取得物业管理职业资格证书或者岗位证书。

4. 有完善的物业管理方案，质量管理、财务管理、档案管理等制度健全。

5. 管理服务人员佩戴标志，行为规范，服务主动、热情。

6. 公示8小时服务电话。报修按双方约定时间到达现场，有报修、维修记录。

7. 按有关规定和合同约定公布物业服务费用或者物业服务资金的收支情况。

8. 按合同约定规范使用住房专项维修资金。

9. 每年至少1次征询业主对物业服务的意见，满意率70%以上。

（二）房屋管理

1. 对房屋共用部位进行日常管理和维修养护，检修记录和保养记录齐全。

2. 根据房屋实际使用年限，检查房屋共用部位的使用状况，需要维修，属于小修范围的，及时组织修复；属于大、中修范围的，及时编制维修计划和住房专项维修资金使用计划，向业主大会或者业主委员会提出报告与建议，根据业主大会的决定，组织维修。

3. 每周巡查1次小区房屋单元门、楼梯通道以及其他共用部位的门窗、玻璃等，定期维修养护。

4. 按照住宅装饰装修管理有关规定和业主公约（业主临时公约）要求，建立完善的住宅装饰装修管理制度。装修前，依规定审核业主（使用人）的装修方案，告知装修人有关装饰装修的禁止行为和注意事项。至少两次巡查装修施工现场，发现影响房屋外观、危及房屋结构安全及拆改共用管线等损害公共利益现象的，及时劝阻并报告业主委员会和有关主管部门。

5. 对违反规划私搭乱建和擅自改变房屋用途的行为及时劝阻，并报告业主委员会和有关主管部门。

6. 各组团、栋、单元（门）、户有明显标志。

（三）共用设施设备维修养护

1. 对共用设施设备进行日常管理和维修养护（依法应由专业部门负责的除外）。

2. 建立共用设施设备档案(设备台账)，设施设备的运行、检修等记录齐全。

3. 操作维护人员严格执行设施设备操作规程及保养规范；设施设备运行正常。

4. 对共用设施设备定期组织巡查，做好巡查记录，需要维修，属于小修范围的，及时组织修复；属于大、中修范围或者需要更新改造的，及时编制维修、更新改造计划和住房专项维修资金使用计划，向业主大会或业主委员会提出报告与建议，根据业主大会的决定，组织维修或者更新改造。

5. 载人电梯早6点至晚12点正常运行。

6. 消防设施设备完好，可随时启用；消防通道畅通。

7. 路灯、楼道灯完好率不低于80%。

8. 容易危及人身安全的设施设备有明显警示标志和防范措施；对可能发生的各种突发设备故障有应急方案。

（四）协助维护公共秩序

1. 小区24小时值勤。

2. 对重点区域、重点部位每3小时至少巡查1次。

3. 车辆停放有序。

4. 对火灾、治安、公共卫生等突发事件有应急预案，事发时及时报告业主委员会和有关部门，并协助采取相应措施。

（五）保洁服务

1. 小区内设有垃圾收集点，生活垃圾每天清运1次。

2. 小区公共场所每日清扫1次；电梯厅、楼道每日清扫1次；共用部位玻璃每季度清洁1次；路灯、楼道灯每半年清洁1次。

3. 区内公共雨、污水管道每年疏通1次；雨、污水井每半年检查1次，并视检查情况及时清掏；化粪池每季度检查1次，每年清掏1次，发现异常及时清掏。

4. 二次供水水箱按规定清洗，水质符合卫生要求。

（六）绿化养护管理

1. 对草坪、花卉、绿篱、树木定期进行修剪、养护。

2. 定期清除绿地杂草、杂物。

3. 预防花草、树木病虫害。

二、《普通住宅小区物业管理服务等级标准》(试行)的使用说明

1. 本《标准》为普通商品住房、经济适用住房、房改房、集资建房、廉租住房等普通住宅小区物业服务的试行标准。物业服务收费实行市场调节价的高档商品住宅的物业服务不适用本标准。

2. 本《标准》根据普通住宅小区物业服务需求的不同情况，由高到低设定为一级、二级、三级三个服务等级，级别越高，表示物业服务标准越高。

3. 本《标准》各等级服务分别由基本要求、房屋管理、共用设施设备维修养护、协助维护公共秩序、保洁服务、绿化养护管理等六大项主要内容组成。本《标准》以外的其他服务项目、内容及标准，由签订物业服务合同的双方协商约定。

4. 选用本《标准》时，应充分考虑住宅小区的建设标准、配套设施设备、服务功能及业主(使用人)的居住消费能力等因素，选择相应的服务等级。

第八章　物业管理综合经营服务

物业管理属于第三产业，具有服务性。物业管理的服务性主要体现在它以"物"为媒、以"人"为本，开展全方位多层次的综合经营服务。物业管理的综合服务性是物业管理与传统房屋管理的主要区别之一。对于提高物业的价值和使用价值以及物业管理企业自身的经济效益，对于创造优良环境、改善生活、工作条件、提高生活质量，以及对于社会经济发展和精神文明建设，综合经营服务起着不可估量的作用。

第一节　物业管理综合经营服务概述

一、物业管理综合经营服务含义

物业管理综合经营服务是指物业管理企业围绕所管物业开展的与服务对象(业主、住户、用户)生活、工作、学习、娱乐等相关的各种专门性、收益性服务项目。它的范围很广，可以说只要是服务对象所需的都可以成为服务项目，如餐饮、购物、康乐、室内装修、搬家、房屋代租售、家政、室内绿化装饰等各个方面，主要是利用物业企业在公共服务项目方面的特长而延伸展开(不限于此)。综合经营服务与公共性服务项目(治安、绿化、清洁等)构成物业管理范围内的服务体系，可以使住用户充分享受居家、办公等的方便与舒适。物业管理企业应主动适应市场经济的要求，在接管物业时，根据所管物业的区域条件和服务对象的生活消费水平，因地制宜地开展物业综合经营服务项目。但物业综合经营服务的开展应从属于公共性服务，不能本末倒置，削弱、淡化公共性(非盈利性)服务。

二、开展物业管理综合经营服务的意义

开展物业管理综合经营服务的意义主要体现在以下几个方面：

1. 能促进城市公建配套设施建设，方便群众生活，带动商品房交易

物业管理综合经营服务的开展，必然会增加完善原物业范围的各种经营配套设施，如商业网点、肉菜市场、邮电、储蓄、文教体卫娱乐等各种配套设施，弥补老城区改造和新区开发中公建配套设施的不足。完善的物业配套设施，可以保证住用户的生活工作方便，解除人们迁居、买房的后顾之忧，自然会促进商品房的交易。如广东的碧桂园、丽江花园等大型郊外居住小区，在开发中就十分注重小区综合经营服务配套设施的建设，建成后其完善的配套经营服务，让居民足不出区就能尽享生活方便，加之其比市区优越的环境、优惠的价格，自然在销售方面取得了极大的成功。

2. 能增加物业管理企业收入，促进物业管理行业的良性发展

物业管理企业要想发展壮大，提高管理水平，必须有活水之源，即要有充足的财力支持。而限于我国经济发展水平等因素，靠提高管理收费来支撑企业发展，显然不合实际。惟有拓展经营管理思路，发挥物业企业熟悉、接近居民的优势，因地制宜地开展各种综合经营项目，"以区养区、以业养业"才能扩大收入来源，增强物业管理企业的后劲和活力，

推动物业管理行业的良性发展。

3. 能拓展物业管理的空间，增强物业企业的适应生存能力

综合经营服务的开展，必然要求物业企业不拘泥于一般的物业管理范畴，想方设法开展有生命力、有市场的新服务项目。同时，每一个项目的启动、运作、经营效果的维持都是对物业管理企业的一次挑战与考验。经营服务项目的拓展能打开物业企业的经营空间，扩大物业管理行业的影响，避开经营服务项目单一的局限和经营风险；同时，各种经营服务项目的经营运作必然要接受大众和市场的考验，在这个过程中，物业企业经受各种历练，必然会大大增强综合能力，更易在复杂多变的市场中生存。

三、物业综合经营服务的原则

1. 有偿原则

综合经营服务的目的是为了增加物业管理收入，以实现"以业养业、自我发展"，增加积累。只有按商品经济价值规律办事，在经营过程中实行等价交换、有偿服务，才能达到上述目的。

2. 竞争原则

这一原则要求引进竞争机制，进行综合服务项目招标，即对所开设的综合经营服务项目，实行企业内部或公开招标，择优汰劣，以保证经营水平和服务质量，以及良好的经营效益。

3. 服务原则

尽管经营是为了增加企业收入，但始终不能忘记要寓经营于服务之中。综合经营服务是为了方便住用户工作、生活享乐需要而开展的一系列服务性经营内容或项目，要急人所急，想人所想，优先开设柴、米、油、盐、醋，吃、穿、用、行、乐等与日常生活密切相关的服务项目，始终把服务放在第一位。

四、物业管理综合服务的基本要求

1. 业主和非业主使用人对物业管理综合经营服务的要求

业主和非业主使用人的需求虽然多种多样，但归根结底是对综合经营服务有着高效、优质要求。高效、优质服务的含义包括：①效用。效用是业主和非业主使用人对于服务的使用价值的要求，它是由物业管理人员的知识、技能或体力转化所带来的实际效果。这种实际效果体现在物业管理人员必须达到有关的服务或技术标准。②方便。这是业主和非业主使用人在要求服务效用的同时，提出省力、省时、省事的要求。例如：房屋、设备等维修服务的报修方便；家居生活服务做到"开门七件事，不出社区门"等。③态度。态度是业主和非业主使用人对于物业管理人员的礼貌礼节和行为方式的要求。为了提供高效优质的服务，物业管理人员必须做到礼貌服务、微笑服务，与业主和非业主使用人相互沟通、协调一致，服务贴心周到，获得业主和非业主使用人的信任。④合理。各项综合服务的收费标准应该合理，质价相符。⑤满意。满意是业主和非业主使用人对于服务产生的心理感受，也是对所需服务效果的总体评价。业主和非业主使用人对服务的满意感受是具有安全感、舒适感、方便感、归宿感等。物业管理企业将业主和非业主使用人的满意当作追求的最高目标，努力创造符合业主和非业主使用人乃至整个社会生存、发展与享受的完善的综合经营服务体系。

2. 综合经营服务的服务要求

在综合经营服务中，物业管理企业员工必须开展礼貌服务和微笑服务。这是由业主和非业主使用人对综合经营服务的需求所决定的。礼貌服务和微笑服务，既是精神文明建设的组成部分，也是改善服务态度、提高服务质量的重要手段。

（1）礼貌服务

1）礼貌服务的含义：礼貌服务是指物业管理人员在综合经营服务的全过程中，对业主和非业主使用人以礼相待，按照礼貌礼仪的规范要求和相应的仪容风貌提供服务，使业主和非业主使用人产生舒适感和信任感，从而使其获得心理上和精神上的满足。礼貌服务是社会主义精神文明建设的重要内容，也是开展综合经营服务的基本要求。

2）礼貌服务的重要性。在综合经营服务中开展持之以恒的礼貌服务，可以为物业管理企业带来巨大的长期的综合效益。礼貌服务可以为物业管理企业创造出无形资产，礼貌服务可以使业主和非业主使用人获得心理上、精神上的满足，对企业产生信任感。业主和非业主使用人会以愉悦的心情传播获得的尊重、享受和满足等感受，其产生的社会影响是广告不可比拟的，从而树立了物业管理企业的良好形象，创造了极佳的声誉，提高了企业的社会知名度；礼貌服务可以弥补物业管理中"硬件"的不足，物业管理"硬件"是开展综合经营服务的物质基础和条件，"硬件"建设往往会受到投资决策、规划设计、施工安装以及资金信贷等因素的制约，物业管理企业在进行管理制度化、规范化、标准化建设的同时，应开展以围绕服务质量为中心的礼貌服务，以弥补物业管理"硬件"的不足。

3）礼貌服务的行为规范。精力集中，主动热情：综合经营服务需要面对面与业主和非业主使用人接触，要认真倾听业主和非业主使用人的诉求，关注其需求，主动热情地接待，使其感到被尊重、被礼遇，从而产生信任，这一点已成为物业管理行业的基本职业道德之一，也是开展礼貌服务的前提条件；轻声细语，操作熟练：在提供服务的工作时间内，禁止"串岗聊天""嬉笑取乐""大声喧哗"等，另外，无论是保安人员的迎宾、引路，还是清洁工的清、扫、擦、拭等，都要做到操作熟练，动作麻利。这是基本的职业要求，也是礼貌服务的基础；仪表、仪容合乎规范：仪表、仪容是指人的外表和自我形象的统称，其中包括容貌、表情、举止、风度、衣着、装饰、发型、佩戴等，物业管理人员的仪表、仪容应符合职业规范要求。良好的仪表、仪容是物业管理企业的企业形象设计的组成部分，也是开展礼貌服务的重要条件；礼貌用语，讲究服务艺术：语言是人类重要的交际工具，也是衡量物业管理人员素质的标准，物业管理人员与业主和非业主使用人在人格上是平等的，但在劳务需求与供给相对应的关系中，物业管理企业的所有员工都是为业主和非业主使用人服务，服务的规范行为之一就是要使用服务敬语、规范性用语。

（2）微笑服务。综合经营服务中的微笑服务，是指以真诚服务为出发点，物业管理人员在服务工作中应始终面带发自内心的微笑。微笑服务是规范化礼貌服务的重要内容，坚持微笑服务可以大大改善与业主和非业主使用人的关系，提高服务质量。微笑服务可以使业主和非业主使用人在基本物质需求得到最大限度的满足的同时，获得精神愉悦和心理享受。美国的成功经营者为经营服务之道总结出"十把金钥匙"，其中"微笑"是仅次于"顾客是上帝"的第二把"金钥匙"。

微笑服务的要求：微笑要发自内心，微笑是一种情绪的传递，只有发自内心的诚挚的微笑，才能感染服务对象（业主和非业主使用人），发挥沟通的桥梁作用；微笑服务要始终如一，微笑服务应当贯穿在综合经营服务的全方位、全过程和各个环节。只有这样，才能最终发挥微笑服务的作用；微笑服务要做到"五个一样"即领导在与不在一个样、内宾与外宾一个样、生客与熟客一个样、心境好与坏一个样、领导与员工一个样。物业管理与千家万户直接联系，应当充分认识和发挥微笑服务的作用，塑造社会满意的物业管理行业形象。

第二节 综合经营服务项目的开展

一、综合经营服务项目的选择

物业管理公司开展综合经营服务，首先要把好项目选择关，要选择少投资或不投资的项目，如：委托管理项目、承租经营项目、代销项目等；要选择那些与物业管理主业相近，容易发挥自身优势的项目，如：房屋装修、花卉租摆、家庭绿化、保洁服务、房屋交易业务咨询等；还要注意选择投资少、回收快、经济效益和社会效益都比较好的项目。下面我们就来谈谈有关问题。

（一）选择经营服务项目的原则

1. 少投资、避风险的原则

物业管理在我国是一个新兴行业，起步晚，经验不够，多数物业管理公司本小利微，经不起大的经营风险，因此，在开办综合经营服务项目时，一般应遵循少投资，避风险的原则，多做一些代售、代销项目。即使是看准了的项目，也最好在投资时找一个稳妥的投资伙伴，以减少风险。

2. 不熟不做或少做、稳健进取的原则

物业管理公司的综合经营服务，起始阶段最好开展一些与物业管理相近、相邻的延伸项目。如：房屋装修、家庭绿化、保洁服务、房地产中介代理、物业管理咨询、员工培训、小的商业服务网点、特约服务项目（代接代送子女上学、代购代送物品）等，切忌介入不懂、不会、不了解的行业。但这并不意味可以不思进取，物业企业应主动开展一些所辖范围内人们急需的服务项目，只是每上一个项目均须经过充分论证、反复测算，不要一哄而起、贪大求多、遍地开花，也不要好大喜功、盲目追随他人，应成熟一项上一项，讲究实效，稳健进取。

（二）选择经营服务项目的步骤、方法

（1）选调得力干部，组成强有力的项目选择班子。要有懂技术、懂经营、懂财务会计、懂市场营销管理的人员参加，一般需要 3～4 人。

（2）筛选项目。开展广泛的社会调查，多方收集信息，分析归纳，按照上述项目选择的原则，筛选出合适的经营服务项目。

（3）谈判。若是须接受对方委托的项目或是须与他人合作的项目，则要就有关事项进行谈判。一般情况下，谈判有一个互相了解、提供资料和情况的过程，常需反复进行。

（4）进行经济论证。这是项目选择最关键的一环，必须把握好，要用全力进行深入细致而全面的论证。一般与物业管理相关相近的项目，经济论证的内容主要有：①项目名称、地理位置及交通状况；②周边环境、客源情况；③档次定位、技术水平；④市场预测、发展前景；⑤人员编制、员工来源及培训；⑥投资概算、经济效益预测分析。

其他项目的经济论证，可根据项目本身特点，增加或减少上述经济论证的项目内容。

二、综合经营服务的条件及注意事项

1. 物业管理综合经营服务的条件，总体上包括两个部分："硬件"——资金和场地；"软件"——经营的内容或项目、经营思想和经营机制。

（1）筹措资金。开设综合经营服务项目时，理想情况是能得到政府或上级企业单位拨款。没有政府拨款时，物业管理企业就要自筹资金，具体办法有：直接进行项目贷款，抵押贷款；通过正当的关系渠道向其他企业进行融资，向职工或社会集资等。总之，要调动各方面的积极性，想办法解决资金的来源问题。

（2）寻找场地。作为物业管理综合经营服务的场地，位置最好在建筑物底层、库房或物业区域的出入口、中心处。在设计规划时应考虑到经营性用房的问题，开发经营时应当留有日后开展综合经营服务位置，开发商或业主委员会也应租给物业管理企业一定数量的经营性商业用房。

（3）经营内容或项目

1）优势特色项目优先，如物业管理企业有房修工程部、机电设备维修部、可开设装饰、装潢服务经营项目或机电设备的维修业务等。

2）日常生活类服务项目优先，如"柴、米、油、盐、醋"，"吃、用、穿、行"等服务应优先开设。

3）消费周期短的服务项目优先，如每日三餐、生活必需品。

4）易损、易耗品的服务项目优先，如小五金、小家电、在日常生活中容易损坏、其维修项目可先行开设。

5）中介服务项目优先，如开展家政服务、找保姆、钟点工、介绍家教、房产评估等项目可利用信息和优势，也可优先开设。

（4）经营机制。企业经营机制是指一定经济体制下企业生存和发展的内在机能及其运行方式。其具体内容大致包括：一是动力和激励机制，这是激励经营者和劳动者为了企业的生存和发展，为了对社会做更多的贡献而自觉实现企业目标的一种机制；二是决策和风险机制，这是要求企业面向市场自主经营、科学决策、承担市场风险的一种机制；三是竞争和反应机制，这是要求企业自觉参与市场竞争、经受优胜劣汰考验，对市场做出灵敏反应的一种机制；四是约束和监督机制，这是要求企业将自己的行为规范在一定的限度内，自觉接受国家政策和法律监督的一种机制。物业管理企业在科学、合理的经营机制下，进行综合经营服务。

2. 注意事项

（1）协调综合经营服务与楼宇、居住区环境的净化、美化的关系。避免造成环境污染，避免给居民生活造成不便。

（2）开展综合经营服务时，注意协调与地区政府、机关及有关部门之间的关系。在物业区域内开设经营服务项目，会涉及"通气、通水、通电"等事项，因此需与煤气公司、市政公司、供电公司等部门协调。有时社区、居委会也会开设这些项目，这时协调关系不好会造成彼此间的矛盾，因此必须注意。

（3）注意保证综合经营服务的质量。这里的综合经营服务质量具有两层含义：一是综合经营的产品质量；二是服务质量。物业管理企业应规范服务，树立良好的为业主、非业主使用人服务的形象，加强企业内部管理，增强对员工的考核，真正做到物业管理综合经营服务为业主、非业主使用人提供优质服务。

三、综合经营服务的市场预测

1. 进行市场预测的必要性

也许有人认为，物业管理企业综合经营服务是"于民于己都有利"，仅凭直觉进行服务项目的设立与经营。这种观念是不正确的。现代企业管理的重点在于经营，经营的重点在于决策，决策的基础是科学的预测。在综合经营中最重要的决策是市场选择，即确定哪些消费者的需要才是应予以满足的。任何企业的能力和资源都是有限的，因而只能满足有限的顾客群和有限的需求，"满足所有人的全部需求"是不可能成功的。

物业管理的综合经营服务，需要通过市场预测，做出正确的经营决策。正确的决策是建立在对市场的总的动态、消费者的需求以及潜在的竞争对手正确的分析和判断之上的。正确的市场预测还可以减少经营中的盲目性和风险性，增强企业竞争能力取得较好的经济效益，为市场竞争打下坚定的基础。

2. 市场预测的内容

物业管理的综合经营服务市场预测，就是借助市场调查和综合经营服务专业知识，通过一定市场预测手段，对物业管理企业准备开展的某种服务项目的未来市场供求关系变化和发展作一个分析和测算。可从以下几个方面入手：

（1）对综合经营服务项目的市场需求情况的预测。物业管理区域的相对封闭使物业管理企业提供综合经营服务，既有优势，也存在局限性。根据这一特点，物业管理企业不仅要了解综合经营服务需求的一般要素，更要研究物业楼宇或住宅区域的购买力、居民的社会文化层次、购买心理和潜在竞争因素。

（2）对综合经营服务项目的技术发展进行预测。例如，搞房屋装修、装饰服务项目，需要对新技术、新材料、新工艺、新产品的发展和未来影响及时了解和掌握。

（3）对企业提供综合经营服务项目的供给数量也要预测。例如，开设餐厅前，物业管理企业要对物业管理区域内的人流量进行统计和分析，以正确确定营业规模。例如，在办公楼宇中提供的餐饮服务前，需考虑办公楼中的公司数、人员数、业务活动等因素，大致估计供应量与这些因素成正比，避免供应不足或者造成浪费。

3. 综合经营服务的评估

评估是检验物业管理多种经营服务的一种重要方法。评估有助于设计、修改、完善方案，可以客观地检测综合经营服务的成效与不足，有助于未来工作的开展，可以获得物业管理区域内业主和非业主使用人的信任与支持，从而实现社会效益、环境效益、经济效益的统一。对综合经营服务的评估应从以下三个方面入手：

（1）评估社会效益。虽然开展多种经营服务是扩大物业管理企业收入来源的途径，但满足业主和非业主使用人需要所产生的社会效益却能提高物业管理企业的形象。开展综合经营服务，对于实现"以人为本"的城市建设与管理的目标有直接的意义。一个物业管理企业如果能够开展方便群众的综合经营服务，会增加物业管理企业的无形资产，创立企业的品牌，树立起良好的企业形象。

进行这个项目评估，应通过调查住户（业主和非业主使用人）满意度的方法对企业开展的经营活动进行评价。根据各企业的自身情况设计住户调查表，进行民意测验，测定物业管理综合经营服务的质量、内容和标准。

（2）评估环境效益。物业管理企业增强环境保护意识，加强物业环境管理，为业主和非业主使用人营造一个有利于生存、发展和享受的物业生态环境。进行这个项目评估的主要方法是检查小区环境得到改善的效果。

（3）评估经济效益。通过物业管理综合经营服务，能够保持物业的正常使用功能，延长使用年限，从而使其保值、增值，使原物业产生巨大的经济效益。并能使物业管理企业扩大市场份额，不断提高自身的经济效益。对此项评估的最直接办法就是进行财务核算、资产清算的方法。

四、物业管理综合经营的财务管理和会计核算

物业管理企业开展综合经营服务，主要是为取得一定的经济效益（自然要兼顾社会效益等），所以必须加强财务管理与核算。这方面主要应抓好以下工作：

1. 健全财务机构、配齐财务人员

（1）健全财务机构。物业管理开展综合经营服务，涉及项目论证、资金筹措、经营监管、盈亏核算、效益评价等多方面财务工作。所以，必须设立相应的财务机构，配备必要的财会人员。

（2）配齐财会人员。要根据综合经营服务项目多少、业务量大小，配备相应的财会人员。从一些单位开展综合经营服务的实际情况看，财会人员一般占经营职工人数的5％左右。由于综合经营服务项目多，往往跨行业、跨地区，执行不同行业的会计准则，财会管理难度大，所以这方面的财会人员，素质要求更高，独立处理业务的能力要更强。

2. 建立综合经营内部财务管理和会计核算办法

（1）认真贯彻执行国家财经政策和制度。物业管理企业开展综合经营服务，在财务管理和核算上，必须贯彻执行财政部制定的《企业财务通则》、《企业会计准则》及行业财务制度、会计制度和其他有关的财经政策规定。

（2）制定企业内部财务管理办法。从事综合经营服务的物业企业要根据国家的规定和要求，结合本行业和本企业经营项目的特点，制定企业内部财务管理办法。一般应包含如下方面的内容：①资金筹措、控制、核算和使用考核办法；②年度财务收支计划的编制、执行、检查及考核奖惩办法；③流动资产、固定资产、长期投资、无形资产和其他资产的管理核算办法；④各种经营项目的成本费用划分、管理和核算办法；⑤营业收入、利润分配办法；⑥会计科目的增删、设置和使用办法；⑦经济活动的分析报告制度；⑧会计报表的编制、报送和内部管理需要的附表及编制方法。

3. 实行相对集约化的财会领导体制

综合经营服务项目往往投资少、场地小、点多、线长、面宽，为防止各方面疏漏，提高经济效益，必须实行"四统一"和集约化的领导体制：即统一法人、统一对外、统一盈亏、统一纳税。具体地说，就是要：

（1）建立法人制度。物业管理开展综合经营服务项目，不管规模多大、跨行业多少，也不管是在本市还是在外埠，是独资、合资，法人代表一般必须由物业管理公司统一派代表出任，要防止开办一个项目就设定一个法人代表，造成法人林立、大权旁落或管理难的现象。

（2）统一账号、集中对外。为了加强资金的内部调控，防止资金分散、流失，将有限

的资金真正用在刀刃上，物业管理公司对各营业点(除设在外埠的经营项目)要求一律不得在外部银行设结算账户(可以设立备用金性质的账号)，其对外的货币收支均必须通过物业公司综合经营财务的指定银行或结算中心统一处理。

(3) 分别核算、统负盈亏。各个经营网点，均要实行"分别核算、自负盈亏"。但整个企业必须是"统负盈亏、统一纳税"。即不是各营业网点各自按盈亏单独交所得税，而是以物业管理公司为统一核算的法人单位，将各网点盈亏相抵后，统负盈亏，照章纳税。

开展综合经营服务，实行集约化的财会领导体制，特别是上面论述的三个方面，可以说是许多行业单位开展综合经营服务的经验总结。改革初期，由于经验不足，不少单位在这三个方面出现过各种问题，如：有的单位片面强调"财权下放、划小核算单位"，结果造成法人林立、账号繁多、财权分散、资金流失。另外，由于各经营点是独立法人，盈了照章纳税，亏了的要在下年度有盈利时抵补，不能起到扶持新张网点、以丰补亏、内部平衡的作用，造成不必要的损失。

4. 加强综合经营的资金管理

资金是企业经营的命脉，因此，加强对资金的管理，加快资金周转，提高资金的使用效率和效益十分重要。为此，要有以下针对性的资金管理措施：

(1) 建立资金预算制度。从资金的筹措、使用、调控到分析核算，实行全方位和全过程的统一预算管理。

(2) 实行一支笔批用、一个部门管理。企业的财权必须集中，要充分发挥财会部门的职能作用，明确资金只由财会一个部门管理。资金的使用，只能按企业年度收支计划，由法人或其指派代理人一支笔签批。

(3) 建立资金有偿占用制度，从而提高资金使用效益。

(4) 适度举债，巧用金融杠杆。

第三节　综合经营服务的操作

一、餐饮服务

1. 市场分析

餐饮服务要根据小区(大厦)的住户特点来决定是否经营，经营规模大小和档次高低。内地以及沿海地区以居家为主的商住小区，其餐饮应以早餐和夜宵供应为主，因为这些地方应酬性聚餐很少，但早晨忙于赶车上班，方便、快捷的早餐会大受欢迎；在沿海，尤其是特区一些居家办公兼有的小区(大厦)内，正餐的需要较为突出，一则是由于白天公务忙，无暇做饭，有的则借就餐洽淡生意，所以在小区内经营中档实惠，环境雅致的餐饮店，会受到欢迎；在南方，由于天气较热，人们夜生活较为丰富且持续时间较晚，便于消夏纳凉的露天排档或茶座也可以经营。

2. 注意事项

由于小区(大厦)是居住或办公之地，餐饮的经营要注意避免噪音干扰和环境污染。露天排档要防止深更半夜行酒令，大声喧哗。餐饮店的油烟排放也要妥善解决，以免影响周围居家的环境和卫生。此外餐饮的排污要保持畅通，以免堵塞管道，影响环境。最好是开发商在建筑设计时，就把餐饮的排烟、排水特别处理好。

3. 操作要点

（1）餐厅装修。小区内的餐厅多以小区居民为主要服务对象，应避免过于豪华，住户一般并无此需要，且因此而使价格偏高会影响经营。所以装修应定为中档甚至简单装修，其主要目的要使餐厅显得整洁，雅致即可。

（2）菜式。小区内餐厅的菜式要大众化，无需太多的山珍野味，因为在此就餐主要图的是方便与经济实惠，当然尽管是大众品味，做工还是要讲究，要不失品味，不能马虎。

（3）服务。服务人员应着装清洁，素雅，给人以亲切之感，服务要热情，周到。送餐是服务的另一重要内容，要尽量做到快速，及时。

（4）采购及加工。原料采购首先要保证质量，其次要尽量控制成本；加工时要防止浪费，注意综合利用。

二、燃料供应

1. 需求分析

燃料是商住小区居民每家每户的必需品，但新建的小区如果没有管道燃气供应，就必须到其他地方去买，路途远，时间紧，加之有些居家全是老年人，就特别不方便，所以在小区内开展燃料（即液化气或煤炭）供应，是一项非常好的便民服务项目。

2. 注意事项

经营燃料，首先要注意安全，要取得消防部门的许可，同时要准备足够的消防器具，要合乎消防规范。

3. 操作要点

（1）为了保持小区清洁，不宜设煤库存放煤炭，可代为住户买煤，加收部分服务费即可。

（2）若是液化气，可以在小区内设供应站，随时更换钢瓶，要向住户提供送气服务，收取服务费。

（3）在小区内设液化气供应站，大大方便了住户，所以气价可适当高于市面气价。

（4）要做好开户和购气的登记及收入账目。

三、日用百货

1. 需求分析

一般新建小区都距市区较远，如果为了一瓶酱油也要上一趟街，花上几元钱，半个上午，就显得既浪费，又不方便。所以在小区内设小商店供应日用百货是非常适宜的。

2. 注意事项

在小区内经营百货，供应的是基本固定的住户，所以信誉是头等重要的。要谨防假冒伪劣商品，替住户负责，替自己负责，要花精力来鉴别真伪，宁可薄利，也不在质量上坑害住户。其次要随时调查掌握住户的需求。

3. 操作要点

（1）商店的环境要清洁，要消灭老鼠、苍蝇，天热季节，要注意食品的保鲜和冷藏。

（2）要注意进货的质量和数量，防止放置时间过久而变质。

（3）要及时向住户宣传，住户需要时可以送货上门。

（4）关系居民日常生活的针头线脑，柴米油盐等日用品要尽可能齐全。

四、果菜供应的需求及相关分析

虽然果菜是人们生活的必需品，但在小区内设菜市场似乎并不合适，一方面它会严重影响环境卫生，更主要的是它会严重影响居民的休息，因为其噪声太大。如果规划时能预留专门的果菜门市部则另当别论，但蔬菜最好是经过摘洗后再上架，还可以考虑摘洗后用保鲜袋盛装摆卖。经营水果的成本是较高的，为了价格上不致太高，可以考虑订购，够一定数量时一次性批发回来分售给大家。

五、绿化工程服务

1. 需求分析

随着人们生活水平的提高，种草养花已成为许多人闲暇生活的一部分，而且种花不仅美化了居家和周围环境，也陶冶了人们的情操，有益于身心健康。还有一些家庭是为了美观而进行摆设，尤其是写字楼、办公间，花木也是装修的一部分。总之，不论是商住小区，还是大厦、写字楼，花木的需求是普遍的，所以经营花木租售，代理管养业务，非常适宜，利润也颇为丰厚。

2. 把小区变成大花圃

要开展花木租售服务，就必须有足够的花木储备，为此可以租一块土地来培育花木。不过，利用小区的绿化用地来规划兴建花圃既经济又实惠的方案，可以花一定的投资（这部分可以由物业管理公司投资）用水泥石柱修砌花廊、圆形门等造型建筑，这样一则以分隔道路和绿化带，吸收粉尘和噪音，净化空气；二则可以在里面培育花木，把小区装扮得如同花园，既可供住户观赏，也可出租或出售，获取利润。一般小区、大厦求租花木的较多，这等于把花圃办到了办公间，扩大了培育面积。所要做的只是定期修剪、施肥、浇水及更换品种。

3. 操作要点

（1）要聘请园林绿化专家来作小区的绿化及苗圃规划，并监督施工质量，如土层厚度，覆盖肥料的厚度，水分等等；要剪插培育多种多样的花木。

（2）租花服务的程序要简便，要有较高的服务效率。

（3）要尽快占领所管物业的绿化服务市场。

六、美容美发服务

1. 需求分析

美容美发及一般理发洗头是人们日常所必须的，这里有自身卫生和健康的需要，也有交际的需要。而人们从事这项活动的时间大多是在上班前或下班后，前者为了外出所需，后者图个时间方便，因此在小区内开设这一服务项目是非常恰当的，当然根据小区内居民的消费水平和需要，还可增加其他的美容保健服务。

2. 操作要点

（1）用简单的装修创造一个清洁雅致的环境。

（2）清洁和消毒设备要齐全，要严格管理，按规定执行，并取得卫生防疫部门的许可。

七、物业租售代理

1. 需求分析

商品房的开发和销售使人们有机会拥有自己的产业，而且享有受益权和处分权。业主根据自己的事业和生活需要，随时可以出租或出售自己的房产。业主的变更或新租户的入住都牵涉到物业管理问题，所以物业管理公司有责任和义务来代理业主的物业租售业务，这一方面是为了便于管理；另一方面也是为了维护业主的利益。

2. 操作要点

（1）向业主发出通知，建议其将租售业务交物业管理公司代理，即使委托了别的代理机构，也应向物业管理公司申报以更换业主档案，便于管理公司实施管理。

（2）物业管理公司要定期或不定期地刊登报纸广告替业主们作宣传。

八、图书、音像出租服务

1. 需求分析

这一项目可以和读书俱乐部结合起来，在搞其他娱乐活动的场地内占用很小面积来摆设书籍、影带等，以取得综合经营效益。

2. 操作要点

（1）书籍影带要健康，要有利于提高小区的文明程度。

（2）租赁经营方式要灵活、方便。

九、康乐项目

1. 需求分析

作为一个生活小区，娱乐项目是必不可少的，因为人们从下班休息之间有较长的一段闲暇时间，也不可能将这些时间全部花费电视上，如果能组织开展一些有益的康乐活动，不仅有利于住户身心健康，提高社区文明层次，也有利于增进人际间的交流，创造融洽和谐的小区环境。康乐活动的开展，会给小区带来许多生气。

2. 项目参考

这方面可选的项目很多，这里列举一些以资参考：

（1）游泳池；（2）桌球室；（3）棋牌社；（4）健身房；（5）网球场。

各种项目都有其经营特点，要选择合适的人进行经营操作，要尽可能简化程序和环节，提高经营服务效率。

十、上学入托接送服务

1. 需求分析

在距市区较远的小区，如果未配套建设幼儿园和小学，那么，幼童上学入托问题就会困扰住户，业主入住后会感到更为不便。这时物业管理公司一定要配备交通车开展接送服务，解决住户的困难，否则就未尽到责任和义务。

2. 操作要点

（1）交通车的投资可以由发展商提供一部分，作为对配套不足的一种补偿。

（2）受惠家庭要交纳一定的费用。

（3）行车的安全应摆在第一位。

（4）本项目可能不产生利润，但有助于提高公司的信誉。

十一、托幼服务

1. 需求分析

在住宅小区内配套建设幼儿园，使区内住户能就近入托，免去了外出接送所带来的麻烦和不安全因素。如果教育管理得当，声誉较佳，还可吸收附近小区的幼童入托，经济效益也是可观的。

2. 值得注意的问题

（1）幼儿园的装修摆设要尽可能规范，首先要合乎安全原则，诸如电路的暗管暗线，插座的位置要在幼童摸不到的位置；游戏场所、睡觉场所要和厨房分开；幼童用的卫生间也要专门设计，以免发生危险。

（2）幼童的食品卫生要特别重视，要聘专业厨师，厨具消毒工作要勤抓不懈。

（3）幼童睡觉的房间不许外人入内，更不能在里面吸烟或用明火，如蜡烛，应付停电必须提前配备应急灯。

（4）购置幼儿玩具要避免发生危险的可能，如小粒的玩具可能被幼童吞食而卡住喉管；棱角锋利的玩具可能会割伤幼童；尖锐的玩具可能会造成更大的伤害等；这些都应非常谨慎、细致。

（5）幼儿的教育要有计划，有步骤。

3. 托幼收费

纯福利性的幼儿园目前在国内尚不具备经济条件，和中小学基础教育一样，提倡社会办学，集资办学，体现在收费上就是受惠家庭也有义务为办学出一份力，使幼儿教育能形成良性循环。

所以目前幼儿园除了收每期的学费，食宿费外，入学时还应一次性交纳一笔建园费，这都是较为可取的做法，如果还另行开设艺术班，需另外收费，以支付聘请艺术专业教师的费用。

十二、物业外墙的广告出租与管理

1. 销售合同中的条款细节

目前绝大多数国内房产开发商的售房合同都是非常不完备的，由此带来纠纷暂且不说，自身利益的损失也是相当可观的。

比如，很少有售房合同对物业外墙的权属和使用管理作明确的界定。实际上发展商完全可以以合同的形式保留物业外墙（包括天面）的使用权，以及一些公共场地的使用权，并委托物业管理公司来管理经营，这同样会产生可观的利润。

2. 物业外墙广告位出租

物业管理公司应将物业外墙（包括天顶）统一规划成许多广告位，向外招租，而广告的设计要兼顾小区（大厦）的整体美观并且不能影响业主的使厝。租金要按市价逐年调整（以合同为准）。

3. 利用外墙建设新型广告媒体出租

这是该项目经营的进一步深化，可以和广告公司联合投资经营，如电子屏幕、彩色灯箱等。

十三、其他服务

1. 管家服务

有的住户需举家外出时，家中的宠物、花木、金鱼等就需人照料，家具、电器也需要通风，以免受潮。所以物业管理公司提供管管家服务也是会受到欢迎的。

注意事项：

（1）要将住户较大的、易于搬动的贵重物品列出清单，物业管理公司和住户各持一份。

（2）物业管理公司需另外加一把牢固的锁，指派一个专人管理，其他任何人不得进入住户室内。

（3）要按时养护户内的动物、花木和清洁通风。住户的物品不许随意翻动。

（4）如征得住户同意，晚间能在户内住守，会更为安全些。

2. 清洁搬家服务

物业管理公司只要购置一套清洁设备就可以开展本项服务，这可以由清洁部负责人员安排和管理，清洁内容有地毯清洗、烘干，地板清洗、打蜡，墙面清扫粉刷，玻璃清洁等。搬家服务可由物业管理公司指派两个人承揽下来，再临时挑较认真的民工来搬移、装卸，物业管理公司的两名员工履行指挥和监督职责。

3. 洗衣服务

本项目可根据所管小区（大厦）的人员情况来决定服务规模，是否需要专门购置设备。至少要腾出一块位置薄利代理洗衣，也会大大方便住户，这是物业管理公司应该尽力去做的。

复 习 思 考 题

1. 什么是物业管理综合经营服务？
2. 为什么物业管理企业要进行综合经营服务？
3. 物业管理综合经营服务的要求有哪些？
4. 选择综合经营项目应遵循哪些原则？
5. 如何进行综合经营项目选择？
6. 如何进行综合经营的市场预测？
7. 物业管理综合经营应建立怎样的内部经营机制？

第九章　物业管理公司财务与物业服务收费管理

与其他管理活动一样，物业管理活动也需要活劳动和物化劳动的投入，投入大小和使用效率高低直接关系到物业管理的成败。因此，物业管理公司的财务管理工作在整个物业管理中有着举足轻重的作用，其中物业管理资金的来源、筹集与使用是财务管理中极为重要的环节。

第一节　物业管理公司财务管理

一、物业管理公司财务管理的含义

财务是指企业为达到既定目标所进行的筹集资金和运用资金的活动。筹集资金就是资金来源，它指列示在资产负债表右方的诸项内容；资金运用则是指列示在资产负债表左方的诸项内容，它表明了资金的去向。在整个物业经营管理中，不仅要用实物形式，而且要用价值形式来实现物业的生产、流通、交换和消费，要按一定的方式供给一定的货币资金，用来进行周转和购置物资设备，以便物业经营管理和服务的正常进行。在这一过程中，物业的出售和出租、物业有偿服务费用的收入等，就构成了物业管理公司的资金运动。物业管理公司的财务管理就是对物业管理资金运动的管理。

在资金运动过程中，包括物业经营出租、管理服务收费以及多种经营收入等资金的筹集、使用、耗费、收入和分配。为保证企业正常和有效的运作，提高经济收益，许多物业管理公司实行"一业为主，多业发展"，企业下属拥有各种商业、贸易和维修部门和其他提供有偿服务的机构。物业管理公司的财务管理要统筹各经营单位和机构，这自然要比经营业务相对单一的一般企业显得复杂一些。

二、物业管理公司财务管理的机构和岗位设置

（一）物业管理公司财务管理的机构

为了有效进行财务管理工作，物业管理公司应设立财务管理机构。作为物业管理公司实施财务管理的职能部门——财务部，其主要作用是通过组织企业的资金运动，提供经营管理信息，促进企业管理水平的提高，从而获取良好的经济效益。

物业管理公司财务部的基本职责有以下几个方面：

1. 遵守财经纪律，建立和健全各项财务管理制度。

2. 抓好各种应收款项的收取工作，核算长期拖欠不清的款项，督促经办人限期清理。

3. 参与策划各种营销策略，并对重要经济合同及投资项目进行评议及审定。

4. 按合同的要求，做好工程费用的拨付、结算工作。

5. 执行审批制度，按规定的开支范围和标准核报一切费用，负责发放员工工资、奖金。

6. 严格执行现金管理制度和支票的使用规定，做好收费发票的购买、保管、使用及

回收工作。

7. 编制记账凭证，及时记账，及时编报各种报表，妥善管理会计账册档案。

8. 拟定各项财务计划，提供财务分析报告，当好参谋。

（二）物业管理公司的财务管理的岗位设置和要求

1. 岗位设置

根据一个物业管理公司和所管辖物业的规模大小以及开展服务内容的多少等具体情况设置机构，配备人员，由于财务管理不同于一般管理，基本岗位不随内容的多少来决定，物业管理公司的财务部门可以设立一岗多人或一人多岗，通常财务部门的岗位设置如下：

2. 财务部的各岗位职责

（1）财务部经理岗位职责

1）在总经理直接领导下，负责组织财务部开展工作。

2）负责制定公司的财务管理制度及财务部内部的管理制度。

3）负责组织和实施公司的财务核算工作。

4）负责制定本部门各岗位的考核标准，制订本部门培训计划，开展对本部门员工的业务培训。

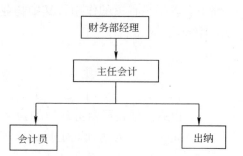

图 9-1　物业管理公司财务部岗位设置图

5）负责指导、监督、检查及考核本部门员工工作。

6）负责公司主要财务报告的编报工作，具体包括：财务收支年度预算、决算、会计报表及财务分析等。

7）负责定期向总经理汇报公司财务收支状况。

（2）主任会计岗位职责

1）在财务部经理直接领导下，协助财务部经理开展财务核算。

2）负责账务的综合管理，具体包括：凭证的编制、审核、汇总、登账、转账及结账。

3）负责公司费用开支单据的审核、支出记账凭证的编制及收入记账凭证的审核。

4）负责会计电算化系统的维护。

5）负责各种税费的计提、分配及按期缴纳工作。

6）负责监督各岗位的工作质量记录工作。

7）负责公司发票、收据及会计资料的管理工作。

8）负责编制员工每月工资表。

9）负责打印账册。

（3）会计员岗位职责

1）在财务经理的直接领导下，配合会计主任开展工作。

2）负责管理费的收缴、催缴和统计工作。

3）负责电脑"客户系统"的管理，用户有关资料的输入及输出。

4）负责解答用户有关管理费及其他费用的咨询。

5）负责审核停车场的收费及解缴工作。

6）负责协助打印账册。

（4）出纳员岗位职责

1）负责现金收付和银行转账业务。

2）负责现金及支票的管理工作。

3）负责编制现金与银行存款日报告。

4）负责编制银行存款金额调节表。

5）负责为用户办理退还各种款项。

三、物业管理公司财务管理的内容和任务

1. 物业管理公司财务管理的内容

物业管理公司的经营活动包括计划管理、产业管理、租赁管、修缮管理、园林养护、治安管理、劳务管理、财务管理等，而财务管理是其中的主要组成部分。它是利用价值形式，通过资金运动及其生产的经济关系——货币关系进行的综合性管理。

物业管理公司财务管理的主要内容有：对资金筹集和运用的管理；商品房资金的管理；租金收支管理；物业有偿服务费的管理；固定资金、流动资金和专项资金的管理；资金分配的管理；财务收支汇总平衡；等等。

2. 物业管理公司财务管理的任务

物业管理公司财务管理的基本任务是依据企业资金运动的规律，遵循国家的政策、法令和财经制度，合理组织财务活动，正确处理财务关系，加强计划（预算）管理和经济核算，改善和促进企业经营管理，提高经济效益，加强财务监督，维护财经纪律。

（1）筹集和合理分配、运用资金。这就是要根据物业管理的需要，做好租金收入和有偿服务管理费的收费工作，不断提高资金运用的效能，保证物业管理公司的正常运营。

（2）积极组织资金，开辟物业经营市场，"一业为主，多元经营"，不断寻求物业管理的新生长点，拓展物业管理的新领域，形成新优势。

（3）加强财务分析和经济核算工作。这就是要做好各项控制工作，节约费用，降低成本；考核各项经济指标的执行情况，反映经营管理状况，促进企业改善经营管理。

（4）加强计划（预算）管理，认真编制财务计划（预算）。

（5）实行财务监督，维护财经纪律。物业管理公司的经营、管理、服务，必须依据党和国家的方针、政策和财经法规以及财务计划，对公司预算、开支标准和各项经济指标进行财务监督。财务监督主要是对资金的筹集运用和分配活动进行监督，使资金的筹集合理合法，资金运用的效果不断提高，确保资金分配兼顾国家、集体和个人三者的利益，最大限度地调动多方面的积极性，保证坚持正确的经营方向，保护企业财产不受侵犯，并同贪污等违法乱纪行为作斗争。

四、物业管理公司财务管理人员的服务意识

物业管理公司的财务管理人员的日常工作中非常重要的是收费，也是物业管理企业直接面对业主和使用人服务的窗口工作。从某种意义上说，财务人员的服务意识和水平，体现着物业管理企业整体的服务水平。因此要求每一个财务人员特别是进行收费工作的会计员，牢固树立"业主至上、服务第一"的思想，工作中应热情、周到。同时，要求财务人员工作时使用规范礼貌用语。

如某公司指定的财务人员岗位服务规范用语：

（一）收管理费时

1．"先生（小姐），您好！请问您是来交管理费的吗？请问您的房号。"

2．"您本月应交管理费＿＿＿＿＿＿＿元、上月电费＿＿＿＿＿＿＿元、维修费＿＿＿＿＿＿＿元。"

3．"收您＿＿＿＿＿＿＿元，找回＿＿＿＿＿＿＿元（或＿＿＿＿＿＿＿元收齐）。"

4．"这是您的发票，请保管好。"

5．"谢谢您，再见。"

（二）用户电话咨询管理费时

1．"先生（小姐），您好，请问有什么可以帮忙的吗？"

2．"请稍等，我帮您查一下。"

3．"贵公司（单元）×月的管理费＿＿＿＿＿＿＿元、电费＿＿＿＿＿＿＿元、维修费＿＿＿＿＿＿＿元、仓库租金＿＿＿＿＿＿＿元，共计＿＿＿＿＿＿＿元。您打算现在来交款吗？"

4．"一会儿见。"

（三）催收管理费时

1．"先生（小姐），您好！"

2．"贵公司（单元）×月份的管理费还没有交。我们已于×日发出了《催款通知》，想必您已经收到了。现在再提醒您一下，按管理公约，管理费应在当月 15 日之前交纳。逾期管理公司将按每天 1‰计收滞纳金。"

3．"为了避免增加您不必要的支出，希望您尽快来交款。"

4．"请问您什么时候过来交费，如果是汇款没到账，可以先把汇款单传真给我们。"

5．"谢谢您，再见！"

（四）用户查询维修费明细项目时

1．"先生（小姐），您好！"

2．"您单元×月份的维修费总共是＿＿＿＿＿＿＿元。具体项目是：×月×日，换灯管＿＿＿＿＿＿＿元，×月×日换锁＿＿＿＿＿＿＿元……，验收人是×××。"

3．"如果有疑问，您可以来管理公司查阅维修底单，我们也可以把维修底单复印给您。"

4．"请按时到管理公司交费。"

5．"谢谢您的合作！再见！"

（五）收取装修保证金时

1．"您好！请问您是交装修保证金的吗？"

2．"请问您的房号？"

3．"您的装修保证金是＿＿＿＿＿＿＿元，一般垃圾清运费是＿＿＿＿＿＿＿元，拆墙清运费是＿＿＿＿＿＿＿元，烟感增容费是＿＿＿＿＿＿＿元，共计＿＿＿＿＿＿＿元。"

4．"收您＿＿＿＿＿＿＿元，找回＿＿＿＿＿＿＿元（或＿＿＿＿＿＿＿元收齐）。"

5．"这是您的收据，工程验收合格后须凭这张收据原件才能退回装修保证金，因此请保管好。"

6．"谢谢您，再见！"

（六）电话通知用户退装修保证金

1．"＿＿＿＿＿＿＿公司吗，您好！我是××大厦的，先生（小姐）您贵姓？"

2．"贵公司的装修经验收合格，装修保证金可以退回了，请您带保证金收据正本和身份证过来办理退款手续。"

 3. "请问您什么时间过来?"

 4. "好的,到时见。"

 (七)退回装修保证金时

 1. "您好!请问您是退装修保证金吗?"

 2. "请您把收据正本及身份证给我看一下。"

 3. "还您身份证,请拿好。"

 4. "这是退回给您的款项,请拿好。"

 5. "请您点算一下款项是否正确。请您在收据正本的空白处签名确认。"

 6. "谢谢您,再见!"

第二节　物业服务收费及其管理

一、物业服务收费的含义

 根据我国《物业服务收费管理办法》(2003年12月13日颁布,以下简称收费办法)规定,物业服务收费,是指物业管理企业按照物业服务合同的约定,对房屋及配套的设施设备和相关场地进行维修、养护、管理,维护相关区域内的环境卫生和秩序,向业主所收取的费用。

 这里所说的物业服务收费,实际上是指人们常说的"物业管理费"或"物业费",不含物业综合经营或各项特约服务的收费。

二、收费的标准

 物业服务收费应当遵循合理、公开以及费用与服务水平相适应的原则。收费的标准应按等价交换的基本要求,依据物业管理服务的内容、质量和深度定出。按《收费办法》的要求,目前我国物业服务收费区分不同物业的性质和特点分别实行政府指导价和市场调节价。如广东省就规定,住宅(不含别墅)物业服务收费列入政府指导价管理范畴,其他的物业服务收费则实行市场调节价。物业服务收费实行政府指导价的,人民政府价格主管部门应当会同房地产行政主管部门根据物业管理服务等级标准、物业服务质量、服务成本、硬件配套设施、业主的承受能力等因素,制定相应的基准价及其浮动幅度,并定期公布。具体收费标准由业主与物业管理企业根据规定的基准价和浮动幅度在物业服务合同中约定。实行市场调节价的物业服务收费,由业主与物业管理企业在物业服务合同中约定。

 可见,物业管理企业和业主在合同中约定的价格标准为收费标准的主要依据。具体来说,业主与物业管理企业可以采取包干制或者酬金制等形式约定物业服务费用。

 1. 包干制收费

 包干制是指由业主向物业管理企业支付固定物业服务费用,盈余或者亏损均由物业管理企业享有或者承担的物业服务计费方式。物业服务费用的构成包括物业服务成本、法定税费和物业管理企业的利润。

 即:物业服务费用=物业服务成本+法定税费+物业管理企业的利润。

 2. 酬金制收费

酬金制是指在预收的物业服务资金中按约定比例或者约定数额提取酬金支付给物业管理企业，其余全部用于物业服务合同约定的支出，结余或者不足均由业主享有或者承担的物业服务计费方式。预收的物业服务资金包括物业服务支出和物业管理企业的酬金。

即：预收的物业服务费＝物业服务支出＋物业管理企业的酬金。

3. 物业服务成本或者物业服务支出构成一般包括以下部分

（1）管理服务人员的工资、社会保险和按规定提取的福利费等。这是指人员的费用，包括基本工资、按规定提取的福利费、加班费和服装费。不包括管理、服务人员的奖金（奖金是根据经济效益从盈利中提取的）。人员费用的测算根据所管物业的档次、类型和总建筑面积先确定各级各类人员的编制数，然后再确定各自的基本工资标准，计算出基本工资总额，再按工资总额计算各项福利提取的数额，汇总为每月该项费用的总金额，最后再分摊到每月每平方米建筑面积上。

（2）物业共用部位、共用设施设备的日常运行、维护费用。包括：①公共建筑（如过道、门厅、楼梯及道路环境）内的各种土建零修费；②给排水日常运行、维修及保养费；③电气系统设备维修保养费；④燃气系统设备维修保养费；⑤消防系统设备维修保养费；⑥公共照明费；⑦不可预见费；⑧易损件更新储备金等。

（3）物业管理区域清洁卫生费用。包括清洁工具费、劳保用品费、卫生防疫杀毒费、化粪池清掏费、垃圾外运费和清洁环卫所需之其他费用。

（4）物业管理区域绿化养护费用。指小区环境绿化的养护费用，包括：绿化工具费、劳保用品费、绿化用水费、农药化肥费、杂草清运费、景观再造费等。

（5）物业管理区域秩序维护费用。

（6）办公费用。交通费（车辆及保险维护费用）、通讯费、低值易耗办公用品费、办公用房租金（含水电费）、其他杂项等。

（7）物业管理企业固定资产折旧。固定资产包括：交通工具、通讯设备、办公设备、工程维修设备、其他设备等。固定资产平均折旧年限一般为5年。

（8）物业共用部位、共用设施设备及公众责任保险费用。

（9）经业主同意的其他费用。

其中，物业共用部位、共用设施设备的大修、中修和更新、改造费用，应当通过专项维修资金予以列支，不得计入物业服务支出或者物业服务成本。

三、物业管理服务收费的明码标价制

为进一步规范物业服务收费行为，提高物业服务收费透明度，维护业主和物业管理企业的合法权益，促进物业管理行业的健康发展，建设部制定了《物业管理服务收费明码标价规定》，要求物业管理企业向业主提供服务（包括按照物业服务合同约定提供物业服务以及根据业主委托提供物业服务合同约定以外的服务）时应当实行明码标价，标明服务项目、收费标准等有关情况。

物业管理企业应在其服务区域内的显著位置或收费地点，采取公示栏、公示牌、收费表、收费清单、收费手册、多媒体终端查询等方式实行明码标价。物业服务收费明码标价的内容应包括物业管理企业名称、收费对象、服务内容、服务标准、计费方式、计费起始时间、收费项目、收费标准、价格管理形式、收费依据、价格举报电话（12358）等，实行政府指导价的物业服务收费应当同时标明基准收费标准、浮动幅度，以及实际收费标准。

应当做到价目齐全，内容真实，标示醒目，字迹清晰。

也要求物业管理企业应当按照政府价格主管部门的规定实行明码标价，在物业管理区域内的显著位置，将服务内容、服务标准以及收费项目、收费标准等有关情况进行公示。

四、收费管理中应注意的几个问题

1. 建设单位与物业买受人签订的买卖合同，应当约定物业管理服务内容、服务标准、收费标准、计费方式及计费起始时间等内容，涉及物业买受人共同利益的约定应当一致。

2. 实行物业服务费用酬金制的，预收的物业服务支出属于代管性质，为所交纳的业主所有，物业管理企业不得将其用于物业服务合同约定以外的支出。物业管理企业应当向业主大会或者全体业主公布物业服务资金年度预决算并每年不少于一次公布物业服务资金的收支情况。业主或者业主大会对公布的物业服务资金年度预决算和物业服务资金的收支情况提出质询时，物业管理企业应当及时答复。

3. 纳入物业管理范围的已竣工但尚未出售，或者因开发建设单位原因未按时交给物业买受人的物业，物业服务费用或者物业服务资金由开发建设单位全额交纳。

4. 物业管理区域内，供水、供电、供气、供热、通讯、有线电视等单位应当向最终用户收取有关费用。物业管理企业接受委托代收上述费用的，可向委托单位收取手续费，不得向业主收取手续费等额外费用。

5. 物业管理企业应当按照政府价格主管部门的规定实行明码标价，在物业管理区域内的显著位置，将服务内容、服务标准以及收费项目、收费标准等有关情况进行公示。

五、收费与管理操作示例

（一）某写字楼管理公司物业服务收费管理规定

（1）财务部用户资料管理岗及审核岗每月 1 日出当月管理费付款通知单，由管理部派送给用户，并设付款通知单签收本签收。外地用户由财务部通过邮递方式通知缴费。

（2）付款通知单一式两联，各费用项目分别列示，并注明费用所属期。除管理费为当月费用外，其余的水费、电费、维修费均为上月应缴费用。

（3）管理费缴交期限分四个阶段进行：

1）正常缴交期：当月 1 日至当月 15 日。逾期缴交的用户每日按应缴额的 0.1％加计滞纳金。

2）电话催缴期与书面催缴期同时进行。

① 电话催缴期：正常期后次日（当月 16 日）起至当月底。

② 初次催款通知催缴期从当月 16 日发出书面催缴通知起，期限为 7 天。

③ 缴费最后通知书催缴期从当月 23 日发出最后书面催缴通知起，期限为 7 天。

④ 暂停服务通知书视情况而定，一般当月 30 日发出，期限一般不超过 7 天。

（4）所有关于用户的通知书一般由管理部人员派送到各用户，并由用户在催款通知书签收本上签收。派送完毕后，管理部人员应在签收本上签名。

（5）当用户收到暂停服务通知书后，缴清欠费，财务部收款人员应及时发出恢复服务的通知，通知工程部及管理部恢复对该用户的正常服务，并做好发文记录。

（6）若用户用现金缴交费用时，财务部收款员必须先当面点清缴款额，然后进行现钞真伪鉴别。

（7）催缴人员应严格按照催收程序进行催款。电话催收管理费用时，应态度和蔼、语气柔和地通知用户应缴交所欠款项，禁止对用户措词不当或态度恶劣。

（8）收款人员应将用户缴交款项记录在管理费收缴记录本上，以便核查。

（9）收款岗应于每月核对费用的缴交情况并进行统计，编制管理费欠费情况统计表，并详细编列欠两个月以上管理费用户明细表，以便查阅。

（二）某写字楼管理公司物业服务收费工作操作流程（图9-2）

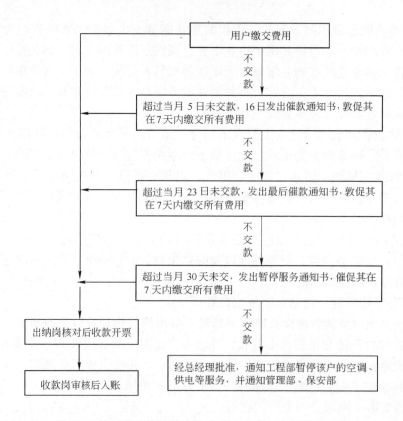

图9-2　某写字楼管理公司物业服务收费工作操作流程图

（三）相关公文格式

1. 催款通知

_____室：

根据《大厦业主公约》规定，大厦用户应于每月15日前缴清当月管理费及其他费用，逾期缴费，按每日0.1％加收滞纳金。我公司至今仍未收到贵公司在本大厦到期欠费，共计人民币_____元（详见表9-1，滞纳金另计）。敬请贵公司收到本通知后于_____月_____日前缴清欠款。

贵公司可选择缴款方式有：广州支票/香港支票/汇款/现金。我公司的开户银行及账号如下：

开户银行_____

账号_____

表 9-1

单 元 号	管 理 费	电 费	维 修 费	月 份	合 计
总 计					

××物业管理公司
×年×月×日

2. 缴费最后通知

＿＿＿＿＿＿＿＿＿＿＿＿＿室：

按规定，大厦用户应于每月 15 日前缴交当月管理费及其他费用。我公司曾于本月＿＿＿日给贵公司发出催款通知，但至今仍未收到贵公司的欠款。为此，现给贵公司发出最后缴款通知，希望能在＿＿＿＿＿＿月＿＿＿＿＿＿日前收到贵公司的欠款（详见表 9-2），否则，我公司将遵照《大厦业主公约》规定，于＿＿＿＿＿＿月＿＿＿＿＿＿日上午＿＿＿＿＿＿时，对贵公司室采取暂停各种服务，我公司还保留法律途径追缴的权利，直到贵公司缴清欠款为止。

贵公司可选择缴款方式有：广州支票/香港支票/汇款/现金。我公司的开户银行及账号如下：

开户银行＿＿＿＿＿＿＿＿＿＿＿＿＿＿＿＿＿＿＿＿＿＿＿＿＿＿

账号＿＿＿＿＿＿＿＿＿＿＿＿＿＿＿＿＿＿＿＿＿＿＿＿＿＿

表 9-2

单 元 号	欠管理费	欠 电 费	欠 水 费	欠费月份	合 计
滞金(0.1%)					
总 计					

××物业管理公司
×年×月×日

3. 暂停服务通知

＿＿＿＿＿＿＿＿＿＿＿＿＿室

经核实，贵公司所租单元＿＿＿＿＿＿室尚欠我公司＿＿＿＿＿＿年＿＿＿＿＿＿月之管理费＿＿＿＿＿＿元，电费＿＿＿＿＿＿元，滞纳金＿＿＿＿＿＿元（＿＿＿＿＿＿月＿＿＿＿＿＿日至＿＿＿＿＿＿月＿＿＿＿＿＿日），共计金额＿＿＿＿＿＿元。

我公司曾于＿＿＿＿＿＿日前（即＿＿＿＿＿＿月＿＿＿＿＿＿日）致承缴费最后通知给贵公司，要求贵公司于＿＿＿＿＿＿年＿＿＿＿＿＿月＿＿＿＿＿＿日前清缴所有费用，但我公司至今仍未收到上述欠款。

现最后致函贵公司，要求贵公司于＿＿＿＿＿＿月＿＿＿＿＿＿日前交齐上述款合计＿＿＿＿＿＿元，否则我公司将按照《大厦业主公约》有关规定，从＿＿＿＿＿＿日起，暂停＿＿＿＿＿＿室照明、空调等供应服务，直至贵公司清缴所有欠款为止。

贵公司可选择缴款方式有广州支票/香港支票/汇款/现金等。我公司的开户银行及账号如下：

开户银行＿＿＿＿＿＿＿＿＿＿＿＿＿＿＿＿＿＿＿＿＿＿＿＿

账号码＿＿＿＿＿＿＿＿＿＿＿＿＿＿＿＿＿＿＿＿＿＿＿＿

××物业管理公司

×年×月×日

复习思考题

1. 试说明物业管理企业财务管理的机构和岗位设置情况。
2. 物业公司财务部各岗位的岗位职责各是什么？
3. 物业管理企业财务管理的内容有哪些？
4. 物业管理企业财务管理的任务是什么？
5. 我国物业企业服务收费的标准是如何确定的？
6. 什么是包干制收费？什么是酬金制收费？试比较二者异同。
7. 物业服务成本包括哪些内容？
8. 物业收费管理应注意哪些问题？

【案例讨论】

1. 物业管理公司能否以停水、停电的方式催交房款或管理费？

刘某所住小区物业管理公司由该小区开发商组建成立，具有相应的物业管理资质，系独立核算、自负盈亏的企业法人。日前，发展商给该物业管理公司发来一份通知，称该小区住户系分期付款购房，但其入住后却迟迟未将剩余房款付清。开发商为此要求对该住户采取停水、停电、停天然气的措施，以迫使该住户交款。该物业管理公司遂照此办理，使得该住户无法正常生活，刘某想问，物业管理公司有这种权利吗？假如业主拖欠物业管理费，物业管理公司能否以停水、停电的方式求解决？

2. 不交物业管理费就不给钥匙的做法合法吗？

2000年8月，刘先生向某房地产公司购买商品房一套，双方签订合同约定，房产公司应于同年10月31日交房。合同附件还约定，如不能按期交房，自同年11月1日起要承担总房价1.2%的违约金。合同签订后，刘先生于2000年10月付清最后一笔购房款。房产公司也给刘出具了入住登记通知单。当刘先生到房产公司处办理入住手续时，房产公司要求刘交付物业管理费，否则不予办理入户手续。刘先生以合同中没有物业管理费一项为由拒绝交纳，由此，房产公司也一直未将房屋交付刘先生。于是，刘先生将房产公司推上了被告席，要求房产公司履约，并支付违约金。庭审中，房产公司否认违约，称其按时向刘先生发出了入户通知书，刘亦在入住通知书中签字，入住手续完成。按有关政策规定，出售房屋应有物业管理，刘拒办此项手续，拒付物业管理费，故不能将房屋交给刘。房产公司认为，房屋的钥匙之所以未能交付责任在刘一方，因此不存在支付违约金的问题。那么：（1）不交物业管理费就不给钥匙的做法合法吗？（2）房产公司是否应向刘先生支付违约金？

3. 房子我没住过一天，为什么让我交物业管理费？

王小姐两年前在郊区买了一套房子，一年前开发商通知王小姐入住，王小姐考虑自己不常去住，自己又一直忙，所以就一直没有去办理手续。最近，开发商聘请的物业管理公司多次通知王小姐，要求王小姐补交一年的物业管理费、利息及滞纳金。王小姐不明白，这房子她一天都没有住，也没有办理手续，为什么要交一年的物业管理费、利息及滞纳金？

4. 个别业主能否以未签物业服务合同为由拒交物业管理费？

某花园住宅小区某栋，于2000年6月经综合验收合格交付业主使用。该楼共有业主150户，

2000 年 8 月，该楼 148 户业主与某物业管理公司签订了《物业服务合同》，委托该物业管理公司进行物业管理。而另外两户以未签《物业服务合同》为由，从 2001 年 1 月起拒交物业管理费，同时拖欠水电、卫生、消防等费用，物业管理公司多次催交无效，遂将这两户告上法庭。请问，个别业主能否以未签物业服务合同为由拒交物业管理费？

5. 物业管理费何时收取？一次能收多少年？

我是一名购房者，所买的房子已于今年 8 月初完工并通过验收，我也早已将全部房款付清，根据合同规定，应于 8 月底拿钥匙。在办理入住手续时，开发商告知，须向指定的物业管理公司交齐两年的物业管理费才能入住，我发现物业管理费是从贷款公证日期起计算的，我感到很困惑，请问：(1)物业管理费是从贷款公证日期起计算的吗？(2)物业管理费能一次收取两年吗？

第十章　物业管理纠纷化解

第一节　物业管理纠纷概述

一、物业管理纠纷的含义

物业管理纠纷，是指物业管理服务的消费者在消费物业管理服务之前及过程中，因对物业管理服务或与其有关的权利和义务有一定看法时，与提供物业管理服务的物业管理公司所发生的不同程度的争执。

二、物业管理纠纷的类型

1. 按不同的法律关系性质差异来划分，可以将其分为三类：①民事纠纷，如服务合同纠纷(违约纠纷)、侵权纠纷等；②经济纠纷，如物业管理企业与特定业主及业主委员会之间发生的经营管理权限纠纷；③刑事纠纷。民事、经济纠纷如果不能得到及时的解决或不能得到公正、公平、合理的解决，就很容易升级，使当事人矛盾冲突尖锐化，最后演变成刑事纠纷。

2. 按照纠纷的具体形式划分，可以把物业管理纠纷划分为管理权纠纷、合同纠纷、物业管理具体服务纠纷，以及物业管理收费纠纷等几类。

三、物业管理纠纷的原因分析

物业管理纠纷产生的原因，归纳起来看，可从以下四个方面来分析。

1. 业主及业主委员会方面

(1) 物业管理消费观念没有适时、适度地改变。一方面，在传统福利型住房分配体制下，个人只需交纳水、电、气费和少量的房租，其他费用均由国家或单位承担，现在，社区开展市场化物业管理了，业主不仅要交纳水、电、气费，还要交纳总数比房租高得多的小区绿化、共享设施维修保养、保安、保洁等一系列费用，一些业主的思想观念一时还很难转变过来，甚至对物业管理服务有一种反感情绪。另一方面，在交纳比住公房时代交纳的费用还多的情况下，多数业主对物业管理服务的期望值，亦即对服务质量的要求又不合理的奇高，有一种花 1 元钱就要消费 10 元钱物业管理服务的不正常心理，而这是不可能实现的。同时，由于中国物业管理企业起步较迟，大部分企业的专业水准和员工综合素质不是很高，因而业主花 1 元钱消费 1 元钱物业管理服务的要求也不一定能够实现。在这种情况下，供求双方在处理一些具体问题时稍有不慎就会引起物业管理纠纷的发生。

(2) 物业管理方面的专业知识还相当缺乏。物业管理在我国产生的时间还不长，业主和住户对物业管理专业知识的了解还相当缺乏。正是专业知识的缺乏，导致了业主及业主委员会与物业管理公司之间的纠纷。

(3) 部分业主民主法制观念淡薄。有些业主并不缺乏一定的物业管理专业知识和相关法律知识，但其法制观念却相当淡薄，对购房时签订的业主公约、物业管理服务合同不认真履行，有的甚至故意侵犯物业管理公司的合法权益、无理取闹，从而酿成纠纷。另外，一些业主有意或无意地把原本不属于物业管理服务范围的服务事项硬牵扯到物业管理企业身上，从而引发纠纷。此外，还有其他方面的一些原因。例如，有些业主因为经济陷入十分困难的境地，因而拖欠应交的物业管理服务费，但收费方坚决不让缓交，于是发生收费、交费纠纷等等。

2. 物业管理企业方面

（1）物业管理公司从业人员的某些传统观念没有改变。不少物业管理公司的工作人员还有着浓厚的官商作风以及封建的"主仆"观念。他们没弄清楚自己是谁，在为谁服务，或者没弄清楚所追求的经济利益或者目标，错把自己当成管理者和领导者，把交费的业主当做被管理者和被领导者。为了自己的利益、为了展示自己的权势，以及为了实现管理的高效率，不少物业管理公司自定收费标准，不与业主协商，不报物价局批准，强制收费，或是只收费不服务或少服务、劣质服务；还有一些工作人员特别是保安，在业主稍有不满和反抗时，就动手打伤业主，导致严重纠纷的发生。

（2）物业管理公司人员素质低，服务质量差。为了降低管理成本，一些物业管理公司大量招收农民工（有些物业管理公司甚至有 50% 的人员都是农民工）；还有不少物业公司是由原来的房管所转变而来的，其中的某些人员服务意识薄弱；另外，不少单位认为物业管理不需要专业知识，把大量下岗、分流、年老、体弱的富余人员随意安排到物业管理岗位，由此造成从业人员的低素质状况。

（3）物业管理公司与业主及业主委员会缺乏沟通。物业管理公司错误地对自己的角色予以定位，并在此基础上从自己的立场出发，一切以下命令的形式实施管理，不去与业主及业主委员会商量，对有些敏感问题，不去做深入的思想工作和宣传教育工作，导致业主既不理解也难支持，甚至产生反感情绪，这就难免会发生各种纠纷。

3. 政府管理方面

（1）政府没有制定健全、完善、操作性强的物业管理法律法规。从法律规范的角度来看，目前物业管理方面的法规制度不太完善，不太详细，既存在盲区，也缺乏较强的可操作性。

（2）政府行政管理工作不得力。首先是管理体制混乱，不符合市场经济的原则。一个城市，建设管理部门、房地产管理部门、市政管理部门等都要对物业管理行业进行管理，结果是谁也管不了，谁也管不好，或者谁也不去管；其次，政府管理的有关部门在严格执法上还须努力。物业管理市场存在很多问题，需要行政执法机关严格依法执行，对违反规定的经营者一定要给予严格的行政处罚，只要这样，才能保证物业管理市场的规范运行。

4. 监督机制方面

在市场经济的发展过程当中，一些参与者或经营者不按市场的规则办事，在缺少完善的法律规范的情况下，如果又没有好的监督机制，就很难避免纠纷的发生。物业管理的监督机制需要有政府的监管、行业自律、业主委员会的监督以及社会媒体的监督几个方面，还需要这些方面良好的有机结合。现实情况是，很多小区没有成立业主委员会，很多纠纷媒体难以介入（拒绝采访、殴打采访记者），监督机制既不健全，也难结合。这些情况都是导致纠纷不断发生，难以从根本上解决的重要原因。

第二节　物业管理纠纷的防范

一、明确管理范围，谨慎服务承诺

1. 明确管理范围

一方面，物业管理管理的就是物业，即已建成并投入使用的各类房屋及其与之相配套的设备、设施和场地。其具体管理内容一般有八个方面：房屋维修养护管理、房屋设备管理、环境环卫管理、治安管理、供暖管理、消防管理、装修管理以及车辆交通管理。另一方面，物业管理则主要负责公共区域、公共场所、公共部分、公共秩序、公共物品的管理，涉及私人领域、私人场所、私有部分、私人事务及私有物品的管理，则需要相关业主另外委托。再有，具体到某一个小区(楼宇)，到底提供哪些管理服务，什么范围的管理服务，则需要物业管理公司与开发商或业主委员会协商。只有规定到合同或协议中的管理服务与管理范围，才是该小区的管理服务内容及管理范围。

所以，对物业管理公司而言，明确物业管理的范围，就能全面地衡量自己将要或正要管理的物业的情况，从而作出管理或不管理的决定。另外，物业管理公司也能正确地行使自己的管理权利和义务，既不漏掉该管的部分，如停车场、庭院等，又不去管理不属于自己管理范围的部分，如业主自用房屋内部(除非业主特约)；同时，又可根据目前我国物业的管理情况，适时扩大自己的管理业务范围，增强自身竞争力。

2. 谨慎服务承诺

一些物业管理公司出于急于获得管理权或由于法律知识缺乏而患了急躁的毛病，往往作出一些不实的承诺，给物业管理公司带来了潜在的较大经营风险。所谓不实承诺，是指在物业管理投标书中、委托服务合同中或者管理公约中作出的不切实际、事实上根本不可能或基本上不可能兑现的承诺。物业管理的不实承诺主要集中在安全责任方面，如一些物业管理公司作出的"不发生汽车丢失、不发生人身安全事故、不发生重大刑事案件"等承诺。这些承诺如果能够实现，对业主和物业管理公司来说，当然是再好不过了。问题是，在管理区域是否会发生这几种案件或不安全事故，要受很多因素的影响。物业管理公司在投标书、服务合同或者管理公约中作承诺时，应该谨慎行事，切忌作出不实承诺。

二、加强与业主(住户)的联系与沟通

很多纠纷的发生是由于物业管理公司与业主或用户缺乏一定的联系与沟通，以致业主或用户对物业管理不了解造成的。因此，物业管理公司应经常把有关的规定和要求通过各种渠道传达给业主或用户，使他们能够正确理解、积极支持和配合物业管理公司的管理与服务。这是减少纠纷发生的重要措施。

与业主(住户)的联系和沟通可以通过直接与间接两种方式进行。

1. 直接的联系和沟通

具体途径主要有：①走访，即主动上门了解业主的要求，向业主解释物业管理的有关规定，征求业主对管理公司的意见和建议，当场解决业主的疑难问题，从而缩短业主与物业管理公司之间的距离，增进彼此间的了解。这样做，也提供了业主与物业管理公司今后沟通的渠道。②召开业主(住户)座谈会，举办居民联谊会，广泛征求业主(住户)对物业管理工作的意见和建议；对那些积极参与小区物业管理并主动献计献策的业主(住户)给予公

开表彰或给予一定的物质奖励。③开展丰富多彩的社区文化活动，活跃居民的文化生活。例如，开展形式多样的文艺、体育活动，召开各种座谈会，举办讲座、培训班等。通过这些途径，可消除与业主之间的感情隔阂，提高业主对物业管理公司的信任度。

2. 间接的联系与沟通

主要途径有：①设立投诉电话和投诉信箱。投诉电话应便于业主及时打通。投诉电话负责人应负责记录业主投诉的时间、地点、事由，耐心解答业主关于管理制度等方面的疑问，及时促使有关部门处理好投诉。另外，还需要有专人管理投诉信箱，及时处理信箱中的投诉信件。②采取问卷调查、回访等主动的信息沟通方式，了解用户需求，解决用户困难。③其他方式，如通过公告栏、简讯、业主大会等形式，宣传物业管理中的规定和要求，使用户理解和支持管理公司的工作。

三、强化内部培训、管理与监督，杜绝管理漏洞

（1）加强员工培训，提高员工素质。要从思想建设、作风建设和业务建设三个方面着手，对员工进行职业道德、服务态度与专业技术方面的教育培训。要采取多层次的培训、教育和继续教育方式，如上岗培训、在职培训和交叉培训。在培训管理中，要坚持理论与实践相结合、长期培养和短期培训相结合，以及脱产学习与在职学习相结合三个结合，努力提高员工的素质，为减少物业管理纠纷打下基础。

（2）建立和完善各项管理和服务制度，并严格按工作规程和规范开展工作。同时，还要加大巡视检查力度，及时发现和解决问题，把物业管理纠纷控制在萌芽状态。要通过巡视检查等手段，尽量减少事故发生。要加强管理中的各个环节，努力杜绝或减少管理中的漏洞。

（3）努力寻找新的服务方式和方法。这是减少物业管理纠纷的前提。物业管理公司要具有超前思维和"超前服务"意识，积极主动研究用户的潜在需要，不断创新，提供更完善的管理和更便利的服务，从而为减少物业管理纠纷打下基础。

四、妥善处理物业管理投诉

"用户至上，专业服务"是所有物业公司的服务宗旨，要使用户满意，减少纠纷，除了要提供优质高效的服务外，还要正确处理好用户的投诉。投诉处理是一项集心理学、社交技巧于一体并体现服务人员道德修养、业务水平、工作能力等综合素养，给投诉者所提问题予以妥善解决或圆满解答的工作。

处理投诉工作的原则是依法办事；宗旨是服务用户；目标是杜绝有效投诉；从而提高管理单位的声誉及社会影响。

1. 用户投诉的定义

用户因对物业管理企业的服务需求或不满等，通过各种方式向有关部门反映的行为，称之为投诉。用户投诉的方式包括来电、来访、来函、其他（如登报）等。

2. 用户投诉的分类

（1）按投诉的性质分：有效投诉与沟通性投诉。①有效投诉。有效投诉有两种情况：用户对物业管理单位在管理服务、收费、经费管理、维修养护等方面失职、违法、违纪等行为的投诉，并经过有关行业主管部门查实登记的。用户向物业管理人员提出的管理单位或管理人员故意、非故意，或失误造成用户或公众利益受到损害的投诉。②沟通性投诉。求助型：投诉者有困难或问题需给予帮助解决的；咨询型：投诉者有问题或建议向管理部

门联络了的；发泄型：投诉者带有某种不满，受委屈或误会等造成的内心不满，要求把问题得到解决的。沟通性的投诉若处理不当，会变成有效投诉，所以必须认真处理沟通性投诉。

（2）按投诉的内容分为：①对设备的投诉。用户对设备的投诉主要包括：空调、照明、供水供电、电梯等等，即使我们建立了一个对各种设备的检查、维修、保养制度，也只能减少此类问题的发生，而不能保证消除所有设备潜在的问题。②对服务态度的投诉。用户对服务态度的投诉主要包括：不负责任的答复行为，冷冰冰的态度，爱理不理的接待方式等。由于管理人员与用户都由不同个性的人组成，所以任何时间，此类投诉都容易发生。③对服务质量的投诉：用户对维修的质量、邮件未能及时送到用户手中，都属于对服务质量的投诉。减少用户对服务态度与服务质量的投诉的最好方法是加强对服务人员的培训。④突发性事件的投诉。对物业范围内的突发事件向物业管理人员进行的反映和报告，管理人员应及时做出反应，处理突发事件。

3. 正确理解用户投诉

作为物业管理人员，绝不能将投诉视为业主的挑剔、找茬，更不能记恨、报复投诉的业主，而应该正确的认识和理解投诉。①投诉能指出在服务过程中应改善的环节。②投诉其实是用户再度给予我们提供应改善服务的机会，使有意见用户重新接受我们。③投诉给我们机会去令用户对我们产生信任和好感。

4. 用户的投诉的处理

据有关资料显示，房地产行业的投诉率居广东省各行业投诉率的第二位，而物业管理的投诉又居房地产业的首位。深圳市物业管理协会为了协调解决物业管理行业的矛盾纠纷，保护物业管理企业和业主的合法权益，于2000年4月30日制定了《深圳市物业管理协会投诉处理办法（试行）》。《处理办法》第十四条规定：凡被记入会籍档案的投诉，都将作为该会员单位年度行业评优活动的扣分依据。对投诉量大且整改不利，案件特别多的会员，经协会常务理事会研究可给与内部处罚直至取消其会籍资格。由此可见，如何正确处理用户投诉是每个物业管理公司必须认真对待的。

（1）处理投诉的基本原则：①真心诚意地帮助用户解决问题。用户投诉，说明工作尚有漏洞，说明用户的某些要求尚未被重视，每个人都应理解用户的心情，努力识别及满足他们的真正需求，满怀诚意地帮助用户解决问题。只有这样，才能赢得用户的信任与好感，才能有助于问题的解决。②把"对"让给用户。用户因为不满才会来投诉，往往用户的情绪会失控，这时，我们不该失控，要从对方的角度去理解问题，即使用户言谈中有不对的，也要把"对"让给用户，与用户争议会激发矛盾。③不损害公司的利益。在处理投诉时，既要尊重业主，重视业主的要求，但同时，必须以不损害公司利益作为基本的要求。在接受住用户投诉过程中或有意外事件给住用户造成一定的损失、损害时，在意外原因和责任未正式认定之前，不应轻易向住用户作出任何形式的承诺。强调这一原则是因为物业公司作为独立经营、自负盈亏的经营性实体，若不懂得保护自己，依法依约依责行事，就随时可能陷入一些事务纠纷，承受经济损失，难以生存。同时，强调这一原则也等于强调了住用户的责任意识，从而更利于依约管理。

（2）处理用户投诉的程序

物业管理企业要高度重视物业管理投诉，对物业管理投诉要明确部门、确定专人、公布电话，做到 24 小时有人值班，在提高解决的及时率上下功夫，把问题解决在萌芽状态。在投诉处理机制方面，应规定"谁受理，谁跟进，谁回复"，并且还要有一定的时间限制。物业管理投诉规范的投诉处理程序是接诉、处理与回复。

1) 接诉

员工在受理任何投诉的时候，首先应告知对方自己的姓名，要热情受理，正确引导并认真记录投诉的具体事项（具体可参见表 10-1 业主/住户投诉记录表），还要根据不同的投诉性质（如是否为普通投诉、特殊或紧急投诉等）采取相应的跟进处理方式（包括转到有关部门核实处理、立即反映给当日值班的负责人、直接向总经理汇报），以便及时、正确地处理。

业主/住户投诉记录表 表 10-1

顾 客 姓 名		房间号或车牌号		联系电话	
投 诉 内 容					
记 录 人		日 期	年 月 日		
投 诉 原 因					
处 理 方 法					
负责处理人		日 期	年 月 日		
处 理 结 果					
结果验证人		日 期	年 月 日		
受 理 部 门		日 期	年 月 日		
管理者代表		日 期	年 月 日		
总 经 理		日 期	年 月 日		
顾 客 意 见		签 名			
		日 期	年 月 日		
备 注					

此外，物业管理公司也可以在网上设立投诉频道，以便更方便、更广泛地接受业主（住户）的投诉。图 10-1 是一个频道模式，可供参考。

注意事项	物业管理投诉与建议意见发表区
1. 本物业管理投诉与建议意见发表区一般仅用于对启东市范围内开展物业管理工作提出建议与意见或对在开展物业管理工作中出现的服务不到位等情况进行投诉。	业主姓名 _____ 必填
	业主职业 _____
2. 发表人请使用真实地址与姓名，以便我们与您取得联系。	业主住址 _____ 必填
3. 发表人如是报修或要求我们处理急件，请使用电话联系，不要使用本区，以免延误时间。	联系电话 _____ 必填
	电子信箱 _____
4. 本发表区中投诉要实事求是，不得出现人身攻击等现象。	愿对物业管理工作⊙提出建议○投诉○其他 发表主题 _____
5. 所有建议与意见或投诉我们都将在网上公开。	建议或投诉内容（必填）
看看已发表的意见与建议或投诉	
	提交　重设
	窗体底部

图 10-1　物业管理网上投诉频道

注：参见启东房地产热线 http://www.qdkky.com/wyts

2）处理

物业管理投诉的处理一定要及时。普通投诉的处理一般不过当日，特殊投诉的处理一般不超过三天。各部门负责人处理完投诉后，要及时将处理情况反馈给物业管理公司的管理部门，以便确认和统计。

在处理物业管理投诉时，有关人员首先应有正确的态度，要表达自己理解业主（住户）抱怨的心情，尊重投诉方，认真倾听对方的投诉，满足对方的倾诉与发泄愿望；同时，也要承认自己及自己公司的一些不足，并表示歉意，不要推诿，要勇于承担相应责任；还要注意说话的语气，尽量风趣幽默，努力缓解紧张气氛，积极体现物业管理公司良好的工作作风。

处理业主（住户）投诉时要讲究方法。物业管理公司在处理投诉时，应本着"耐心细致、公平公正、实事求是、依法合理"的原则。首先，要耐心听取或记录投诉，不当面解释或反驳业主（住户）的意见，以免加剧对立情绪，甚至产生冲突。其次，要对业主（住户）的遭遇或不幸表示歉意或同情，让他们心理得以平衡，拉近与业主（住户）的心理距离。再次，要站在"公平、公正、合理、互谅"的立场上向业主（住户）提出处理意见，满足业主

（住户）的部分合理要求。最后，要感谢业主（住户）的意见和建议，并及时督促相关部门立即处理有关投诉。要确保不再发生同样问题，坚决杜绝同样问题"二次投诉"的发生。

3）回复

当投诉的问题得到解决后，有关具体责任人应尽快以电话或信函形式反馈给业主（住户）。尽快处理投诉，并给业主（住户）以实质性答复，这是物业管理投诉处理工作中的重要一环。业主（住户）口头投诉可以电话回复，一般应不超过一个工作日；业主（住户）来函投诉则应回函答复，一般不应超过三个工作日。回复业主（住户）时，可以向业主（住户）表明其投诉已得到重视，并已妥善处理。同时，及时地回复也可显示物业管理公司的工作效率。

第三节　物业管理纠纷的处理

一、物业管理纠纷的处理依据

处理物业管理纠纷，首先要依据上一级法律法规，在不违反上一级法律法规的情况下，使用下一级法律法规或规章制度。

（一）国家的有关法律法规

国家的有关法律法规是处理物业管理纠纷的高级别依据，其中《宪法》是最高级别，其他法律法规次之。

1.《宪法》

《宪法》是我国的根本大法，它以我国的社会制度和国家制度的基本原则为内容，规定了国家的国体、政体、经济制度、国家机构、公民的权利与义务等等，是制定其他法律法规，包括物业管理及其市场管理运作法律法规的根据和立法的基础，当然也是处理物业管理纠纷的最重要的依据。

2.《民法通则》

我国的《民法通则》是仅次于《宪法》的一部重要的基本法，它是调整平等主体的公民之间、法人之间、公民与法人之间财产关系和人身关系的法律规范。物业管理服务既涉及公民之间、法人之间、公民与法人之间的财产关系，又涉及人身关系，因此，《民法通则》也是物业管理中的一个重要法律。

3.《合同法》

《合同法》是为了保护合同当事人的合法权益，维护社会经济秩序，是法人之间、法人与社会经济团体之间为实现一定的经济目的，明确双方的权利义务关系的法律规范。物业管理中的经济活动应该以合同的形式进行，因此，《合同法》中有关合同的订立和履行合同的变更和解除以及违反合同的责任等，在物业管理服务合同中都必须遵守。

此外，还有《公司法》、《环境保护法》、《诉讼法》等。

（二）房地产业的法律法规

《城市房地产管理法》、《城市房地产中介服务管理规定》、《租赁房屋治安管理规定》、《建筑装饰装修管理规定》以及《土地管理法》等。

（三）物业管理法律法规

《城市住宅小区竣工验收办法》、《城市危险房屋管理规定》、《城市异产毗连房屋管理规定》、《物业管理企业财务管理规定》、《住宅共享部位共享设施设备维修基金管理办法》、《物业管理企业资质管理办法》、《物业服务收费办法》、《物业管理条例》等。

（四）物业管理地方政策法规

各省、自治区、直辖市和市、县均可依据国家法律法规给定的权限制定出物业管理的各项地方政策和法规，如地方物业管理办法、收费管理办法等。也是物业管理企业和业主必须遵守和处理纠纷的重要依据。

（五）物业服务合同与契约

物业管理是委托的管理服务活动，委托合同是决定物业管理的重要文件，物业管理的范围、目标、费用、责任、义务等均有合同进行明确。

（六）业主公约

业主公约是一种物业的产权人和使用人自我约束的文件。也是产权人和使用人的行为准则。

二、物业管理纠纷的处理方式

物业管理由于其活动范围的广泛性、服务对象的复杂性，因此在物业管理过程中发生的纠纷也往往是多种多样的。当物业管理纠纷发生后，当事人可以根据具体情况选择协商、调解、仲裁、诉讼这四条途径来解决。

1. 协商

协商是由物业管理纠纷当事人双方或多方本着实事求是的精神，根据物业管理纠纷处理的上述依据，直接进行磋商，通过摆事实、讲道理的办法来查明事实、分清是非，在自愿互谅、明确责任的基础上，共同商量达成一致意见，按照各自过错的有无、大小和对方受损害的程度，自觉承担相应的责任，以便及时地自行解决物业管理纠纷的方式。

2. 调解

无论什么情况下的物业管理纠纷都可首先通过协商方式进行解决。如果纠纷当事人协商不成，则可通过物业管理协会，或协调解决，或申请房屋所在地行政主管部门调解。调解按调解主持人的身份不同可分为民间调解、行政调解和司法调解三种。

（1）民间调解。民间调解主要是律师调解、消费者协会调解或当事人请调停人调解，具有民间性质。其调解虽有一定约束力，但要靠当事人自觉履行。

（2）行政调解。行政调解是指在特定的国家行政主管机关主持下进行的调解，具有行政性质。行政调解书具有法律效力，若一方不执行，主管机关虽无权强制其执行，但另一方当事人可以持行政调解书向有管辖权的法院申请强制执行。

（3）司法调解。司法调解广义上包括仲裁调解和法院调解，狭义上仅指法院调解（又称诉讼内调解），具有司法性质。法院受审案件中的民事部分，可以在审判人员主持下进行调解，一般只有在调解不成时，才依法作出判决。

3. 仲裁

仲裁是指由物业管理纠纷当事人依据仲裁法，双方自愿达成协议，选定仲裁机构并由其主持调解或对纠纷作出裁决的一种处理纠纷方式。物业管理纠纷当事人采用仲裁方式解决纠纷，应当双方自愿，达成书面仲裁协议。没有仲裁协议，一方申请仲裁的，仲裁委员会不予受理。当事人达成仲裁协议后，一方向法院起诉的，法院不予受理，但仲裁协议无效的除外。仲裁协议包括合同中订立的仲裁条款和以其他书面方式在纠纷发生前或者纠纷发生后达成的请求仲裁的协议。仲裁协议法定应具备的内容包括：请求仲裁的意思表示；仲裁事项和选定的仲裁委员会。仲裁协议独立存在，合同的变更、解除、终止或者无效，不影响其效力。

4. 诉讼

诉讼是法院在物业管理纠纷诉讼当事人和其他诉讼人的参加下，依法审理和解决物业管理纠纷案件的活动，以及在该活动中形成的各种关系的总和。诉讼是解决争议纠纷最基本的方式，也是最后的方式。对于一些严重的侵权行为，受害方可直接向人民法院依法起诉。

物业管理纠纷中，因物业纠纷提起的诉讼，由物业所在地法院管辖，是专属管辖；因服务合同纠纷提起的诉讼，原则上由被告住所地或者合同履行地法院管辖；因物业管理或业主自治管理中的侵权行为提起的诉讼，由侵权行为地或者被告住所地法院管辖。

此外，物业管理纠纷的处理还有其他一些方式。例如，对于违反管理办法和业主公约等规定者或是拖欠或拒交各种应交费者，有些地方的物业管理公司往往给予违反规定者或拖欠者罚交滞纳金的处罚；而有些则采取停水、停电和停气的办法处理。后面这种方式虽然有时有效，但与一些政府法规不符，应当慎用。如果想采用这种办法，最好将有关条款写进物业管理公约(业主公约)，待业主签约认可后再付诸实施，或在委托合同中明确规定有关处罚条款。

三、物业管理法律责任的方式

1. 物业管理的民事法律责任

(1) 停止侵害。即停止正在进行的违法、违章行为。

(2) 排除妨碍。即对违反法规设置的各种障碍进行清除。如对物业管理运作过程设置的人为障碍、违章建筑等进行清除。

(3) 消除危害。包括消除违反法律、法规造成的危害及隐藏着的危害。(如火灾隐患、安全隐患等。)

(4) 对受害人的经济损失或精神损失进行赔偿。

(5) 向受害人进行赔礼道歉。

2. 物业管理的行政法律责任

(1) 中止违法经营的物业管理单位的营业执照。

(2) 对违法者进行罚款。

(3) 责令违法者公开检讨或通报批评。

(4) 对责任者进行纪律处分。

(5) 对责任人进行行政拘留。

3. 物业管理的刑事责任

对于严重违反物业管理规定，给国家、集体或公民的财产或人身造成严重损害，情节严重、并触犯刑事法律的，由司法机关依法追究其刑事责任。

复 习 思 考 题

1. 什么是物业管理纠纷？有哪些类型？

2. 物业管理纠纷的原因有哪些?

3. 如何防范物业管理纠纷?

4. 如何正确理解业主的投诉?

5. 简述处理业主投诉的主要步骤和注意事项。

6. 处理物业管理纠纷的依据有哪些?

7. 处理物业管理纠纷的方式有哪些?

8. 物业管理法律责任的方式有哪些?

【案例讨论】

1. 物业入住期典型纠纷评析与化解

李先生期盼已久的房子最终于可以办理入住手续并很快入住了,可他却高兴不起来。因为房子存在着质量问题:卫生间渗水、墙面有裂缝、门窗歪斜。李先生找到物业管理公司,要求物业管理公司立即予以维修,并赔偿因此造成的一切损失。因双方意见不一,于是发生纠纷。请问物业管理企业面对此类问题应当如何处理?

2. 房屋装饰装修典型纠纷评析与化解

1998年2月,张某经过某房管所统一购买了产权属市房管局的成套住宅一套(此前本套住宅为张某租住),同年6月8日获得住房产权证。同年8月15日,张某口头向街道办某主任请示:打算将自家住宅临巷的一面墙打穿改做门面是否可以。某主任答复:房子是你的,你想怎么样就怎么样。张某遂破墙开门,做成门面房后出租给他人做生意。1998年12月5日,住在张某上面的住户向物业管理公司反映,其住宅墙面出现裂缝,称系张某破墙开门所致,请物业管理公司出面解决。经物业管理公司与市房管局联系后共同进行了现场勘察,确认该住户反映情况属实,当即责令张某恢复住宅原结构。张某认为,房子是自己的私有财产,法律保护公民的私有财产,个人有权对自己的财产做任何处理;况且,事先已征得街道办的准许,不违法。在这种情况下,张某与物业管理公司发生纠纷。请问物业管理企业面对此类问题应当如何处理?

李某住某小区一楼,由于该楼六层业主张某装修,将装修残余物等倒入下水道,造成堵塞。楼上各单元排出的污水不能流出,逐渐由李某的房间地漏处冒出,造成了损失。李某认为物业管理公司未尽管理职责,遂向其提出索赔要求,从而发生与物业管理公司之间的赔偿责任纠纷。请问物业管理企业面对此类问题应当如何处理?

3. 物业使用典型纠纷评析与化解

张先生最近买了某高层住宅楼的一套住宅。与其他大多数已入住业主一样,张先生不久就发现了一个问题,即管理该楼的物业管理公司把该楼原设计作为存放车辆的地下室改作旅社。因为不是高档的旅馆,来住的人也就很杂乱。这样,楼内不仅脏、乱,安全也成问题,有很多人家被撬,楼内居民怨声载道。于是,张先生和不少业主就物业管理公司是否有权决定地下室如何使用一事与物业管理公司发生了纠纷。请问物业管理企业面对此类问题应当如何处理?

某公司购买了一套位于所在大厦顶层的写字间作为办公室,并已取得房地产产权证书。一天,该公司员工发现,大厦的开发商与大厦物业管理公司的人员正在组织工人在楼顶上搭建一面巨大的广告牌。原来,开发商与物业管理公司同一家广告公司达成了协议,在该公司所在楼的楼顶上竖立广告牌,楼顶使用费由广告公司支付。购楼的某公司认为,写字楼或住宅楼楼顶所有权应该归全体业主所有,开发商及物业管理公司未经全体业主的同意,擅自施工,并独自拥有楼顶使用费,侵犯了他们的权利,于是和开发商及物业管理公司发生了纠纷。请问物业管理企业面对此类问题应当如何处理?

4. 车辆管理典型纠纷评析与化解

2002年,某维修公司驾驶员驾驶小轿车到某大厦办事,驾驶员交付5元费用后,将车停放在由某大厦物业管理公司经营的停车场。当驾驶员回来要提车时,发现轿车已丢失,驾驶员立即报案,但至今未将失窃的轿车追回。某维修公司遂起诉至法院,要求物业管理公司赔偿。于是,引发又一种情况下的车辆丢失赔偿纠纷。请问物业管理企业面对此类问题应当如何处理？

5. 户内财产及人身安全典型纠纷评析与化解

王某居住在北京市某小区某楼一层。一天，王某因公出差回家时，发现其外出期间家中被盗。王某认为，她已按合同向物业管理公司交纳了物业管理费和保安费，而物业管理公司未能尽责，致使盗贼入室盗窃，给其造成经济损失，故起诉要求物业管理公司承担赔偿责任，从而引发业主家中被盗物业管理公司应否赔偿的纠纷。请问物业管理企业面对此类问题应当如何处理？

6. 物业管理收费典型纠纷评析与化解

一天，某花园物业管理公司以张某没有交纳物业管理费用为由，停了他家的水、电。受不了"焦渴"、"黑暗"痛苦的张某，只好把该物业管理公司告到了法院。于是，发生了因欠交物业管理费而遭停水、停电引发的纠纷。请问物业管理企业面对此类问题应当如何处理？

第十一章　物业管理品牌建设

第一节　物业管理品牌建设概论

一、物业管理品牌

（一）物业管理品牌的含义

物业管理品牌是一个整体概念。它是指用以识别不同物业管理企业、不同物业管理服务产品或服务，并使之与竞争对手的产品或服务区别开来的商业名称及其标志，通常由文字、标记、符号、图案和颜色等要素或这些要素的有机组合构成。其主要功能是识别，涵盖了技术含量、品质、能力、信用、形象、价值、文化积淀等各个方面。

（二）物业管理品牌的构成及具体内容

物业管理品牌的基础或核心是管理服务质量，关键是优秀的管理服务人才，保证是健全的管理制度。从总体来看，物业管理品牌包含两个方面：第一个方面是物业管理企业的品牌，第二个方面则是物业管理服务的品牌。实际中，这两个方面往往是相辅相成、相互交叉、互相融合，很难严格区分开来。

1. 物业管理企业品牌

构成物业管理企业品牌的要素主要包括：

（1）物业管理企业的知名度。物业管理企业的知名度是企业在物业管理行业中被认可和知晓的程度。它反映了物业管理企业在行业中的声誉与地位。组成物业管理企业知名度的要素主要有：①物业管理企业的特殊名称，如响亮、引人注意、含义深刻、来历特殊等；②物业管理企业的特殊历史，如企业产生和发展过程中的特殊情况等；③物业管理企业负责人的管理经历、社会地位与影响力以及管理层的素质；④物业管理企业的社会反映与评价，如业主与使用人的反映、业主委员会的反映、媒体反映以及政府意见等。

（2）物业管理企业的经营理念。其中包括：①企业的价值观，即企业所具备的价值取向、是否坚持公司与员工共存共荣；②企业的文化观，即是否真诚对人，严谨对事，不断创新，开拓进取；③企业的责任观，即是否心存责任，信守道德；④企业的人才观，即是否尊重人才，以人为本；⑤企业的行为观，即是否坚持实事求是的行为准则；⑥企业的服务观，即是否为业主(客户)提供尽心尽责的亲情服务。

（3）物业管理企业的资质等级。例如，企业注册资金的数额、专业技术人员的职称或技术等级。

（4）物业管理企业以往的管理业绩。例如，企业以往的管理规模，所管理物业的类型、档次，管理物业的分布地域广度，取得优秀或示范项目的数量，获得的各种奖励等。

（5）物业管理企业的管理现状。其中包括企业目前正在管理的物业的规模、文件次、类型等。

（6）物业管理企业的管理制度。其中包括是否有健全、合理、合法的管理服务制度。

（7）物业管理企业质量认证情况。其中包括是否通过 ISO 9000 族及 ISO 14000 族的认证等。

（8）物业管理服务质量情况。这里主要是指物业管理服务的品质如何等。

2. 物业管理服务品牌

物业管理服务品牌，也就是物业管理企业提供的物业管理服务是否具有良好的口碑与品位。具体来说，它包括以下方面：

（1）物业管理服务的项目。其中包括服务项目种类的多少及服务层次的数量等。例如，是否提供物业管理的各种服务项目，每种项目是否能根据业主的实际情况划分为不同的层次来提供，除公共服务外是否有家政服务等特约服务内容等。

（2）物业管理服务的收费标准。其中包括标准的多样性及各个具体标准等。例如，不同层次的服务是否有不同的收费标准，每种服务及不同层次的服务其具体收费标准到底是多少、合理与否等。

（3）物业管理服务的态度。例如，管理服务人员对业主、使用人及业主委员会成员在管理服务过程中及不在管理服务中时的态度等。

（4）物业管理服务的质量。其中包括服务效率、服务达标程度等方面的内容。例如，是否在规定的时间之内完成某项物业管理服务，提供的服务是否满足合同及其他相关文件规定的要求等。

（5）物业管理服务的效用。它是指物业管理服务是否满足了业主、使用人的各种需求。例如，住宅业主希望的显示自己的独特个性，物业的保值和增值，住宅区安全、舒适、文明的环境及氛围等。

（6）物业管理服务的创新情况。例如，是否有经常的管理服务创新，包括管理创新、技术创新和服务创新等。

事实上，物业管理品牌是一种物业管理企业及其提供的服务的标识，是接受物业管理服务的顾客对物业管理企业及其提供的服务的总体感觉、知觉和联想，是物业管理企业与物业管理服务顾客之间的无形契约。物业管理品牌的产生及生存发展依赖于物业管理企业及其提供的服务，也依赖于物业管理服务对象等各方面的评价。因此，物业管理品牌的创建、维护和传播，一定要注意这些方面因素的影响。

二、消费者对物业管理品牌的认知

1. 间接认知阶段

在间接认知阶段，业主对物业管理企业并没有或者基本没有直接的接触，他所获得的有关物业管理企业的信息完全是间接的、抽象的，是通过第三方获得的，如发展商的卖房手册、口头介绍、物业管理企业宣传手册以及报纸、电台等新闻媒体的介绍等等。

间接认知的特点有：①易于接受，具有先入为主的效果；②比较肤浅，只是一个大致的印象；③是一种不确定的认知。

2. 表象认知阶段

表象认知是业主与物业管理企业有一些必要的接触，如在房屋验收、缴付管理费、房屋装修、搬家等过程中对物业管理品牌的感受或认知。表象认知大致有形态感受（主要是对物业管理人员的外貌、服饰、举止规范等方面的感受）、语言感受（主要是对管理人员的语言修养、礼貌用语等方面的感受)、环境感受(主要是对小区环境状况、绿化状况、安全状况等方面的感受)以及效率感受(主要是对物业管理企业办事效率方面的初步感受)四个要素。

表象认知是一种表面的、感性的认知，但也是绝对真实的认知。因此，表象认知如何，对业主的认知过程会产生重大的影响。因此，物业管理企业做好这一阶段的工作，具有基础性的意义。一些物业管理企业管理失败，常常是与这一个阶段工作留下的隐患有直接关系。

3. 深度认知阶段

深度认知就是通过一个一个事件使业主对物业管理企业品牌认识不断加深的阶段。物业管理企业每处理一件事情、与业主的每一次接触，都使业主获得一次感受。随着事件的增加和感受的增多，业主的认知逐渐加深，由感性逐步变成理性。由此可见，这阶段有一个较长的延续过程，每个业主的认知过程时间长短也不一样，表现在内容上，事件是业主获得深度认知的关键。

业主在事件中的认知如何，既取决于事件的过程，又取决于事件的结果，而事件的结果所起的作用是主要的，即如果有些事件在开始处理阶段不太顺利，或者是管理人员在处理中有一些过失或不当之处，但是通过调整改变，最后处理的结果是圆满的，那么，业主获得的认知结果也是好的，其在过程开始获得的一些不好的感觉，会随着事件的解决而改变。

4. 情感认知阶段

情感认知是业主对物业管理品牌认知的最终阶段，是在前几个阶段的基础上获得的。如果物业管理企业的工作做得好，服务到位，那么，在这个阶段，业主与物业管理企业之间就有了相互信任、相互支持的一种情感。业主通过长时间的接触，对物业管理企业在本小区的管理给予了充分的信任，确认物业管理企业的品牌。积极的、良好的情感认知有以下几个特点：第一，它是一种成熟的、理性的认知，具有一定的稳定性，即使物业管理企业在管理中出现某种并不严重的失误或过错的时候，业主也会给予谅解。第二，双方之间有一定的信任，彼此都把对方看成了合作伙伴，双方之间的交往比较密切。第三，情感认知的继续发展具有两重性，一方面可以继续深化和发展双方之间的情感，对业主的品牌认知继续起积极的作用；另一方面也可能潜伏某种危机，不断扩大的交往及私人情感可能与物业管理企业的企业利益并不一致，因此，作为物业管理企业，应当在业主获得情感认知以后，把握好"度"，防止走向极端。

三、构建物业管理品牌

(一)构建物业管理品牌与物业管理创新

物业管理品牌的基础或核心是管理服务质量。从这个角度来看，构建物业管理品牌，首先必须提供适合所管区域的相对优质的物业管理服务，在这个前提下或与此同时，再进行物业管理创新。

所谓物业管理创新，是指物业管理企业根据物业管理的内部条件和外部环境的变化，不断创造出新的管理理念、新的管理制度、新的组织形式、新的管理措施、新的管理方式、新的操作流程，以实现管理要素更加合理的组合运行，从而创造出新的生产力，取得更高的劳动效率。物业管理创新包括理念创新、制度创新和手段创新等。另外，还要加强物业管理企业的形象建设，以增加物业管理顾客对物业管理品牌的认同。

1. 物业管理服务理念创新

一般情况下，人们把理念解释成理性的观念，即一种超越感性认识阶段的、具有一定普遍指导作用的理性观念。物业管理理念是物业管理企业面向市场的一种理性思维和价值体系。在企业内部，理念起着统一思想的作用，是企业员工的行为准则；在外部，理念是企业的形象标志，是物业管理企业吸引客户的重要方式。物业管理理念创新，就是对传统、过时的理性思维和价值体系的改变。当前，比较有代表性的物业管理服务新理念主要有以下几种。

(1)"有限管理与无限服务"的理念

"有限管理，无限服务"是"业主第一，服务至上"观念的体现。在传统的计划经济体制下，房管所代表国家来管理房屋，住户只是房屋的租赁者。在这种情况下，房管所是主人，住户是附庸。今天，如果还不改变这种关系，物业管理企业是不会有前途的。"业主第一，服务至上"就是这种关系改变的反映，它明确了业主是房屋的主人，物业管理企业是受雇于业主管理物业的观念。这样，物业管理企业就必须把为业主服务作为自己的根本立足点。基于"业主第一，服务至上"的观念，"有限管理，无限服务"的理念，就是物业管理企业要自觉淡化自己的管理色彩，从观念上将自己定位于服务商的角色，把有限的管理融于无限的服务之中。特别要提出的是，这种管理的淡化并不是在管理力度及管理能力的弱化，反过来，它应该是对社区房屋、公共设施、机电设施等管理工作的强化，只是对业主的态度及管理观念上要弱化管理意识和强化服务意识。

(2)"以人为本"的理念

"以人为本"的服务理念，就是要在物业管理过程中，更多地向业主提供人性化的服务，满足业主人性上的需要，包括对人的尊严、价值、个性、身份、地位、审美、情感、时尚、习俗、传统等需要的满足。这种满足是服务艺术与心理艺术的综合，对物业管理企业提出了相当高的要求。因此，物业管理企业需要研究人性发展的需要，在此基础上提供相应的服务。

具体来看，"以人为本"的服务理念主要是要提供亲情和亲近感的服务，要尊重业主，善待业主，把业主当做朋友、亲友，在管理服务者与业主使用人之间建立起一种充满信任和兄弟姐妹般的亲密关系。这是对旧的房管所式管理方式和理念的彻底变革。

当然，"以人为本"的服务理念，并不是否定或轻视对物业的管理，而是把对物业的管理作为对人的服务的组成部分，通过管理好物业，来更好地为业主和使用人服务，以实现"以人为本"的要求。

(3)"个性化服务"的理念

"个性化服务"是"以人为本"理念的一个方面，即在管理区内，从实际出发，根据不同的业主和使用人类型提供不同的服务，以体现物业管理"以人为本"的宗旨。大到一个城市，小到一个居住社区乃至一个家庭，业主使用人的素质水平、各方面的爱好、需要的服务等都是不完全相同的。对某个物业管理企业来说，在其管理服务的区域内，几十户、几百户及至上千户的业主和使用人，大家不可能都是一个爱好、都需要一种类型的服务。作为一个品牌物业管理企业，不仅要为多数业主设计和提供一些公共性的管理服务，更重要的，还要针对业主的某些个性需求策划一些特别的服务，努力建立一种个性化服务项目能动式的孵化机制,建立信息(包括业主需求信息)输入或服务输出的动态循环系统。只有这样,才能真正服务好业主和使用人,企业自身也才能有所发展。

(4)"人文关怀"的理念

在物业管理过程中,不仅要重视"硬件"建设,更重要的是要注重"软件"方面的人文关怀。社会的发展、人们生活水平的提高,使越来越多的业主和使用人期望"人文关怀"在物业管理中得到明显体现。

"人文关怀"理念的展示,具体可列举如下:①标志、告示用语中的人文关怀。例如,物业管理企业通过告示牌提醒路人不要破坏绿化,告示牌书写的内容也要讲究人文效果,写"请勿损坏绿化"显得有些生硬,若写"请爱护绿化"就稍好些,写"已有阳关大道,何必另辟蹊径"则能体现人文关怀的要义。②对公共资源有效利用中的"人文关怀"理念。这样的管理是更高层次上的为居民服务。比如,物业管理企业将水引入社区建成水景住宅小区,日常工作中还应该在安全上、水量的控制上、防止水景及设备的污染上加强管理,通过物业管理真正发挥水景住宅的常效。③对小区文化品位的营造。物业管理企业经常在小区宣传栏上刊登一些精彩的小文章,或组织小型的散文展、诗会,在儿童活动区域搞小规模的童趣壁画;为满足老年人健身需要开展太极拳、木兰拳教练活动;在节日庆典组织有意义的活动,如演唱活动、棋牌活动、球类运动、游园活动等等。这些都是人文关怀的体现。

(5)"无人化管理"的理念

最早由深圳万科公司倡导的"无人化管理"成为深圳市物业管理行业的亮点。在万科管理的景田城市花园,各种管理人员基本不见踪迹,但业主所需的各种服务却可随时得到。例如:汽车开到住宅区门口,门就自动开了;主人走到楼门口,楼道门也应声而开;路口电子屏滚动显示着当天的天气预报和社区内特别通知等需要让住户们了解的当天信息;抄表、收费、浇花等也全都采用"无人化"的"零干扰服务",无人售货、自动取款、网上购物等与人打资产交道的窗口行业则朝智能化方向发展。小区管理由劳动密集型管理转向科技型管理。

"无人化管理"可以用一个公式简单概括为:无人化管理=智能化+专业化服务程序。"无人化管理"不仅可以节省人力成本开支,更重要的是可以避免许多由于人与人之间接触所导致的矛盾。

2. 物业管理经营创新比较有代表性的物业管理服务新理念主要有以下几种。

(1)规模经营理念

规模经营符合当前物业管理国际潮流,能有效地解决物业管理成本高、收费低,企业难以维持的困难。据测算,当物业管理面积超过 100 万 m^2 后,每增加 50 万 m^2,企业总体管理成本可下降 10% 以上。因此,物业管理企业的决策人一定要注意企业的规模经营。

物业管理规模经营具体包括以下四个方面:①扩大经营规模。物业管理是微利服务行业,只有通过扩大规模,降低成本,一业为主,多种经营,才能生存发展。②扩大管理类型。新建住宅小区、老住宅区、零散住宅、农民住宅、学校、银行、商场、医院、酒店等,都应纳入物业管理范围。有条件的话,完全可以去赢得管理权。③扩大地域范围。企业不仅要在总部所在城市大力开展业务,而且还应该进行地域范围拓展,特别是在各省省会城市和计划单列市,以及一些集聚效应强、辐射范围广的中等城市多做些工作。④扩大品种类型。物业管理企业应积极开拓系列产品业务，为社会提供服务，增加企业经济效益，丰富专业内涵，同时有效地支持物业管理主业的发展。

（2）多元化经营理念

物业管理企业可结合自身实际，逐渐跨行业进行多元化经营，采取"物业管理为主，多种经营为辅"的方针，在管理的物业区域内大力开办第三产业。这不仅方便了物业区域业主和使用人的工作与生活，还增加了企业自身的经济收入，也弥补了物业管理费的不足。例如：物业管理企业可以提供大量综合性、高质量和富有专业特色的家政服务、家教服务、家庭安保、礼仪服务、护理服务和贸易服务；也可以发挥自身专业优势开展房地产业务信托活动，即物业管理公司受托对房屋、土地等财产进行管理或处理的信托业务，包括代理买卖房屋、房地产价值评估、房地产业权代理等内容；进一步将物业管理内容延伸至物业市场行情调研和预测、物业功能布局和划分、物业推广代理、物业智能系统化服务、工程咨询和监理等全方位服务，从而不断提升物业管理水平。当然，多元化经营在降低单一经营风险的同时，也增加了进入其他行业而带来的风险，因此，必须注意结合实际，发挥优势，在多元化发展中处理好与专业化发展的关系，使二者协同配合，共同打造可持续发展的物业管理品牌。

（3）员工持股制度。1996年，金地物业管理公司抓住政府现代企业制度改革试点的契机，果断地推行了员工持股制度。这项制度使员工既是企业的投资者、所有者，又是企业的劳动者。他们通过个人投资获得收益，同时，通过劳动获得报酬，个人行为与企业命运息息相关，个人利益与企业利益相一致。

（4）首问负责制。这是指物业管理企业任何一名职员接到业主(客户)投诉，都必须跟踪到底，决不推诿，并要及时解决。

（5）岗位轮换制。物业管理企业的职员在一个工作岗位工作一段时间后，可以适当地轮换岗位。这样，可使职员得到多方面的锻炼，业务技能更加全面，更好地满足业主(客户)的需求。

3. 物业管理手段创新

物业管理手段创新主要包括智能化管理。智能建筑一般由楼宇自动化、办公自动化、设备自动化、通讯自动化以及消防保安自动化五个方面的自动化系统所组成。物业智能化管理，简单地说，就是通过利用这五个自动化系统及一些其他方面的"硬件"和"软件"来实现对物业及企业本身的管理。这种管理具体主要表现为：

（1）实现对物业的自动化管理。"三表"（水表、电表、气表)远程抄送系统、消防自动控制系统、自动巡逻系统、停车场IC卡管理系统、红外线安防系统、住宅设置紧急呼叫系统等越来越多的智能化配套设施逐渐进入社区。通过对物业区域内的关键设备、设施实行集中管理，对其运行状态实施远程监控，实现安全防范系统的自动化监控管理，给排水设施跑漏水、有害气体泄漏的自动报警管理以及物业设备的智能化管理功能。

（2）实现对业主和使用人的智能化服务。第一，可以通过建立内部互联网络，实现水、电、气、热等自动计量与自动收费；第二，通过建设社区互联网的终端，保证小区可以在互联网上有自己的主页，业主可以通过小区终端上互联网，加快上网速度；第三，可以实现网上物业费用查询、网上建议、上网投诉、报修等功能。近年来，一些物业管理企业推出了收费一卡制，客户在社区内发生的所有费用，包括水、电、有线电视、电话、物业管理费、特别服务费及维修费用等，都可以通过一张卡全部解决，特别是这张卡还具有帮助客户解决还银行贷款等功能。收费一卡制就是智能化服务的一个方面。

（3）实现对分散的下属物业管理分公司或管理处统一高效的管理。目前，已经有一些物业管理企业业务范围扩大到全国的多个城市，这本来是一件好事，但同时也暴露出了一些问题，如开发单位多、物业项目小而零散，致使点多、片大、线长，因此远程统一化管理成了让物业管理公司头痛的难题。而网络化物业管理有效地解决了远程化管理问题，它将物业管理升级，利用网络将有关联的或同一发展商、物业管理公司旗下的项目联结起来，以使资源共用、信息共享，以较少的资源投入发挥更大的功效；物业管理公司领导还可以安坐家里监测整个企业在各地的运转情况。

四、物业管理品牌形象策划

（一）物业管理品牌形象的构成

物业管理品牌形象，是指物业管理品牌在市场、社会公众及消费者心目中所表现出的个性特征。它体现为社会公众及消费者对品牌的认知和评价。因而，它必然反映着品牌的信誉度、美誉度和知名度。

物业管理品牌形象一般可以分为内在形象和外在形象两个方面。其中，内在形象主要包括服务形象、信誉形象与文化形象；外在形象则主要是品牌的标识系统形象。

1. 物业管理品牌服务形象

物业管理品牌服务形象，即物业管理企业在服务过程中所表现出来的服务态度、服务方式、服务质量，以及由此引起的消费者和社会公众的评价。它是物业管理服务品牌形象的关键和品牌竞争制胜的法宝。

2. 物业管理品牌信誉形象

品牌形象是与信誉形象密切联系在一起的，信誉是通过企业长期提供优质服务而产生的必然结果。良好的信誉是企业最为宝贵的资源，凭借它，企业可以在市场竞争中取得事半功倍的效果；良好的信誉也是企业最具有价值和永久性的资产。物业管理品牌信誉一般包括质量信誉、服务信誉、合同信誉、道德信誉等内容。

3. 物业管理品牌文化形象

品牌文化形象是指社会公众、消费者对品牌所体现的文化或企业文化的认同与评价。品牌形象实质上就是企业文化形象，它通常包括企业的精神面貌形象、环境形象、员工形象、企业家形象等内容，其核心是价值观及经营理念。因此，注重品牌形象也应注重品牌的文化形象。

4. 物业管理品牌标识系统形象

品牌标识形象是社会公众及业主和使用人对品牌标识系统的认识与评价。品牌外观标识系统形象的好坏，直接影响着业主和使用人对物业管理品牌的认识和对该品牌服务的购买与消费。因此，必须注意商标图案、标志字、标准色的选择与运用或商标的策划设计。

（二）物业管理品牌形象的策划

目前，企业品牌形象策划主要以导入 CIS（企业形象识别系统）为主要内容。CIS 由三个识别子系统组成：①理念识别系统（Mind Identity System），简称 MIS；②行为识别系统（Behavior Identity System），简称 BIS；③视觉识别系统（Visual Identity System），简称 VIS。这三个方面各有特定的内容，互相联系，互相制约。

1. 企业理念识别系统(MIS)的主要内容

企业理念即企业的经营理念，它是企业思想、文化观念等意识特质的总和。企业在社会公众面前的理念形象往往成为竞争成败的关键因素，理念形象的定位也在 CIS 战略导入中起着导向的作用，是 CIS 系统的核心和灵魂。物业管理属于服务行业，其企业理念的内容应包括：公司精神、企业本质和特征、经营宗旨与质量方针、经营理念和信条、企业文化、企业质量观、企业服务观、企业责任观、企业人才观、企业法制观、企业顾客中心观等企业基本形象。企业理念的内容通常都有具体明确的表现形式。例如：企业精神标语口号及主题用语；开展 ISO 9002 质量保证体系认证；制定一套完善的员工规范，包括《员工手册》、《员工服务用语规范》、《岗位职责》、《操作要求》等；在企业内部适时地表彰能充分体现自己企业理念的先进个人(集体)；定期编印企业的刊物，设立宣传园地，设立意见(建议)箱等。通过这一系列的理念识别，可迅速在公众中树立起高层次地为业主服务的形象。通过开展 MIS 设计，能有效地提高企业的凝聚力和内部员工的忠诚度，提高业主(使用人)的满意率，并使企业在社会公众中获得更多的信任、支持和赞誉。

2. 企业行为识别系统(BIS)的主要内容

企业行为形象，是指企业在经营管理主要活动中的总体行为形象及其行为表现。行为形象识别系统是规范企业经营活动中各项行为和活动的基本准则。它是通过对企业内部教育、组织、管理以及对社会的各项活动来树立企业的形象。

企业行为形象识别系统包括对内行为和对外行为两个方面：①对内(企业员工)行为。它是企业对内活动的准则，涉及组织、管理、培训、福利、行为规范、奖罚机制、工作环境、研究开发等各个方面。通过完善的制度和企业文化，增强企业内部的向心力与凝聚力；采用各种方式对员工实施培训，使员工理解并贯彻企业的理念，并不断提高自身素质；制定若干个行为标准使企业的行为具体化，如普通员工的个人行为标准、管理者和监督者标准、针对具体工作完成情况的标准等。②对外(社会与客户)行为。它是企业对外活动的准则。企业通过市场营销、产品开发、管理服务、意见征询、公关活动、文化活动、公益性服务等表达企业理念；建立专门的部门登记、管理、解决业主(使用人)的投诉，并做好资料的分析和整理工作，从而取得顾客与大众的认识与满意，树立企业良好的公众形象。

树立企业的行为形象一个非常重要的方面，就是企业经理人必须善于根据情况的变化(如出现管理质量问题、新闻界的批评报道、企业经营进入低潮等情况时)，采取必要的外部活动，积极改善企业的形象。

事实上，物业管理企业通过实施 ISO 9000 质量保证体系，在诸如服务标准、员工培训、客户投诉及资料分析方面都制定有比较严格且操作性强的行为规范。目前的关键在于，如何形成一套有效的行为运行系统，最大限度地使业主(使用人)满意。

3. 物业管理企业视觉识别系统(VIS)的主要内容

VIS 系统是通过可视化的传达形式，将企业理念、文化特征、服务内容、企业规范等抽象概念转换成标准化、系统化、统一化的具体符号，塑造出独特的企业形象。它是企业形象中一项最直观的外在硬件系统，是反映企业整体形象的重要载体，是企业理念识别和行为识别的具体化与可视化的表达方式。VIS 的基本要素包括企业标识或企业象征图形、企业名称、标准字、标准色、企业标语、专用字体等。通过这些基本要素，帮助业主和使用人来认识企业、识别企业以及监督企业。

物业管理企业 VIS 设计的主要内容包括：①办公用品：公函信封、公函信纸、便笺、手提袋、包装纸、介绍信、邀请函、员工申请表格、贺卡、明信片、优惠券、贴纸、公文夹、公文卷宗、笔记本、专用资料袋等；②证件系统：名片、工作证、会员卡、证书、名牌、徽章、臂章、出入证等；③广告媒体用品：报纸等各类新闻媒体广告、招牌、气球广告等；④交通工具：公司的客车、轿车、工程车、货车、手推车等；⑤制服饰品：管理者与普通员工，包括经理人、财务人员、办公室人员、保安人员、维修人员、清洁人员、前台礼仪人员的制服、衬衫、领带、领夹、帽徽等；⑥室内布置：灯光、指示牌、天花板、橱窗、盆景、休息椅等；⑦办公室装饰与布置：办公设备、桌椅、墙饰、装饰画、标志牌、考勤卡、公司门厅接待、部门牌、记事牌、公告栏、茶具、烟具、清洁用品、办公桌上用品等；⑧建筑环境：停车场、厕所、路面、栏杆、建筑外观等；⑨企业指示符号：企业名称招牌、企业内部公共标识、大门与入口指示标识、建筑物外观标识、物业管理小区标识、管理处告示牌等；⑩文书单据系列：订单、账单、报表、合同书、票据、收据、通知单等；⑪广告及展示应用系列：报纸广告样式、杂志广告样式、直邮广告样式、日历、海报、户外广告、霓虹灯、展示灯箱、模型、会场指示牌、电视广告、电台广告、广告宣传单、业务明细表、企业宣传册等；⑫公司出版物：企业报纸、出版的书籍等。

物业管理企业在进行 CIS 设计时，应紧紧围绕"如何让客户满意"这一主题。在实施时，可从以下几方面着手：①培养员工"让业主（使用人）满意"的观念，并据此调整企业的组织架构和运作方式；②重视研究业主（使用人）的需求心理和对服务的要求，尽力为他们提供优质的服务；③要从便利业主（使用人）、降低其获得服务的负担等方面来提供高质量的服务；④建立自己在业主（使用人）及全社会公众心中的良好企业形象和服务形象；⑤及时、妥善地处理好业主（使用人）的质询和批评，建立业主（使用人）意见和建议系统，并根据业主（使用人）的意见与建议尽快制定相应的改进策略；⑥不断提高经营服务水平，定期开展客户意见调查，保持企业在市场中的主动性。

五、物业管理品牌形象的宣传

策划一个好的物业管理品牌，还需要进行适时宣传，让广大消费者了解、认识、接受，并选择这个物业管理品牌及与这个品牌相关的服务。

品牌宣传最重要的是广告宣传。物业管理企业的广告宣传应从实际出发，量力而行。在有条件的情况下，应适时通过一些媒体（如报纸、杂志、电台、电视台、互联网等）做一些广告。同时，还可以利用各种机会，如企业成立若干周年纪念活动、贯标成功以及所管区域获得优秀社区等称号、公司经理参加某个重要的物业管理会议、公司某位员工做了好事等积极对外宣传。这些实实在在的宣传，对物业管理品牌的提升和增加影响力效果非常明显。

除广告宣传外，加强公共关系管理也是品牌宣传的重要组成部分。物业管理企业可以通过节日互访、寄送贺卡、座谈会、联谊活动等方式广泛地接触行业主管部门、房地产开发商、物业管理兄弟单位、新闻宣传单位等，与它们保持密切的联系，并通过这种联系，宣传本企业的物业管理品牌。

在物业管理品牌的具体宣传中，通常需要注意突出以下方面的内容：①突出本品牌物业管理企业的雄厚管理实力。物业管理企业的雄厚管理实力主要体现在物业管理企业的技术力量、专业装备水平、注册资金以及管理人员的职称、从业年数与专业管理水平等方面。品牌物业管理企业的雄厚管理实力能够给人一种理性上的认同与信任，为客户在思想上、行动上接受物业项目、接受品牌物业管理企业打下坚实的基础，提供现实可能性。②突出品牌物业管理企业的骄人管理业绩。品牌物业管理企业的管理业绩主要体现在管理项目的多少（建筑面积、种类）、管理效果的好坏（取得先进称号的情况等）、社会反映（业主和使用人的反映、媒体报道的情况、政府方面的意见、同行的评价等）等方面。品牌物业管理企业的骄人管理业绩能够给人一种感性上的认可与憧憬，让消费者愿意接受和选择该物业管理企业。③突出品牌物业管理企业的人情味。消费者不希望物业管理企业是高高在上的"主人"，也不希望物业管理企业是亦步亦趋、唯命是从的"仆人"。他们喜欢那种愿意为自己着想、尊重自己而又不巴结自己的朋友式的物业管理企业。品牌物业管理企业的人情味让人感到亲切，让人觉得自然，缩短了客户与物业管理企业的距离，从而使客户愿意接受和选择该品牌物业管理企业及其提供的服务。

第二节　物业管理的贯标

随着物业管理市场的形成，竞争机制发挥了作用，要求物业管理企业不断改善服务态度，提高服务质量。国内外大量经验表明：贯彻实施 ISO 9000 质量体系是加强企业自身建设、确保服务质量的有效途径。

一、ISO 9000 简介

ISO 9000 是国际标准化组织（INTERNATIONAL STANDARDIZATION ORGANIZATION）发布的质量管理和质量保证系列，以协助企业建立完善的文件记录和保持高效率的质量体系，以此履行对品质的承诺和满足客户的需要。

1979 年，国际标准化组织（ISO）成立了 176 技术委员会（TC 176），负责制定质量管理和质量保证标准。该委员会先后发布了 1987 版 ISO 9000 族国际标准、1994 版的 ISO 9000 族标准及 2000 版的 ISO 9000 族标准。我国的大多数企业采用的均为 1994 版的标准。自 2000 版标准颁布以来，贯标企业纷纷开展标准的转换工作，中国质量体系认证机构国家认可委员会（CNACR）要求我国的贯标企业到 2003 年底全部转换成 2000 版标准。目前，物业管理公司建立的质量管理体系应使用 2000 版的 ISO 9000 族标准。

二、物业管理企业实施 ISO 9000 质量体系的意义

质量是企业永恒的主题，质量是商品占领市场的通行证，是开放型市场经济充分发展的必然结果。在当今世界，不管何种企业，也不管哪个国家都面临着严峻的质量挑战。

1. 实施 ISO 9000 是物业管理市场化、推行竞争机制的必然

随着物业管理的观念被人们逐渐接受，物业管理企业也越来越多，承担着房屋及附属设施的管理；物业管理市场也在不断地培育成熟。现时的物业管理不能再是过去那种封闭的谁开发、谁管理的一种"粗放"和"传统"的管理模式，而是要按照市场经济的规律，按照价值规律，按照优胜劣汰的竞争机制来推进物业管理。许多地区已开始采用招投标的方式选择优秀的物业管理企业，来对住宅小区（大厦）进行管理服务。物业管理企业需要树立形象，树立自己的品牌，才能在市场上进行竞争。一些企业开始实施 ISO 9000 贯标，贯标后的企业，其管理水平达到规范化、标准化，只有强大的竞争力，才能赢得业主（使

用人)的青睐与支持,才能获得住宅小区(大厦)管理的权利,所以物业管理企业实施了ISO 9000质量系统,就能赢得市场份额。

2. 实施ISO 9000是法制化管理的具体体现

由于我国正处在计划经济向市场经济体制转变时期,还存在着传统体制和旧观念的影响,加上物业管理开展的时间还不长,以及物业管理自身的特殊性,因此在物业管理服务中,人治的观念相当严重,许多物业管理企业操作行为都不一样,甚至一个物业管理企业,由于领导的变化,也导致操作中出现差异性。尤其是与业主(使用人)直接相连的服务收费标准问题没有规范,致使物业管理企业随意定价,随意确定服务范围,业主(使用人)意见也很大。实施ISO 9000,人治现象要彻底终止。任何领导不能随意地下达指标,下达任务,而是要完全按照程序化进程办事,根据质量体系要素细化,根据管理职责分工,各级领导只能在其职能范围内下达任务,下达任务时要有派遣单,完成任务有汇报单,要有质量检查单等等,实施了ISO 9000质量保证体系,意味着要强化法制管理,任何事情开展都要按照程序化进行。

3. 实施ISO 9000是提高物业管理服务质量的重要保证

物业管理是一个以活劳动为主的商品服务。物业管理不是简单的商品交换,而是一种寓服务之中的创造性工作。因此物业管理服务的质量评估及标准,按照过去传统计划经济管理模式是很难定位的,最后变成行政领导决定。如果实施ISO 9000质量体系以后,把一些过去难以考核的服务质量水平,用定量、定性的方式,用全过程质量检查方式细分规范下来,这样即使是一些人为服务也有了一个量化的标准和测试标准,也便于全体业主(使用人)监督,使物业管理更上一层楼。

4. 实施ISO 9000可以提高物业管理企业的经济效益

物业管理企业实施ISO 9000质量体系后,使整个物业管理工作进入了一个系统化、专业化、规范化状态。一方面充分调动了员工们的积极性、能动性,同时规范了岗位,优化了岗位,使企业减少了一些不必要的闲人闲岗,降低了成本;另一方面由于企业的规范化管理、优质服务,企业良好的形象深入到业主(使用人)中,甚至流传到社会上,这样扩大了企业知名度。在市场化的招投标过程中,就可以以自己企业的良好形象进行竞争,优胜劣汰,使本企业不断地扩大市场份额,从而提高了物业管理企业的效益。

三、物业管理公司开展ISO 9000贯标的主要工作

(1)成立一个贯标工作小组(专职人员),并指定一名高层管理人员牵头负责该项工作。

(2)考虑聘请一个做过物业管理公司ISO 9000贯标工作的咨询机构,并由其委派有经验的咨询师对企业进行指导。

(3)由质量体系专门的培训机构对贯标小组人员进行ISO 9000标准的培训。

(4)制定公司质量方针,并组织相关人员成立文件编写小组,进行文件编写。文件编写后,提交贯标工作小组讨论修改并完善。

(5)文件编写完毕开始试运行,试运行期为三个月。在试运行期间,要不断对文件不适应的部分进行修改,并组织一次内部审核。

(6)试运行期三个月后,若具备认证条件,可申请认证机构对项目进行审核。

(7)认证机构的审核分为文件审核及现场审核两部分。企业对审核中提出的不合格项整改后，并经审核组长确认，提交技术委员会通过，企业即可获得认证证书。

四、ISO 9000 认证的一般程序

（1）信息交换。一般由管理者代表或管理者代表指定的专人通过信函、电话、传真等形式与认证机构进行接触，提出认证申请。（最好在质量体系试运行前就与认证机构接洽，以便认证机构安排审核时间）。

（2）报价。申请认证的单位填写调查表，认证机构收到调查表后做出书面的报价。

（3）签订合同。申请单位接受报价后正式填写申请表。认证机构收到申请表后，签订提供认证服务的合同；随后，按照申请单位希望的认证时间编入审核计划，指定审核组长，并通知申请单位。

（4）文件审查。申请单位将《质量手册》及《程序文件》送交认证机构，由审核组长作文件审查，并将审查结果书面告知申请单位。如有不符，申请单位修改后再送认证机构，直到符合标准要求。

（5）现场初访。了解申请单位管理基础状况，确定是否可以进行现场审核，商定现场审核计划。此过程一般用于初次认证且情况比较复杂的单位。

（6）现场审核。认证机构派出审核组按计划进行现场审核。审核要覆盖申请认证的全部范围及所要求标准的全部。审核用抽样的方式进行。现场审核时，将对发现的不合格项开出不合格报告，并要求实施整改。现场审核结束后，在现场审核结束会议上将口头报告审核结果，告知是否推荐认证通过；然后，将全面审核报告送受审核方及认证机构项目主管。

（7）纠正措施。对审核中提出的不合格项，申请认证单位必须实施纠正措施。对推荐通过的单位，可以不到现场跟踪纠正措施的实施，也可以在实施后到现场跟踪查核一次。对于不推荐通过的单位，要求整改完成后进行复查。根据问题涉及面的大小，复查可能针对几个要求，也可能针对全部要求。复查工作按实际工作另行收费。

（8）核准发证。受审核单位整改完毕后，由审核组长负责推荐至认证机构的技术委员会。经技术委员会核准后，由认证机构负责颁发证书。证书有效期三年。

（9）证后监督。证书有效期内需要接受认证机 3～5 次的监督审核，每次间隔不超过12 个月。获证单位的法人代表、组织结构、生产方式或覆盖产品范围等如有变化，应及时通知认证机构。必要时，认证机构将派员复查或增加监察次数。

（10）复评及换证。证书有效期满后，获证单位要向认证机构提出复评的申请，签订合同，接受认证机构的复审。复审通过后，给企业换发证书，有效期仍为三年。获证单位每年仍要接受监督审核。

五、认证审核费用

初次认证审核的总费用通常由认证申请费、审定与注册费、审核费三部分组成。其中：前两部分为固定费用，国内证书一般需要 3000～5000 元，国际证书一般需要 5000～10000 元；审核费根据认证机构派出的人数及工作日来决定。获证后的年度监督审核费用一般为初次审核费用的 1/3。企业除支付认证中心审核费用外，还要承担审核员的食、宿、交通费用。

六、质量体系文件概念

1. 质量体系

质量标准建立是实施 ISO 9000 的前提。质量体系通常是指为实施质量管理所需要的组织结构、程序、过程和资源。

组织结构：公司（企业）为行使职能，安排某种方式建立的职责、权限及其相互关系。

程序：为进行每一项活动所规定的途径。

过程：将原有状况通过活动开展而进入新的状态，这一转变活动称为过程。

资源：包含人力、资金、技术、设备设施和方法等。

2. 质量体系文件

质量体系文件是描述质量体系的一整套文件，通常含有以下三个层次：①质量手册（第一层次）：按规定的质量方针和目标涉及适用的 ISO 9000 系列标准描述的质量体系，物业管理企业属于服务性行业，在选取标准时可参照 ISO 9002 标准。②质量体系程序文件（第二层次）：描述为实施质量体系所涉及到的各职能部门的活动。③质量文件（第三层次）：指表格、报告、作业指导书等详细的作业文件。其中任何层次的文件都可分开也可以合并。第一、二层次文件必须按照 ISO 9000 标准所规定的内容和章节格式进行撰写，根据企业特殊情况可适量增减，但须说明其原因。第三层次文件则是企业各职能部门和各基层组织或人员的岗位职责和作业规范，包括业务事项、标准、方法、检查车、考核等内容。第三层次文件是质量体系文件的基本部分。第一、二层次文件是质量体系的核心部分。

七、质量体系文件的编制

（一）质量体系文件的构成

质量手册：按规定的质量方针和目标以及适用的质量体系标准来描述质量体系。

程序文件：描述为了实施质量体系要素所涉及的各个部门的活动。

详细作业文件：包括各种作业指导书，各种规程、规范，以及各种表格、报告等。

质量计划：针对特定的项目、合同，覆盖三个层次的文件。

质量记录：可能是覆盖三个层次的文件。

（二）质量手册的编制

质量手册格式应与具体的质量体系要素各章节的编排格式尽可能一致，章节、符号、图解和表格的编排均应清楚合理。质量手册的内容和编制要求为：

1. 标题、范围和应用领域：应清楚表明手册的内容范围和应用领域。内容范围中应规定所有适用的质量体系要素。

2. 目录：应该列出质量手册各章、节的题目和页码。

3. 前言：应介绍本企业和本手册的概况。本企业概况至少应包括单位的名称、地点和通讯方法，还可包括业务往来、主要背景、历史和规模等。质量手册的主要内容应有：①现在发布或有效版本的编号，发布日期或有效期及相应的内容；②简述手册如何确认和保持，其内容由谁来审核和审核周期，授权谁来更改和批准质量手册，及换版的审定方法；③简述标识、分发和控制程序，是仅限内部使用还是可以对外，是否含有机密内容；④负责质量手册实施的人员批准签字（或其他批准方式）。

4. 质量方针和目标：应规定本企业的质量方针，明确本企业对质量的承诺，概述质量目标，还应说明该质量方针如何为所有员工熟悉和理解，如何确保各级人员的贯彻和保持。

5. 组织结构、职责和权限的说明：可以在本部分或在体系要素程序中分条款详细阐明影响到质量的管理、执行和验证职能的部门的职责、权限及其接口和联系方法。

6. 质量体系要素的描述：首先应明确质量体系由哪些要素组成，并分别描述这些要素。除组织结构中提到的职责外，主要阐明实施和控制该要素的各种质量活动的方法和引用的文件等。

7. 定义(如需要)：应尽量使用公认的术语和定义，但需要时可根据本企业实际情况进行定义。

8. 质量手册的使用指南：需要时，可考虑增加一个索引，或增加一个标题、关键词、章号、页码对照表，或其他有助于迅速阅读质量手册的指南，也应包括本质量手册的编排方式以及各章的简短摘要。

9. 支持性信息的附录。

(三)程序文件的编制(略)

例：华润置地(北京)物业管理有限责任公司质量方针、目标及 ISO 9000 质量管理体系中三级文件(节选)

质量方针

• 以高效、先进的管理，亲切、周到的服务，为客户营造安全、舒适、优美的空间。

基本方针注解：

• 公司的质量方针体现了华润置地(北京)物业管理有限责任公司的质量宗旨和方向，是公司追求的目标，也是对社会的承诺。"管理"就是对公司所接管物业实行社会化、专业化、企业化的经营型的物业管理。"服务"就是在物业管理工作中，树立有信誉的"服务意识"。

"为客户营造安全、舒适、优美的空间"，体现了华润置地(北京)物业管理有限责任公司物业管理和服务的特点。

我们的承诺是用华润置地(北京)物业管理有限责任公司的信誉和服务，为社会营造一个高品质的生活空间！

质量目标

总经理确保在公司的相关职能和各层次上建立质量目标。质量目标尽可能予以量化并与质量方针及持续改进的承诺相一致。

本公司质量总目标：

• 保安工作客户服务满意度96%；
• 保洁工作客户服务满意度97%；
• 客服工作客户服务满意度96%；
• 工程工作客户服务满意度96%；
• 工程零维修及时率99%；
• 设备完好率97%；
• 返修率不高于1%。

管理处办公管理制度

为加强管理、严肃纪律、发挥效益、创一流服务质量，特制定以下制度：

1. 按规定时间当班，不得擅离职守，认真做好相关工作记录。

2. 管理处所有员工在工作时间内要精神饱满，举止文明，礼貌待人。

3. 管理处员工在上班时间内必须按公司规定统一着装，以保证管理处员工的整体形象。

4. 管理处所有员工上岗时必须在胸前佩戴好工作牌，不得将胸卡放在口袋内或随意改变佩戴位置。

5. 工作时间内不得高声喧哗、吵闹、吃东西、聊天及打私人电话。

6. 管理处的工具、机器、设备未经同意，不准外借。

7. 严禁向业主、住户索取财物等不良行为。

8. 当天工作应争取在当天完成。

9. 爱护办公室内一切公有财物，保持室内卫生。下班后，切记要关灯、关门，注意安全防范措施。

八、ISO 14000 与物业管理贯标

ISO 14000 标准同 ISO 9000 标准相类似，是由 ISO 国际标准化组织制定的环境方面的管理标准。随着现代人对环境的重视，许多物业管理企业为加强环境管理工作和显示公司在此方面的势力，纷纷进行 ISO 14000 贯标。

物业管理公司在建立环境管理体系时，可参照 ISO 9000 质量管理体系的程序及主要步骤进行。物业管理企业环境管理体系建立步骤：第一，领导决策与准备；第二，初始环境评审；第三，体系策划与设计；第四，环境管理体系文件编制；第五，体系运行；第六，内部审核及管理评审。

第三节　优秀物业管理小区（大厦）的创建

一、优秀管理住宅小区（大厦）考评验收工作介绍

为了深化房地产管理体制改革，使物业管理不断发展，建设部依据《城市新建住宅小区管理办法》，参考 1990 年颁发的《全国城市文明住宅小区标准》，制定了《全国优秀管理住宅小区标准》，1997 年又制定并颁布了《全国城市物业管理优秀大厦标准及评分细则》，并在全国范围内开展优秀管理住宅（小区）大厦考评验收（以下简称"评优"）工作。随着物业管理业发展的新形势，2000 年我国对评优标准进行了修订，分别制定了住宅小区、大厦、工业区三类示范标准，对通过评优验收的项目，授予"全国物业管理示范项目"称号，取消了全国物业管理优秀项目考评验收及其称号。各省、市视物业管理发展情况，可设立"示范"、"优秀"两个档次。

二、物业管理项目参评资格

"全国物业管理示范项目"参评资格：

（1）参评项目符合城市规划建设要求，配套设施齐全。住宅小区、工业区建筑面积 8 万 m^2 以上，别墅 2 万 m^2 以上，大厦 3 万 m^2 以上且非住宅建筑面积占 60% 以上，入住率或使用率达 85% 以上。

（2）取得"省（自治区、直辖市）级物业管理示范项目"称号一年以上。

（3）物业管理企业已建立各项管理规章。

（4）物业管理企业无重大责任事故。

（5）未发生经主管部门确认属实的有关收费、服务质量等方面的重大投诉。

三、考评验收标准

（1）全国及各省、市"评优"工作，均依据建设部颁布的《全国物业管理示范住宅小区(大厦、工业区)标准及评分细则》。

（2）全国示范项目"评优"工作由建设部负责召集各省、市相关部门及人员组成考评验收小组，实施考评验收工作。

（3）省、市"评优"按法定权限和地方考评办法(细则)执行。

四、"评优"工作申报程序

（1）物业管理公司依据参评资格对本公司预申报项目进行自评，若符合申报条件，可以向所在区、县申请参加优秀或示范项目的评比。

（2）一般在每年的第二季度内由所在区、县完成申报项目的预评预验工作。预评预验达到90分的物业项目由所在区、县推荐到市级，参加全国评优的需由市级报到建设部。

（3）一般在每年的10～11月份，考评验收小组对参评项目逐一进行评比验收，对达到相应分数线的，将授予荣誉称号。

五、物业管理公司创建优秀物业管理小区(大厦)的实施步骤

（1）物业管理公司领导应高度重视，在确定参加评选的项目后，成立"评优"工作小组。

（2）"评优"工作小组制定"评优"工作计划。

（3）"评优"工作小组依照《全国物业管理示范小区标准及评分细则》和《全国物业管理示范大厦标准及评分细则》对参评项目进行实地的初评。

（4）"评优"工作小组根据初评结果，制定"评优"工作的具体实施方案。实施方案中应包括：人员的配置及分工、资金的投入、硬设备设施的改造等方面。

（5）向所在区、县的小区办提交参加优秀小区(或大厦)评选的申请及项目情况简介，由区、县小区办负责对参评项目做出初评。

（6）区、县小区办根据初评结果，将符合条件的推荐参加市级的评选。通过市级评选小组验收的，将获得市级优秀小区(或大厦)的荣誉称号。

（7）获得市级优秀小区(或大厦)荣誉称号一年以上的物业项目，可由市级小区办推荐参加全国示范小区(或大厦)的评选。

（8）已获得优秀小区(或大厦)称号项目的每两年接受一次复验。

六、参评单位应做的主要工作

物业管理示范大厦(或小区)的考评工作从时间上可分为三个阶段进行。通常，每年的五六月份开展市级考评工作。通过市级考评的公司，一年后由市推荐参加省级考评。获得省级荣誉称号的单位(成绩一般在95分以上)，可于一年后由省推荐参加国家建设部组织的全国考评，最终选出全国物业管理示范单位。

第一阶段：市级考评阶段。这一阶段是指从物业管理公司确立考评目标至市级考评期间，时间可长可短，各物业管理公司应视情况而定，以3～5个月为宜。这一阶段主要完成以下几项工作：①确定所管物业需达到的管理水平(考评目标)，统筹安排全年的工作分段，成立考评迎检领导小组，确定考评任务分组成员名单。②自评自检。针对考评标准逐条自评自检，将发现的问题汇总整理。③将自评自检发现的问题落实到各个任务分组中负责整改，要确定具体负责人、初步完成时间、验收人等。④参观及专家辅助检测。组织成员到已获得示范称号的物业参观学习并请行内专家现场指导。⑤市级正式考评。做好市主管部门考评前的准备工作及现场具体迎检工作。

第二阶段：省级考评阶段。这一阶段是指从市级考评结束至省级考评期间。其工作重点是对市级主管部门提出的意见进行整改，主要是针对再次发现的问题进行专题性的参观学习，以彻底解决存在的问题，并将有关工作资料补充到考评资料中去，然后迎接省级考评。

第三阶段：国家建设部考评阶段。这一阶段指省级考评结束至国家建设部考评期间。本阶段的工作基本上与第二阶段类似。

七、在创建示范(优秀)小区(或大厦)过程中应注意的问题

（1）领导重视，全体员工积极参与。创优工作不是一个人就能完成的，不仅各级领导要重视，还需要全体员工各尽其责。

（2）资料的准备尤为重要，包括各种审批文件、图纸资料、业主档案、收费台账等，并且要设置专人负责整理。

（3）资金的投入。申报参评一般不需要花费什么费用，但要达到优秀小区(或大厦)标准，通常，企业要在硬件及企业形象上下一些功夫。例如，建筑物外墙粉刷、旧标识的更换、设备设施的改造、办公室环境改善、实现计算机自动化管理等。所以，企业在打算某个项目开展评优工作前，一定要在年初做好费用预算。

八、参考政策法规

1. 建设部《关于修订全国物业管理示范住宅小区(大厦、工业区)标准有关考评验收工作的通知》(建住房物〔2000〕008号)。

2. 省、市"评优"考评办法(细则)。

复习思考题

1. 物业管理品牌建设的含义是什么？
2. 简述物业管理品牌的构成及具体内容。
3. 什么是企业形象识别系统？它有哪几部分构成？
4. 什么是ISO 9000？物业管理企业为什么要进行ISO 9000贯标？
5. 简述物业管理企业ISO 9000贯标的一般程序。
6. 什么是物业管理项目评优？物业管理企业为什么要进行项目评优？
7. 创建优秀(示范)小区(大厦)时应注意哪些问题？

附件1：全国物业管理示范住宅小区标准及评分细则

序号	标准内容	规定分值	评分细则
一	基础管理	32	
	1. 按规划要求建设，住宅及配套设施投入使用	1	符合1.0，不符合0
	2. 已办理接管验收手续	1	符合1.0，不符合0
	3. 由一家物业管理企业实施统一专业化管理	1	符合1.0，不符合0
	4. 建设单位在销售房屋前，与选聘的物业管理企业签订物业服务合同，双方责权利明确	1	符合1.0，基本符合0.5，不符合0

序号	标 准 内 容	规定分值	评 分 细 则
	5. 在房屋租售合同签订时，购房人与物业管理企业签订前期物业管理服务协议，双方责权利明确	2	符合2.0，基本符合1，不符合0
	6. 建立维修基金，其管理、使用、续筹符合有关规定	1	符合1.0，管理、使用、续筹不符合规定扣0.5，未建立0
	7. 房屋使用手册、装饰装修管理规定及业主公约等各项公众制度完善	2	完善2.0，基本完善1.0，不完善0
	8. 业主委员会按规定程序成立，并按章程履行职责	2	符合2.0，基本符合1.0，不符合0
	9. 业主委员会与物业管理企业签订物业服务合同，双方责权利明确	2	符合2.0，基本符合1.0，不符合0
	10. 物业管理企业制定争创规划和具体实施方案，并经业主委员会同意	1	符合1.0，不符合0
	11. 小区物业管理建立健全各项管理制度、各岗位工作标准，并制定具体的落实措施和考核办法	2	制度、工作标准建立健全1.0，主要检查：物业管理服务工作程度、质量保证制度、收费管理制度、收费管理制度、财务制度、岗位考核制度等每发现一处不完整规范扣0.2；未制定具体的落实措施扣0.5；未制定考核办法扣0.5
一	12. 物业管理企业的管理人员和专业技术人员持证上岗；员工统一着装，佩戴明显标志，工作规范，作风严谨	2	管理人员、专业技术人员每发现1人无上岗证书扣0.1，着装及标示符合0.5，不符合0
	13. 物业管理企业应用计算机、智能化设备等现代化管理手段，提高管理效率	2	符合2.0，基本符合1.0，不符合0
	14. 物业管理企业在收费、财务管理、会计核算、税收等方面执行有关规定；至少每半年公开一次物业管理服务费用收支情况	2	执行有关规定1.0，未执行0；公开1.0，未公开0
	15. 房屋及其共用设施设备档案资料齐全，分类成册，管理完善，查阅方便	2	包括房屋总平面图、地下管网图、房屋数量、种类、用途分类统计成册，房屋及共用设施设备大中修记录，共用设施设备的设计安装图纸资料和台账。每发现一项不齐全或不完善扣0.2
	16. 建立住用户档案、房屋及其配套设施权属清册，查阅方便	2	每发现一处不符合扣0.2
	17. 建立24小时值班制度，设立服务电话、接受业主和使用人对物业管理服务报修、求助、建议、询问、质疑、投诉等各类信息的收集和反馈，并及时处理，有回访制度和记录	2	符合2.0，值班制度不符合扣0.5，未设服务电话扣0.5，发现一处处理不及时扣0.2，没有回访记录每次扣0.1
	18. 定期向住用户发放物业管理服务工作征求意见单，对合理的建议及整改。满意率达95%以上	2	符合2.0，基本符合1.0，不符合0
	19. 建立并落实便民维修服务承诺制，零修急修及时率100%、返修率不高于1%，并有回访记录	2	建立并落实1.0，建立但未落实扣0.5，未建立扣1.0；及时率符合0.5，每降低1个百分点扣0.1；返修率符合0.3，不符合0；回访记录完整0.2，记录不完整或无回访记录0

序号	标 准 内 容	规定分值	评 分 细 则
二	房屋管理与维修养护	14	
	1. 主出入口设有小区平面示意图，主要路口设有路标，组团及幢、单元(门)、户门标号标志明显	2	符合2.0，无示意图扣0.5，无路标扣0.3，幢、单元、户号每缺一个扣0.1
	2. 无违反规划私搭乱建，无擅自改变房屋用途现象	2	符合2.0，每发现一处私搭乱建或擅自改变房屋使用用途扣1.0
	3. 房屋外观完好、整洁，外墙面砖、涂料等装饰材料无脱落、无污迹	2	符合2.0，每发现一处不完好、不整洁、脱落、污损扣0.2
	4. 室外招牌、广告牌、霓虹灯按规定设置，保持整洁统一美观，无安全隐患或破损	2	符合2.0，未按规定设置0；按规定设置，但不整齐或有破损每处扣0.1，有安全隐患每处0.5
	5. 封闭阳台统一有序，色调一致，不超出外墙面；除建筑设计有要求外，不得安装外廊及户外防盗网、晾晒架、遮阳蓬等	2	符合2.0，每发现一处不符合扣0.2
	6. 空调安装位置统一，冷凝水集中收集，支架无锈蚀	2	符合2.0，每发现一处不符合扣0.5
	7. 房屋装饰装修符合规定，未发生危及房屋结构安全及拆改管线和损害他人利益的现象	2	符合2.0，每发现一处不符合扣0.5
三	共用设施设备管理	15	
	1. 共用配套设施完好，无随意改变用途	1	符合1.0，每发现一处不符合扣0.5
	2. 共用设施设备运行、使用及维护按规定要求有记录，无事故隐患，专业技术人员和维护人员严格遵守操作规程与保养规范	2	设施设备运行按规定记录0.5，无事故隐患0.5；遵守操作规程0.6，每发现一处不符合扣0.2；遵守保养规范0.4，每发现一处不符合扣0.1
	3. 室外共用管线统一入地或入公共管道，无架空管线，无碍观瞻	2	符合2.0，发现一处不符合扣0.2
	4. 排水、排污管道通畅，无堵塞外溢现象	1	符合1.0，发现一处堵塞或外溢扣0.5
	5. 道路通畅，路面平整；井盖无缺损、无丢失，路面井盖不影响车辆和行人通行	2	通畅、平整1.0，发现一处不通畅、不平整、积水扣0.2；发现井盖缺损或丢失扣0.6，路面井盖不影响通行0.4，发现一处不符合扣0.2
	6. 供水设备运行正常，设施完好、无渗漏、无污染；二次生活用水有严格的保障措施，水质符合卫生标准；制定停水及事故处理方案	2	设备运行正常、设施完好、无渗漏无污染0.6，发现一处不符合扣0.2；保障措施严格0.4，无措施或措施不严0；水质符合卫生标准0.5，不符合0；有处理方案0.5，无处理方案0
	7. 制定供电系统管理措施并严格执行，记录完整；供水设备运行正常，配电室管理符合规定，路灯、楼道灯等公共照明设备完好	2	符合2.0，发现一处不符合扣0.5
	8. 电梯按规定或约定时间运行，安全设施齐全，无安全事故；轿厢、井道保持清洁，电梯机房通风、照明良好；制定出现故障后的应急处理方案	2	符合2.0，发现一处不符合扣0.5
	9. 三北地区，冬季供暖室内，温度不低于16℃	1	符合1.0，不符合0

序号	标准内容	规定分值	评分细则
四	保安、消防、车辆管理	10	
	1. 小区基本实行封闭管理	1	符合1.0，不符合0
	2. 有专业保安队伍，实行24小时值班及巡逻制度；保安人员熟悉小区的环境，文明值勤，训练有素，言语规范，认真负责	2	符合2.0，无专业保安队伍扣1.0，其他每发现一处不符合扣0.2
	3. 危及人身安全处有明显标识和具体的防范措施	1	符合1.0，不符合0
	4. 消防设备设施完好无损，可随时起用；消防通道畅通；制订消防应急方案	2	符合2.0，每发现一处不符合规定扣0.5
	5. 机动车停车场管理制度完善，管理责任明确，车辆进出有登记	2	制度完善0.5，基本完善0.3，不完善0；因管理责任造成车辆丢失0.5（管理单位公开承诺赔偿的不扣）；每发现一台车辆乱停乱放扣0.1，出入无记录扣0.2
	6. 非机动车车辆管理制度完善，按规定位置停放，管理有序	2	符合2.0，制度不全或不落实的扣1.0，乱停放每部车扣0.2
五	环境卫生管理	14	
	1. 环卫设备完备，设有垃圾箱、果皮箱、垃圾中转站	1	符合1.0，每发现一处不符合扣0.2
	2. 清洁卫生实行责任制，有专职的清洁人员和明确的责任范围，实行标准化保洁	2	未实行责任制的扣1.0，无专职清洁人员和责任范围的扣0.5，未实行标准化保洁的扣0.5
	3. 垃圾日产日清，定期进行卫生消毒灭杀	2	每发现一处垃圾扣0.2，未达到垃圾日产日清的扣0.5，未定期进行卫生消毒灭杀扣0.5
	4. 房屋共用部位共用设施设备无蚊害	1	符合1.0，每发现一处不符合扣0.2
	5. 小区内道路等共用场地无纸屑、烟头等废弃物	2	符合2.0，每发现一处不符合扣0.2
	6. 房屋共用部位保持清洁，无乱贴、乱画，无擅自占用和堆放杂物现象；楼梯扶栏、天台、公共玻璃窗等保持洁净	2	符合2.0，每发现一处不符合扣0.2
	7. 商业网点管理有序，符合卫生标准；无乱设摊点、广告牌和乱贴、乱画现象	2	符合2.0，每发现一处不符合扣0.2
	8. 无违反规定饲养宠物、家禽、家畜	1	符合1.0，不符合0
	9. 排放油烟、噪声等符合国家环保标准，外墙无污染	1	符合1.0，每发现一处不符合扣0.2
六	绿化管理	7	
	1. 小区内绿地布局合理，花草树木与建筑小品配置得当	1	符合1.0，基本符合0.5，不符合0
	2. 绿地无改变使用用途和破坏、践踏、占用现象	2	符合2.0，基本符合0.5，不符合0
	3. 花草树木长势良好，修剪整齐美观，无病虫害，无折损现象，无斑秃	2	长势不好扣1.0，其他每发现一处不符合扣0.2分
	4. 绿地无纸屑、烟头、石块等杂物	2	符合2.0，每发现一处不符合扣0.2

序号	标准内容	规定分值	评分细则
七	精神文明建设	3	
	1. 开展有意义、健康向上的社区文化活动	2	符合 2.0，基本符合 1.0，不符合 0
	2. 创造条件，积极配合、支持并参与社区文化建设	1	符合 1.0，基本符合 0.5，不符合 0
八	管理效益	5	
	1. 物业管理服务费用收缴率 98% 以上	2	符合 2.0，每降低 1 个百分点扣 0.5
	2. 提供便民有偿服务，开展多种经营	2	符合 2.0，基本符合 1.0，不符合 0
	3. 本小区物业管理经营状况	1	盈利 1.0，持平 0.5，亏本 0

附件 2：全国物业管理示范大厦标准及评分细则

项目名称   年   月   日

序号	标准内容	规定分值	评分细则
一	基本管理	22	
	1. 按规划要求建设，房屋及配套设施投入使用	1	符合 1.0，不符合 0
	2. 已办理接管验收手续	1	符合 1.0，不符合 0
	3. 由一家物业管理企业实施统一专业化管理	1	符合 1.0，不符合 0
	4. 建设单位在租售大厦前，与选聘的物业管理企业签订物业服务合同，双方责权利明确	1	符合 1.0，基本符合 0.5，不符合 0
	5. 在房屋销售合同签订时，购房人与物业管理企业签订前期物业管理服务协议，双方责权利明确	1	符合 1.0，基本符合 0.5，不符合 0
	6. 建立维修基金，其管理、使用、续筹符合有关规定	1	符合 1.0，管理、使用、续筹不符合规定扣 0.5，未建立 0
	7. 房屋使用手册、装饰装修管理规定及业主与使用人公约等各项公众制度完善	1	完善 1.0，基本完善 0.5，不完善 0
	8. 业主委员会按规定程序成立，并按章程履行职责	1	符合 1.0，基本符合 0.5，不符合 0
	9. 业主委员会与物业管理企业签订物业服务合同，双方责权利明确	1	符合 1.0，基本符合 0.5，不符合 0
	10. 物业管理企业制订争创规划和具体实施方案，并经业主委员会同意	1	符合 1.0，不符合 0
	11. 大厦物业管理建立健全各项管理制度、各岗位工作标准，并制定具体的落实措施和考核办法	2	制度、工作标准建立健全 1.0，主要检查：物业管理服务工作程序、质量保证制度、收费管理制度、财务制度、岗位考核制度等每发现一处不完整规范扣 0.2；未制定具体的落实措施扣 0.5，未制定考核办法扣 0.5
	12. 物业管理企业的管理人员和专业技术人员持证上岗，员工统一着装，佩戴明显标志，工作规范，作风严谨	1	管理人员、专业技术人员，每发现 1 人无上岗证书扣 0.1；着装及标志符合 0.3，不符合 0
	13. 物业管理企业应用计算机、智能化设备等现代化管理手段，提高管理效率	1	符合 1.0，基本符合 0.5，不符合 0

序号	标 准 内 容	规定分值	评 分 细 则
一	14. 物业管理企业在收费、财务管理、会计核算、税收等方面执行有关规定；至少每半年公开一次物业管理服务费用收支情况	1	执行有关规定 0.5，未执行 0；公开 0.5，未公开 0
	15. 房屋及其共用设施设备档案资料齐全，分类成册，管理完善，查阅方便	1	包括房屋总平面图、地下管网图，房屋数量、种类、用途分类统计成册，房屋及共用设施设备在大中修记录，共用设施设备的设计安装图纸资料和台账。每发现一项不齐全或不完善扣 0.1
	16. 建立住用户档案、房屋及其配套设施权属清册，查阅方便	1	每发现一处不符合扣 0.2
	17. 建立 24 小时值班制度，设立服务电话，接受业主和使用人对物业管理服务报修、求助、建议、询问、质疑、投诉等各类信息的收集和反馈，并及时处理，有回访制度和记录	2	符合 2.0，没有值班制度的扣 0.5，未设服务电话扣 0.5，发现一处处理不及时扣 0.2，没有回访记录每次扣 0.1
	18. 定期向住用户发放物业管理服务工作征求意见单，对合理的建议及时整改，满意率达 95% 以上	1	符合 1.0，基本符合 0.5，不符合 0
	19. 建立并落实维修服务承诺制；零修急修及时率 100%、返修率不高于 1%，并有回访记录	2	建立并落实 1.0，建立但未落实扣 0.5，未建立扣 1.0；及时率符合 0.5，每降低 1 个百分点扣 0.1；返修率符合 0.3，不符合 0；回访记录完整 0.2，记录不完整或无回访记录 0
二	房屋管理及维修养护	9	
	1. 大厦、栋号、楼层、房号标志明显，大堂内布置合理并设立引路方向平面图，驻大厦各单位名录标识在大堂内显著位置	1	符合 1.0，无示意图或发现一处标志不清或没有标志扣 0.2
	2. 无违反规划私搭乱建，无擅自改变房屋用途现象	1	符合 1.0，发现一处私搭乱建或擅自改变房屋用途均扣 0.5
	3. 大厦外观完好、整洁；外墙是建材贴面的，无脱落；是玻璃幕墙的，清洁明亮、无破损；是涂料的，无脱落、无污渍；无纸张乱贴、乱涂、乱画或乱悬挂现象	2	符合 2.0，大厦外墙是建材贴面的每发现一处脱落扣 0.2，是玻璃幕墙的每发现一处破损或不洁扣 0.2，是涂料的，每发现一处褪色、不一致 0.1；每发现一处纸张乱贴、乱涂、乱画和乱悬挂扣 0.2
	4. 室外招牌、广告牌、霓虹灯按规定设置，保持整洁统一美观，无安全隐患或破损	1	符合 1.0，未按规定设置 0；按规定设置，但不整齐或有破损每处扣 0.1，有安全隐患每处扣 0.5
	5. 空调安装位置统一，冷凝水集中收集，支架无锈蚀	2	符合 2.0，每发现一处不符合扣 0.2
	6. 封闭阳台统一有序，色调一致，不超出外墙面；除建筑设计有要求外，不得安装外廊及户外防盗网、晾晒架、遮阳蓬等	1	符合 1.0，发现一处不符合扣 0.1
	7. 房屋装饰装修符合规定，未发生危及房屋结构安全及拆改管线和损害他人利益的现象	1	符合 1.0，发现一处不符合扣 0.5

序号	标 准 内 容	规定分值	评 分 细 则
	共用设备管理	35	
	（一）综合要求	4	
	1. 制订设备安全运行、岗位责任制、定期巡回检查、维护保养、运行记录管理、维修档案等管理制度，并严格执行	1	符合1.0，发现一处不符合扣0.2
	2. 设备及机房环境整洁，无杂物、灰尘，无鼠、虫害发生，机房环境符合设备要求	1	符合1.0，发现一处不符合扣0.2
	3. 配备所需专业技术人员，严格执行操作规程	1	符合1.0，不符合0
	4. 设备良好，运行正常，一年内无重大管理责任事故	1	符合1.0，不符合0
	（二）供电系统	3	
	1. 保证正常供电，限电、停电有明确的审批权限并按规定时间通知住用户	1	符合1.0，不符合0
	2. 制订临时用电管理措施与停电应急处理措施并严格执行	1	符合1.0，临时用电措施或停电应急措施不符合均扣0.5
	3. 备用应急发电机可随时起用	1	符合1.0，不符合0
	（三）弱电系统	2	
	1. 按工作标准规定时间排除故障，保证各弱电系统正常工作	1	符合1.0，发现一次不符合扣0.5
三	2. 监控系统等智能化设施设备运行正常，有记录并按规定期限保存	1	符合1.0，基本符合0.5，不符合0
	（四）消防系统	5	
	1. 消防控制中心24小时值班，消防系统设施设备齐全、完好无损，可随时起用	1	发现一处不符合扣0.5
	2. 消防管理人员掌握消防设施设备的使用方法并能及时处理各种问题	1	每发现一人不符合要求扣0.2
	3. 组织开展消防法规及消防知识的宣传教育，明确各区域防火责任人	1	符合1.0，责任人不明确每发现一处扣0.2
	4. 订有突发火灾的应急方案，设立消防疏散示意图，照明设施、引路标志好，紧急疏散通道畅通	1	无应急方案扣0.5，各种标志每缺少一个及每发现一处不畅通扣0.1
	5. 无火灾安全隐患	1	每发现一处安全隐患扣0.5
	（五）电梯系统	6	
	1. 电梯准用证、年检合格证、维修保养合同完备	1	符合1.0，不符合0
	2. 电梯按规定时间运行，安全设施齐全，通风、照明及附属设施完好	1	每发现一处不符合扣0.2
	3. 轿厢、井道、机房保持清洁	1	轿厢应干净，井道应清洁，无垃圾杂物，机房门道槽应无杂物，发现一起不合格扣0.2
	4. 电梯由专业队伍维修保养，维修、保养人员持证上岗	1	符合1.0，不符合0
	5. 运行出现故障后，维修人员应在规定时间内到达现场维修	1	符合1.0，不符合0

序号	标 准 内 容	规定分值	评 分 细 则
三	6. 运行出现险情后，应有排除险情的应急处理措施	1	符合 1.0，不符合 0
	（六）给排水系统	9	
	1. 建立大厦用水、供水管理制度，积极协助用户安排合理的用水和节水计划	1	符合 1.0，基本符合 0.5，不符合 0
	2. 设备、阀门、管道工作正常，无跑冒滴漏	1	每发现一处不符合扣 0.2
	3. 按规定对二次供电蓄水池设施设备进行清洁、消毒；二次供水卫生许可证、水质化验单、操作人员健康合格证齐全；水池、水箱清洁卫生，无二次污染	2	符合 2.0，每发现一项不符合扣 0.5
	4. 高压水泵、水池、水箱有严格的管理措施，水池、水箱周围无污染隐患	1	没有管理措施扣 0.5，水箱周围每发现一处隐患扣 0.2
	5. 限水、停水按规定时间通知住用户	1	符合 1.0，基本符合 0.5，不符合 0
	6. 排水系统通畅，汛期道路无积水，地下室、车库、设备房无积水、浸泡发生	1	符合 1.0，每发现一处不符合扣 0.2
	7. 遇有事故，维修人员在规定时间内进行抢修，无大面积跑水、泛水、长时间停水现象	1	符合 1.0，基本符合 0.5，不符合 0
	8. 制订事故应急处理方案	1	无处理方案扣 1.0，方案不完善扣 0.5
	（七）空调系统	3	
	1. 中央空调系统运行正常，水塔运行正常且噪声不超标，无严重滴漏水现象	1	符合 1.0，基本符合 0.5，不符合 0
	2. 中央空调系统出现运行故障后，维修人员在规定时间内到达现场维修	1	符合 1.0，基本符合 0.5，不符合 0
	3. 制订中央空调发生故障应急处理方案	1	无应急处理方案扣 1.0，有方案但不完善或执行不够的扣 0.5
	（八）供暖供气系统	3	
	1. 锅炉供暖设备，煤气设备、燃气设备完好，运行正常	1	符合 1.0，不符合 0
	2. 管道、阀门无跑冒滴漏现象及事故隐患	1	每发现一处不符合扣 0.2
	3. 北方地区冬季供暖居室内温度不得低于16℃	1	符合 1.0，不符合 0
四	共用设施管理	4	
	1. 共用配套服务设施完好，无随意改变用途	1	符合 1.0，每发现一处不符合扣 0.2
	2. 共用管线统一下地或人公共管道，无架空管线，无碍观瞻	1	符合 1.0，每发现一处不符合扣 0.2
	3. 道路、楼道、大堂等公共照明完好	1	符合 1.0，每发现一处不亮扣 0.2
	4. 大厦范围内的道路通畅，路面平坦	1	符合 1.0，每发现一处不符合扣 0.2
五	保安及车辆管理	9	
	1. 大厦基本实行封闭式管理	1	符合 1.0，不符合 0
	2. 有专业保安队伍，实行 24 小时值班及巡逻制度；保安人员熟悉大厦的环境，文明值勤，训练有素，言语规范，认真负责	2	符合 2.0，无专业保安队伍扣 1.0，值班及巡逻记录等不规范每处扣 0.2

序号	标 准 内 容	规定分值	评 分 细 则
五	3. 结合大厦特点，制订安全防范措施	1	对特殊的部位要有相应的防范措施，每发现一处无防范措施扣0.2
	4. 进出大厦各种车辆管理有序，无堵塞交通现象，不影响行人通行	1	符合1.0，基本符合0.5，不符合0
	5. 大厦外停车场有专人疏导，管理有序，排列整齐	1	符合1.0，基本符合0.5，不符合0
	6. 室内停车场管理严格，出入有登记	1	符合1.0，基本符合0.5，不符合0
	7. 非机动车辆有集中停放场地，管理制度落实，停放整齐，场地整洁	1	符合1.0，基本符合0.5，不符合0
	8. 危及人身安全处设有明显标志和防范措施	1	符合1.0，不符合0
六	环境卫生管理	10	
	1. 环卫设施完备，设有垃圾箱、果皮箱、垃圾中转站	1	符合1.0，每发现一处不符合扣0.2
	2. 清洁卫生实行责任制，有专职清洁人员和明确的责任范围，实行标准化清洁保洁	1	未实行责任制的扣0.5，无专职清洁人员和责任范围的扣0.3，未实行标准化保洁的扣0.2
	3. 垃圾日产日清；定期进行卫生消毒灭杀	2	每发现一处垃圾扣0.2，未达到垃圾日产日清的扣0.5，未定期进行卫生消毒灭杀扣0.5
	4. 房屋共用部位保持清洁，无乱贴、乱画，无擅自占用和堆放杂物现象；大堂、楼梯扶栏、天台、共用玻璃窗等保持洁净；大厦内共用场地无纸屑、烟头等废弃物	2	符合2.0，每发现一处不符合扣0.2
	5. 商业网点管理有序，符合卫生标准；无乱设摊点、广告牌和乱贴、乱画现象	2	符合2.0，每发现一处不符合扣0.2
	6. 无违反规定饲养宠物、家禽、家畜	1	符合1.0，不符合0
	7. 大厦内排烟、排污、噪声等符合国家环保标准，外墙无污染	1	每发现一处不合格扣0.2，发现一次环保部门下放整改通知扣0.5
七	绿化管理	4	
	1. 绿地无改变使用用途和破坏、践踏、占用现象	1	符合1.0，基本符合0.5，不符合0
	2. 花草树木长势良好，修剪整齐美观，无病虫害，无折损现象，无斑秃	1	长势不好扣1.0，每发现一处不符合扣0.1分
	3. 绿地无纸屑、烟头、石块等杂物	1	符合1.0，每发现一处不符合扣0.2
	4. 对大厦内部、天台、屋顶等绿化有管理措施并落实	1	无措施扣1.0；有措施，落实不力扣0.5
八	精神文明建设	3	
	1. 全体业主和使用人能自觉维护公众利益，遵守大厦的各项管理规定	1	符合1.0，基本符合0.5，不符合0
	2. 设有学习宣传园地，开展健康向上的活动	1	符合1.0，基本符合0.5，不符合0
	3. 大厦内的公共娱乐场所未发生重大违纪违法案件	1	符合1.0，基本符合0.5，不符合0

序号	标 准 内 容	规定分值	评 分 细 则
九	管理效益	4	
	1. 物业管理服务费用收缴率98%以上	2	每降低1个百分点扣0.5
	2. 提供有偿服务，开展多种经营	1	符合1.0，基本符合0.5，不符合0
	3. 本大厦物业管理经营状况	1	盈利1.0，持平0.5，亏本0

附录1

中华人民共和国物业管理条例

中华人民共和国国务院令

第 379 号

《物业管理条例》已经 2003 年 5 月 28 日国务院第 9 次常务会议通过，现予公布，自 2003 年 9 月 1 日起施行。

总理　温家宝

二〇〇三年六月八日

物业管理条例

第一章　总　　则

第一条　为了规范物业管理活动，维护业主和物业管理企业的合法权益，改善人民群众的生活和工作环境，制定本条例。

第二条　本条例所称物业管理，是指业主通过选聘物业管理企业，由业主和物业管理企业按照物业服务合同约定，对房屋及配套的设施设备和相关场地进行维修、养护、管理，维护相关区域内的环境卫生和秩序的活动。

第三条　国家提倡业主通过公开、公平、公正的市场竞争机制选择物业管理企业。

第四条　国家鼓励物业管理采用新技术、新方法，依靠科技进步提高管理和服务水平。

第五条　国务院建设行政主管部门负责全国物业管理活动的监督管理工作。

县级以上地方人民政府房地产行政主管部门负责本行政区域内物业管理活动的监督管理工作。

第二章　业主及业主大会

第六条　房屋的所有权人为业主。

业主在物业管理活动中，享有下列权利：

（一）按照物业服务合同的约定，接受物业管理企业提供的服务；

（二）提议召开业主大会会议，并就物业管理的有关事项提出建议；

（三）提出制定和修改业主公约、业主大会议事规则的建议；

（四）参加业主大会会议，行使投票权；

（五）选举业主委员会委员，并享有被选举权；

（六）监督业主委员会的工作；

（七）监督物业管理企业履行物业服务合同；

（八）对物业共用部位、共用设施设备和相关场地使用情况享有知情权和监督权；

（九）监督物业共用部位、共用设施设备专项维修资金（以下简称专项维修资金）的管理和使用；

（十）法律、法规规定的其他权利。

第七条　业主在物业管理活动中，履行下列义务：

（一）遵守业主公约、业主大会议事规则；

（二）遵守物业管理区域内物业共用部位和共用设施设备的使用、公共秩序和环境卫生的维护等方面的规章制度；

（三）执行业主大会的决定和业主大会授权业主委员会作出的决定；

（四）按照国家有关规定交纳专项维修资金；

（五）按时交纳物业服务费用；

（六）法律、法规规定的其他义务。

第八条　物业管理区域内全体业主组成业主大会。

业主大会应当代表和维护物业管理区域内全体业主在物业管理活动中的合法权益。

第九条　一个物业管理区域成立一个业主大会。

物业管理区域的划分应当考虑物业的共用设施设备、建筑物规模、社区建设等因素。具体办法由省、自治区、直辖市制定。

第十条　同一个物业管理区域内的业主，应当在物业所在地的区、县人民政府房地产行政主管部门的指导下成立业主大会，并选举产生业主委员会。但是，只有一个业主的，或者业主人数较少且经全体业主一致同意，决定不成立业主大会的，由业主共同履行业主大会、业主委员会职责。

业主在首次业主大会会议上的投票权，根据业主拥有物业的建筑面积、住宅套数等因素确定。具体办法由省、自治区、直辖市制定。

第十一条　业主大会履行下列职责：

（一）制定、修改业主公约和业主大会议事规则；

（二）选举、更换业主委员会委员，监督业主委员会的工作；

（三）选聘、解聘物业管理企业；

（四）决定专项维修资金使用、续筹方案，并监督实施；

（五）制定、修改物业管理区域内物业共用部位和共用设施设备的使用、公共秩序和环境卫生的维护等方面的规章制度；

（六）法律、法规或者业主大会议事规则规定的其他有关物业管理的职责。

第十二条　业主大会会议可以采用集体讨论的形式，也可以采用书面征求意见的形式；但应当有物业管理区域内持有1/2以上投票权的业主参加。

业主可以委托代理人参加业主大会会议。

业主大会作出决定，必须经与会业主所持投票权1/2以上通过。业主大会作出制定和修改业主公约、业主大会议事规则，选聘和解聘物业管理企业，专项维修资金使用和续筹方案的决定，必须经物业管理区域内全体业主所持投票权2/3以上通过。

业主大会的决定对物业管理区域内的全体业主具有约束力。

第十三条　业主大会会议分为定期会议和临时会议。

业主大会定期会议应当按照业主大会议事规则的规定召开。经 20% 以上的业主提议，业主委员会应当组织召开业主大会临时会议。

第十四条　召开业主大会会议，应当于会议召开 15 日以前通知全体业主。

住宅小区的业主大会会议，应当同时告知相关的居民委员会。

业主委员会应当做好业主大会会议记录。

第十五条　业主委员会是业主大会的执行机构，履行下列职责：

（一）召集业主大会会议，报告物业管理的实施情况；

（二）代表业主与业主大会选聘的物业管理企业签订物业服务合同；

（三）及时了解业主、物业使用人的意见和建议，监督和协助物业管理企业履行物业服务合同；

（四）监督业主公约的实施；

（五）业主大会赋予的其他职责。

第十六条　业主委员会应当自选举产生之日起 30 日内，向物业所在地的区、县人民政府房地产行政主管部门备案。

业主委员会委员应当由热心公益事业、责任心强、具有一定组织能力的业主担任。

业主委员会主任、副主任在业主委员会委员中推选产生。

第十七条　业主公约应当对有关物业的使用、维护、管理，业主的共同利益，业主应当履行的义务，违反公约应当承担的责任等事项依法作出约定。

业主公约对全体业主具有约束力。

第十八条　业主大会议事规则应当就业主大会的议事方式、表决程序、业主投票权确定办法、业主委员会的组成和委员任期等事项作出约定。

第十九条　业主大会、业主委员会应当依法履行职责，不得作出与物业管理无关的决定，不得从事与物业管理无关的活动。

业主大会、业主委员会作出的决定违反法律、法规的，物业所在地的区、县人民政府房地产行政主管部门，应当责令限期改正或者撤销其决定，并通告全体业主。

第二十条　业主大会、业主委员会应当配合公安机关，与居民委员会相互协作，共同做好维护物业管理区域内的社会治安等相关工作。

在物业管理区域内，业主大会、业主委员会应当积极配合相关居民委员会依法履行自治管理职责，支持居民委员会开展工作，并接受其指导和监督。

住宅小区的业主大会、业主委员会作出的决定，应当告知相关的居民委员会，并认真听取居民委员会的建议。

第三章　前期物业管理

第二十一条　在业主、业主大会选聘物业管理企业之前，建设单位选聘物业管理企业的，应当签订书面的前期物业服务合同。

第二十二条　建设单位应当在销售物业之前，制定业主临时公约，对有关物业的使用、维护、管理，业主的共同利益，业主应当履行的义务，违反公约应当承担的责任等事项依法作出约定。

建设单位制定的业主临时公约，不得侵害物业买受人的合法权益。

第二十三条　建设单位应当在物业销售前将业主临时公约向物业买受人明示，并予以说明。

物业买受人在与建设单位签订物业买卖合同时，应当对遵守业主临时公约予以书面承诺。

第二十四条　国家提倡建设单位按照房地产开发与物业管理相分离的原则，通过招投标的方式选聘具有相应资质的物业管理企业。

住宅物业的建设单位，应当通过招投标的方式选聘具有相应资质的物业管理企业；投标人少于3个或者住宅规模较小的，经物业所在地的区、县人民政府房地产行政主管部门批准，可以采用协议方式选聘具有相应资质的物业管理企业。

第二十五条　建设单位与物业买受人签订的买卖合同应当包含前期物业服务合同约定的内容。

第二十六条　前期物业服务合同可以约定期限；但是，期限未满、业主委员会与物业管理企业签订的物业服务合同生效的，前期物业服务合同终止。

第二十七条　业主依法享有的物业共用部位、共用设施设备的所有权或者使用权，建设单位不得擅自处分。

第二十八条　物业管理企业承接物业时，应当对物业共用部位、共用设施设备进行查验。

第二十九条　在办理物业承接验收手续时，建设单位应当向物业管理企业移交下列资料：

（一）竣工总平面图，单体建筑、结构、设备竣工图，配套设施、地下管网工程竣工图等竣工验收资料；

（二）设施设备的安装、使用和维护保养等技术资料；

（三）物业质量保修文件和物业使用说明文件；

（四）物业管理所必需的其他资料。

物业管理企业应当在前期物业服务合同终止时将上述资料移交给业主委员会。

第三十条　建设单位应当按照规定在物业管理区域内配置必要的物业管理用房。

第三十一条　建设单位应当按照国家规定的保修期限和保修范围，承担物业的保修责任。

第四章　物业管理服务

第三十二条　从事物业管理活动的企业应当具有独立的法人资格。

国家对从事物业管理活动的企业实行资质管理制度。具体办法由国务院建设行政主管部门制定。

第三十三条　从事物业管理的人员应当按照国家有关规定，取得职业资格证书。

第三十四条　一个物业管理区域由一个物业管理企业实施物业管理。

第三十五条　业主委员会应当与业主大会选聘的物业管理企业订立书面的物业服务合同。

物业服务合同应当对物业管理事项、服务质量、服务费用、双方的权利义务、专项维修资金的管理与使用、物业管理用房、合同期限、违约责任等内容进行约定。

第三十六条　物业管理企业应当按照物业服务合同的约定，提供相应的服务。

物业管理企业未能履行物业服务合同的约定，导致业主人身、财产安全受到损害的，应当依法承担相应的法律责任。

第三十七条　物业管理企业承接物业时，应当与业主委员会办理物业验收手续。

业主委员会应当向物业管理企业移交本条例第二十九条第一款规定的资料。

第三十八条　物业管理用房的所有权依法属于业主。未经业主大会同意，物业管理企业不得改变物业管理用房的用途。

第三十九条　物业服务合同终止时，物业管理企业应当将物业管理用房和本条例第二十九条第一款规定的资料交还给业主委员会。

物业服务合同终止时，业主大会选聘了新的物业管理企业的，物业管理企业之间应当做好交接工作。

第四十条　物业管理企业可以将物业管理区域内的专项服务业务委托给专业性服务企业，但不得将该区域内的全部物业管理一并委托给他人。

第四十一条　物业服务收费应当遵循合理、公开以及费用与服务水平相适应的原则，区别不同物业的性质和特点，由业主和物业管理企业按照国务院价格主管部门会同国务院建设行政主管部门制定的物业服务收费办法，在物业服务合同中约定。

第四十二条　业主应当根据物业服务合同的约定交纳物业服务费用。业主与物业使用人约定由物业使用人交纳物业服务费用的，从其约定，业主负连带交纳责任。

已竣工但尚未出售或者尚未交给物业买受人的物业，物业服务费用由建设单位交纳。

第四十三条　县级以上人民政府价格主管部门会同同级房地产行政主管部门，应当加强对物业服务收费的监督。

第四十四条　物业管理企业可以根据业主的委托提供物业服务合同约定以外的服务项目，服务报酬由双方约定。

第四十五条　物业管理区域内，供水、供电、供气、供热、通讯、有线电视等单位应当向最终用户收取有关费用。

物业管理企业接受委托代收前款费用的，不得向业主收取手续费等额外费用。

第四十六条　对物业管理区域内违反有关治安、环保、物业装饰装修和使用等方面法律、法规规定的行为，物业管理企业应当制止，并及时向有关行政管理部门报告。

有关行政管理部门在接到物业管理企业的报告后，应当依法对违法行为予以制止或者依法处理。

第四十七条　物业管理企业应当协助做好物业管理区域内的安全防范工作。发生安全事故时，物业管理企业在采取应急措施的同时，应当及时向有关行政管理部门报告，协助做好救助工作。

物业管理企业雇请保安人员的，应当遵守国家有关规定。保安人员在维护物业管理区域内的公共秩序时，应当履行职责，不得侵害公民的合法权益。

第四十八条　物业使用人在物业管理活动中的权利义务由业主和物业使用人约定，但不得违反法律、法规和业主公约的有关规定。

物业使用人违反本条例和业主公约的规定，有关业主应当承担连带责任。

第四十九条　县级以上地方人民政府房地产行政主管部门应当及时处理业主、业主委员会、物业使用人和物业管理企业在物业管理活动中的投诉。

第五章　物业的使用与维护

第五十条　物业管理区域内按照规划建设的公共建筑和共用设施，不得改变用途。

业主依法确需改变公共建筑和共用设施用途的，应当在依法办理有关手续后告知物业管理企业；物业管理企业确需改变公共建筑和共用设施用途的，应当提请业主大会讨论决定同意后，由业主依法办理有关手续。

第五十一条　业主、物业管理企业不得擅自占用、挖掘物业管理区域内的道路、场地，损害业主的共同利益。

因维修物业或者公共利益，业主确需临时占用、挖掘道路、场地的，应当征得业主委员会和物业管理企业的同意；物业管理企业确需临时占用、挖掘道路、场地的，应当征得业主委员会的同意。

业主、物业管理企业应当将临时占用、挖掘的道路、场地，在约定期限内恢复原状。

第五十二条　供水、供电、供气、供热、通讯、有线电视等单位，应当依法承担物业管理区域内相关管线和设施设备维修、养护的责任。

前款规定的单位因维修、养护等需要，临时占用、挖掘道路、场地的，应当及时恢复原状。

第五十三条　业主需要装饰装修房屋的，应当事先告知物业管理企业。

物业管理企业应当将房屋装饰装修中的禁止行为和注意事项告知业主。

第五十四条　住宅物业、住宅小区内的非住宅物业或者与单幢住宅楼结构相连的非住宅物业的业主，应当按照国家有关规定交纳专项维修资金。

专项维修资金属业主所有，专项用于物业保修期满后物业共用部位、共用设施设备的维修和更新、改造，不得挪作他用。

专项维修资金收取、使用、管理的办法由国务院建设行政主管部门会同国务院财政部门制定。

第五十五条　利用物业共用部位、共用设施设备进行经营的，应当在征得相关业主、业主大会、物业管理企业的同意后，按照规定办理有关手续。业主所得收益应当主要用于补充专项维修资金，也可以按照业主大会的决定使用。

第五十六条　物业存在安全隐患，危及公共利益及他人合法权益时，责任人应当及时维修养护，有关业主应当给予配合。

责任人不履行维修养护义务的，经业主大会同意，可以由物业管理企业维修养护，费用由责任人承担。

第六章　法　律　责　任

第五十七条　违反本条例的规定，住宅物业的建设单位未通过招投标的方式选聘物业管理企业或者未经批准，擅自采用协议方式选聘物业管理企业的，由县级以上地方人民政府房地产行政主管部门责令限期改正，给予警告，可以并处 10 万元以下的罚款。

第五十八条　违反本条例的规定，建设单位擅自处分属于业主的物业共用部位、共用设施设备的所有权或者使用权的，由县级以上地方人民政府房地产行政主管部门处 5 万元以上 20 万元以下的罚款；给业主造成损失的，依法承担赔偿责任。

第五十九条　违反本条例的规定，不移交有关资料的，由县级以上地方人民政府房地产行政主管部门责令限期改正；逾期仍不移交有关资料的，对建设单位、物业管理企业予以通报，处 1 万元以上 10 万元以下的罚款。

第六十条　违反本条例的规定，未取得资质证书从事物业管理的，由县级以上地方人民政府房地产行政主管部门没收违法所得，并处 5 万元以上 20 万元以下的罚款；给业主造成损失的，依法承担赔偿责任。

以欺骗手段取得资质证书的，依照本条第一款规定处罚，并由颁发资质证书的部门吊销资质证书。

第六十一条　违反本条例的规定，物业管理企业聘用未取得物业管理职业资格证书的人员从事物业管理活动的，由县级以上地方人民政府房地产行政主管部门责令停止违法行为，处 5 万元以上 20 万元以下的罚款；给业主造成损失的，依法承担赔偿责任。

第六十二条　违反本条例的规定，物业管理企业将一个物业管理区域内的全部物业管理一并委托给他人的，由县级以上地方人民政府房地产行政主管部门责令限期改正，处委托合同价款 30％以上 50％以下的罚款；情节严重的，由颁发资质证书的部门吊销资质证书。委托所得收益，用于物业管理区域内物业共用部位、共用设施设备的维修、养护，剩余部分按照业主大会的决定使用；给业主造成损失的，依法承担赔偿责任。

第六十三条　违反本条例的规定，挪用专项维修资金的，由县级以上地方人民政府房地产行政主管部门追回挪用的专项维修资金，给予警告，没收违法所得，可以并处挪用数额 2 倍以下的罚款；物业管理企业挪用专项维修资金，情节严重的，并由颁发资质证书的部门吊销资质证书；构成犯罪的，依法追究直接负责的主管人员和其他直接责任人员的刑事责任。

第六十四条　违反本条例的规定，建设单位在物业管理区域内不按照规定配置必要的物业管理用房的，由县级以上地方人民政府房地产行政主管部门责令限期改正，给予警告，没收违法所得，并处 10 万元以上 50 万元以下的罚款。

第六十五条　违反本条例的规定，未经业主大会同意，物业管理企业擅自改变物业管理用房的用途的，由县级以上地方人民政府房地产行政主管部门责令限期改正，给予警告，并处 1 万元以上 10 万元以下的罚款；有收益的，所得收益用于物业管理区域内物业共用部位、共用设施设备的维修、养护，剩余部分按照业主大会的决定使用。

第六十六条　违反本条例的规定，有下列行为之一的，由县级以上地方人民政府房地产行政主管部门责令限期改正，给予警告，并按照本条第二款的规定处以罚款；所得收益，用于物业管理区域内物业共用部位、共用设施设备的维修、养护，剩余部分按照业主大会的决定使用：

（一）擅自改变物业管理区域内按照规划建设的公共建筑和共用设施用途的；

（二）擅自占用、挖掘物业管理区域内道路、场地，损害业主共同利益的；

（三）擅自利用物业共用部位、共用设施设备进行经营的。

个人有前款规定行为之一的，处 1000 元以上 1 万元以下的罚款；单位有前款规定行为之一的，处 5 万元以上 20 万元以下的罚款。

第六十七条　违反物业服务合同约定，业主逾期不交纳物业服务费用的，业主委员会应当督促其限期交纳；逾期仍不交纳的，物业管理企业可以向人民法院起诉。

第六十八条　业主以业主大会或者业主委员会的名义，从事违反法律、法规的活动，构成犯罪的，依法追究刑事责任；尚不构成犯罪的，依法给予治安管理处罚。

第六十九条　违反本条例的规定，国务院建设行政主管部门、县级以上地方人民政府房地产行政主管部门或者其他有关行政管理部门的工作人员利用职务上的便利，收受他人财物或者其他好处，不依法履行监督管理职责，或者发现违法行为不予查处，构成犯罪的，依法追究刑事责任；尚不构成犯罪的，依法给予行政处分。

第七章　附　　则

第七十条　本条例自 2003 年 9 月 1 日起施行。

附录 2

前期物业管理招标投标管理暂行办法

第一章 总 则

第一条 为了规范前期物业管理招标投标活动，保护招标投标当事人的合法权益，促进物业管理市场的公平竞争，制定本办法。

第二条 前期物业管理，是指在业主、业主大会选聘物业管理企业之前，由建设单位选聘物业管理企业实施的物业管理。

建设单位通过招投标的方式选聘具有相应资质的物业管理企业，和行政主管部门对物业管理招投标活动实施监督管理，适用本办法。

第三条 住宅及同一物业管理区域内非住宅的建设单位，应当通过招投标的方式选聘具有相应资质的物业管理企业；投标人少于 3 个或者住宅规模较小的，经物业所在地的区、县人民政府房地产行政主管部门批准，可以采用协议方式选聘具有相应资质的物业管理企业。

国家提倡其他物业的建设单位通过招投标的方式，选聘具有相应资质的物业管理企业。

第四条 前期物业管理招标投标应当遵循公开、公平、公正和诚实信用的原则。

第五条 国务院建设行政主管部门负责全国物业管理。省、自治区人民政府建设行政主管部门负责本行政区域内物业管理招标投标活动的监督管理。

直辖市、市、县人民政府房地产行政主管部门负责本行政区域内物业管理招标投标活动的监督管理。

第六条 任何单位和个人不得违反法律、行政法规规定，限制或者排斥具备投标资格的物业管理企业参加投标，不得以任何方式非法干涉物业管理招标投标活动。

第二章 招 标

第七条 本办法所称招标人是指依法进行前期物业管理招标的物业建设单位。

前期物业管理招标由招标人依法组织实施。招标人不得以不合理条件限制或者排斥潜在投标人，不得对潜在投标人实行歧视待遇，不得对潜在投标人提出与招标物业管理项目实际要求不符的过高的资格等要求。

第八条 前期物业管理招标分为公开招标和邀请招标。

招标人采取公开招标方式的，应当在公共媒介上发布招标公告，并同时在中国住宅与房地产信息网和中国物业管理协会网上发布免费招标公告。

招标公告应当载明招标人的名称和地址，招标项目的基本情况以及获取招标文件的办法等事项。

招标人采取邀请招标方式的，应当向3个以上物业管理企业发出投标邀请书，投标邀请书应当包含前款规定的事项。

第九条　招标人可以委托招标代理机构办理招标事宜；有能力组织和实施招标活动的，也可以自行组织实施招标活动。物业管理招标代理机构应当在招标人委托的范围内代理招标事宜，并遵守本办法对招标人的有关规定。

第十条　招标人应当根据物业管理项目的特点和需要，在招标前完成招标文件的编制。

招标文件应包括以下内容：

（一）招标人及招标项目简介，包括招标人名称、地址、联系方式、项目基本情况、物业管理用房的配备情况等；

（二）物业管理服务内容及要求，包括服务内容、服务标准等；

（三）对投标人及投标书的要求，包括投标人的资格、投标书的格式、主要内容等；

（四）评标标准和评标方法；

（五）招标活动方案，包括招标组织机构、开标时间及地点等；

（六）物业服务合同的签订说明；

（七）其他事项的说明及法律法规规定的其他内容。

第十一条　招标人应当在发布招标公告或者发出投标邀请书的10日前，提交以下材料报物业项目所在地的县级以上地方人民政府房地产行政主管部门备案：

（一）与物业管理有关的物业项目开发建设的政府批件；

（二）招标公告或者招标邀请书；

（三）招标文件；

（四）法律、法规规定的其他材料。

房地产行政主管部门发现招标有违反法律、法规规定的，应当及时责令招标人改正。

第十二条　公开招标的招标人可以根据招标文件的规定，对投标申请人进行资格预审。

实行投标资格预审的物业管理项目，招标人应当在招标公告或者投标邀请书中载明资格预审的条件和获取资格预审文件的办法。

资格预审文件一般应当包括资格预审申请书格式、申请人须知，以及需要投标申请人提供的企业资格文件、业绩、技术装备、财务状况和拟派出的项目负责人与主要管理人员的简历、业绩等证明材料。

第十三条　经资格预审后，公开招标的招标人应当向资格预审合格的投标申请人发出资格预审合格通知书，告知获取招标文件的时间、地点和方法，并同时向资格不合格的投标申请人告知资格预审结果。

在资格预审合格的投标申请人过多时，可以由招标人从中选择不少于5家资格预审合格的投标申请人。

第十四条　招标人应当确定投标人编制投标文件所需要的合理时间。公开招标的物业管理项目，自招标文件发出之日起至投标人提交投标文件截止之日止，最短不得少于20日。

第十五条　招标人对已发出的招标文件进行必要的澄清或者修改的，应当在招标文件要求提交投标文件截止时间至少 15 日前，以书面形式通知所有的招标文件收受人。该澄清或者修改的内容为招标文件的组成部分。

第十六条　招标人根据物业管理项目的具体情况，可以组织潜在的投标申请人踏勘物业项目现场，并提供隐蔽工程图纸等详细资料。对投标申请人提出的疑问应当予以澄清并以书面形式发送给所有的招标文件收受人。

第十七条　招标人不得向他人透露已获取招标文件的潜在投标人的名称、数量以及可能影响公平竞争的有关招标投标的其他情况。

招标人设有标底的，标底必须保密。

第十八条　在确定中标人前，招标人不得与投标人就投标价格、投标方案等实质内容进行谈判。

第十九条　通过招标投标方式选择物业管理企业的，招标人应当按照以下规定时限完成物业管理招标投标工作：

（一）新建现售商品房项目应当在现售前 30 日完成；

（二）预售商品房项目应当在取得《商品房预售许可证》之前完成；

（二）非出售的新建物业项目应当在交付使用前 90 日完成。

第三章　投　　标

第二十条　本办法所称投标人是指响应前期物业管理招标、参与投标竞争的物业管理企业。

投标人应当具有相应的物业管理企业资质和招标文件要求的其他条件。

第二十一条　投标人对招标文件有疑问需要澄清的，应当以书面形式向招标人提出。

第二十二条　投标人应当按照招标文件的内容和要求编制投标文件，投标文件应当对招标文件提出的实质性要求和条件作出响应。投标文件应当包括以下内容：

（一）投标函；

（二）投标报价；

（三）物业管理方案；

（四）招标文件要求提供的其他材料。

第二十三条　投标人应当在招标文件要求提交投标文件的截止时间前，将投标文件密封送达投标地点。招标人收到投标文件后，应当向投标人出具标明签收人和签收时间的凭证，并妥善保存投标文件。在开标前，任何单位和个人均不得开启投标文件。在招标文件要求提交投标文件的截止时间后送达的投标文件，为无效的投标文件，招标人应当拒收。

第二十四条　投标人在招标文件要求提交投标文件的截止时间前，可以补充、修改或者撤回已提交的投标文件，并书面通知招标人。补充、修改的内容为投标文件的组成部分，并应当按照本办法第二十三条的规定送达、签收和保管。在招标文件要求提交投标文件的截止时间后送达的补充或者修改的内容无效。

第二十五条　投标人不得以他人名义投标或者以其他方式弄虚作假，骗取中标。

投标人不得相互串通投标，不得排挤其他投标人的公平竞争，不得损害招标人或者其他投标人的合法权益。

投标人不得与招标人串通投标，损害国家利益、社会公共利益或者他人的合法权益。禁止投标人以向招标人或者评标委员会成员行贿等不正当手段谋取中标。

第四章　开标、评标和中标

第二十六条　开标应当在招标文件确定的提交投标文件截止时间的同一时间公开进行；开标地点应当为招标文件中预先确定的地点。

第二十七条　开标由招标人主持，邀请所有投标人参加。开标应当按照下列规定进行：

由投标人或者其推选的代表检查投标文件的密封情况，可以由招标人委托的公证机构进行检查并公证。经确认无误后，由工作人员当众拆封，宣读投标人名称、投标价格和投标文件的其他主要内容。

招标人在招标文件要求提交投标文件的截止时间前收到的所有投标文件，开标时都应当当众予以拆封。开标过程应当记录，并由招标人存档备查。

第二十八条　评标由招标人依法组建的评标委员会负责。

评标委员会由招标人代表和物业管理方面的专家组成，人员为 5 人以上单数，其中招标人代表以外的物业管理方面的专家不得少于成员总数的三分之二。

评标委员会的专家成员，应当由招标人从房地产行政主管部门建立的专家名册中采取随机抽取的方式确定。与投标人有利害关系的人不得进入相关项目的评标委员会。

第二十九条　房地产行政主管部门应当建立评标的专家名册。省、自治区、直辖市人民政府房地产行政主管部可以将专家数量少的城市的专家名册予以合并或者实行专家名册计算机联网。

房地产行政主管部门应当对进入专家名册的专家进行有关法律和业务培训，对其评标能力、廉洁公正等进行综合考评，及时取消不称职或者违法违规人员的评标专家资格。被取消评标专家资格的人员，不得再参加任何评标活动。

第三十条　评标委员会成员应当认真、公正、诚实、廉洁地履行职责。

评标委员会成员不得与任何投标人或者与招标结果有利害关系的人进行私下接触，不得收受投标人、中介人、其他利害关系人的财物或者其他好处。

评标委员会成员和与评标活动有关的工作人员不得透露对投标文件的评审和比较、中标候选人的推荐情况以及与评标有关的其他情况。

前款所称与评标活动有关的工作人员，是指评标委员会成员以外的因参与评标监督工作或者事务性工作而知悉有关评标情况的所有人员。

第三十一条　评标委员会可以用书面形式要求投标人对投标文件中含义不明确的内容作必要的澄清或者说明。投标人应当采用书面形式进行澄清或者说明，其澄清或者说明不得超出投标文件的范围或者改变投标文件的实质性内容。

第三十二条　在评标过程中召开现场答辩会的，应当事先在招标文件中说明，并注明所占的评分比重。评标委员会应当按照招标文件的评标要求，根据标书评分、现场答辩等情况进行综合评标。了现场答辩部分外，评标应当在保密的情况下进行。

第三十三条　评标委员会应当按照招标文件确定的评标标准和方法，对投标文件进行评审和比较，并对评标结果签字确认。

第三十四条　评标委员会经评审，认为所有投标文件都不符合招标文件要求的，可以否决所有投标。

依法须进行招标的物业管理项目的所有投标被否决的，招标人应当重新招标。

第三十五条　评标委员会完成评标后，应当向招标人提出书面评标报告，阐明评标委员会对各投标文件的评审和比较意见，并按照招标文件规定的评标标准和评标方法，推荐不超过 3 名有排序的合格的中标候选人。

招标人应当按照中标候选人的排序确定中标人。当确定中标的中标候选人放弃中标或者因不可抗力提出不能履行合同的，招标人可以依序确定其他中标候选人为中标人。

第三十六条　招标人应当在投标有效期截止时限 30 日确定中标人。投标有效期应当在招标文件中载明。

第三十七条　招标人应当向中标人发出中标通知书，按时将中标结果通知所有未中标的投标人，并应当返还其投标书。

招标人应当自确定中标人之日起 15 日内，向物业项目所在地的县级以上地方人民政府房地产行政主管部门备案。备案资料应当包括开标评标过程、确定中标人的方式及理由、评标委员会的评标报告、中标人的投标文件等资料。

委托代招标的，还应当附招标代理委托合同。

第三十八条　招标人和中标人应当自中标通知书发出之日起 30 日内，按照招标文件和中标人的投标文件订立书面合同；招标人和中标人不得再行订立背离合同实质性内容的其他协议。

第三十九条　招标人无正当理由不与中标人签订合同，给中标人造成损失的，招标人应当给予赔偿。

第五章　附　　则

第四十条　投标人和其他利害关系人认为招标投标活动不符合本办法有关规定的，有权向招标人提出异议，或者依法向有关部门投诉。

第四十一条　招标文件或者投标文件使用两种以上语言文字的，必须有一种是中文；如对不同文本的解释发生异议的，以中文文本为准。用文字表示的数额与数字表示的金额不一致的，以文字表示的金额为准。

第四十二条　本办法第三条规定住宅规模较小的，经物业所在地的区、县人民政府房地产行政主管部门批准，可以采用协议方式选聘物业管理企业的，其规模标准由省、自治区、直辖市人民政府房地产行政主管部门确定。

第四十三条　业主和业主大会通过招投标的方式选聘具有相应资质的物业管理企业的，参照本办法执行。

第四十四条　本办法自 2003 年 9 月 1 日起施行。

附录 3

物业管理员(师)国家职业标准

1 职 业 概 况

1.1 职业名称 物业管理员(师)。

1.2 职业定义 对投入使用的房屋建筑及其附属设备与配套设施及场地进行经营性管理,并向物业产权人,使用人提供多方面、综合有偿服务的人员。

1.3 职业等级 本职业共设两个等级,分为物业管理员(国家职业资格四级)、物业管理师(国家职业资格二级)。

1.4 职业环境 房屋建筑及其附属设备与配套设施及场地。

1.5 职业能力特征 具有一定的观察能力及较强的表达和计算能力。

1.6 基本文化程度 高中毕业(含同等学历)。

1.7 培训要求

1.7.1 培训时间 全日制职业学校教育,根据其培养目标和教学计划确定。晋级培训期限:物业管理员不少于 150 标准学时;物业管理师不少于 200 标准学时。

1.7.2 培训教师 培训物业管理员的教师,必须具有本专业中级以上专业技术职称或取得本职业物业管理师职业资格 2 年以上,并具有丰富的实践经验;培训物业管理师的教师,必须具有本专业高级专业技术职称。

1.8 鉴定要求

1.8.1 适用对象 从事或准备从事本职业的人员。

1.8.2 申报条件——物业管理员(具备以下条件之一者)

(1)经本职业初级正规培训达规定标准学时数,并取得毕(结)业证书;

(2)在本职业见习工作 1 年以上;

(3)具有本专业和相关专业大专以上文化程度。

——物业管理师(具备以下条件之一者)

(1)取得本职业物业管理职业资格证书以后,经本职业中级正规培训达规定标准学时数,并取得毕(结)业证书;

(2)取得本职业物业管理员职业资格证书以后,连续从事本职业工作 2 年以上。

1.8.3 鉴定方式 分为理论知识和技能操作考核两部分。两项考试(考核)均采用百分制,皆达 60 分以上者为合格。

1.8.4 考证人员与考生的配比 理论知识考试现场 15~20 名考生配 1 名考证员;技能操作考核现场 3~5 名考生配 1 名考评员。

1.8.5 鉴定时间 理论知识考试时间为 90 分钟;技能操作考核时间为 120 分钟。

1.8.6 鉴定场所设备 理论知识考试在标准教室内进行;技能操作考核在模拟物业管理环境中进行。

2　基本要求

2.1　职业道德

2.1.1　职业道德基本知识

2.1.2　职业守则　(1)遵纪守法，爱岗敬业；(2)工作认真，尽职尽责；(3)诚实守信，热情服务。

2.2　物业管理基础知识

2.2.1　物业管理基本概念　(1)物业与物业管理；(2)物业管理的内容；(3)物业管理的原则；(4)物业管理人员的素质要求。

2.2.2　物业管理机构　(1)物业管理企业；(2)业主代表大会与业主委员会；(3)物业管理企业与相关机构的关系。

2.2.3　住宅小区的物业管理　(1)住宅小区的构成及特点；(2)住宅小区物业管理的内容与过程；(3)住宅小区物业管理的目标与要求；(4)住宅小区物业管理的原则与特点。

2.2.4　写字楼的物业管理　(1)写字楼的类型及特点；(2)写字楼物业管理的方式与目标；(3)写字楼物业管理的内容；(4)写字楼的租赁管理。

2.2.5　商业场所的物业管理　(1)商业场所的类型及特点；(2)商业场所物业管理的要求；(3)商业场所的租赁管理。

2.2.6　工业区的物业管理　(1)工业区物业管理的职能；(2)工业区物业管理的内容。

2.3　物业管理的有关法律与法规

3　工作要求

本标准对物业管理员和物业管理师的技能要求依次递进，物业管理师包括物业管理员的要求。

3.1　物业管理员

职业功能	工作内容	技能要求	相关知识
一 制订方案	(一)管区物业接管验收与撤管方案制度订	1.根据委托合同，制订管区物业的接管验收与撤管方案 2.组织物业的接管验收与撤管 3.建立与管理物业管理档案 4.拟定物业管理常用文书	1.制订物业服务合同的基本要求 2.物业管理常用文书写作知识
	(二)物业管理费用计算	计算物业管理费用	1.物业管理费用的计算方法 2.有关物价政策
二 管理与维护	(一)管区房屋建筑管理与维护	1.组织房屋的日常维护 2.进行房屋的维修管理	1.房屋日常维护的内容与程序 2.房屋维修管理的内容与要求

职业功能	工作内容	技能要求	相关知识
二 管理与维护	（二）管区房屋附属设备设施管理与维护	1. 组织管区房屋附属设备设施的日常保养 2. 组织维修水、电、暖、气、消防等设备设施	1. 一般房屋附属设备设施的日常保养知识 2. 一般水、电、暖、气、消防等设备设施的维修知识 3. 有关安全操作规程
三 环境管理	（一）管区安全服务	1. 组织保安人员提供安全、保卫服务 2. 正确设置消防器材和执行消防制度 3. 进行车辆停放管理 4. 在遇到紧急情况时，及时采用相应措施	1. 安全、保卫一般知识 2. 管区内的治安保卫制度 3. 防火规范和消防要求 4. 处置突发事件的基本常识
	（二）管区环境绿化、美化、社区文体娱乐活动的组织与管理	1. 安排人员对管区进行绿化、美化 2. 安排人员进行管区的卫生清洁工作 3. 组织各种有益的文化娱乐活动	1. 环境保护的内容与方法 2. 绿化、美化基本知识 3. 物业保洁的要求与方法 4. 社区文化娱乐活动的组织与管理知识

3.2 物业管理师

职业功能	工作内容	技能要求	相关知识
一 制订方案	管区物业管理方案制订	1. 根据委托合同，制订管区的物业管理方案及开发利用方案 2. 根据需要，对物业的规划、设计、建设等提出合理意见	1. 居住区规划知识 2. 房地产开发基本程序 3. 建筑工程基本知识
二 管理与维护	（一）制度与资金管理	1. 制订并监督执行有关规章制度 2. 合理使用物业管理资金并控制其预算	1. 房屋装修管理知识 2. 物业管理资金预算知识
	（二）维护指导与维修预算	1. 看懂建筑图纸 2. 指导物业管理员对房屋及附属设备设施进行日常维护与保养 3. 制订房屋维修预算	1. 识图知识 2. 房屋维修预算知识
三 综合服务	综合经营服务	1. 制订综合经营服务规划 2. 组织开展餐饮、购物、家政、教育、中介等服务项目	1. 综合经营与服务内容 2. 综合经营与服务的市场预测知识 3. 相关服务项目的服务要求及收费标准

4 比 重 表

4.1 物业管理员
理论知识

项　目		比重(%)
基　本　要　求	职业道德	5
	基础知识	25
相关知识	制订方案	管区物业接管验收与撤管方案制订	12
		物业管理费用计算	12
	管理与维护	管区房屋建筑管理与维护	11
		管区房屋附属设备设施管理与维护	15
	环境管理	管区安全服务	10
		管区环境绿化、美化、社区文化娱乐活动的组织与管理	10
合　　计		100

技能操作

项　目		比重(%)
技能要求	制订方案	管区物业接管验收与撤管方案制订	25
		物业管理费用计算	12
	管理与维护	管区房屋建筑管理与维护	15
		管区房屋附属设备设施管理与维护	20
	环境管理	管区安全服务	13
		管区环境绿化、美化、社区文化娱乐活动的组织与管理	15
合　　计		100

4.2　物业管理师
理论知识

项　目		比重(%)
基　本　要　求	职业道德	10
	基础知识	30
相关知识	制订方案	管区物业管理方案制订	15
	管理与维护	制度与资金管理	15
		维护指导与维修预算	15
	综合服务	综合经营服务	15
合　　计		100

技能操作

项　目		比重(%)
相关知识	制订方案	管区物业管理方案制订	25
	管理与维护	制度与资金管理	45
		维护指导与维修预算	15
	综合服务	综合经营服务	15
合　　计		100

主 要 参 考 文 献

1　谭善勇编著. 现代物业管理实务. 北京：首都经济贸易大学出版社，2003
2　杨振标，陈德豪主编. 物业管理实务(上). 广州：中山大学出版社，2000
3　杨振标，杨戬，陈德豪主编. 物业管理实务(下). 广州：中山大学出版社，2000
4　颜真，杨吟编著. 物业管理危机处理及案例分析. 成都：西南财经大学出版社，2003
5　丁芸，谭善勇编著. 物业管理案例精选与分析. 北京：中国建筑工业出版社，2003
6　鲁宁编著. 精益物业管理全书(日常管理篇). 广州：广东经济出版社，2002
7　鲁宁编著. 精益物业管理全书(业务拓展篇). 广州：广东经济出版社，2002
8　罗小钢，王友华，方中东主编. 物业管理金典. 广州：中山大学出版社，2001
9　黄安永编著. 现代房地产物业管理. 南京：东南大学出版社，2002
10　罗小钢，王友华，徐耘著. 物业管理疑难解答. 广州：中山大学出版社，2000
11　方芳，吕萍编著. 物业管理实务. 上海：上海财经大学出版社，2002
12　沈瑞珠，刘默玲编著. 物业智能化管理技术. 北京：中国轻工业出版社，2001
13　谢凯主编. 大厦物业管理实务. 广州：广东人民出版社，1999
14　宋建阳，陈锦锋，郑淑玲编著. 商业物业管理. 广州：华南理工大学出版社，2002
15　史晟主编. 物业管理与业主实务全书. 北京：兵器工业出版社，1999
16　张连生，杨立方，盛承懋编著. 物业管理案例分析. 南京：东南大学出版社，2002
17　范克危，徐家凤，盛承懋编著. 物业管理公司实务. 南京：东南大学出版社，2002
18　韩强，李冠东主编. 物业管理法律法规指南. 北京：中国建筑工业出版社，2000